JOY DIVISON tauchten Mitte der Siebzigerjahre in Manchester auf und sorgten zusammen mit dem Label Factory dafür, dass die graue Industriestadt in den Fokus der Öffentlichkeit rückte. Bis heute gelten sie als einflussreichste Protagonisten des Post-Punk und Bezugspunkt für nachfolgende Entwicklungen wie Gothic Rock, Dark Wave oder Indie-Rock. Obwohl die Band nur zwei offizielle Studioalben aufnahm, sorgten diese und einige legendenumwitterte Liveauftritte dafür, dass Joy Division zur aufregendsten Undergroundband ihrer Zeit aufstiegen. Doch kurz vor der ersten großen Amerika-Tour nahm sich Sänger Ian Curtis das Leben.

In SENGENDES LICHT, DIE SONNE UND ALLES ANDERE hat Jon Savage Interviews mit zentralen Figuren der Joy-Division-Geschichte aus den letzten dreißig Jahren zu einer Oral History zusammengestellt, darunter Bernard Sumner, Peter Hook, Stephen Morris, Deborah Curtis, Paul Morley, Tony Wilson, Terry Mason, Rob Gretton und Martin Hannett. Es ist die Erzählung einer Band, die das Bild einer ganzen Stadt bestimmte, wie diese Band auf ungewöhnliche Art zusammenfand, wie ihre Musik eine ganze Generation bewegte, wie junge Menschen mit elektrischen Gitarren und literarischen Vorlieben die Welt veränderten. Und es ist auch die niederschmetternde Geschichte, wie Krankheit und innere Dämonen einen charismatischen Sänger und visionären Texter dazu brachten, der Welt zu entfliehen.

JON SAVAGE

SENGENDES LICHT, DIE SONNE UND ALLES ANDERE

DIE GESCHICHTE VON JOY DIVISION

Aus dem Englischen
von Conny Lösch

WILHELM HEYNE VERLAG
MÜNCHEN

Die Originalausgabe erschien unter dem Titel
THIS SEARING LIGHT, THE SUN AND EVERYTHING ELSE.
JOY DIVISION – THE ORAL HISTORY bei Faber & Faber, London

MIX
Papier aus verantwortungsvollen Quellen
FSC® C014496

Verlagsgruppe Random House FSC® N001967

2. Auflage

Redaktion: Thomas Brill
Lektorat: Markus Naegele
Umschlaggestaltung: Nele Schütz Design, München,
unter Verwendung des Fotos von Hermann Vaske
Fotos im Vor- und Nachsatz und Rückseite © Jon Savage
Satz: Satzwerk Huber, Germering
Druck und Bindung: GGP Media GmbH, Pößneck
Printed in Germany

ISBN: 978-3-453-27251-4

Für Tony Wilson,
der mein Leben verändert hat

INHALT

DRAMATIS PERSONAE

In der Reihenfolge ihres Auftretens:

Bernard Sumner: Joy Division
Peter Hook: Joy Division
Stephen Morris: Joy Division
Deborah Curtis: Ehefrau von Ian Curtis; Zeitzeugin
Tony Wilson: Moderator, Granada Television; Mitbegründer von Factory Records
C.P. Lee: Alberto y Lost Trios Paranoias
Peter Saville: Artdirector und Mitbegründer von Factory Records
Paul Morley: Autor, *New Musical Express*
Liz Naylor: Autorin, »No City Fun«
Terry Mason: Tourmanager von Joy Division
Iain Gray: Zeitzeuge
Ian Curtis: Joy Division
Mark Reeder: Factory Deutschland
Michael Butterworth: Buchhändler
Martin Hannett: Produzent für Factory Records
Pete Shelley: Buzzcocks
Alan Hempsall: Crispy Ambulance
Richard Boon: Manager der Buzzcocks
Kevin Cummins: Fotograf
Jeremy Kerr: A Certain Ratio
Bob Dickinson: Autor, *New Manchester Review*

Richard Searling: Grapevine Records, DJ im Wigan Casino
Rob Gretton: Manager von Joy Division, Mitbegründer von Factory Records
Lesley Gilbert: Freundin von Rob Gretton; Zeitzeugin
Richard Kirk: Cabaret Voltaire
Malcolm Whitehead: Filmemacher
Jon Wozencroft: Zeitzeuge
Lindsay Reade: Ehefrau von Tony Wilson; Zeitzeugin
Jill Furmanovsky: Fotografin
Dave Simpson: Zeitzeuge
Mary Harron: Autorin, *Melody Maker*
Annik Honoré: Zeitzeugin
Gillian Gilbert: Freundin von Stephen Morris; Zeitzeugin
Anton Corbijn: Fotograf
Daniel Meadows: Fotograf
Dylan Jones: Zeitzeuge

EINFÜHRUNG

Bernard Sumner: Obwohl wir erwarteten, dass uns die Musik einfach zuflog, hatten wir kein großes Interesse an dem Geld, das wir vielleicht einmal damit verdienen würden. Wir wollten einfach etwas machen, das schön anzuhören war und uns emotional berührte. Karriere oder so was hat uns nicht interessiert. Wir haben keinen einzigen Tag im Voraus geplant.

Peter Hook: Ian hat die Impulse gegeben. Wir nannten ihn »den Entdecker«. Er sagte zum Beispiel so was wie: »Klingt gut, wir nehmen noch ein bisschen Gitarre dazu.« Wir wussten nicht, was gut klang, aber er schon, weil er einfach nur zugehört hat. Das hat das Songwriting beschleunigt. Es gab immer einen, der zugehört hat. Ich kann's nicht erklären, das war reines Glück. Hatte gar keinen bestimmten Grund. Wir haben uns das ehrlich nicht überlegt, es ist einfach so gekommen.

Stephen Morris: Er war eher zurückhaltend mit dem, was er geschrieben hat. Ich glaube, mit Bernard hat er ein bisschen über die Songs gesprochen. Er war ganz anders, als er auf der Bühne gewirkt hat. Bevor er zwei bis drei Starkbier getrunken hatte, war er schüchtern. Danach kam er ein bisschen in Fahrt. Als ich Ian zum ersten Mal auf der Bühne sah, konnte ich's kaum glauben. Er hatte sich in eine wilde Windmühle verwandelt.

Deborah Curtis: Er war sehr ehrgeizig, wollte einen Roman schreiben, Songs schreiben. Und es schien ihm sehr leicht zu fallen. Bei Joy Division kam das alles für ihn zusammen.

Tony Wilson: Ich weiß immer noch nicht, wo Joy Division eigentlich herkam.

1
DIE SPRACHE DER STÄDTE

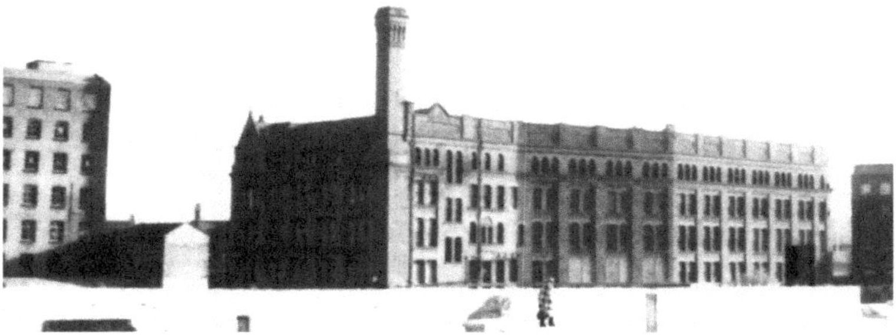

Fabriklandschaft, Greater Manchester, Oktober 1977 (Jon Savage)

Tony Wilson: Ich denke, dass im französischen Situationismus der Fünfzigerjahre die Psychogeografie und die Stadt als Konzept im Zentrum standen, und genauso gehörte auch die im Niedergang begriffene Stadt zum Leben von Joy Division: Das waren Jungs aus Macclesfield und Salford, und dann war da noch die Stadt – Manchester. Sie zieht sich thematisch durch das Ganze hindurch, Manchester als die archetypische moderne Stadt.

C.P. Lee: Früher hat man gesagt: »Was man heute in Manchester denkt, wird morgen in London gemacht.« Im neunzehnten

Jahrhundert war das ja wirklich ein unglaublich innovativer Ort. In Salford, das nicht zu Manchester gehört, aber direkt daneben liegt, gab es die erste Straßenbeleuchtung, die ersten Straßenbahnen. All das kam aus Manchester: der soziale Wohnungsbau, die erste öffentliche Leihbibliothek – viele großartige Innovationen, die wir für Erfindungen des zwanzigsten Jahrhunderts halten, sind dort im neunzehnten Jahrhundert entstanden.

Aber gleichzeitig birgt das alles auch ein Spannungsverhältnis. Ein Spannungsverhältnis, das um den Pöbel herum entsteht, die Arbeiterklasse. Sie tritt als Meute auf. Einige führende Persönlichkeiten in Manchester wollten mit diesen Leuten arbeiten und vieles verbessern, die Stadt nach vorne bringen, aber es gab andere, die den Pöbel für sehr gefährlich hielten, wodurch Spannungen entstanden.

Ein Viertel wie Angel Meadows heißt so, weil die Toten so dicht unter der Erde lagen, dass ihre Knochen herausschauten, wenn es regnete hatte und die oberste Erdschicht weggespült worden war. Das waren Gegenden, die Polizisten grundsätzlich nur zu zweit betraten. In den Dreißigerjahren war mein Vater Polizist und musste dort mit einem Kollegen auf Streife gehen. Um drei Uhr morgens saßen die Leute noch draußen, und mein Vater fragte: »Wieso sitzen die da?« Der andere meinte: »Die bleiben so lange sitzen, bis sie vollgesoffen sind, damit sie trotz der Bettwanzen schlafen können.«

Man hatte also eine innovative, wohlhabende Stadt, was der Baumwollindustrie zu verdanken war. Manchester wurde ja auch Cottonopolis genannt, war entstanden mit Blick auf die Zukunft, durch Visionen von der Zukunft. Es gab fantastische Errungenschaften wie den Ship Canal. Dreißig Meilen weit entfernt liegt das Meer direkt vor Liverpool, aber Manchester hat nicht untätig zugesehen. Man hat sich gesagt: »Wir bringen das Meer in die Stadt«. Und hat den Ship Canal gebaut, einfach fantastisch.

In Salford gab es Hafenanlagen, weshalb es auch Barbary Coast genannt wurde. Dort lebten lauter dunkelhäutige Matrosen aus Indien, auch viele Italiener, Spanier und andere Menschen aus dem Mittelmeerraum, die mit Ohrringen und Halstüchern herumspaziert sind, das war fantastisch. Männer mit Affen auf den Schultern. Dank der Hafenanlagen kamen sie alle nach Manchester, und die Stadt wurde zu einem unglaublich opulenten Schmelztiegel der unterschiedlichsten Einflüsse und Stile. Gleichzeitig barg sie aber auch viele Schattenseiten für die Arbeiterklasse, die nicht unbedingt was vom Kuchen abbekommen hat.

Anfang des neunzehnten Jahrhunderts entwickelte sich eine riesige politische Bewegung, zunächst im englischen Nordwesten. Die Chartisten und die Befürworter des Freihandels wollten im Prinzip genau das, was wir jetzt haben, nämlich ein allgemeines, freies Wahlrecht. 1819 veranstalteten sie eine Massendemonstration auf dem St. Peter's Field in Manchester. Und was macht man, wenn Leute das Wahlrecht fordern? Man schickt ihnen die Kavallerie auf den Hals. Die Kavallerie hat die dort Versammelten massakriert. Hunderte wurden verletzt, fünfzehn starben, wahrscheinlich sogar mehr.

Das Ganze wurde mit dem Bau der Manchester Free Trade Hall gefeiert, sie wurde zu einem gewaltigen Epizentrum der psychogeografischen Energie. Alle wichtigen Künstler und Musiker des zwanzigsten Jahrhunderts sind dort aufgetreten. Außerdem war sie ein Ort der politischen Auseinandersetzungen. Wenn die Gewerkschaften streikten, hielten sie dort ihre Versammlungen ab. Louis Armstrong hat dort gespielt, Bob Dylan wurde 1966 ausgebuht und ausgepfiffen. 1976 traten die Sex Pistols in der Free Trade Hall auf, und 1996 segnete der Dalai Lama dort die Menschen aus Manchester.

Sie wurde auf einem blutigen Schlachtfeld errichtet. Das ist es auch, was Manchester so einzigartig macht, weil es diese unglaubliche Dichotomie zwischen Besitzenden und Besitzlosen gibt, den Reichen und den Armen, den Denkern und den Nicht-Denkern. Dieses Spannungsverhältnis und diese Energie haben

Manchester zu der lebendigen und bedeutenden Stadt gemacht, die sie heute ist.

Tony Wilson: Bei zwei Begriffen dachte man immer an die Städte im englischen Norden, insbesondere an Manchester. Der eine war »Slum« – ich hab noch im Ohr, wie Laurence Olivier auf Granada TV in einem Stück von Harold Pinter sagt: »You're a slum slug.« Slums waren dreckige Wohngebiete der Arbeiterklasse. Der andere Begriff ist »Arbeitslosigkeit«. Das sind die beiden Begriffe – das »S«-Wort und das »A«-Wort –, meist in Verbindung mit »dreckig«. Manchester war eine wirklich dreckige Stadt, eine dirty, dirty old town. Ich glaube, wir mussten uns ganz schön Mühe geben, um nicht zu vergessen, dass sie historisch gesehen das Zentrum der modernen Welt war, dass wir hier die industrielle Revolution erfunden hatten; aber damit eben auch diese Zustände.

Ich bin erst vor Kurzem dazu gekommen, Elizabeth Gaskell zu lesen, ihren Roman *Mary Barton.* Im Prinzip entstand die Idee zum Kommunismus dadurch, dass Marx und Engels sich die ganze Scheiße angesehen haben, die erste Industriestadt.

Der große Triumph von Manchester in der Mitte des neunzehnten Jahrhunderts war, dass die erste große Industriestadt nach dem Amerikanischen Bürgerkrieg gespalten war, und zwar aus der Perspektive ihrer Einwohner, zum Glück: Wir haben nämlich zu denen gehalten, mit denen wir keine Geschäfte gemacht haben. Unsere Geschäftspartner waren die Plantagenbesitzer, aber jedes Mal, wenn der Süden und Richmond wollten, dass wir die Konföderation anerkannten, verhinderten aufständische Arbeiter in Manchester das. Westminster machte einen Rückzieher und erkannte den Süden nicht an. Deshalb gibt es in Manchester auch einen Lincoln Square.

Die meisten Menschen in Manchester wissen gar nicht, warum wir einen Lincoln Square haben, da keiner die Inschrift lesen kann. Präsident Lincoln hat in einem Brief an die arbeitende

Bevölkerung von Manchester geschrieben, sie habe zu den wichtigsten Kräften bei der Überwindung dieses Übels gehört. Und das entgegen der eigenen Interessen. Weil wir uns nicht mit unseren Geschäftspartnern, den Plantagenbesitzern, identifiziert haben, sondern glaubten, mit den schwarzen Sklaven mehr gemein zu haben, was vermutlich sehr wahr ist.

Trotzdem waren wir danach gearscht. Außerdem wurde damals die Schifffahrt, vor allem Frachttransporte, ein wichtiger ökonomischer Faktor. Es gibt eine wunderbare Statistik aus der Zeit um 1870: Der Transport einer Tonne Kohle von New York nach Liverpool kostete sechs Shilling und vier Pence; dieselbe Tonne Kohle von Liverpool nach Manchester zu befördern kostete acht Shilling und sechs Pence. Im Prinzip waren wir also dadurch gearscht, dass wir keinen Hafen hatten. Daher sagten sich ein paar Mancunians, im wahren Geist der Stadt: »Na gut, dann bauen wir eben einen Hafen in Manchester.«

Also ging's los, und es wurde ein Kanal von der Mersey-Mündung bis nach Manchester hinein gebaut. So richtig hat das allerdings nicht funktioniert, weil die ganzen modernen Fabriken auf der Liverpooler Seite des Mersey standen und es eigentlich keinen Grund gab, den Ship Canal runterzufahren. Aber dann meinte jemand: »Warum bauen wir nicht an einem Ort, der sich besonders gut für moderne Fabriken eignet?« Und dann ist das weltweit erste Industriegebiet entstanden, Trafford Park war das, und dadurch kam dann auch der Ship Canal in Schwung. Das Geschäft meiner Eltern befand sich eine halbe Meile von der Hafeneinfahrt in Salford entfernt.

Bernard Sumner: Weil alles so hässlich war, hielt man ständig nach etwas Schönem Ausschau, wenn auch vielleicht nur unterbewusst. Ich glaube, bis ich ungefähr neun war, hatte ich noch keinen Baum gesehen. Ich war von Fabriken umgeben, und da war nichts Schönes, gar nichts. Man hatte also eine Wahnsinnssehnsucht nach schönen Dingen, weil man sich halb in einem

Zustand der sensorischen Deprivation befand, dadurch dass man in einer so brutalen Umgebung aufwuchs. Und wenn man doch mal was Schönes sah oder hörte, dachte man, »oh, eine neue Erfahrung«, und war total dankbar dafür.

Ich weiß noch, wie ich als Scooter Boy mit meinem Roller aufs Moor rausgefahren bin und gar nicht fassen konnte, wie weit man dort in die offene Landschaft schaut. Durch den Scooter hatte ich auf einmal die Freiheit, mich zu bewegen, mitten im Winter aufs Moor rauszufahren, die Schule zu schwänzen. Überall lag dort Schnee. Ich bin da hochgefahren, hab mich einfach nur umgesehen und gedacht: »Wahnsinnig schön.« Das ist mir bis heute geblieben.

Die Berge sind der Zufluchtsort vor all dem Schrecklichen, der toten Industrielandschaft von Salford und weiten Teilen von Manchester; der krasse Gegensatz zwischen dem Moor und dem Industriedreck, von dem wir in den Sechzigerjahren umgeben waren. Ich weiß noch, wie mir mal jemand auf dem Nachhauseweg von der Schule erzählt hat, dass Salford als größter Slum Europas galt, und ich konnte es nicht glauben, weil ich ja dort gelebt habe. Ich hab mal gelesen, in Salford wohnen sei so, als würde man siebzig Zigaretten pro Tag rauchen.

Tony Wilson: Salford und Manchester sind praktisch dasselbe. Im Hubschrauber müsste man schon sehr tief fliegen, um den River Irwell zu erkennen, der die beiden Städte trennt, und trotzdem gab es früher Konflikte. Wenn jemand in Amerika sagte, »ach, du kommst aus Manchester?«, haben Leute wie ich geantwortet: »Nein, ich komme aus Salford.« – »Ist doch dasselbe.« – »Nein, ist es nicht.« Salford hatte seinen eigenen Stolz; es war bereits achthundert Jahre vor Manchester eine echte Stadt gewesen, wirkte jetzt aber wie eine Arbeitersiedlung am Rande des urbanen Zentrums von Manchester.

Zu den Eigentümlichkeiten dieser ganzen Entwicklung, der Erneuerung dieser ganzen Stadtregion, wie wir das jetzt nennen, gehört auch, dass Mitte der Achtziger Leute wie ich plötzlich gesagt haben: »Ich komme aus Manchester.« Da stand dann der Begriff »Manchester« für das gesamte Projekt, das Projekt des Wiederaufbaus dieser extrem vernachlässigten, schmutzigen, heruntergekommenen Gegend von Manchester und Salford.

Bernard Sumner: Ich bin in Salford aufgewachsen, in Lower Broughton, in der Alfred Street 11, bei meinen Großeltern und meiner Mutter. Und das war sogar gut. Eigentlich müsste ich sagen: »O Gott, es war schrecklich, so ein trister, fürchterlicher Ort. Überall nur Fabriken.« Am Ende unserer Straße war eine Chemiefabrik, am anderen Ende wohnte eine Verbrecherfamilie, aber das hat das Leben dort interessant gemacht.

Damals lebten eine Menge witzige Gestalten dort, und es gab viele Pubs, ganz in der Nähe vom River Irwell, an dem einen im Sommer auch unzählige Stechmücken quälten, das weiß ich noch. Aber man konnte überall zu Fuß hingehen. Meine Grundschule war ungefähr fünf Minuten von zu Hause entfernt, was mich nicht davon abgehalten hat, jeden Tag zu spät zu kommen. Ich hab deshalb immer schrecklichen Ärger bekommen, und die Lehrer meinten: »Aber du wohnst doch nur fünf Minuten entfernt, wie ist das denn möglich?«

Eigentlich war's wirklich lustig da, konnte aber auch brutal sein. Einmal wurde ich von einer mit Speeren bewaffneten Bande gejagt, das war schon ganz schön beängstigend. Einmal auch von Typen mit Säbeln, Frauen standen auf der Straße und stritten, Leute wurden mit Eisenstangen verprügelt, aber ich würde trotzdem jederzeit wieder dorthin ziehen. Wenigstens gab's keine Schusswaffen. Es ging derbe zu – ich weiß, das ist ein Klischee –, aber es herrschte auch ein ganz fantastischer Gemeinschaftssinn.

In den Sechzigerjahren hat wohl jemand bei der Verwaltung festgestellt, dass die Chemiefabrik, meine Straße und mein ganzes Viertel der Gesundheit nicht unbedingt dienlich waren, und irgendwas musste weichen. Leider war's mein Viertel, das daraufhin verschwand. Als ich elf war, hat meine Mutter geheiratet, deshalb sind wir aus dem Haus meiner Großeltern raus und in eine Gegend namens Greengate auf der anderes Seite des Irwell gezogen.

Das war ein Wohnblock, den ich fantastisch fand. Für mich war das, als würden wir nach New York ziehen. Dort gab's eine Zentralheizung, wir hatten eine Badewanne und eine Wäschekammer, wo man seine Handtücher trocknen konnte. Ich dachte: »Das ist es, wie im Buckingham Palace.« Ich hab die Blocks geliebt und fand's toll, wie Manchester umgestaltet wurde. In meinen Augen haben sie New York draus gemacht, und das war aufregend, das war die Zukunft.

Als Allererstes hab ich mich in die Wäschekammer gesetzt und die Heizung voll aufgedreht, hab so getan, als wär's eine Sauna. Ich dachte: »Super, das ist eine Sauna, ich lebe in einem Palast.« Aber ich hatte mich geirrt. Es war furchtbar, dort zu wohnen, weil es den Gemeinschaftssinn nicht mehr gab, den wir auf der anderen Seite des Flusses noch gehabt hatten. Dort hatte jeder jeden gekannt; an einem schönen Sommertag hatten alle draußen gesessen und sich unterhalten. Das war alles weg. Es war ein Leben wie im Gefängnis. Zu Hause hatte man zwar alle Annehmlichkeiten, aber man war völlig isoliert.

Peter Hook: Ich wurde in Ordsall in Salford geboren und bin dort größtenteils auch aufgewachsen, abgesehen von den drei Jahren, die ich aus irgendeinem komischen Grund in Jamaika verbracht habe. Salford ist was Besonderes, Manchester nicht. Ich bin nicht stolz drauf. Salford hat den Ruf, sehr stur und aggressiv zu sein, wohingegen Manchester einfach Manchester ist. In Salford zu leben, war immer anstrengend. Es ist sehr arm, sehr unterdrückt, sehr industriell.

Es ist interessant, wenn Bernard sagt, dass *Unknown Pleasures* daher kommt, was vermutlich stimmt. Ich glaube nicht, dass Bernard und ich bewusst versucht haben, da rauszukommen. Ehrlich gesagt, waren wir mit unseren Leuten dort ganz zufrieden. Aber ich glaube, unterbewusst hat sich das doch sehr auf einen ausgewirkt.

Stephen Morris: Als ich aufgewachsen bin, sind wir immer nach Manchester und wieder zurück gefahren. Ich weiß noch, wie ich das erste Mal in Manchester war, da standen diese ganzen dicht an dicht gebauten Reihenhäuser. Wenn man das nächste Mal hingefahren ist, lag nur noch ein Haufen Schutt da, und beim übernächsten Mal wurde schon wieder gebaut. Als ich noch ein Teenager war, war's schon eine Betonfestung, ziemlich futuristisch damals. Da war das College of Music, und überhaupt war die Oxford Road in den Siebzigern ganz schön futuristisch. Es gab auch düstere Ecken, aber im Vergleich zu Macclesfield war Manchester eine glamouröse Großstadt.

Peter Saville: Geografisch ist Manchester sehr speziell. Die Stadt scheint Ringe um sich herum zu bilden. Kaum jemand hat im Zentrum von Manchester gelebt, auch in dieser Hinsicht ist die Stadt anders als London oder Liverpool oder noch ältere Städte wie Bristol. Die Wohngebiete von Manchester entwickelten sich um das unmittelbare Stadtzentrum herum. Im Verlauf des neunzehnten Jahrhunderts und auf jeden Fall im zwanzigsten Jahrhundert rückten die begehrten Wohnlagen immer weiter nach außen.

Die Stadt hat eine relativ bescheidene Größe, deshalb kann man gut am Rand von Greater Manchester leben und ist trotzdem in zwanzig bis fünfundvierzig Minuten ins Zentrum gependelt, je nach Tageszeit. Ich habe unten im Süden von Manchester gelebt, an der Grenze zu Cheshire, im Stockbroker Belt. Und als ich auf dem Art College war, fuhr ich jeden Tag ins Zentrum. Damals wusste ich das, was ich da sah, nicht wirklich zu schätzen, ich habe das eher unterbewusst aufgenommen.

Eigentlich ist es mir gar nicht aufgefallen, bis ich in der Londoner Innenstadt gelebt habe und mir klar wurde, wie viel homogener die sozialen und geografischen Bindungen sind, wenn man mitten in einer großen Stadt wie London wohnt. Erst als ich schon ein paar Jahre aus Manchester weg war, begriff ich, dass ich auf der Fahrt von den Rändern ins Zentrum praktisch jeden Tag einen Querschnitt des britischen Sozialprofils vorgeführt bekommen hatte. Auf so einer halbstündigen Fahrt nach Manchester raus oder rein sieht man viele unterschiedliche Lebensweisen und Aktivitäten: Ackerland und Vorstadt, Innenstadtbezirke, in denen das Leben schwieriger ist und den Menschen mehr abverlangt, und dann gelangt man in das von der Geschäfts- und Berufswelt, vor allem vom Einzelhandel geprägte Stadtzentrum.

Ich denke, das ist eigentlich eine ziemlich gesunde Erfahrung. Es wird nichts versteckt, das ganze Spektrum des Lebens ist da. Dort, wo ich aufgewachsen bin, habe ich eine Art romantische Sicht auf die Stadt mitbekommen, auf eine industrielle Stadt – oder zu diesem Zeitpunkt besser gesagt auf eine postindustrielle Stadt. Ich fand Fabriken und Lagerhäuser spannend. Ich musste mich ja auch nicht in einer solchen Umgebung durchs Leben schlagen. Für mich war das eine Art Skulpturenpark.

Paul Morley: Man musste nicht weit aus dem Zentrum heraus, bis einfach alles zerfallen war und es nichts mehr gab. Alles war bombardiert und nie wieder aufgebaut worden. Man hatte nicht das Gefühl, dass irgendwas wieder aufgebaut und in was Neues verwandelt werden sollte. Man hatte das Gefühl, dass es immer so bleiben würde.

Liz Naylor: Da hat niemand gewohnt, da war nichts. Das war eine postindustrielle Stadt, leer. Ich bin gerne dort herumspaziert. Ich weiß noch, wie sich das 1978 angefühlt hat, wenn ich die Tib Street entlanggegangen bin, die jetzt zum Northern Quarter gehört. Für mich wird es immer 1978 bleiben. Und ich sehe auch wirklich noch das alte Eighth Day in All Saints vor mir, das jetzt ganz anders ist als der kleine Laden, der's früher war.

Als junge Frau war das für mich wirklich eine unglaubliche Art, die Stadt zu erleben. Und ich war auch immer alleine. Ich hab nicht mit Freunden zusammen die Schule geschwänzt; das war eine sehr einsame Erfahrung in der Stadt, und ich hatte keine Angst davor. Ich habe ihren Zerfall sehr geliebt, weil der natürlich meiner Depression entsprochen hat. Aber ich hab mich nicht schlecht benommen; ich war nur unglaublich deprimiert und selbstmordgefährdet, deshalb war's perfekt, Ende der Siebzigerjahre durch Manchester zu gehen. Das war das, was ich machen wollte.

Da kam es zu einer Kollision zwischen dem Vorkriegs-Manchester und dem nach dem Krieg halb niedergerissenen, in dem neue Slums entstanden, sodass beide nebeneinander existierten. Der Norden von Manchester war wie ein Bombenkrater, das war erschreckend. Ich musste immer zu Fuß in die Stadt, also bin ich die Oldham Road und die Rochdale Road entlang, die damals wirklich trostlos waren. Überall leerstehende Gebäude ohne Fenster und Trümmergrundstücke. Der Krieg war wieder da.

Die Stadt war damals voller Vertriebener, und auch ich fühlte mich extrem vertrieben und entmachtet. Nirgendwo fühlte ich mich je mehr zu Hause. Joy Division waren mir gefühlsmäßig sehr nah. Sie waren meine erste Band. Ich denke, sie waren eine Band, die Außenseiter angesprochen hat, auch Mädchen. Ich hab mich vielleicht nicht wie ein Mädchen gefühlt, aber ich war eins und auch sehr verletzlich, und sie haben mich wirklich berührt. Ich halte Joy Division für eine sehr atmosphärische Band: Eigentlich betrachtet man sie gar nicht als Band, sondern als Ansammlung von Umgebungsgeräuschen.

2

1966 – 76

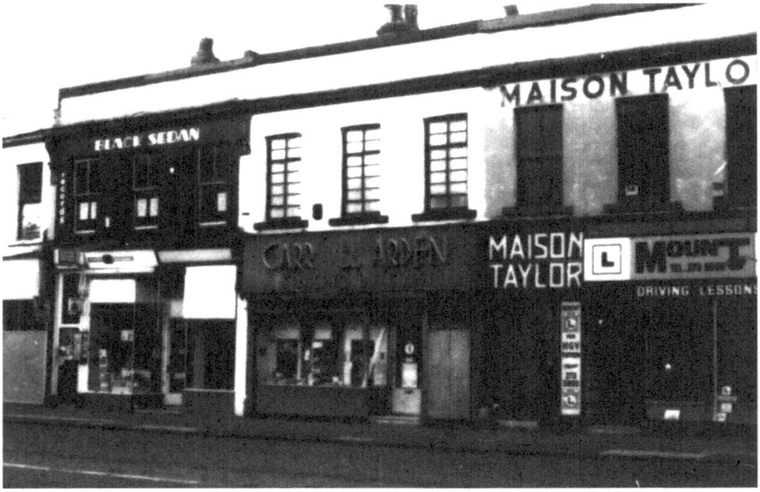

All Saints, Manchester, Oktober 1977 (Jon Savage)

Bernard Sumner: Ich stand total auf Musik. Als ich sechzehn war, fragte mich meine Mutter, was ich mir zu Weihnachten wünschen würde, und ich sagte: »Eine Gitarre.« Sie kaufte mir eine nachgebaute Gibson SG, aber als ich sie bekam, wusste ich zuerst nicht, was ich damit anfangen sollte, weil man eigentlich mit anderen zusammen spielen muss. Sie blieb deshalb jahrelang in der Ecke stehen und fing Staub, was mich wirklich geärgert hat, weil ich Verschwendung nicht leiden kann. Ich wollte wissen, was für ein Potenzial sie hatte, und deshalb eine Band gründen. Ich mochte Musik, wollte mein Geschenk nicht verschwenden und rausfinden, was sich damit anstellen ließ. Die Gitarre stand in der Ecke und meckerte mich an: »Mach was mit mir.«

C.P. Lee: Bis 1966 gab es über zweihundert Beat-Clubs in Manchester und Umgebung, es war eine sehr angesagte Stadt. Auch nach 1966 gab es noch unglaublich viele, die dann aber allmählich in Cabaret-Theater umgewandelt wurden. Bernard Manning hat mal gesagt: »Wenn man einen Club in Manchester eröffnet, ist das praktisch eine Gelddruckmaschine.« Die Stadt war definitiv ein Epizentrum: Die Leute sind mit Bussen teilweise sogar aus Nottingham angereist, weil sie wussten, dass das Nachtleben hier billig, aufregend und fantastisch war.

In den Sechzigerjahren hatte sich das gesamte Stadtzentrum gewissermaßen dem Hedonismus verschrieben. Es gab jede Menge leerstehende Fabrikgebäude und immer mehr billige Hotels und verfügbare Zimmer, direkte Straßen- und Zugverbindungen, sodass Manchester günstig und leicht zu erreichen war, und ein gewisser Anteil der Bevölkerung war immer bereit, für Entertainment zu sorgen. Musik hat das Stadtleben in Manchester schon immer ganz wesentlich geprägt.

Ab dem neunzehnten Jahrhundert gab es Leierkastenleute und Straßenbands, in allen Pubs wurde in der einen oder anderen Form Musik gespielt. Das war lange vor der Erfindung der Jukebox. Livemusik war in vielen Kneipen ein absolutes Muss. In den Sechzigerjahren ging dann der Beat-Boom in Cabaret-Clubs über, danach kam Disco. Gegen Ende des Jahrzehnts wurde es allerdings schwierig für Livemusiker. Es gab einen ganz bestimmten Chief Constable, einen unnachgiebigen Schotten namens McKay, der sich vorgenommen hatte, sämtliche Beat-Clubs und alle Läden zu schließen, in denen Livemusik stattfand, wodurch es immer schwieriger wurde, seinen Lebensunterhalt mit Musik zu verdienen.

Tony Wilson: Manchester war immer schon eine Stadt der Clubs gewesen, und in den Sechzigern hatten wir einen wunderbaren Laden namens The Twisted Wheel, wo wir viele Purple Hearts und Speed genommen und zum ersten Mal Eric Clapton und diese ganzen großartigen Blues-Leute gesehen haben. Es gab also eine Geschichte und eine Kulturtradition trotz des wirtschaftlichen Abschwungs.

C.P. Lee: Das harte Durchgreifen gegen die Jugend in den Sechzigerjahren führte zu einer Flaute in der Livemusik. Das Ganze ging mit dem Anstieg der Arbeitslosigkeit und dem Gefühl einher, dass Teenagern viele Chancen vorenthalten blieben. Es herrschte eine Düsternis, die wir mit dem Abriss der alten Reihenhaussiedlungen und den neuen Beton-Gulags in Verbindung brachten, eine Atmosphäre der Hoffnungslosigkeit, die zu den Sehnsüchten der damaligen Zeit passte. Man brauchte wenig mehr als einen Farbfernseher und ein Paar elegante Schuhe, um als erfolgreich zu gelten, aber die Leute wollten mehr.

In der Popmusik bekamen Teenager einen entsetzlichen Müll vorgesetzt. Sie war zum Leviathan geworden, einer großen verunsicherten Bestie, die schulterzuckend Genesis und Electric Light Orchestra hervorbrachte, größenwahnsinnige Bands, die in Stadien spielten und sich Teppiche in Umzugswagen liefern ließen, um das Schlagzeug draufzustellen. Das war die Entmündigung der Jugend. Jugendliche wollen Teil der Rockmusik sein, nicht nur Beobachter, sie wollen daran mitwirken.

Bernard Sumner: Ich hatte es geschafft, die Prüfungen für den Besuch der weiterführenden Schule zu bestehen, und ging danach auf die Salford Grammar. In jeder Stunde saß ich ganz hinten, weil ich eigentlich gar nicht schlau genug für die Schule war, glaube ich, jedenfalls nicht im akademischen Sinne. Da fiel mir ein anderer Junge auf, der ebenfalls immer hinten saß, Peter Hook. Wir haben da sozusagen gemeinsam unsere Zeit vertrödelt. Ich sah einfach keinen Sinn in dem, was die mir beibringen wollten. Ich dachte: »Was soll ich mit Logarithmen anfangen, wozu brauche ich die in meinem Leben?«

Durch die Spaghetti-Western habe ich mich zum ersten Mal richtig für Musik interessiert, für Ennio Morricone. Mit sechzehn sah ich *Zwei glorreiche Halunken* im Kino. Wir hatten keinen Plattenspieler zu Hause, nur ein Radio, und eigentlich hat mir Musik damals wenig bedeutet, aber als ich die zur Musik passenden Bilder sah, fand ich das unglaublich stark. Das war eine Offenbarung.

Ich kann mich noch erinnern, als Jimi Hendrix starb und ich das gar nicht kapiert habe, für mich klang seine Musik einfach nach Krach. Ich weiß noch, wie ich in der Schule neben einem Jungen gesessen und ihn gefragt habe, ob er Jimi Hendrix mag. Als er Ja sagte, meinte ich: »Aber da gibt's doch gar keine Melodie, das ist doch einfach nur Krach.« Und er hat sich zu mir umgedreht und gesagt: »Aber mir gefällt's.« Mehr wollte er nicht dazu sagen. Das hat mich fasziniert, also bin ich los und hab mir die Platte gekauft, hab sie ungefähr fünfmal gehört und gedacht: »Jetzt hab ich's kapiert.«

An der Salford Grammar School gab es eine vielfältige Musikkultur. Das war eine sehr aufregende Zeit für Musik. Wir sind immer in einen Jugendclub gegangen, der hieß North Salford Youth Club, gegenüber den Lower Broughton Baths. Damals gab es dort zwei Räume: einen unten, wo Tamla Motown, Stax und Ska liefen, und einen oben, wo man die Stones, Led Zeppelin und Free hören konnte – und Jimi Hendrix.

Abgesehen von der Musik hatten wir, glaube ich, keine Identität. Die Schule war echt groß, und ich vermute mal, wenn man in Salford gewohnt hat, war man eher ein Niemand, ohne große Chancen, es in der Welt zu was zu bringen. Man war Fabrikfutter. Musik gab einem ein Gefühl von Identität. Es war trostlos, und die Winter waren sehr lang, also neigte man dazu, sich in sich selbst zurückzuziehen.

Nicht wie in L.A., wo man jeden Tag mit Rollerskates über die Strandpromenade fährt. Das war eher so: »Scheiße, ist das langweilig. Draußen ist es nebelig, es regnet – was machen wir jetzt? Ich weiß … Lasst uns zu dem und dem gehen. Wir nehmen einen Stapel Platten mit und reden über Musik.« Und irgendwann entwickelte sich daraus: »Lasst uns Musik machen.«

Terry Mason: Hooky kenne ich seit meinem achten Lebensjahr. Bernard habe ich erst kennengelernt, da war ich schon auf der weiterführenden Schule. Ich machte seine Bekanntschaft erst in der dritten Klasse, weil die Schule zweigeteilt war: Es gab die Salford Technical High und die Salford Grammar School. Hooky und Bernard sind auf die Grammar School gegangen, ich auf die Technical High, und obwohl man vorher entscheiden musste, wohin man wollte, wurden wir ab der dritten Klasse einfach zusammengeworfen.

Als wir sechzehn waren, freundeten wir uns an. Wir hatten alle Scooter. Eine Scooter-Gang ist aber nicht der richtige Begriff, zu dem Zeitpunkt gab es ungefähr zehn Jungs mit Scootern in unserem Jahrgang, und nach der Schule haben wir uns verabredet. Obwohl Hooky und Barney ganz woanders gewohnt haben als ich, kamen sie oft in meine Gegend. Wir waren einfach Prolls mit Scootern. Parkas gab's keine, auch keine Union Jacks und keine RAF-Kokarden.

Peter Hook: Bernard hab ich mit elf auf der Salford Grammar School kennengelernt. Wir sind sehr schnell Freunde geworden. Bernard und ich wurden nicht geärgert und gehörten auch nicht zu denen, die andere geärgert haben. Wir standen dazwischen, das war ein ziemlich privilegiertes Dasein. Ungefähr mit sechzehn fing ich an, abends auszugehen. Der erste Club, in den wir regelmäßig gingen, war der Salford Rugby Club montags im Willows, der dann auf Dienstag verlegt wurde. Da waren auch viele unserer Schulfreunde.

Für mich war's einfacher, dahin zu gehen, als für Bernard, der in Broughton wohnte. Ich konnte nach Hause laufen, deshalb wurde das meine Stammkneipe. Dort lief ausschließlich Seventies-Rock – Slade, Deep Purple, Hendrix, Groundhogs, Status Quo. Wir haben Led Zeppelin im Hard Rock in Stretford gesehen, Deep Purple in der Free Trade Hall und so weiter. Heavy Rock. Hat lange gedauert, bis wir richtig ausgegangen sind, zu dem Zeitpunkt mochten wir auch schon Pop, nachdem wir welchen zu hören bekommen hatten. Disco hörten wir erst später, als wir dann irgendwann auch in die Clubs gegangen sind.

Terry Mason: Na ja, das war eine Grammar School, aber ehrlich gesagt hat das keinem von uns wirklich weitergeholfen. Zu dritt brachten wir's auf fünf O-Levels. Damals wurde noch nicht von allen erwartet, dass sie auf die Uni gehen. In unserem Jahrgang waren vielleicht hundertzwanzig oder hundertfünfzig Schüler, und höchstens vier davon haben später die Universität besucht.

Es wurde erwartet, dass man sich einen Job suchte. Da gab es keine großartigen Entwürfe, die Schule war nicht bekannt dafür, dass sie Ärzte hervorbrachte, eher schon Dreher und Maschinenschlosser. Akademische Spitzenleistungen wurden dort keine vollbracht. Die große Fabrik in Salford hieß Ward & Goldstone, eine Maschinenfabrik, die für uns aber reizlos war.

Bernard Sumner: Ich hatte eine ziemlich wilde Zeit an der Schule, weil ich dachte, dass ich nur so lange Spaß haben kann, wie ich jung bin, also hab ich mich nicht besonders reingekniet. Ich wollte ausgehen, Mädchen angraben, klauen gehen und die ganzen unglaublich bescheuerten Sachen, die Schuljungs so machen. Als ich von der Schule runter bin, wollte ich aufs Art College. Ich hatte eine kleine Mappe mit Arbeiten aus der Schule vorbereitet, bin damit zum Bolton College of Art und wurde angenommen.

Als ich nach Hause kam und meiner Mutter davon erzählte, sagte sie Nein. Ich fragte, warum, und sie meinte: »Das kann ich mir nicht leisten.« Sie bat einen Onkel, mit mir zu sprechen, was sehr eigenartig war, weil das ein sehr entfernt verwandter Onkel war, den ich eigentlich gar nicht mochte. Wahrscheinlich, weil er in einem großen Haus in Worsley lebte. Er sagte: »Du kannst nicht aufs Art College gehen, du musst dir eine Stelle suchen und selbst für deinen Lebensunterhalt aufkommen.« Also konnte ich das vergessen und musste mir einen Job suchen.

Meine Mutter kannte einen Gemeinderat mit Beziehungen, der mir einen Job in der Finanzabteilung der Salford Town Hall besorgte, wo ich Steuermahnungen rausschicken musste. Nicht gerade das, was man sich als junger Mensch erträumt. Ich meine, Mathe war immer mein schlechtestes Fach gewesen. Ich war absolut unterirdisch in Mathe. Ich bekam täglich zehntausend Kommunalsteuerforderungen vorgelegt, musste sie in Umschläge stecken, aufreihen, und dann gab's da so eine Walze, die man befeuchtet hat, dann konnte man damit alle Umschläge auf einmal zukleben, ab in die Frankiermaschine und raus damit.

Das reale Leben war für mich ein entsetzlicher Schock. »O Gott, wach auf, so ist das Leben. Wenn du dich da nicht rauswindest wie eine Schlange, dann wird es so furchtbar bleiben.« Ich beschloss, dass ich was mit Kunst machen wollte. Ich war in der Schule beim Berufsberater gewesen, und der hatte gesagt: »Ich hab zwei Jobs für dich: einmal als Friseur« – woraufhin ich meinte, »das hat aber doch nichts mit Kunst zu tun« – »und einen als … weißt du, was Fotografieren ist?« Ich bejahte, und er fragte: »Kennst du die weißen Ränder an den Fotos?« Wieder bejahte ich, und er sagte: »Deine Aufgabe ist es, die weißen Ränder abzuschneiden.« Und ich hab geantwortet: »Auf keinen Fall, scheiß drauf.«

Also hab ich mir die Gelben Seiten geholt und mit meiner damaligen Freundin sämtliche Werbeagenturen in Manchester angeschrieben: »Haben Sie einen Job für uns?« Tatsächlich hab ich sogar zwei bekommen und beide gleichzeitig ausgeübt. Keine Ahnung, wie ich das hingekriegt habe. Der eine war in einer Werbeagentur, wo ich für Zeitungen gearbeitet habe, und bei dem anderen ging's um Fernsehwerbung und Grafiken, aber eigentlich war ich nur der Botenjunge, eine Art Aushilfe. In der einen Woche war ich bei dem einen und in der anderen beim anderen Job.

Der mit der Fernsehwerbung war echt gut, weil da alle ziemlich cool waren. Die hatten alle mit Medien zu tun und standen auf Musik. Auf der Arbeit gab's einen Plattenspieler, und alle haben Musik mitgebracht, aber weil die alle viel älter waren als ich, konnten sie meine Platten nicht ausstehen und haben ständig gemeckert. Die haben so was gehört wie Van Morrison, und ich kam mit Led Zeppelin an: »Mach das leise, das ist doch bloß Krach.« Aber das war sonst ein echt guter Haufen, und ich hatte Spaß an der Arbeit mit denen.

Terry Mason: Im Prinzip wurde es nach Bowie still in der Musik. Es gab sehr viel Uninteressantes, Langhaariges. Viele haben auf das nächste große Ding gewartet. Wir waren alle ein bisschen zu jung, um Bowie richtig mitbekommen zu haben, und auch in keiner Position, in der wir in einer Band hätten spielen können. Man darf nicht vergessen, damals gab es gar nicht viele Leute, die das überhaupt machen konnten.

Wir sahen uns alles Mögliche an: Eddie and the Hot Rods, AC/DC – das war in dem Jahr vor den Pistols. Wir sahen die Kursaal Flyers, Dr. Feelgood … Wir sind zu den Konzerten der Bands an der Peripherie gegangen, nicht zum Mainstream. Deep Purple kamen immer noch alle zwei Jahre, aber so was haben wir uns nicht angesehen. Wir sind zu Bands, die an der Uni gespielt haben, was an sich schon ein Problem für uns war, weil man einen Studentenausweis vorzeigen musste, um reingelassen zu werden.

Bernard Sumner: Ich hatte einen Scooter und Hooky auch, deshalb sind wir zu Pop-Festivals gefahren. Wir haben Bands in der Free Trade Hall gesehen und an der Uni in Manchester, aber neun von zehn Malen kamen wir nicht rein, weil wir Scooter Boys waren oder Skinheads und denen nicht gefiel, wie wir aussahen. Wir kamen aus der Stadt, hatten aber keine Studentenausweise – ich glaube, das war der Vorwand.

Wir haben alle möglichen Bands gesehen, egal wer gespielt hat. Lou Reed in der Free Trade Hall, zum Schluss wurde randaliert. Die Randale war toll. Aber er war auch toll, weil er damals einfach total im Arsch war. Er hat keine Zugabe gespielt, weshalb jemand – und ich hab ihn gesehen, weil ich ganz nah an ihm dran stand, der sah aus wie ein Rod-Stewart-Klon – eine Flasche Bier geworfen hat, und das war ein Volltreffer, sie flog direkt durch das Fell der Bassdrum. Alle haben sich auf den Typen gestürzt, und es ging ab.

Wir sind in einen Club namens Pips in der Fennel Street, hinter der Manchester Cathedral, da gab's verschiedene Räume: einen mit Northern Soul, einen mit David Bowie und Roxy Music und einen mit klassischem Soul. Wenn man einen älteren Freund dabeihatte, kam man mit siebzehn gerade so rein.

Iain Gray: Da sind hauptsächlich Bowie-Fans hingegangen. Das Pips war der einzige Laden, in dem ich Barney und Hooky regelmäßig begegnet bin. Ian Curtis hab ich da nie gesehen, aber die beiden schon – irgendwann kannte man die anderen. Das war der einzige Club in Manchester, in den man gehen konnte. Abgesehen davon war die Stadt echt trostlos, immer noch sehr viktorianisch, Trümmergrundstücke, verfallene Gebäude, nichts Neues.

Stephen Morris: In Macclesfield gab's einen Laden, in dem Bands mit Namen wie El Rio gespielt haben, und es hieß ja, dass man im Pub immer jemanden traf, der meinte: »Ich weiß noch, als der Transporter der Beatles in Chestergate liegen geblieben ist und wir ihn angeschoben haben, der da drüben und ich.« Aber das war alles aus und vorbei, es gab keine Livemusik mehr, Bands konnten nirgendwo spielen.

Ich weiß noch, dass es da ein Café gab, in das wir immer sind, Aggie's Caff. Da gab's eine Jukebox. Wenn man sich eine Platte ausgesucht hat, kam Aggie und meinte: »Wozu soll das gut sein?« Dann hat sie den Stecker gezogen. Und das bringt eigentlich ganz Macclesfield auf den Punkt. Es gab kaum was zu tun, außer sich schon minderjährig zu betrinken – ich war damals ein eingefleischter Verfechter davon.

Wollte man Musikunterhaltung in irgendeiner Form, musste man in die große Stadt fahren. Das bedeutete, dass man in einen Zug stieg, an der Piccadilly Station rauskam und sich die Bands in der Free Trade Hall in Manchester ansah. Dann hattest du's geschafft, wenn du aus der Bahn gestiegen bist, deine Two-and-sixpence hattest und dir Rod Stewart and the Faces, die Kinks oder Bowie ansehen konntest. Manchmal bin ich einfach los und hab mir ein Ticket gekauft, deshalb hab ich sogar mal Gentle Giant gesehen. Das musste man so machen, man musste raus aus Macclesfield, weil es dort absolut nichts, aber auch rein gar nichts gab.

Ich war auf der King's School in Macclesfield, auf die auch Ian Curtis gegangen ist. Er war ein oder zwei Jahrgänge über mir und Aufsichtsschüler, und ich war einer von den schlimmen Jungs – Lösungsmittel und Hustensaft hatten es mir angetan. Als rauskam, dass in meinem Pult nicht die Lehrbücher lagen, die eigentlich dort hätten liegen sollen, sondern lauter leere Flaschen Hustensaft und Waschbenzin, wurde ich schnurstracks an die Luft gesetzt. Ian, den ich wohl gesehen haben musste, in meinem umnebelten Zustand aber wahrscheinlich gar nicht erkannt habe, hatte die Aufgabe, herumzugehen und allen Schülern in die Augen zu schauen. Um zu sehen, wer noch erweiterte Pupillen hatte, weil man daran offenbar den Hustensaft-Junkie erkannte.

Ian Curtis (im Gespräch mit Paul Rambali, *NME*, 11. August 1979): Alle leben in ihrer eigenen kleinen Welt. Als ich ungefähr fünfzehn oder sechzehn war, hab ich mich mit meinen Freunden an der Schule unterhalten, und wir haben gesagt: »Okay, nach dem Abschluss ziehen wir nach London, machen was, das sonst niemand macht.« Ich hab dann in einer Fabrik gearbeitet und war echt glücklich, weil ich den ganzen Tag vor mich hinträumen konnte. Ich musste bloß so einen Wagen mit lauter Baumwollzeug hin und her schieben. Aber nicht mitdenken. Ich hab ans Wochenende gedacht, mir überlegt, wofür ich mein Geld ausgeben würde, welche LP ich mir kaufen wollte. Man konnte gut in seiner eigenen kleinen Welt leben.

Deborah Curtis: Ians Eltern wohnten früher in Hurdsfield, nicht weit von den Hügeln entfernt. Sehr gepflegt, sehr sauber, und ich werde nie verstehen, wieso sie darum baten, in die Wohnung (in Victoria Park, Macclesfield) umziehen zu dürfen. Das war absurd. Sein Dad ist ein stilles, tiefes Wasser. Er war Polizist. Ich glaube nicht, dass Ian mit seinen Eltern gut kommuniziert hat. Sie wollen nichts Schlechtes über ihn glauben.

Stephen Morris: Ian hat bei Rare Records gearbeitet. Ist mir peinlich, aber ich weiß noch, wie ich da rein bin und wissen wollte, ob die Platte von Jobriath da war – Jobriath war Morrisseys Held –, und ich dachte: »Ach, ich komme nächste Woche wieder und hol sie mir, die kauft sowieso keiner.« In der darauffolgenden Woche war sie weg. Ich kann nur vermuten, dass Morrissey sie sich unter den Nagel gerissen hat. Auf jeden Fall hingen eine ganze Menge Leute aus der Punk-Bewegung im Keller von Rare Records rum, und Ian war einer davon. Aber ich kann mich nicht erinnern, jemals eine Platte bei ihm gekauft zu haben.

Mark Reeder: Ian hab ich kennengelernt, als er bei Rare Records gearbeitet hat. Die waren sehr elitär in dem Laden: Alle hatten Bärte und lange Haare, trugen Tweed-Sakkos und hielten sich für was Besseres. Ich hab immer gedacht, dass ich niemals so sein wollte, sollte ich jemals in einem Plattenladen arbeiten. Die waren nicht hilfsbereit, ignorierten die Leute, die in den Laden kamen.

Wenn man mal einen Titel aus Versehen falsch ausgesprochen hat, haben sie sich wahnsinnig über einen lustig gemacht.

Ian war nicht so. Er wollte mir immer Reggae-Platten verkaufen. Das war ungefähr 1974. Ian stand total auf Reggae. Dub. Er hatte noch nicht lange da gearbeitet – ungefähr ein Jahr –, und er war der Jüngste im Laden, der Einzige, mit dem man reden konnte. Wir haben uns über alles Mögliche unterhalten, meistens wechselten die Themen von Musik zu Geschichte und Krieg. Der Krieg hat ihn fasziniert.

Mit ungefähr vierzehn fing ich an, bei Virgin Records zu arbeiten. Ursprünglich nur Teilzeit, bezahlt wurde ich in Platten. Die brauchten jemanden, der an den Wochenenden die Fächer auffüllte, wenn alle im Laden zu tun hatten. Erst hab ich nur ausgeholfen, zum Schluss dann aber richtig dort gearbeitet. Das war damals in den Siebzigerjahren. Es waren echte Hippiezeiten: sehr lange Haare, Schnurrbärte und so.

Es gab eine Sitzecke, weil die Leute immer Kopfhörer geklaut haben. Entweder geklaut oder kaputt gemacht. Also hatte jemand die Idee, eine Sitzecke einzurichten. Der Bezug war aus kotzgrünem Velours, und in die Rückenlehnen waren Lautsprecher eingebaut, aber natürlich saß man nebeneinander und konnte unmöglich was verstehen. Die Lautsprecher ließen sich bewegen, sodass man sie sich ganz dicht an die Ohren hielt und hoffte, dass man dann die Musik vom Nachbarn nicht mehr hörte.

Virgin war ein Laden, in dem man gerne abhing. Deshalb hat es da drin auch so nach Räucherstäbchen gestunken, damit wollte man den Geruch nach Marihuana überdecken. Damals war noch eher Rockmusik als Disco angesagt. 1973 war *Tubular Bells* gerade wahnsinnig erfolgreich gewesen, und dann kamen Tangerine Dream, das waren die Platten, die Virgin bekannt und den Laden in Manchester zu was Besonderem gemacht haben. Die ganzen anderen Plattenläden waren ein bisschen elitär.

Elektronische Musik hat mich fasziniert. Ich weiß noch, 1968 musste man unbedingt eine Stereoanlage haben. Wir hatten eine

Anzeige in der Zeitung gesehen und sind samstagnachmittags zu einem Mann nach Hause gefahren und haben uns seine Anlage angesehen. Das war ein Riesending mitten im Raum, wie ein Schrank, ein Schrank mit Lautsprechern links und rechts, in der Mitte war eine Bar. Um seine Anlage vorzuführen, legte er *Switched on Bach* von Walter Carlos auf, und ich meinte: »Was ist das?«

Davor kannte ich an elektronischer Musik nur *Doctor Who*. Und »Telstar«. Dann hab ich über viele Jahre gar nichts Synthetisches mehr gehört, bis der Typ *Switched on Bach* aufgelegt hat. Das war so was wie die Brandenburgischen Konzerte, gespielt auf einem Synthesizer. Klassische Musik kannte ich, weil ich in der Schule Geige gespielt hatte, aber das war was ganz anderes, und es war in Stereo. Von dem Moment an hat mich elektronische Musik total fasziniert.

Als ich ungefähr zehn war, kam *In the Court of the Crimson King* heraus, und das hat mich umgehauen. Das war Avantgarde, atmosphärisch, und ich saß ganz still da, hab dieser Platte gelauscht, das Cover betrachtet und alles in mich aufgesogen. Während ich bei Virgin gearbeitet habe, war das mein Soundtrack. Als die frühen Alben von Tangerine Dream erschienen, klang deutsche Musik ganz anders als britische. Je eigenartiger sie klang, umso faszinierender fand ich sie. Die ersten Alben von Kraftwerk waren Jazzrock, mit Flöten und so, für meine Freunde vollkommen unhörbar.

Tony Wilson kannte ich schon sehr früh. Er kam immer am Wochenende, kurz vor Ladenschluss. Ich war derjenige, der es aufgedrückt bekam, morgens die Kisten auszupacken, die Platten zu listen und ins Lager aufzunehmen. Deshalb kannte ich jede einzelne Platte bei uns im Laden besser als die Leute, die in Vollzeit da gearbeitet haben. Ich musste denen sagen, was reingekommen war – die hatten keine Ahnung. Die sahen sich nur die Liste an, hatten aber keinen Schimmer, ob das, was sie bestellt hatten, wirklich angekommen war.

Tony bat mich, bestimmte Platten für ihn beiseitezulegen, damit er sie sich anhören konnte. Wenn er sie nicht wollte, hab ich sie am Montag wieder in den Bestand aufgenommen. Er kam rein, und dann hieß es immer »Darling hier, Darling da« – und so hab ich ihn kennengelernt.

Rob Gretton lernte ich kennen, weil er auch ständig in den Laden kam und dort abhing. Das hab ich auch gemacht – hab den ganzen Tag in Plattenläden rumgehangen, über Platten und Musik geredet.

Ian kam zu Virgin, als er in Manchester gearbeitet hat, erst mal nur zum Rumhängen und um sich über alles Mögliche zu beschweren. Er meinte: »Bei Virgin riecht man die Drogen.« Ich hab ihm gesagt, dass wir genau deshalb eben die Räucherstäbchen hatten, aber deren Geruch hielt er für den von Drogen. Er war immer am Witzereißen, sehr lustig, hat ständig Quatsch gemacht.

Paul Morley: Wir hatten Headshops wie Eight Miles High, die *Manchester Free Press*, den *Mole Express* und lauter linksalternative Sachen. Das war damals unsere Rettung – die Musik, die linke Presse und die Buchläden, in denen alternative Kultur zu gedeihen schien. In London gab es natürlich Compendium, und wir hatten eigenartige kleinere Versionen davon, wo man ein bisschen was mit Verstand finden und Sachen entdecken konnte. Damals war nicht alles einfach so zu haben, man musste es erst mal suchen und finden.

Ich arbeitete in einem Buchladen in Stockport, da gab's die großartige blaue Pelican-Reihe mit Sachbüchern, das war meine Bildung. In der Schule habe ich keine Bildung mitbekommen, das ist in diesem Buchladen passiert. Sie hatten auch eine Science-Fiction-Abteilung – *Dangerous Visions* von Harlan Ellison, sämtliche Romane von J.G. Ballard –, es gab Underground-Zeitschriften, und seltsame Folksänger aus der Provinz in Derbyshire kamen rein, um sich ihre wöchentliche Dosis an eigentümlicher Alternativ-Kultur abzuholen.

Geld hat der Buchladen aber mit Softpornos und den Liebesromanen von Mills & Boon verdient. Jeden Monat kamen alte Damen reingewackelt, holten sich zehn Mills-&-Boon-Romane, Männer deckten sich mit Softpornos ein, die wir einmal die Woche von einem Transporter bestellt haben, wenn er vorbeikam. Dann habe ich gebrauchte Schallplatten verkauft. Ich bin nach Manchester gefahren, hab Bootlegs für zwei Pfund gekauft, sie in den Buchladen gebracht, und dort haben wir sie für zwei fünfzig weiterverkauft.

Es kamen Leute, die Kriegsromane kaufen wollten, alles von Sven Hassel. Wenn man zu dieser Zeit im Nordwesten einen unabhängigen Buchladen eröffnet hat, dann war man tendenziell natürlich eher links und ließ die Finger davon, aber um Geld zu verdienen, musste man *Whitehouse* und *Mayfair* verkaufen. Das Schreckliche war, dass man die Hefte auch zurückbringen und umtauschen konnte, sodass ständig verschmierte Softporno-Hefte reinkamen, auf denen verdächtige Substanzen klebten.

Aber interessant waren die Gestalten, die sich die eigenartigen Bücher ansahen, die heutzutage gar nicht mehr ungewöhnlich klingen, aber damals noch völlig abgefahren waren: Ballard, Philip K. Dick und Burroughs. William Burroughs gehörte auf alle Fälle dazu. Das waren die Propheten des Kommenden, sie prägten die kommerzielle Unterhaltungslandschaft, die erst noch zu der werden würde, die wir heute kennen. Zu der Zeit wirkte sie noch sehr eigenartig, und sie war eine wunderschöne Ergänzung, wenn man abgefahrene Musik liebte. Es gab keinen Zweifel, dass beides zusammenhing. Damals machte es keinen Unterschied, ob man Ballard, Dick und Burroughs las, oder Faust, Velvet Underground und Iggy and the Stooges hörte: Man war ständig neugierig auf etwas Seltsames, das einem vielleicht die eigene Situation erklärte, auch wenn das alles nicht direkt was damit zu tun hatte, wo man sich gerade befand.

Und es gab echte Typen. In den Buchladen kam immer ein Kerl namens Paul, der das erste Fanzine gemacht hat, das mir je untergekommen ist. Es hieß *Penetration*, und im Prinzip ging es darin vor allem um Hawkwind. Er kam schwarz gekleidet rein, hatte aber die weißeste Haut, die ich je gesehen habe, und seine Freundin trug immer weiße Spitze. Manchmal kamen sie mit zehn Ausgaben von *Penetration*. Meinen ersten Artikel schrieb ich dafür, über Lenny Bruce, aber Paul klebte ihn aus Versehen in der falschen Reihenfolge auf. Ich glaube, später hat das mein Schreiben beeinflusst, weil mir der Artikel in der falschen Reihenfolge eigentlich ganz gut gefiel.

Da trieben sich jede Menge eigenartige Gestalten herum und natürlich auch Ian Curtis. Ich hatte das Gefühl, wo auch immer er zu der Zeit war – ’74, ’75 –, dass er sich auf ähnlichen Pfaden bewegte, ähnliches Quellenmaterial heranzog, um daraus seine Vision zusammenzusetzen.

Stephen Morris: Ich fuhr immer mit dem Zug und ging zu Savoy Books – bevor es Savoy Books wurde, hieß es The House on the Borderlands. Wir lachten uns ständig kaputt über die alten Knacker, die sich dort die Pornos angesehen haben. Da gab es Science-Fiction, komische Bücher, und in einer anderen Ecke nackte Frauen. Erstaunlicherweise wirkte die Science-Fiction-Literatur auf den Großteil der Kundschaft, die doch eher gleich in die Ecke zu den nackten Frauen verschwand, wenig anziehend. Ich versuchte Rabatt auf ein großes, teures Buch zu bekommen: »Habt ihr das neue von Michael Moorcock da?«

Ian hatte *The Atrocity Exhibition* von Ballard, *Naked Lunch* von William Burroughs und eine Sammlung mit Gedichten von Jim Morrison. Ich weiß noch, dass man zu W.H. Smith gehen konnte und es da auch ganz schön viel Burroughs und Ballard gab, das stand damals einfach so bei dem ganzen anderen Kram.

Michael Butterworth: 1977 machte Bookchain auf. Da gab es alternative Jugendkultur, sowohl gebrauchte als auch neue. Ich muss aber auch klarstellen, dass das zwar der berühmteste von unseren Läden war und der, an den sich alle erinnern, aber nicht der erste, in den Ian Curtis kam.

Alle drei Läden waren nach dem Vorbild bestimmter Londoner Läden eingerichtet: den beiden von Bram Stokes, Dark They Were und Golden Eyed, wo es Comics, Sci-Fi, Bücher über Drogen, Poster etc. gab – und einer Kette namens Popular Books. Als David Britton Ende der Sechzigerjahre in London lebte, ging er immer in eine Filiale in Camden. Die haben alles verkauft, von *Private Eye*, Mädchen-Büchern, Pin-up-Heften und *Penthouse* bis hin zu Filmstills, Postern und anderem Kram.

Wegen dieser Buchläden wollte David (mit seinem damaligen Partner, Charles Partington) einen eigenen im Zentrum von Manchester in der Port Street aufmachen, die geht von der Newton Street ab. Ihr Laden hieß The House on the Borderland (nach dem Roman von William Hope Hodgson), und im Schaufenster hatten sie lauter solche Sachen. Der Schwerpunkt lag auf alternativer Kultur und amerikanischen Importen. Das Schaufenster wirkte sehr exotisch, und vermutlich war es das, was Ian und Steve Morris dort hineingelockt hatte, als sie dem gelben Ziegelsteinweg von den Plakaten bis in den Laden folgten. »Scheiß auf alle Autoritäten« war die Haltung, die hier vermittelt wurde, und das fanden sie ansprechend. Drinnen lief Rock'n'Roll über Lautsprecher, die auch nach draußen auf die Straße gerichtet waren, lange bevor andere Läden so was machten. Und ich meine richtig laut.

Sie waren entfremdete junge Männer, irgendwie anders als die anderen, und sie fühlten sich zu Gleichgesinnten hingezogen. Sie wollten etwas Ausgefallenes und Ungewöhnliches, und das bekamen sie in dem Laden. Vermutlich betrachteten sie ihn als Signalfeuer in dem doch eher trostlosen Manchester der frühen Siebzigerjahre. Ian interessierte sich für Gegenkultur und Science-Fiction. David meint immer, dass sie von Michael Moorcock begeistert waren, dessen schonungslose Fantasyliteratur und dessen Leben sie sehr beeinflusste, das war purer Rock'n'Roll.

Ian hat gebrauchte Ausgaben von *New Worlds* gekauft, dem tollen Literaturmagazin aus den Sechzigern, das Moorcock herausgegeben hat und das sich deutlich von den anderen unterschied, indem es Burroughs und Ballard propagierte, und möglicherweise haben diese Zeitschriften Ians Interesse an diesen Autoren geweckt. Als Gegenleistung dafür, dass sie im Laden aushalfen, durften sie sich nach Belieben Bücher mitnehmen. Sie kamen alle paar Wochen, manchmal auch öfter. Steve am häufigsten. Mit dem engen Kontakt war's dann aber allmählich vorbei, als Ians und Steves Interesse an der Band immer ernsthaftere Züge annahm.

Stephen Morris: Als ich anfing auszugehen, war mein erstes Konzert eins von Hawkwind und Status Quo. Eigentlich stand ich auf psychedelische Musik. Abgesehen von Hawkwind waren die ersten beiden Bands, auf die ich abfuhr, Frank Zappa and the Mothers of Invention und eine Woche später Velvet Underground, und das war's dann. Ich sammelte Bands und weiß noch, dass ich Alice Cooper mochte, bis auf einmal alle Alice Cooper mochten, dann fand ich ihn doch nicht mehr so toll. Eigentlich ist das ganz schön arrogant, aber so war's.

Danach kam Glam. Ich habe zwar behauptet, Macclesfield sei kulturelles Ödland gewesen, aber einmal im Jahr gab's eine Disco – sogar zwei Discos, eine im Rugby Club, wo man zu den Faces und Jeff Beck tanzen und sich prügeln konnte, und eine im Boddington Civic, die später anfing, wo viele hingingen, die auf Glamrock abfuhren. Da liefen Sweet, Bowie und Roxy Music, sodass wir von Psychedelic auf Glamrock kamen – auch das am Anfang, bevor alle anderen drauf abfuhren.

Ungefähr zu der Zeit entdeckte ich Krautrock und Can – ich stand auf *Tago Mago*. Ich sollte auch erwähnen, dass wir eine Band gegründet haben, einer aus der Schule – er hieß Mac – und ich. Wir wollten eine Avantgarde-Jazz-Combo gründen, die Sunshine Valley Dance Band heißen sollte. Alle denken, dass es eine Tanzband sein sollte, und Hooky hielt es für Jazz, aber nein, wir wollten Avantgarde sein – wir wurden allein aufgrund des Namens gebucht und haben dann alle mit einem fürchterlichen Auftritt geschockt.

So richtig abgegangen ist die Band nie, aber durch Macs großen Bruder kam ich an Can und danach auch an Amon Düül und Neu!. Ich bin schon vor Punkrock auf Punkrock abgefahren, nämlich auf MC5 und das erste Album von den Stooges, das hab ich in Manchester bei Kendals gekauft. Alles, was nicht Disco war. Später habe ich diese Haltung noch bereut, aber zu der Zeit war Disco scheiße, und deshalb stand ich auf alles, was ein bisschen langhaarig war. Aber nicht wie die Jungs im Jahrgang über mir, die RAF-Mäntel trugen und mit *Disraeli Gears* oder *The Best of Cream* herumliefen. Ich war alles andere als scharf auf dieses ganze bluesige Zeug, mochte aber einfach alles, was ein bisschen ungewöhnlicher war als Eric Clapton.

Paul Morley: Man hat sich nach Leuten umgesehen, die ähnlich waren wie man selbst. In der Schule war niemand so wie ich. Schließlich haben wir uns alle bei einem bestimmten Konzert gefunden. Zwei oder drei Jahre bevor es so weit war, wussten wir aber nicht, wo die anderen waren. Wenn man zu einem Pink-Floyd- oder David-Bowie-Konzert in der Free Trade Hall gegangen ist, hat man niemanden kennengelernt. Wahrscheinlich waren die anderen da auch irgendwo, aber man hat sie nicht gefunden, weil es da so voll war.

Im Prinzip kam damals – ’74, ’75 – die Musik nach Manchester. Wir dachten immer, die Bands aus unserer Stadt seien nicht das Wahre. Sogar lokale Bands wie IOcc oder Sad Café wirkten eher, als würden sie aus L.A. oder Las Vegas kommen. In Manchester gab es ein paar eigenartige Heavy-Metal-Clubs, wo einheimische Bands gespielt haben, aber die nahm man nicht ernst, weil sie einem immer vorkamen wie Bands, die auch an der eigenen Schule hätten spielen können. Gute Musik konnte auf keinen Fall aus Manchester kommen.

C.P. Lee: Zum Wunderbarsten, was Anfang der Siebzigerjahre in Manchester passiert ist, gehörte das Ankämpfen gegen die fehlenden Auftrittsmöglichkeiten für Berufsmusiker. Mit Music Force wurde eine Arbeitergenossenschaft gegründet, und zwar nach einem Treffen, das Victor Brox, ein Bluesmusiker aus Manchester, Tosh Ryan und Bruce Mitchell einberufen hatten. In der Oxford Road wurden Räumlichkeiten gemietet, wo Bands Equipment und Transporter mieten und sich Plakate entwerfen lassen konnten.

Vor allem aber war da ein Typ namens Martin Hannett, der auch Mitglied der Genossenschaft war. Er war ein Hansdampf in allen Gassen. Er schrieb für die von Music Force herausgegebene Zeitung, die *Hot Flash* hieß. Außerdem hatte er großes Interesse am Mixen und einige Soundsystems entworfen, er kaufte ständig neues Equipment und Geräte, neue Lautsprecher. Im Hinterkopf hatte er allerdings die Vorstellung, Bands zu produzieren, weil er selbst Musiker war. 1975 arbeitete er mit Belt and Braces, einer radikalen Theatergruppe.

Martin Hannett: Ich habe das Büro geleitet. Jeder, der irgendwie Musiker war, kam da irgendwann hin, weil er eine Anlage mieten musste. Es sollte eine Genossenschaft für Musiker sein. Mit dem Band on the Wall ging es los, als Steve Morris nach einer Ewigkeit, die er auf der *Queen Elizabeth II* angeheuert hatte, wieder nach Hause kam und den Laden kaufte. In den Sechzigerjahren war ich jeden Freitag im Band on the Wall. Es gab dort eine Gruppe namens New Religion, die hatten eine über Fußpedal bedienbare Lightshow. Ich glaube, zum Schluss hießen sie Stack Waddy. Die waren gut, schnell und machten sich nichts aus musikalischen Werten.

Belt and Braces war meine zweite Produktion. Die erste war ein Soundtrack für einen Cartoon, den einer an der Poly gezeichnet hatte: *All Kinds of Heroes.* Steve Hopkins kam und meinte: »Ich muss das machen – hilfe!« Er hat geschrieben, und ich hab mich um den Sound gekümmert. Ich hab bei Spiderman King Bass gespielt. Wäre er nicht so blöd gewesen, hätte er der nächste Elvis Costello sein können. Kurz vor Punk waren Sad Café am größten. Damals gab es keine Labels, aber jede Menge Auftrittsmöglichkeiten. Ich hab das Booking an der Poly gemacht, an der Universität, im The Squat, einem kleinen Laden in Chester, im Eric's – ich hatte eine ganze Reihe.

Tosh Ryan war immer dagewesen. Bei Music Force haben wir zum ersten Mal zusammengearbeitet – ich hab sein Plakatgeschäft organisiert, um die Telefonrechnung bezahlen zu können. Die Plakatbanden sind zu allen möglichen Tages- und Nachtzeiten durchs ganze Land gedüst, manchmal wochenlang. Die waren unglaublich umtriebig, haben sich ihre Joints mit Zehn-Pfund-Scheinen angezündet.

Einmal kam Bruce Mitchell mit einer guten Idee ins Büro. Er meinte, er habe mit Tosh gesprochen: Wir sollten ins Wildplakatieren einsteigen, da gebe es eine Menge Geld zu verdienen – zehn Pence pro Plakat. Wir haben Plattenfirmen angesprochen, sie einfach direkt damit überfallen, ihnen erklärt, dass sie diese Form von Marketing unbedingt bräuchten, weil die Bands ihre Plakate sehen wollten, wenn sie in eine Stadt kamen. Das leuchtete ihnen ein.

Tony Wilson: Ich hatte eine Sendung im Fernsehen, weil Granada seltsamerweise immer schon *Top of the Pops* Konkurrenz machen wollte. Denen hat nicht gepasst, dass die BBC eine Sendung hatte, die die Jugendkultur beherrschte, und sie nicht, deshalb waren sie immer neidisch auf *Top of the Pops* gewesen. Ende '74, Anfang '75 hatte ich die Sendung *What's On* bei Granada übernommen, um ins Fernsehen zu kommen. Das war eine Kultsendung, ziemlich cool, und jemand aus dem sechsten Stock meinte: »Wieso machen wir daraus nicht unser *Top of the Pops?*«

Im Herbst '75 bekam ich dann also eine Pilotsendung, aber ein Blick genügte, und sie dachten: »O Gott, damit werden wir *Top of the Pops* sicher keine Konkurrenz machen, aber lassen wir ihm seinen Willen.« Late Night ist nicht der richtige Begriff: Es lief um halb zwölf auf Granada und wurde in London, glaube ich, um ein Uhr morgens ausgestrahlt, wenn Melvyn Bragg sich von zwölf bis eins eine Stunde lang über den Sinn des Lebens ausgelassen hatte, was bei allem Respekt gegenüber Melvyn nicht der beste Anheizer für meine Sendung war.

Zu der Zeit – also im November '75 – hatten wir die Sendung noch als Comedy-Show konzipiert. Wir dachten, die Musik sei unsere Mühe nicht wert, was sich historisch als vollkommen richtig erwiesen hat. Tatsächlich war im Herbst '75 die einzige Musik von nennenswerter Bedeutung die neue Cowboy-Musik aus Austin, und ich war ziemlich verliebt in Guy Clark und Willie Nelson.

Dann rief mich Weihnachten '75 ein lieber Freund namens Dennis Browne an und sagte: »Da gibt's ein neues Album, das du unbedingt kaufen musst, Tony, es ist gerade diese Woche rausgekommen.« Ich zog los und kaufte das Album mit dem wunderbaren Schwarz-weiß-Foto von Mapplethorpe auf dem Cover, das eine New Yorker Poetin zeigte, und in der Hülle befand sich ein Stück Plastik mit dem Titel *Horses*, und wow, wow, was ist das?

Mitte Januar erhielt ich eine ramponierte Plattenhülle der New York Dolls in einem braunen Umschlag ohne Vinyl und ein Begleitschreiben von einem Schuljungen aus Stretford namens Steven Morrissey, in dem stand: »Mr. Wilson, können Sie bitte dafür sorgen, dass wir mehr Bands wie diese bekommen?« Ich hatte keine Ahnung, wer die New York Dolls waren, und ganz gewiss keine, wer Mr. Morrissey war. Zu diesem Zeitpunkt in meinem Leben hatte ich bestimmt nicht mal eine Ahnung, wer Malcolm McLaren war.

Als Drittes kam im Februar eine Kassette von Howard Trafford, der dazu schrieb: »Mr. Wilson, Sie haben eine Musiksendung. Hier sind drei Stücke von einer neuen Band, die wir Anfang Juni nach Manchester holen. Ich denke, Sie werden sie lieben.« Das waren natürlich die Sex Pistols.

Pete Shelley: Anfang 1975 hatte ich Howard kennengelernt. Ich studierte Elektronik am Bolton Institute of Technology und wohnte zu Hause in Leigh, ungefähr acht Meilen von Bolton und ungefähr dreizehn Meilen von Manchester entfernt. Ich hatte verschiedene Bands. Wir haben unsere eigenen Gigs veranstaltet. Das ist uns später noch zugutegekommen. Im Verlauf des Jahres fand ich mein Elektronik-Studium immer ernüchternder. Ich konnte mir einfach nicht vorstellen, einmal ein Elektronikgenie zu werden.

Ich ging vom College ab und belegte im darauffolgenden Jahr ein Abendseminar, und ungefähr zu der Zeit sah ich am schwarzen Brett im College eine Anzeige von einem Typen namens Howard Trafford, der jemanden suchte, der eine Version von »Sister Ray« von The Velvet Underground mit ihm aufnehmen wollte. Ich hatte »Sister Ray« zu Hause und kannte die Akkorde, und da ich mit meiner eigenen Band gerade nichts machte, dachte ich: »Die Musik gefällt mir, ich ruf mal an.« So hab ich Howard kennengelernt.

Ein bisschen später fuhr ich nach London zu einem Treffen des Part Time Students' National Committee. Es war ein Donnerstag, und der *NME* erschien immer donnerstags. Howard und ich trafen uns in einem Café, und er hatte einen *NME* dabei. Ich weiß noch, wie ich ihn durchgeblättert und ihm erklärt habe, dass da eine Besprechung vom Konzert einer Band drin sei, die im Marquee gespielt hatte. Sex Pistols hießen die, und da stand, dass sie einen Song von den Stooges gespielt hatten. Darauf machte ich Howard aufmerksam. Am Ende stand da: »Wir stehen nicht auf Musik, wir stehen auf Chaos.« Der Satz gefiel Howard ganz besonders.

Zufällig wurde er an diesem Wochenende von seinem Mitbewohner gefragt, ob er dessen Wagen aus der Werkstatt holen könne. Falls ja, könne er ihn übers Wochenende behalten. »Aber bezahl das Benzin, wenn du fahren willst.« Howard wusste, dass ich an dem Wochenende nach London musste, und er hatte einen

Wagen, also überlegten wir uns, dass wir nach London fahren und einen Auftritt von diesen Sex Pistols sehen wollten.

Wir kamen ungefähr um vier Uhr nachts bei Richard Boon zu Hause in Reading an, und am Morgen dachten wir: »Na schön, mal sehen, wo diese Band spielt.« Wir kauften *Time Out* und blätterten es durch, aber nirgends stand was von den Sex Pistols. Jemand schlug vor, dass wir beim *NME* anrufen sollten, also haben wir das gemacht, aber die hatten auch keine Ahnung, wo die Sex Pistols spielen würden. Sie wussten nur, dass deren Manager, ein gewisser Malcolm McLaren, einen Klamottenladen in der King's Road hatte.

Also gingen wir die King's Road runter. Bis wir am Laden ankamen, war's kurz vor Feierabend. Da war ein rothaariger Mann, und er meinte: »Wir schließen gerade.« Wir sagten: »Wir suchen Malcolm McLaren.« Er antwortete, »das bin ich, was wollt ihr?«, und beäugte uns ein bisschen argwöhnisch. Wir sagten, wir hätten die Besprechung gelesen und wollten wissen, ob die Band spielen würde. Wie sich herausstellte, spielten sie an dem Wochenende gleich zweimal, und wir haben sie am Freitag- und am Samstagabend gesehen.

Während des Gesprächs erwähnte Malcolm, dass er unbedingt auch außerhalb von London Gigs bekommen wollte, und weil Howard früher die Pubrock-Kolumne im *New Manchester Review* geschrieben hatte, das so was wie das *Time Out* von Manchester war, hatte er noch Kontakt zu Leuten, die Konzerte veranstalteten. Er schlug Malcolm vor: »Also, vielleicht kann ich ja mal telefonieren und ein paar Konzertveranstalter fragen, ob sie Interesse haben.«

Wir fuhren nach Manchester zurück und wussten, dass es eine neue Band gab, deren Musik ungefähr das war, was wir auch machen wollten. Also versuchten wir, ein Konzert für sie hinzubekommen. Wir fragten beim College nach, aber die hatten kein Interesse an den Sex Pistols. Howards Kontakte waren nutzlos, aber weil ich selbst auch schon Konzerte veranstaltet und sogar

Säle gemietet hatte, schlug ich vor: »Warum versuchen wir es nicht selbst?«

C.P. Lee: Music Force hat dann auch Konzerte veranstaltet. Die haben Veranstaltungsorte wieder aufgemacht, die fast zehn Jahre lang geschlossen gewesen waren. Dort hat sich Howard Devoto hingewandt, um sich Rat zu holen, wo er die Sex Pistols in Manchester auftreten lassen könnte, und man hat ihm gesagt: »Die Lesser Free Trade Hall, da musst du hin.«

Pete Shelley: Howard fand heraus, dass die Lesser Free Trade Hall für zweiunddreißig Pfund zu haben war, und auch wenn zweiunddreißig Pfund eine Menge Geld war, war's nicht zu viel. Wir überlegten uns, wenn wir Tickets zu jeweils ein Pfund verkaufen würden, mussten wir nur zweiunddreißig Leute dazu bringen, zu kommen und sich die Band anzusehen. Außerdem dachten wir, das wäre eine großartige Gelegenheit, selbst zu spielen. Also hat Howard mit Malcolm darüber gesprochen, und der meinte: »Gute Idee, lass uns das machen.«

Tony Wilson: Wir starteten unsere Sendung als Comedy-Show, Clive James gab eine komische Einlage, und dann sind Bands aufgetreten wie Be-Bop Deluxe und Eddie and the Hot Rods und anderer netter Blödsinn. Und dann, noch während der Dreharbeiten, kam ich in die Lesser Free Trade Hall und sah die Zukunft. Ich hab immer gesagt, dieser Augenblick '76, als ich die Pistols bei ihrem ersten Auftritt in Manchester sah, hat mir wieder bewusst gemacht, warum Robert Johnson seine Seele verkauft hat – und auch, dass es ein guter Deal war.

3

JUNI 1976 – JUNI 1977

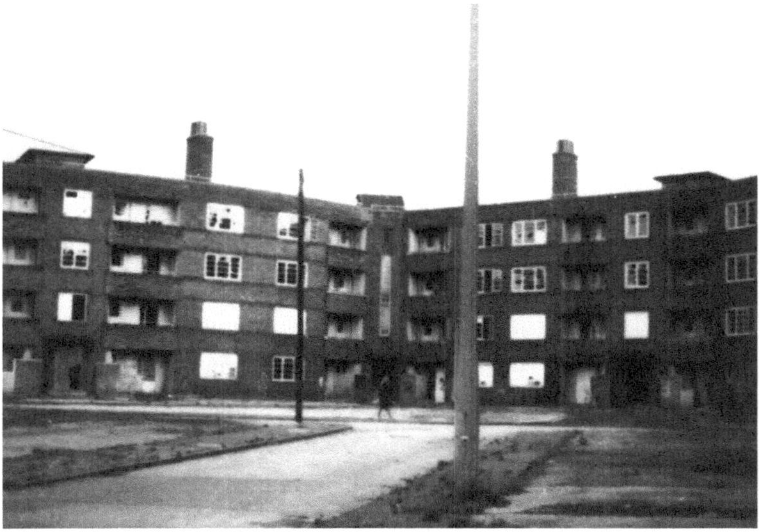

Baufälliger Wohnblock aus den Dreißigerjahren an der Collyhurst Street, Manchester, Oktober 1977 (Jon Savage)

Peter Hook: Ich arbeitete auf dem Amt, aber weil ich nicht das Gefühl hatte, dafür geschaffen zu sein, musste ich mich während der Arbeit auf vielfältige Weise davon ablenken, hauptsächlich durch Lesen. Ich las sämtliche Musikzeitschriften von vorne bis hinten und gehörte zu denjenigen, die mittwochvormittags schon darauf warteten, dass sie erschienen. Wenn man so lange Zeit Artikel über Heavy-Metal-Bands gelesen hatte, fielen einem die Sex Pistols einfach auf, weil sie so ungewöhnlich waren.

Das war eine ungewöhnliche und ganz andere Kultur. Rowdymäßig, was ich als Rowdy natürlich sehr ansprechend fand. Ich weiß noch, wie wir zu dritt oder zu viert in meinem Mark 10 Jaguar 420G nach Devon in den Urlaub fuhren und drei Wochen lang im Wagen schliefen. Morgens wachten wir auf und suchten uns was zum Frühstück und zum Waschen.

Ich entdeckte irgendwo einen *Melody Maker* und kaufte ihn, nur um die Zeit totzuschlagen. Auf der Titelseite waren die Sex Pistols, außerdem war ein Foto von Johnny Rotten drin, auf dem er sich mit dem Publikum prügelt. Ich dachte, »das sieht interessant aus«, und zeigte es den anderen. Als ich wieder zur Arbeit kam, schaute ich die Kleinanzeigen in der *Evening News* durch, überflog sie einfach auf der Suche nach was Interessantem: »The Sex Pistols, 50 p, Lesser Free Trade Hall«.

Ich rief Bernard und Terry an und sagte, wir sollten dorthin gehen, und genau das haben wir gemacht. Das Ticket hab ich immer noch – fünfzig Pence. Es war wie ein Autounfall, das war … o Gott, so was hatte ich in meinem ganzen Leben noch nicht gesehen. Ich hatte die meisten Bands gesehen – Deep Purple, Led Zeppelin, Unmengen von Bands –, aber so was Chaotisches, Aufregendes und Rebellisches noch nie. Und genauso hab ich mich auch gefühlt: Man wollte einfach auf alles einschlagen. Es klang furchtbar, und aus irgendeinem irrsinnigen Grund gelangte man dadurch plötzlich zu der Erkenntnis, dass man das auch machen konnte.

Pete Shelley: Ich glaube, da waren ungefähr zweiundvierzig, dreiundvierzig Leute. Keine Ahnung, ob Howard und ich oder sogar die Sex Pistols mit eingerechnet waren. Ich nahm die Tickets und das Geld an der Abendkasse entgegen, deshalb mussten alle an mir vorbei. Howard und ich kannten eigentlich gar niemanden in Manchester. Wir waren nicht unbedingt Teil der Musikszene dort und hatten auch nicht viele Freunde, die dort lebten – für uns war's einfach nur eine große Stadt. Die ganzen Leute zu sehen, die da durch die Tür kamen, das war eine ganz neue Erfahrung für uns. Und auch umgekehrt für die, uns zu sehen.

Wegen der besonderen Sorte Konzert und weil gar nicht so viele Leute da waren, unterhielt man sich einfach so mit den anderen – »Wie geht's? Ich hab dich neulich da und da gesehen« –, nur um das Eis zu brechen. Auf gewisse Weise kam es dazu, dass sich Leute vernetzten, was an sich in der damaligen Musikszene eigentlich unmöglich war, weil's gar keinen Ort für Leute gab, die sich für andere Musik interessierten als Bands wie Yes oder die gerade angesagte Popmusik.

Bernard Sumner: Schließlich sind wir auf dem berühmten Sex-Pistols-Konzert in der Free Trade Hall gelandet. Die Sex Pistols waren musikalisch gar nicht mal so brillant, dass ich gedacht hatte: »So wie die will ich sein.« Sie waren musikalisch eben gerade nicht brillant und konnten gerade so zusammenspielen, das war ein echter Riesenlärm. Ich dachte, sie würden den Mythos des Popstars zerstören oder den, dass ein Musiker eine Art Gott ist, dem man huldigen muss. Tatsächlich hat ein Freund, der dabei war, zu mir gesagt: »Meine Güte, so gut wie die kannst du aber auch Gitarre spielen.«

In der Musik der Siebzigerjahre war es davor immer um Virtuosität gegangen, Rick Wakeman spielte Soli mit tausend Noten in einer Sekunde. Der amerikanische Westküstenkram und einiges im Progrock waren ganz schön soft und kitschig: Man sollte sich davor verneigen. Irgendwie waren Musiker Götter: »Der spielt so toll, das ist unglaublich« – da herrschte fast schon eine Mentalität wie im Jazz. Und als die Sex Pistols auf die Bühne kamen, machten sie mit all dem Schluss. Das war, als hätten sie gesagt: »Ihr braucht den Mist nicht, ihr braucht nur drei Akkorde. Lernt drei Akkorde, schreibt einen Song, gründet eine Band, das ist es.«

Und genau das haben wir gemacht, Hooky und ich. Ich hab mir *Wie man Gitarre spielt* gekauft und er *Wie man Bass spielt*. Dann haben wir uns bei meiner Großmutter ins Wohnzimmer gesetzt, auf der anderen Seite vom Fluss. Ich weiß noch, dass wir keine Verstärker hatten. Sie hatte ein altes Grammophon aus den Vierzigerjahren, ich hab die Nadel rausgenommen und zwei Klinkenbuchsen angeschlossen. Das klang gar nicht schlecht, angeschlossen an das Grammophon – wir hatten kein Geld, deshalb ging's nicht anders –, und dann haben wir Sachen zusammen geschrieben.

Peter Hook: Wir gründeten noch am selben Abend eine Band. Das ist einfach – »Komm, wir gründen eine Band« –, schwierig ist nur der ganze Rest. Bernard hatte eine Gitarre, die ihm seine Mutter mal geschenkt hatte. Ich weiß nicht mehr, welche Funktion Terry übernommen hat, weil er bei Joy Division die zweifelhafte Ehre hatte, so ziemlich jede Funktion einmal ausgefüllt zu haben, vom Sänger über den Manager bis hin zum Licht-Typen, Roadie, Gitarristen und Schlagzeuger. Ich ging zu Mazel's in der Piccadilly, spazierte rein und meinte: »Ich möchte eine Bassgitarre.« Sie hatten sowieso nur eine: eine SG-Kopie für fünfunddreißig Pfund. Meine Mutter hat mir das Geld geliehen, ich musste es ihr zurückzahlen. Und das war's. Danach waren wir eine Band.

Terry Mason: Ich hab sie dorthin gezerrt. Zu dem Zeitpunkt lasen Hooky und Barney keine Musikpresse mehr und hörten auch nicht John Peel. Sie waren zur Ruhe gekommen, hatten beide feste Freundinnen und waren eigentlich ganz glücklich in ihrer Welt. Und plötzlich fielen die Scheuklappen weg. Davor hatte es nie eine Abkürzung gegeben, um in eine Band zu kommen; man musste viel Zeit investieren. Aber Punk war eher eine Haltung als eine bestimmte Anzahl von Akkorden, und wenn man nur schnell und laut genug spielte, merkte das sowieso keiner.

Bernard Sumner: Terry gehörte einfach zur Gang. Er war ziemlich exzentrisch. Fairerweise muss man wohl sagen, dass er uns auf die Sex Pistols gebracht hat, weil er im *NME* gelesen hatte, dass sie sich auf der Bühne prügelten. Er meinte: »Los, die sehen wir uns an. Die prügeln sich auf der Bühne, das wird lustig.«

Iain Gray: Bowie und die Velvets haben mir was gesagt, genauso wie Iggy Pop, aber da hat man nicht den Impuls bekommen, selbst was zu machen. Das war das Kathartische, wenn man die Sex Pistols gesehen hat. Ich weiß es noch wie gestern. Ich dachte: »O Gott, das kann ich auch.« Ich erinnere mich, dass Ian da war. Hooky war da und Barney. Angeblich war Mick Hucknall auch da, aber ich hab niemanden gesehen, der wie Charlie Drake aussah. Ich war damals in einer Band aus Wythenshawe, die Ram hieß. Wir sind weg und dachten: »Das machen wir auch.« Haben wir aber nicht gemacht, also hab ich die Band verlassen.

Alan Hempsall: Das Konzert fing früh an, angekündigt war's für halb acht. Das war die Free Trade Hall, da blieb ihnen nichts anderes übrig – das war kein Club. Wir waren an dem Tag bei Virgin Records gewesen, und da hatten sie die allerersten *NME*-Artikel über die Prügelei im Nashville fotokopiert: Johnny Rotten wurde darin als Geisteskranker beschrieben, und es wurde berichtet, dass die Band ihr Publikum verprügelt. Wir mussten uns das für fünfzig Pence ansehen. An dem Abend sind wir einfach hin, und obwohl ich erst fünfzehn war, war ich ungefähr um halb elf, elf wieder zu Hause.

Im Vorprogramm spielte eine Hippieband namens Solstice, unter anderem eine Coverversion von »Nantucket Sleighride« von Mountain, was uns ein falsches Gefühl von Sicherheit vermittelte. Dann kamen die Sex Pistols auf die Bühne und sahen sofort eigenartiger aus als die anderen Bands damals. Ein Freund saß neben mir und maulte wegen des Namens los: »Besonders sexy seid ihr aber nicht.«

Johnny Rotten fixierte ihn sofort mit seinem bösen Starren und sagte: »Wieso? Willst du Sex?« Und mein Freund meinte: »So viel hab ich für fünfzig Pence Eintritt gar nicht erwartet.«

Dann spielten sie ihr Set, und sie waren sehr kompetente Musiker. Da darf man sich nichts vormachen: Die Sex Pistols konnten spielen, und das sogar sehr gut. Wahrscheinlich waren ungefähr fünfundvierzig Menschen im Publikum, höchstens fünfzig: ein paar Bowie-Klone und Hippies. Ich hab mich sofort damit identifiziert. Wir waren ganz vorne, als sie die Zugabe spielten, und sprachen ein paar Minuten lang mit John Rotten, während sich die Band auf die Zugabe vorbereitete.

Paul Morley: Ich betrachte sie einfach als eigenartige Musikliebhaber, die aus ihren Zimmern gekrochen kamen, wo sie ihre gesamte Zeit verbrachten, weil sie Sozialspasten waren und es überhaupt nur in einer Band je geschafft haben, mit anderen auszukommen. So haben wir uns gefunden, und das Komische an Manchester ist natürlich, dass es eigentlich gar kein Zentrum dort gibt, alle kamen von woanders: Stockport, Chorley, Oldham, Macclesfield, Salford. Alle kamen in so was wie ein kleines Dorf.

Ich erinnere mich, wie ich zu dem ersten Konzert gegangen bin, auf dem wirklich gar nicht viele Leute waren, und das war ein unglaublicher Kick. Plötzlich war es da, es war mitten unter uns, und alle sahen echt komisch aus. Erst wenn man sich jetzt die Bilder von damals ansieht, merkt man, dass das gar nicht stimmt: Eigentlich sahen sie ganz normal aus, die Frisuren waren nicht völlig durchgeknallt, nur ein kleines bisschen kürzer, jedenfalls war das bei dem ersten Konzert so. Wir waren immer noch halbe Hippies und noch nicht ganz in die neue Welt übergetreten.

Als die Sex Pistols auftauchten, wurde es ein bisschen bizarr. So wie die aussahen, das war echt schräg: Weniger die vier Bandmitglieder als ihre Entourage, die am Bühnenrand rumhing, diese sonderbare Truppe aus Zwergen, wie aus einem eigenartigen

Horrorfilm aus den Dreißigern, *Freaks.* Das kam uns einfach wahnsinnig exotisch vor.

Die Pistols selbst sahen ehrlich gesagt gar nicht aus, als hätten sie sich so furchtbar weit von den Faces entfernt, aber wie sie gespielt haben, das war schon was ganz anderes: sehr theatralisch und mit mehr Bewusstsein fürs Theatralische, das war doch sehr weit von Rock entfernt. Das war was anderes. Es kam einem surreal vor und seltsam, auch wenn die Muster, die sie spielten, und die Akkorde eigentlich ganz herkömmliche waren. Herkömmlich, aber mit einem eigenartigen Avantgarde-Ansatz.

Ich bin alleine hin. Das war wie zu Faust oder Beefheart gehen. Aus dem Süden hörte man Gerüchte, sodass man dachte: »Die sind wie die Stooges, hier wird was ganz Besonderes passieren.« Seltsame unreife Jungs, die sich alle in diesem kleinen Theater versammelt haben, aber man hat mit niemandem gesprochen, man hat sich das nur angesehen und Eindrücke aufgenommen. Die Vorband hieß Solstice, eine Hippierockband aus Bolton mit Coverversionen von Mountain, sodass man gar nicht richtig mitbekam, was für eine Revolution das war. Das ist erst sechs Wochen später passiert.

Tony Wilson: Am ersten Abend wusste ich erst nicht, was zum Teufel überhaupt los war, bis sie »Stepping Stone« gespielt haben. Danach war sofort klar, dass sie zutiefst und auf bemerkenswerte und fabelhafte Weise aufregend waren. Ich bin zu Granada und sagte: »Die müssen wir in der Sendung haben.« Der Redakteur Malcolm Clark wurde daraufhin gebeten, sie sich mit mir zusammen anzusehen, und so fuhren wir in die Assembly Hall nach Walthamstow. Wieder war es ein Auftritt ohne Zuschauer: vielleicht achtzig Leute, von denen vierzig in einem großen Halbkreis standen, gerade so außerhalb der Rotzweite.

Peter Hook: Nach den Sex Pistols waren nur noch so wenige Leute da, dass man einfach mit allen geredet hat, genauso wie wenn was

Schlimmes passiert ist und man seinen Nebenmann anspricht. Bei einem Autounfall hätte man gesagt: »O Gott, das war ganz schön schlimm, oder?« Normalerweise würde man nie mit Leuten sprechen, aber weil man was Schreckliches gesehen hatte, und die Sex Pistols waren schrecklich, sprach man mit den Menschen um sich herum. Man war einfach völlig gebannt von der ganzen Aufregung.

Richard Boon: Manchester kam mir vor wie eine leere Bühne. Eine Art Neutronenbombe war gefallen, hatte Häuser zerstört. Es gab kein Gravitationszentrum mehr; ursprünglich war es die Wiege des Kapitalismus gewesen, und jetzt entwickelte es sich rasant darauf zu, dessen Grab zu werden. Es gab keine Szene, keine Bands. Ich war verantwortlich für den Veranstaltungskalender einer zweiwöchentlich erscheinenden Zeitung namens *New Manchester Review,* ein sehr dünnes Heft. Um den Kalender vollzubekommen, musste man auch Orte wie Stalybridge mit reinnehmen, um Himmels willen. Da ist wirklich überhaupt nichts los gewesen.

Seit dem Beat-Boom, als es in Manchester ebenso wie in Liverpool eine Menge fantastische Bands gegeben hatte, war einiges passiert. Die Beatles waren nach London gezogen, womit Liverpool praktisch ausgeschaltet war. Dann hat die Polizei Manchester stillgelegt. Es gab kaum noch Orte, wo man hinkonnte: Es gab die Universitäten und die Fachhochschulen, aber damals waren sie für Leute, die nicht studierten, nicht unbedingt zugänglich. Außerdem gab's nur noch die ganzen Progrock-Reste, die in der Free Trade Hall auftraten.

Das war wie in einem Katastrophengebiet, man konnte kaum irgendwohin. Es gab niemanden anzusehen. Etwas war passiert. Alle Bands, die mittelgroße Säle gefüllt hatten, waren weg, und es gab nur noch richtig beschissene Nachahmer und wenige Pubs, in denen man auftreten konnte. Das war hart, weil der Stadt und den Menschen in Manchester ein gewisser Spirit innewohnte, der aber nicht mehr mit Energie versorgt wurde.

Pete Shelley: Bis zum zweiten Konzert am 20. Juli hatten wir's geschafft, einen Bassisten und einen Schlagzeuger aufzutreiben. Tatsächlich hatte Malcolm McLaren mir bei dem ersten Sex-Pistols-Konzert einen Typen vorgestellt, der nur draußen stand und ganz unschuldig auf jemanden wartete. Malcolm fragte: »Spielst du Bass?« Und der Typ sagte: »Ja.« Malcolm meinte nur: »Gut, die anderen sind drin«, und ging mit ihm zur Abendkasse. »Hier ist euer neuer Bassist«, woraufhin Steve Diggle ganz verdattert guckte.

Also sagte ich: »Howard ist oben, geh lieber zu ihm.« Bevor wir kapierten, dass er jemand anders hatte treffen wollen, meinten wir: »Die Sex Pistols spielen gleich, schau sie dir doch an.« So ungefähr haben wir das versucht, und am nächsten Tag kam er zur Probe. Damals hatten wir einen sechzehnjährigen Drummer, der John Maher hieß und vor seinem Einstieg in die Band überhaupt erst vier oder fünf Wochen lang ein Schlagzeug besessen hatte. Howard und ich hatten seit Ende 1975 zusammen Songs geschrieben. Wir hatten also einige in petto, die wir spielen konnten, und bekamen ein Set hin.

Slaughter and the Dogs hatten Malcolm in den Ohren gelegen, was für eine Wahnsinnsband sie seien und dass sie mehr Leute ziehen würden als die Buzzcocks jemals. Und tatsächlich waren mehr da, aber entweder waren das die Fans von Slaughter and the Dogs oder andere, die schon bei dem ersten Konzert gewesen waren oder von ihren Freunden davon gehört und gedacht hatten: »Kommt, das schauen wir uns an.« Inzwischen hatte sich das mit den Sex Pistols immer weiter rumgesprochen, weshalb sie auch mehr Leute zogen.

Wir sind auf die Bühne und spielten unsere halbe Stunde. Das Set endete damit, dass wir ins Publikum gesprungen sind, weil wir dachten, das wäre mal was anderes. Schließlich ging es ja darum, neue Sachen auszuprobieren und die gängigen Vorstellungen über Bord zu werfen, wie ein Konzert abzulaufen hat. Bei der Probe spielte ich die durchgesägte Starway, wobei die aber gar nicht durchgesägt war: Eines Tages spielte ich bei der Probe ganz wild Gitarre, chaotisch und willkürlich, und schmiss sie auf den Boden. Sie ist durchgebrochen, und wir dachten: »So was könnten wir locker noch mal machen.« Also kaufte ich für ungefähr zwanzig Pfund eine Audition-Gitarre bei Woolworths. Ich dachte: »Die kann ich kaputt machen, das lohnt sich.« Howard und ich wollten am Ende vom letzten Stück die Gitarre zusammen bearbeiten. Er kam und riss die Saiten ab, dann haben wir sie zertrümmert.

Die Sex Pistols waren in der Zwischenzeit sehr viel besser geworden. Ich glaube, das war das erste Mal, dass ich sie »Anarchy in the UK« hab spielen hören. Gleich vom ersten Moment an lief es mir kalt über den Rücken, weil klar war, dass das ein Meilenstein ist. Als hätte man eine Tür aufgezogen, und eine Herde Elefanten wäre hereingestürmt.

Paul Morley: Als ich ein paar Wochen später hin bin, hatte ich mich irgendwie in einen Hooligan verwandelt und wäre beinahe rausgeflogen, weil ich Wayne Barrett mit Erdnüssen beworfen hatte – den Sänger von Slaughter and the Dogs, die einem da schon wie ein Fake vorkamen. Sechs Wochen nachdem die Pistols da gewesen waren, wussten wir genau, wer fake war und wer nicht … das heißt, wer nur Mitläufer war. Slaughter and the Dogs kamen uns wie Mitläufer vor. Die Buzzcocks, die nur im Vorprogramm gespielt hatten, schienen dagegen schon das einzig Wahre zu sein, und auch sie kamen aus unserer Gegend.

Pete Shelley: Zum zweiten Konzert kamen Leute, die man schon auf dem ersten gesehen hatte. Natürlich redete man da miteinander, viele wollten Bands gründen oder ein Fanzine machen, weil Punk sehr offen war. Da wurde nicht gesagt, »wir können das machen, aber ihr nicht, und so soll es auch bleiben«, so wie das in den meisten Kunstformen üblich war. Punk hieß: »Probier's aus, warum nicht?«

Weil auch viel Humor dabei war. Kann sein, dass die Leute mehr Spaß dabei hatten, sich auszudenken, was für unglaubliche Sachen man machen konnte, als diese dann zum Schluss wirklich durchzuziehen. Meistens dachte man sich einfach nur verrückte Sachen aus, die man machen könnte, wenn man sich die Freiheit nehmen würde.

Peter Hook: Wir haben den zweiten Sex-Pistols-Gig gesehen, wo die Buzzcocks Vorband waren. Wir waren dabei, wir waren Teil der Szene. Wenig später wurden wir rausgedrängt, weil wir für Howard Devoto und diese Typen einfach zu sehr Arbeiterklasse waren. Ich glaube, die hielten uns für Prolls, was wir ja auch waren. Das lag aber vor allem an unseren Freunden und wie wir aufgewachsen waren und wo. Die hatten sich alle aufs Art College geflüchtet und genossen deshalb eine gewisse Freiheit, wenn man so will. Wir hatten diese Freiheit für uns noch nicht gefunden.

Aber es war eine tolle Szene. Das war wie in die Ranch Bar zu gehen, in den ersten Tagen mit den Punks, es gab einfach nur ganz wenige. Barney und ich kannten die nicht, und offenbar kannten die sich alle untereinander. Wir sind trotzdem rein.

Pete Shelley: Wir hatten von einer Kneipe gehört, der Ranch Bar, eine kleine Kellerbar in der Dale Street, neben dem Foo Foo's Palace. Foo Foo war eine Dragqueen, ähnlich wie Lily Savage, mit einem sehr bösen Humor. Im Prinzip war das eine Säuferkneipe, wo man auch minderjährig schon reinkam: Wenn man älter aussah als fünfzehn, kam man rein und bekam was zu trinken. Das bevorzugte Getränk war Carlsberg Special Brew, aus der Flasche mit Strohhalm. Das haben da alle getrunken. Mit zwei oder drei davon konnte man schon einen guten Abend haben.

Im August '76, nachdem wir mit den Sex Pistols in der Free Trade Hall gespielt hatten, sind wir zu Foo Foo in seinen Massagesalon mit Sauna. Er trug ein Handtuch um die Schultern, sah sehr nach Siebzigerjahre-Gangster aus, wie in *The Sweeney*, so was hatten Howard und ich noch nicht gesehen. Wir sagten: »Wir würden gerne einen Gig in Ihrem Club organisieren.« Er hörte uns an und fand uns wohl ein bisschen komisch, meinte aber, das sei eine gute Idee.

Im August hatten wir also einen Gig, zu dem alle kamen, die normalerweise in die Ranch Bar gingen. Auch die ganzen neuen Leute, die inzwischen was von den Buzzcocks wussten und mehr von der Musik hören wollten. Ich glaube, wir haben ein paar Songs hinbekommen, bevor Foo Foo in voller Montur reinkam und meinte: »Hört auf mit dem Höllenlärm.«

Die Ranch Bar war voller Bowie- und Roxy-Fans, die ins Pips wahrscheinlich nicht reingekommen wären. Ich glaube, am Anfang war in der Ranch Bar nur freitags und samstags was los. Dann wurde es aber auch sonntags gut, und man hat sich dort getroffen. Ich weiß noch, wie ich das erste Mal die Leute gesehen habe, die später The Fall wurden. Es war eng da drin, da passten ungefähr, weiß nicht … wenn fünfzig Leute drin waren, kam es einem schon proppenvoll vor, deshalb war es eigentlich genau richtig. Das war so ein Laden, wo es niemanden gestört hat, wie man aussah.

In viele Bars ist man nicht reingekommen, wenn man auch nur entfernt unkonventionell ausgesehen hat, dann haben die gleich einen Anfall gekriegt. Aber weil es eine Transenshow war und ein Kellerclub, war die Türpolitik liberaler, und es kamen Leute rein, die sonst niemand reingelassen hätte.

Tony Wilson: Dann haben wir die Sex Pistols bei *So It Goes* auftreten lassen. Wir wollten ausnutzen, dass es unsere letzte Sendung war, indem wir drei Bands ohne Plattenvertrag brachten. Die haben sich ganz schön schlimm benommen. Sich mit Clive James angelegt. Und natürlich hatten sie auch schon eine ganze Menge getrunken. Eigentlich hätten sie dreieinhalb Minuten spielen sollen – womit sie einverstanden waren und was sie auch geprobt hatten –, dann waren noch fünf Minuten übrig, aber sie haben einfach sieben Minuten durchgespielt, ihre Instrumente in der Gegend rumgetreten. Zwei Tage später hat der Regisseur den Auftritt auf dreieinhalb Minuten zusammengeschnitten. Am darauffolgenden Tag hatte ich Ärger bei Granada, da waren einige ungehalten.

Pete Shelley: Oberflächlich betrachtet, würde man nicht annehmen, dass sich ein Fernsehmoderator in Jeans für Punk interessiert. Immerhin war das der Typ vom Fernsehen, der bei Granada die Lokalnachrichten moderierte. Irgendwie war's voll komisch, dass er bei Punk-Gigs auftauchte, aber andererseits auch aufregend, weil es dadurch jemanden gab, der zumindest entfernt mitentscheiden konnte, was ins Fernsehen kam. Dann fing er mit der Sendung *So It Goes* an und lud die Sex Pistols ein.

Paul Morley: Nach dem Sex-Pistols-Konzert im Juli gab's eine eigenartige Pause. Alle haben sich erst mal sortiert, und es herrschte Ruhe. Ich glaube, die Buzzcocks spielten mit Chelsea irgendwo auf der Deansgate. Ich weiß noch, dass ich mit Billy Idol, Tony James und Steve Diggle was getrunken hab. Das kam mir alles sehr aufregend vor, weil plötzlich ich, der komische, einsame Typ, mit Howard Devoto telefoniert hab. Ich habe ihn nach seinen fünf Lieblingswörtern gefragt, und er meinte, »ich esse gerne ein Eis«, weil er in dem Moment gerade ein Eis gegessen hat.

Die Typen in diesen Kneipen sahen alle irgendwie exakt genauso aus wie ich – besonders nachdem ich mir die Haare abgeschnitten hatte –, sie trugen die Klamotten ihrer Großväter, als wäre das unser Fashion Statement, tatsächlich hat's für mehr einfach nicht gereicht. Aber während dieser Pause haben sich Leute wie Warsaw überlegt, was sie machen sollten, und plötzlich wussten sie's, weil sie's gesehen hatten. Bei den Buzzcocks war das auch so: Ein paar Leute aus der Stadt, ungefähr so alt wie sie selbst, die auf dieselbe komische Musik standen, hatten eine Band gegründet, und die war echt gut.

Richard Boon: Ian Curtis habe ich am 10. November 1976 im Electric Circus kennengelernt, den die Buzzcocks, in der Tradition des Selbstorganisierens, gemietet und Chelsea aus London geholt hatten. Ich stand an der Tür. Ian kam rein und erzählte, wie scheiße es beim Mont-de-Marsan-Festival gewesen war. Im Sommer war es als legendäres französisches Festival gehypt worden, er hatte es aber endlos enttäuschend gefunden. Offensichtlich teilte er mit uns dieselbe Art von beknackter Begeisterungsfähigkeit.

Pete Shelley: Der Electric Circus fing als Heavy-Metal-Laden an. Der Saal war gar nicht mal so klein, mit einer richtigen Bühne auf der einen Seite. Sie war schwarz gestrichen, und es war sehr dunkel. Oben, auf einer Seite und hinten war jeweils eine Bar. Als Punk losging und sie merkten, dass sie noch mehr Leute ranholen konnten, wenn sie sich auch an ein Punk-Publikum richteten, wurde es mit der Zeit zur allerersten Anlaufstelle in Manchester für alles, was mit Punk oder New Wave zu tun hatte. Der Electric Circus befand sich in Collyhurst, einer heruntergekommenen Gegend mit Sozialbausiedlung. Aus der Innenstadt brauchte man zu Fuß ungefähr vierzig Minuten, aber allein ging das nicht. Man musste zu mehreren gehen, um die Hunde zu verscheuchen, die sich da herumtrieben.

Richard Boon: Es gab nur sehr wenige Veranstaltungsorte. Es gab den Electric Circus, hinten an einem Trümmergrundstück in der Oldham Street. Und das Pips, das eigentlich eine Disco war, post-Bowie, post-Confusion, post-Glam, post-Apocalypse. Dann das Band on the Wall, wo hauptsächlich traditioneller Jazz gespielt wurde, aber an manchen Abenden blieb es geschlossen. Wenn man den Booker überreden konnte, einem den Laden an einem Montag zu überlassen, konnte man ihn billig mieten. Man musste eben die Läden finden, die noch übrig waren, wie die Holdsworth Hall, die früher mal ein Konzertsaal für klassische Musik gewesen war und jetzt leer stand.

Peter Hook: Der erste Sex-Pistols-Gig im Electric Circus war echt gut. Es gab eine Menge Publicity für die »Anarchy«-Tour. Jahrelang hatte ich noch ein Plakat davon, aber meine Mutter hat es weggeworfen. Dann passierte das mit Bill Grundy, und daraufhin haben sie noch mal dort gespielt, weil alle anderen Konzerte abgesagt worden waren. Das war ein Riesenaufstand, in der Schlange draußen warteten so viele Fußballfans, und irgendwelche Irren warfen Flaschen oben aus den Wohnungen. Das war ein echt heftiger, chaotischer Abend.

Richard Boon: Der Schritt hin zu den Aufnahmen von *Spiral Scratch* kam dadurch, dass wir unsere eigenen Gigs buchen mussten, aber mit der »Anarchy«-Tour wurde klar, dass der ursprüngliche Punk-Impetus am Abklingen war. Das Ganze war bereits zum Klischee geworden und abgedroschen. Wir hatten nicht das Gefühl dazuzugehören, aber wir wollten dokumentieren, was wir gemacht hatten. Es musste eine Platte für diesen Moment entstehen, und dank einiger Recherchen sowie Spenden von Freunden und Petes Familie konnten wir tausend Exemplare pressen lassen, ohne wirklich zu wissen, was wir damit machen wollten.

John Webster, der die Virgin-Records-Filiale in der Lever Street 9 leitete, versprach, uns ein paar hundert abzunehmen, und er rief ein paar von seinen Kollegen in der Region an: Anscheinend gab es bei Virgin eine zentral geregelte Einkaufspolitik, es wäre eine größere Überredungsgabe nötig gewesen. Geoff Travis von Rough Trade rief an, und plötzlich trugen wir zur Mobilisierung eines Potenzials bei, das wir als den Kern der frühen Punk-Bewegung betrachteten. Wir ließen immer weiter nachpressen, bis wir bei zirka sechzehntausend ankamen.

Martin Hannett: Ich war im Juli bei dem zweiten Konzert in der Lesser Free Trade Hall. Ich fand die Pistols ziemlich kompetent, eine gut eingespielte Rhythmusgruppe. Mir hat's gefallen. Die Buzzcocks fand ich auch toll. Ich hatte mit Slaughter and the Dogs zu tun, fand aber, dass die auf dem falschen Dampfer waren, die spielten so ein Glam-Zeug. Auf die erste Pistols-Platte hab ich mich echt gefreut, aber als ich damit nach Hause bin, dachte ich: »Oje, hundertachtzig Rhythmusgitarren übereinandergelegt. Das stellt nicht das Universum auf den Kopf, das ist bloß irgendeine Platte.«

Die erste Punkplatte, die ich produziert habe, war *Spiral Scratch* von den Buzzcocks. Richard kam und meinte: »Wir haben ein paar Gigs gespielt, wir waren in der Zeitung. Was sollen wir jetzt machen?« Ich sagte: »Nehmt eine Platte auf.« Mr. McNeish, Petes Vater, hat das Geld hingelegt, und wir sind zu Indigo, sechzehn Spuren. Immer wieder hab ich Sachen ausprobiert, aber wenn ich nicht hingeguckt habe, hat der Techniker die Regler zurückgedreht. »Auf eine Snare legt man nicht so viel Hall!« Es klingt wie mit nur vier Spuren aufgenommen.

Das Album wurde nie fertiggestellt. Ich hätte es furchtbar gerne noch mal neu gemischt, aber der Techniker hat das Mastertape gelöscht, weil er es so scheiße fand. Heute klingt es wie ein Monitor-Mix. Die Gitarren haben ganz viel Höhen. Ich hab sie einfach komprimiert und noch mehr Höhen dazugegeben. Ich liebte Gitarren. So haben sie geklungen, das ist ein Zeitdokument.

Paul Morley: Ende '76 spielten die Pistols zweimal im Electric Circus, einmal mit The Clash und einmal mit den Buzzcocks. Das heißt, unsere Jungs aus der Stadt waren mit dabei, was unglaublich aufregend war. Warsaw bin ich, glaube ich, erst begegnet, als sie schon Warsaw hießen. In eigenartigen Kellern, Stripläden und Uni-Gebäuden machten auf einmal Clubs auf. Plötzlich waren sie da und spielten, und irgendwann sind sie mir aufgefallen.

Iain Gray: Ich wollte eine Band zusammenstellen und hatte deshalb im alten Virgin Records eine Anzeige aufgehängt, um nach einem energiegeladenen Sänger zu suchen. Jemand hatte draufgeschrieben: »Muss 10.000 Volt aushalten können« – Manchester-Humor. Ian Curtis war der Einzige, der sich gemeldet hat. Wir trafen uns in einem Pub in Sale namens Vine Inn. Ian tauchte dort mit einer Jacke auf, auf deren Rücken »HATE« stand. 1976 in Manchester war es ganz schön gefährlich, so rumzulaufen. Er spazierte also mit Donkey-Jacket in die Kneipe, dabei hatten mir die Stammgäste dort sowieso schon böse Blicke zugeworfen, als wollten sie sagen: »Was ist das denn für einer?«

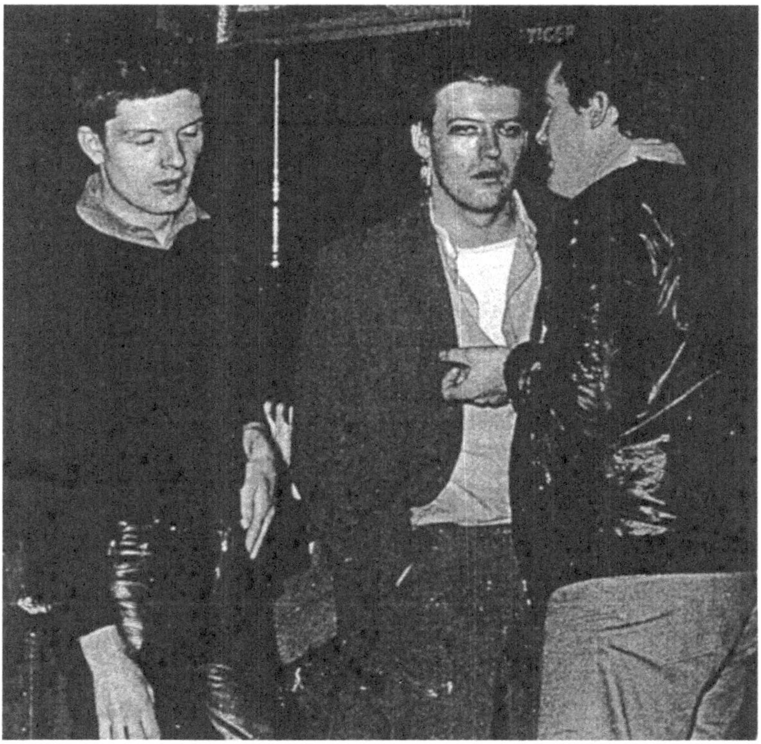

Ian Curtis und Iain Gray im Electric Circus, Collyhurst, Manchester, Ende 1976 (Mit freundlicher Genehmigung von Linder Sterling)

Dann kam Ian rein, und er war ein total lieber, netter Mensch. Aber wenn man ihn ansah, dachte man: »O Gott, der sieht ganz schön angsteinflößend aus«. Lederhose, Jacke mit »HATE« hinten drauf – bisschen wie De Niro in *Taxi Driver*, ich weiß, dass er auf den Film stand. Ich weiß noch, wie wir uns an dem Abend unterhalten haben, da kam er mir viel älter vor und reifer. Ich war damals achtzehn, und Ian muss zwanzig oder einundzwanzig gewesen sein. Ich meinte: »Die Punk-Ideale, Ian. Heiraten ist langweilig.« Und er sagte, »also, ich bin verheiratet«, und zeigte mir seinen Ehering.

Ich bin dorthin, wo Ian und Debbie bei seiner Oma gewohnt haben, in der Stamford Street in Hulme. Weil es um Weihnachten herum war, hatte sie lauter Ballons aufgehängt, zwei runde und einen langen in der Mitte, sodass überall Phallus-Formen zu sehen waren. Seine Oma hat es nicht geschnallt, aber Ian hat gelacht. Er war echt nett, ein ganz lieber Typ – Blumen für Debbie, Schokolade. Ich hab weder vorher noch nachher je ein Paar kennengelernt, das so glücklich miteinander war. Ich hab sie beneidet.

Ian war ein glücklicher Mensch, wie er im Buche steht. Damals hatte er noch kein Kind, aber an der Haustür wuchsen Rosen. Er hat Marlboros geraucht, sehr viele. Und Colt 45 getrunken, aber eigentlich nicht so viel. Er setzte sich neben Debbie, und dann haben sie zusammen bei seiner Oma ferngesehen und gegessen, mit den Tellern auf den Knien. Er war ein junger Beamter; aus der gehobenen Arbeiterklasse, die es damals gab. Das war die Zeit vor Thatcher, aber er war schon Tory: Er hatte Ehrgeiz, war motiviert. Und er hatte mehr als genug Mumm, um alles zu schaffen.

Debbie blieb zu Hause. Wir sind immer in den Electric Circus oder zu den frühen Buzzcocks-Gigs gegangen. 1976 haben wir The Damned im Electric Circus gesehen und beide Auftritte der »Anarchy«-Tour. Damals haben wir Platten getauscht. Er stand voll auf Iggy Pop, so wie ich, aber er fand auch Heavy Dub toll, jamaikanischen Reggae: Lee Perry, U-Roy, I-Roy. Er war genau wie ich. Er erzählte, dass er zu dem Sex-Pistols-Gig gegangen war und gedacht hatte: »Das muss ich machen.« Mit Debbie war er auf einem französischen Punk-Festival gewesen. Ich hatte damals gar nicht mitbekommen, dass es das gab.

Ungefähr zwei Wochen nachdem wir uns kennengelernt hatten, wollten wir zusammen nach London fahren und uns anschauen, was da so los war. Wir sind in die King's Road, in die Sex-Boutique gegangen, Malcolm McLarens Laden, und ins Roebuck. Von den Pistols haben wir keinen gesehen, obwohl wir gehofft hatten, ihnen dort zufällig über den Weg zu laufen. Stattdessen trafen wir Gene October, einen von Chelsea. Wir wollten ihnen einen Auftritt in Manchester klarmachen und mit ihnen spielen.

Ich weiß noch, dass wir mit Don Letts geredet haben. Mit seinen Dreadlocks stach er raus, sah ganz schön cool aus. Weil wir gesagt hatten, dass wir Gigs für Londoner Bands in Manchester organisieren könnten und dafür bei ihnen im Vorprogramm spielen wollten, meinte er: »Ich kenne eine Band, aber die sind noch nicht so weit.« Das müssen The Clash gewesen sein. Ian ist einfach zu Don Letts hin und meinte: »Kennst du Bands hier in London? Du siehst nämlich total cool aus.«

Ian ging einfach auf die Leute zu und sprach sie an; ich war viel schüchterner. Ian war auch schüchtern, aber reden konnte er trotzdem.

Zu dem Zeitpunkt hatten wir noch nicht mal richtig geprobt. Es gab verschiedene Gartenschuppen und Pubs. Ich war der Gitarrist und Ian der Sänger, mit seiner kleinen Aktentasche voller Texte. Nach ungefähr einem Monat hab ich sie mir mal angesehen, und ich erinnere mich an »Day of the Lords«, »Leaders of Men« und einen groben Entwurf zu »Candidate«. Damals – das war 1976 – stand er total auf diese Nazigeschichten von Sven Hassel über deutsche Panzerkommandeure, sein Lieblingsbuch war *Wheels of Terror*. Über »Leaders of Men« musste ich einfach lachen, weil das direkt von Sven Hassel kam. 1979/80 hat keiner mehr zugegeben, so was auch mal gelesen zu haben, da waren wir dann alle links.

Wir haben geprobt, ich an der Gitarre. Ian hat zum ersten Mal den Tote-Fliege-Tanz getanzt. Ich hab so einen scheiß Song gespielt, mich voll reingehängt, und Ian bewegte sich dazu – legte den Kopf in den Nacken und verdrehte die Augen nach oben. Soweit ich weiß, litt er damals nicht an Epilepsie: Falls doch, hat er's gut überspielt. Ich habe nie Anzeichen dafür erkennen können, aber er hatte manchmal so leere Momente, dann bekam er was sehr Düsteres. Das war eigenartig, weil er eigentlich so ein herzlicher, großzügiger Mensch war. Zu der Zeit lernten wir unseren Bassisten kennen. Wir jammten einfach und spielten im Great Western Pub in Moss Side, wo wir auch geprobt haben. Ich hatte dort angerufen und gefragt: »Dürfen wir bei euch spielen?« Dann haben wir unseren Kram in dem Pub aufgebaut und wurden von den Stammgästen in der echt derben Arbeiterkneipe angestarrt. Ian stellte sich in seiner Jacke hin und schrie drauflos, da haben sie uns rausgeworfen. »Raus!« Ian hatte seine Gesangsstimme noch nicht so richtig entwickelt. Man hat ihn nie wirklich singen hören, er hat eher gebrummt, sich über seine Texte gebeugt.

Irgendwie haben wir Weihnachten überstanden, aber einen Schlagzeuger haben wir nie gefunden. Wir spielten mit ein paar Bandnamen herum. Ian entschied sich für Warsaw, weil das Bowie-Album damals ein sehr wichtiger Einfluss für ihn war. Wir hatten großartige Ideale, aber es wurde nie so richtig was draus, und ungefähr im Februar verlief es sich einfach wieder.

Bernard Sumner: Wir waren schon so lange dabei, dass ich dachte: »Okay, jetzt brauchen wir einen Schlagzeuger und einen Sänger.« Wir wussten nicht, wo wir proben sollten, konnten ja schlecht einen Schlagzeuger zu meiner Oma nach Hause bringen. Bei Virgin Records, die damals eine Filiale in der Piccadilly hatten, hängten wir eine Anzeige auf, suchten einen Schlagzeuger und einen Sänger, das war Punk. Damals gingen wir zu vielen Punk-Konzerten: Es gab die Ranch Bar, und es bildete sich eine Szene heraus, wo man auch Leute kennenlernte.

Ich war der Einzige mit Telefon, darum war meine Nummer angegeben. Es meldeten sich eine Menge Spinner. Terry und ich fuhren in seinem Vauxhall Viva nach Didsbury, trafen uns mit einem totalen Hippie, dabei waren wir Punks … Wir sind erst mal was mit dem Typen trinken gegangen und anschließend in seine Wohnung. Ich weiß noch, wie er sich hingesetzt hat, er hatte keine Stühle, nur Kissen. Da hockte er dann im Schneidersitz, und wir mussten uns auf Kissen ihm gegenüber niederlassen. Wir schauten einander an und dachten: »Was ist das denn hier?«

Terry Mason: Barney hatte schon eine Gitarre und einen Verstärker, er war also mehr oder weniger ausgestattet. Hooky zog los und kaufte sich einen Bass, was schade war, weil ich da nämlich selbst auch dran gedacht hatte, zumal ich größer bin – den Bass bekommt immer der Größte. Dann wollte ich mir eine Gitarre besorgen und hätte eigentlich nur noch das Geld dafür zusammenkratzen müssen. Zum Schluss kaufte ich die Gitarre dann, als wir Ian schon kannten und er beschlossen hatte, in die Band einzusteigen.

Wir suchten einen Sänger in unserem Umfeld. Einer hieß Danny Lee, ein Freund von Hooky. Danny war toll, er sah mehr nach Billy Idol aus als Billy Idol selbst – die Oberlippe, das abfällige Grinsen. Er dachte, er sei bereit zu singen, aber er hat's einfach nicht hinbekommen. Dann beschlossen wir, auch mit anderen zu reden, was für uns was Neues war – wir waren sehr stille und schüchterne Menschen –, also hängten wir eine Anzeige bei Virgin aus, und daraufhin meldeten sich ein paar Leute.

Insbesondere so ein total Irrer, der aussah wie Mick Hucknall heute. Er hatte seine langen roten Haare zu einem Pferdeschwanz zusammengebunden, einen kleinen Catweazle-Bart am Kinn, und statt einen Pulli trug er immer etwas, das wie ein

Kissenbezug aussah. Als hätte er einfach Löcher reingeschnitten und seine Arme und den Kopf durchgesteckt. Wir waren bei diesem Irren zu Hause, er zog eine Balalaika mit drei Saiten hervor und fing an, darauf zu schrammeln und uns was vorzusingen. Wir sind auf der Stelle rausgerannt. Danach dachten wir: »O Gott, das wird schwierig.« Aber zum Glück hat Ian sich auf die Anzeige gemeldet.

Bernard Sumner: Das erste Mal bin ich Ian bei einem Gig im Electric Circus begegnet. Kann die »Anarchy«-Tour gewesen sein, vielleicht aber auch The Clash. Ian war mit einem anderen Iain unterwegs, und beide hatten Donkey-Jackets an, Ian hatte »HATE« hinten auf seine draufgeschrieben. Ich weiß noch, dass ich ihn mochte. Er schien sehr nett zu sein, aber wir haben nicht viel mit ihm geredet. Ungefähr einen Monat später, als wir einen Sänger gesucht haben, hängten wir eine Anzeige bei Virgin Records in Manchester auf. So wurden damals in der Punk-Ära alle Bands gegründet.

Auf die Anzeige bekam ich ständig Anrufe von allen möglichen Verrückten. Total Irren. Dann meldete sich Ian, und ich sagte: »Warst du nicht der bei dem Konzert, dem Clash-Konzert? Der mit dem anderen Iain?« – »Genau, das bin ich«, sagte er. Daraufhin ich: »Okay, dann bist du der Sänger.« Wir haben ihn nicht mal vorsingen lassen. Wir haben ihn gefragt, auf welche Art von Musik er stand, und das war dieselbe, die wir mochten, also hat er den Job bekommen. Ian und Debbie wohnten damals bei Ians Mutter, in der Nähe der Ayres Road in Moss Side. Hooky und ich sind persönlich zu ihm hin und haben ihm den Job gegeben.

Peter Hook: Zum ersten Mal bin ich Ian auf der Treppe im Electric Circus begegnet, weil er vor mir stand und mit weißen Klebestreifen »HATE« hinten auf seine Jacke geschrieben hatte. Wenn er morgens zur Arbeit ging, hat er das Klebeband einfach abgezogen. Hoffentlich hat er's nicht auch mal vergessen.

Er drehte sich um, und wir meinten: »Ach du Scheiße, du hast ›HATE‹ auf dem Rücken stehen.« Wir fanden das ganz schön extrem, aber ich denke mal, wir waren schon alle ähnlich drauf. Wir hatten ihn bei all diesen Konzerten gesehen, und da gab es so einen kindlichen Enthusiasmus.

Er hatte mit seinem Freund eine Band gegründet, aber ein ungeschriebenes Gesetz im Punk besagte, dass zwei Gitarristen in einer Band verboten waren, man durfte nur einen haben. Er hatte einen Sänger und einen Gitarristen, wir hatten einen Gitarristen und einen Bassisten, deshalb konnte er nicht einsteigen. Wir mussten warten, bis sich das geändert hatte, und das bedeutete, dass Bernard und ich immer noch einen Sänger suchten. Ich weiß nicht mehr, wie ernsthaft wir das betrieben haben, aber als Ian mit dabei war, schien alles wie von selbst zu laufen, und dann waren wir zu dritt. Wir sind ihm bei einem Konzert begegnet, da hatte Ian seinen Gitarristen bereits verloren, und so kamen wir zusammen. Er wurde unser Sänger.

Terry Mason: Ich glaube, zu dem Zeitpunkt waren wir einfach heilfroh, dass er nicht in Kissenbezügen herumlief. Wir kannten ihn nur ganz flüchtig, mehr so vom gegenseitigen Zunicken, wie junge Männer das so machen. Im Manchester-Punk kannte man im Prinzip die meisten vom Sehen, weil alle zu allen Konzerten gingen. Man wusste nicht, wie sie hießen, aber man brummte sich ein Hallo zu. Er schien in Ordnung zu sein. Wir kamen mit ihm ins Gespräch, und er zeigte uns sein Buch mit Texten, er hatte eine Menge Karteikarten mit Songs oder Teilen von Songs, und sogar ein bisschen Ausrüstung: ein paar Lautsprecher und einen winzigen Verstärker.

Der Typ meinte es ganz offensichtlich ernst. Er war bereit und machte uns keine Angst, also beschlossen wir, auszutesten, ob wir ihn mochten. Ians Vorsingen bestand im Prinzip daraus, dass wir ihn einluden, an einem Sonntagnachmittag mit uns rauszugehen. Wir fuhren ins Ashworth Valley in Rochdale. Im Prinzip führten wir uns stundenlang wie Kinder auf, warfen Stöcke in Bäche und sprangen drüber. Genau genommen ist das gar keine so schlechte Methode für eine Bandbewerbung. Es funktionierte. Ich weiß nicht, was Ian gedacht hat, als er nach Hause kam und Debbie davon erzählt hat.

Ian ist zu Iain Gray und hat ihm gesagt, dass er nicht mehr in seiner Band wäre. Um zusätzlich Salz in die Wunde zu streuen, hat er ihn außerdem gefragt, ob es ihm was ausmachen würde, mir seinen Verstärker und die Lautsprecher zu verkaufen. Ich kaufte Iain Gray also das Equipment ab, konnte aber trotzdem nicht Gitarre spielen. Jedes Mal, wenn ich dachte, »jetzt weiß ich, wie's geht«, ging's immer noch nicht. Das Problem war, dass es da bereits ein Kompetenzgefälle gab. Barney hatte seine Gitarre schon ein paar Jahre, er konnte ein paar Akkorde greifen. Hooky hatte seinen Bass und lernte, drauf zu spielen. Als ich so weit war, lag ich ungefähr zwei Monate hinter Hooky und gute zwei Jahre hinter Barney zurück.

Dann hatten wir immer noch das Problem, einen Schlagzeuger finden zu müssen, und echte Schlagzeuger gab es kaum. Wir probierten einige aus. Später tauschte ich die Gitarre und den Verstärker gegen ein Schlagzeug, aber auch da war ich so weit hinter den anderen zurück, dass das nichts werden konnte.

Peter Hook: Ian kannte sich viel besser mit Can, Kraftwerk, Velvet Underground und so was aus. Ich war ein großer Fan von John Cale, weil einer meiner Kollegen in der Kantine der Manchester Ship Canal Company fanatischer Cale-Fan war und mir seine ganzen LPs geliehen hat. Ian hat mich mit so was wie Iggy bekannt gemacht, Bernard und ich haben eher Pop-Reggae gehört, außerdem Led Zeppelin und Deep Purple. Er hat einem die Sachen nicht aufgezwungen, einen überhaupt nie gedrängt, und es war einfach immer interessant, Zeit mit ihm zu verbringen, man konnte von ihm lernen.

Bernard Sumner: Er hat eine Richtung reingebracht. Ian stand auf alles Extreme. Er wollte extreme Musik spielen und auf der Bühne total extrem sein, keine halben Sachen machen. Wenn wir einen Song geschrieben haben, sagte er: »Komm, wir machen den noch irrer! Der ist zu normal, lass ihn uns noch irrer machen!«

Tony Wilson: Debbie hat Ian auf Iggy gebracht. Ich glaube, die Jungs haben mir das erzählt, Debbie ist der Iggy-Pop-Fan gewesen. Ian hat Debbie kennengelernt und sich verliebt, und sie hat ihm ihre Iggy-Alben vorgespielt. In der Musik geht es immer um das Aufeinandertreffen verschiedener Einflüsse. In dem Augenblick war das so wichtig wie Ibiza, weil Ian die Band mit Iggy in Berührung gebracht hat.

Kevin Cummins: Wir waren im März 1977 auf dem Konzert von Iggy im Apollo mit Bowie am Keyboard, ich glaube, das war genauso wichtig wie die Sex Pistols in der Free Trade Hall. Das hat vielen Auftrieb gegeben. Iggy war absolut faszinierend auf der Tour, er war umwerfend. So hatte ich ihn noch nie gesehen.

Bernard Sumner: Wir probten in einem Pub in Weaste, The Swan. So wie es die Freimaurer gab, gab's auch die Buffaloes. Ich glaube, die haben ein geheimes Zeichen. Wir haben in deren Versammlungsraum über dem Pub geprobt. Unter den Stühlen standen so komische Truhen. Als wir die rauszogen und aufmachten, waren Büffelhäute drin. Sie sind eine wenig bekannte geheime Sekte, der Kult beruht auf den Gemälden von Leonardo da Vinci. Wenn die Buffaloes keine Versammlung hatten, haben wir dort geprobt, bis uns der Wirt schließlich rausgeworfen hat.

Es war wie wenn man zum ersten Mal Sex hat, wenn man noch Jungfrau ist. Beim ersten Mal ist man total schlecht, macht alles falsch. Von den ersten Songs, die wir gespielt haben, kennt man ja den einen oder anderen, aber daneben gab's auch noch eine Reihe anderer, die absolut grauenhaft waren. Mit der Musik ist es wie mit allem anderen auch: Man muss lernen, bis man gut darin ist. Das war die Zeit, in der wir gelernt haben.

Das erste Material, das wir geschrieben haben, war einfach nur unser Versuch, Punk nachzumachen, und das auch noch richtig schlecht. Musikalisch waren wir wie Neunjährige, wir hatten ungefähr sieben eigene Songs. Dann haben wir uns mit den Buzzcocks angefreundet, und die haben uns sehr geholfen, auch dabei, Auftritte zu bekommen. Pete Shelley hat Richard Boon zu uns geschickt. Er kam, und wir haben gespielt, »yeah, yeah, yeah, yeah, fuck off, fuck off, yeah, yeah, yeah, bollocks, bollocks« – diese echt furchtbar schrecklichen Songs.

Richard Boon meinte: »Na ja, ihr bekommt den Gig, aber ihr müsst neue Songs dafür schreiben.« Wir dachten: »Genau, die sind echt scheiße.« Also haben wir ganz neue für den Gig geschrieben. Ich glaube, das war im Electric Circus vor den Buzzcocks.

Wir haben sechs Songs geschrieben, die schon viel besser waren, aber so richtig drauf hatten wir's trotzdem noch nicht. Sie waren immerhin besser als die ersten, wir haben sie in ungefähr sechs Wochen geschrieben. Ein paar davon sind, glaube ich, auf *Unknown Pleasures* gelandet, zwei vielleicht.

Pete Shelley: Wir trafen uns an einem Freitagabend mit ihnen, weil sie gesagt haben: »Wir wollen eine Band gründen, wir brauchen Hilfe.«

Punk war damals etwas sehr Offenes, und wir brauchten möglichst viele Gleichgesinnte, damit eine wachsende Bewegung daraus wurde. Deshalb verabredeten wir uns an einem Freitagabend in einem Pub in der Frederick Road in Salford. Im Prinzip ging es nur darum, was zu trinken und darüber zu reden, was man so vorhatte, und sich zu überlegen, wie man's hinbekam.

Ich weiß noch, wie ich zu Bernard nach Hause bin und er ein paar Effekte hatte, aber keine Effektpedale. Seine hat man direkt an die Gitarre angeschlossen, was ganz schön eigenartig war, selbst für damalige Verhältnisse. Eigentlich ging es darum, sich gegenseitig Mut zu machen, so wie das wahrscheinlich an vielen anderen Schulen auch angefangen hat. Ich meine, das hatte echt was von Oberstufe, so wie die Leute einfach Ideen ausgetauscht haben.

Richard Boon: Sie befanden sich in einem ständigen Formierungsprozess. Wir haben sie in ihrem Proberaum in der Nähe vom Busdepot in Weaste besucht und sind danach zusammen was trinken gegangen. Sie versuchten einfach, ihr Vorhaben in die Tat umzusetzen. Sie wollten eine Band sein, was ja kein schlechtes Ziel ist.

Ian war besessen von dem Gedanken, sich in seiner Jugend aufzubrauchen. Ich würde nicht so weit gehen und behaupten, er war wie Arthur Rimbaud, aber er begeisterte sich vor allem für die Stooges, die Velvets und sein eigenes Gefühl von Entfremdung. Ganz offensichtlich arbeitete er an etwas. Er konnte genauso draufgängerisch und rowdyhaft sein wie die anderen, aber irgendwie hatte man immer das Gefühl, dass er sich anstrengen musste, so ein echter Kerl zu sein. Eigentlich war er von Natur her eher zurückhaltend und nachdenklich, was ihn einfach charismatisch wirken ließ, auch wenn er kein Heiliger war.

Bernard Sumner: Ian hatte richtig dickes Haar und ist damit immer zu so einem komischen Herrenfriseur gegangen. Irgendwann hat er ihn gebeten, ihm die Haare so zu schneiden wie einem römischen Kaiser. Wir standen sehr auf die alten Römer. Und Ian las viel Nietzsche. Ich weiß nicht, ich hab's nie gelesen, ich fand nur die Uniformen schön und die Architektur. Also ästhetisch fand ich Klassizismus toll. Ian stand wegen Nietzsche drauf.

Peter Hook: Wir spielten im Vorprogramm der Buzzcocks im Electric Circus. Das war das erste Mal. Wir hatten noch keinen

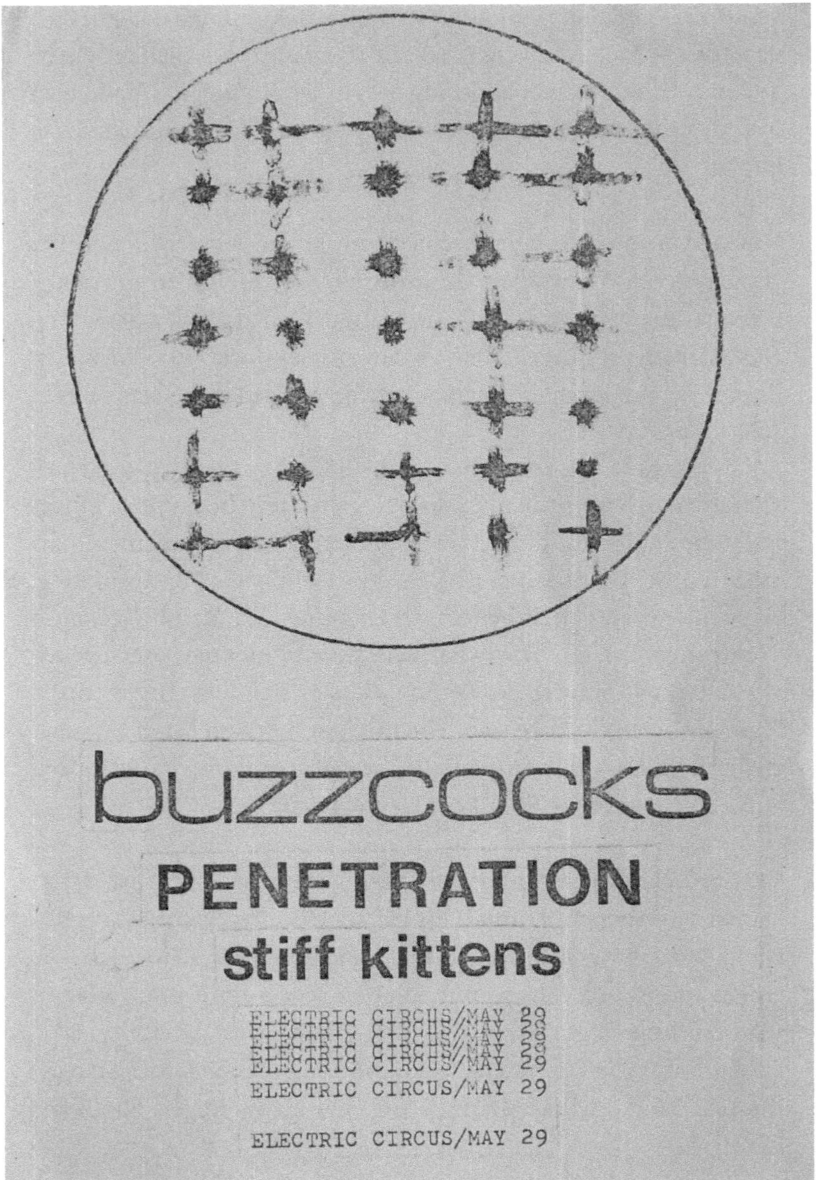

Electric Circus, Manchester, 29. Mai 1977, als Support für die Buzzcocks und Penetration (mit freundlicher Genehmigung von Richard Boon)

Namen, aber Richard Boon wollte Werbung machen. Wir konnten uns nicht entscheiden. Zum Schluss sagte er: »Wie findet ihr Stiff Kittens?« Pete Shelley hatte sich das einfallen lassen, und wir haben gesagt: »O nein, das gefällt uns nicht.« Er meinte, »na gut, dann nicht«, hat es aber trotzdem auf sämtliche Plakate draufgeschrieben. An dem Abend mussten wir verkünden, dass wir Warsaw hießen und nicht Stiff Kittens.

Ich weiß noch, dass ich total Schiss hatte. Ich erinnere mich, wie ich auf die Bühne gegangen bin, und danach an nichts mehr. Erst wieder, wie ich von der Bühne runter bin. Das war so … ahhhh … absolut erschreckend. Ich hab ein Bild von dem ersten Auftritt gesehen. Terry und ich hatten uns angezogen wie Panzerkommandeure, wir hatten einen Haufen deutsche Panzerkommandeursklamotten gekauft. Das ist das Tolle, wenn man in einer Band ist: Zu jedem bescheuerten Outfit, das man je getragen hat, gibt es eine Geschichte, zu jedem bescheuerten Haarschnitt und jeder bescheuerten Bemerkung, die man von sich gegeben hat.

Terry Mason: Wir dachten, wir gehen denselben Weg, den alle Punkbands in Manchester gegangen sind. Man spielt erst in der Stadt mit den Buzzcocks, dann zieht man los und spielt irgendwo anders mit ihnen, so war es bei The Fall gewesen und auch bei The Worst. Nur bei uns schien das nicht zu klappen. Nach dem ersten Auftritt in deren Vorprogramm hörten wir nichts mehr von ihnen. Und dann bekamen wir eine Reihe von Auftritten durch Music Force: Sie haben uns gefragt, dann sind wir ein paar Mal im Rafters als Vorband aufgetreten.

Die Band hatte entschieden, dass uns Stiff Kittens nicht gefiel. Das war der Arbeitstitel, den Pete Shelley uns gegeben hatte. Ich fand den Namen ganz gut. Stiff Kittens ist ein toller Name für eine Punkband: eine Kiste voll mit kleinen Kätzchen, alle strecken die Pfoten hoch – mehr Punk geht nicht. Aber der Band hat's nicht gefallen, also wurde Warsaw draus. Hauptsächlich wegen des Bowie-Stücks »Warszawa«, weil es bei den frühen Auftritten immer lief, wenn wir auf die Bühne gegangen sind.

Iain Gray: Als sie vor Penetration spielten, legte Ian eine sehr abgemilderte Fassung der Ian-Nummer hin. Damals waren sie gut, aber nicht großartig. Ian hatte schon immer ein tolles Gespür für Mode gehabt. Er hatte eine echt smarte Stoffhose und trug immer so einen RAF-Mantel dazu – Berlin 1935, so ein Stil. Dazu Barney mit Schnurrbart und Hooky, der sich anzog wie ein schwuler Tänzer, wie einer von Village People: Das war damals ziemlich seltsam, mit der Schirmmütze, weil er die immer im Pips aufhatte, dazu trug er noch ein Lederhalsband mit Nieten. Das Ganze war ein ziemlicher Mischmasch.

Kevin Cummins: Sie waren nicht besonders gut, aber das war egal, weil es so zeitgeistig war. Ich glaube, das ging uns fast bei jeder Band so. Wir waren nicht sehr kritisch, wir haben uns einfach gefreut, dass die Leute was gemacht haben. Ich hab ungefähr sechs oder sieben Bilder geschossen, die Negative sind längst verschwunden. Ich weiß noch, dass sie Energie hatten, aber damals hatten alle Energie. Wenn man sich Chelsea, die Cortinas oder Eater angeschaut hat, die hatten alle Energie. Die Songs waren eher austauschbar. Ich denke, eine Zeit lang galt das auch für Warsaw.

Ich hab immer Fotos von der Vorband gemacht, auch wenn es nur drei oder vier Bilder waren. Ich hatte das Gefühl, etwas zu dokumentieren, das vielleicht wichtig sein könnte. Ich hatte das Gefühl, dass ich noch mal was damit würde anfangen können, deshalb wollte ich, dass meine Sammlung möglichst vollständig war. Ich stand sehr auf Glam, Bowie und Roxy Music. Ich hab mich nicht wie ein Punk angezogen, aber ich hatte das Gefühl, etwas Besonderes zu beobachten. Und auch ein Teil davon zu sein; es war leicht, sich zu dieser Gruppe zugehörig zu fühlen, weil niemand ausgeschlossen wurde. London war sehr cliquenhaft, und Manchester war damals viel offener.

- 31. Mai 1977: Rafters, Manchester

Rezension von Paul Morley, *NME*, 18. Juni 1977
Wochenlang haben Warsaw einen Schlagzeuger gesucht. Den Mann an den Stöcken an diesem Abend haben sie erst am Abend zuvor aufgetan. Die Jungs besitzen einen skurrilen Übermut, der mich irgendwie an die Faces erinnert. Ein funkelnd böser Charme. Mag sein, dass sie ein bisschen vorhersehbar klingen, dafür unterscheiden sie sich aber auf schwer erklärbare Weise von den anderen neuen Bands, was die Vermutung nahelegt, dass sie viel experimentiert haben. Zweifellos werden sie mit der Zeit präziser werden und die eine oder andere monotone Länge ausmerzen. Der Bassist hat einen Schnurrbart. Mir haben sie gefallen, und in sechs Monaten werden sie mir noch besser gefallen.

Paul Morley: Im Rafters hatte Bernard einen Schnurrbart und sah damit eigentlich eher nach dem Pips aus: vor allem mit dem Hemd und dem Roxy-Music-Militarylook, den sie immer noch ein bisschen raushängen ließen. Das Ganze hatte eine eigenartige Sprachlosigkeit und Eleganz an sich, die faszinierend war. Sie hatten sich eindeutig für die Bühne angezogen, es gab eine feine Trennung zwischen Freizeit und Arbeit. Ich weiß noch, wie konzentriert sie waren. Sie nahmen es sehr ernst.

Sie hatten sich noch immer nicht richtig formiert. Nichts deutete darauf hin, dass es einmal Factory Records geben oder das alles mal Geschichte schreiben würde. Es bestand nur aus dem Moment, und der Moment war aufregend. Wenn man Bands aus Manchester aufregend fand – die Buzzcocks, The Fall –, dann war hier noch eine weitere. Der Name gefiel mir nicht, und sie klangen eher gewöhnlich, wie eine bemühte Rockband, aber dieses Bemühen hatte was Interessantes.

- 3. Juni 1977: The Squat, Manchester
- 6. Juni 1977: Guildhall, Newcastle
- 16. Juni 1977: The Squat, Manchester
- 25. Juni 1977: The Squat, Manchester
- 30. Juni 1977: Rafters, Manchester

Richard Boon: Sie waren sehr roh und unkoordiniert, hatten aber auch viel Energie und Drive, was das Wesentliche ist. Viele Bands, die sich im Zuge dieses frühen Punk-Enthusiasmus gegründet hatten, waren im Prinzip talentfrei, aber Warsaw hatten etwas: einen Spirit. Ian kam mir immer vor wie ein sehr getriebener junger Mann. Wo Hooky und Barney einfach nur spielen wollten, ging es ihm um eine Art Exorzismus.

Bernard Sumner: Ich weiß noch, dass ich's erschreckend fand, weil ich, als ich noch jünger war, nie damit gerechnet hätte, mal auf einer Bühne zu stehen. Als es dann tatsächlich passiert ist, war das eine Riesenüberraschung. Gleichzeitig aber auch erschreckend und sehr aufregend. Der soziale Aspekt des Ganzen war sehr verlockend: was das mit dem Leben so machte, man reiste herum, sah verschiedene Orte, lernte Leute kennen … das hat mir ein ganz neues Leben eröffnet.

Peter Hook: Von unserem ersten Auftritt bis zum Ende unserer ersten Woche als Band haben wir fünf Konzerte gespielt, und dann herrschte sechs Monate lang Flaute. Wir sind mit den Buzzcocks im Electric Circus aufgetreten, hatten einen Tag Pause, haben mit The Worst und noch einer Band im Squat gespielt – ich glaube, die Drones waren das. Am nächsten Tag sind wir nach Newcastle gefahren, mit den Adverts und Penetration aufgetreten, am Dienstag zurückgekommen und haben vor Johnny Thunders im Rafters gespielt. Damit ist ein Traum wahr geworden, das war absolut wunderbar. Manchmal kamen Leute und meinten: »Hört mal, morgen Abend ist ein Punk-Konzert, wollt ihr nicht auch spielen? Wir versuchen euch ein bisschen Benzingeld zu geben.« Und wir sind einfach hingefahren. Das war total lässig.

4

JULI 1977 – APRIL 1978

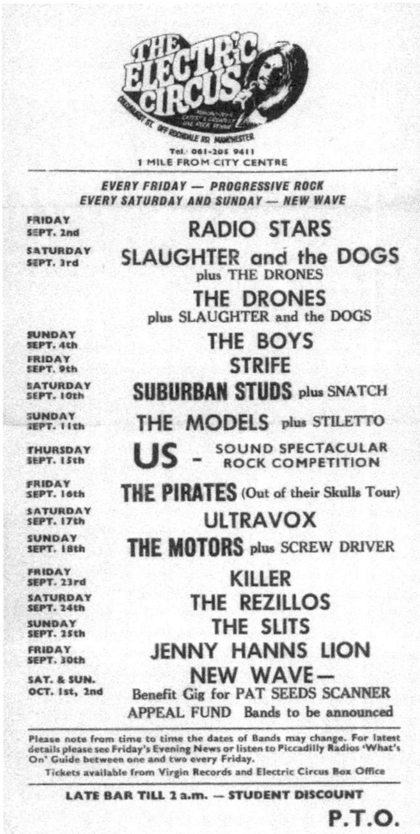
THE ELECTRIC CIRCUS
OFF ROCHDALE RD. MANCHESTER
Tel.: 061-205 9411
1 MILE FROM CITY CENTRE

EVERY FRIDAY — PROGRESSIVE ROCK
EVERY SATURDAY AND SUNDAY — NEW WAVE

FRIDAY SEPT. 2nd	RADIO STARS
SATURDAY SEPT. 3rd	SLAUGHTER and the DOGS plus THE DRONES
	THE DRONES plus SLAUGHTER and the DOGS
SUNDAY SEPT. 4th	THE BOYS
FRIDAY SEPT. 9th	STRIFE
SATURDAY SEPT. 10th	SUBURBAN STUDS plus SNATCH
SUNDAY SEPT. 11th	THE MODELS plus STILETTO
THURSDAY SEPT. 15th	US - SOUND SPECTACULAR ROCK COMPETITION
FRIDAY SEPT. 16th	THE PIRATES (Out of their Skulls Tour)
SATURDAY SEPT. 17th	ULTRAVOX
SUNDAY SEPT. 18th	THE MOTORS plus SCREW DRIVER
FRIDAY SEPT. 23rd	KILLER
SATURDAY SEPT. 24th	THE REZILLOS
SUNDAY SEPT. 25th	THE SLITS
FRIDAY SEPT. 30th	JENNY HANNS LION
SAT. & SUN. OCT. 1st, 2nd	NEW WAVE — Benefit Gig for PAT SEEDS SCANNER APPEAL FUND Bands to be announced

Please note from time to time the dates of Bands may change. For latest details please see Friday's Evening News or listen to Piccadilly Radios 'What's On' Guide between one and two every Friday.

Tickets available from Virgin Records and Electric Circus Box Office

LATE BAR TILL 2 a.m. — STUDENT DISCOUNT

P.T.O.

Flyer der letzten beiden Abende im Electric Circus, Samstag, 1. Oktober, und Sonntag, 2. Oktober 1977 (Jon Savage)

Bernard Sumner: Sänger sind ja bekanntermaßen Nervensägen, aber Schlagzeuger sind einfach komplett abgedrehte Spinner.

Peter Hook: Das waren alles Arschlöcher. Wahrscheinlich sagen die dasselbe über mich. Wir haben einfach keinen anständigen Schlagzeuger gefunden, der von seiner Persönlichkeit her oder musikalisch zu uns gepasst hätte. Leute im zarten Alter von einundzwanzig rausschmeißen zu müssen, war schrecklich. Bernard und ich haben uns dann immer mit ihnen getroffen und erklärt, dass sie zu gut für uns seien, nur um sie loszuwerden. Dann hatten wir Steve Brotherdale, der war der beste Schlagzeuger, den wir bis dahin je hatten, aber er hat uns wegen Rob Grettons Band, The Panik, sitzenlassen.

Bernard Sumner: Wir hatten mehrere Schlagzeuger ausprobiert. Wir wollten nur einen netten Typen finden, mit dem wir uns verstehen, der hätte den Job sofort bekommen. Wir haben uns mit mehreren Schlagzeug-Superstars getroffen. Einer, das weiß ich noch, hat uns vorspielen lassen. Im Prinzip war das so: »Wenn ihr bestimmte Kriterien erfüllt, mach ich mit bei eurer Band. Wie viel bekommt ihr pro Auftritt? Wie häufig spielt ihr in der Woche? Wer ist euer Manager? Wie schätzt ihr eure Zukunftsaussichten ein?« In dem Stil hat er uns ausgefragt. Wir haben zu allem »ja, ja« gesagt, und als er weg war: »Der kann uns mal.«

Und dann hatten wir einen, der Sport auf Lehramt studiert hat und ein ziemlich guter Schlagzeuger war. Wir sind zu ihm in seine Studentenbude, und da hatte er dann eine Punk-Perücke auf und ein Hundehalsband um und hat geübt, Punk zu sein. Wir dachten bloß: »So ein Vollpfosten.« Aber wir waren zu nett, um ihn gleich wieder rauszuwerfen. Hooky kam irgendwann auf die bescheuerte Idee, ihm eine Schachtel Pralinen zu kaufen und ihm zu erzählen, er sei zu gut, um weiter in der Band zu bleiben. »Du bist viel besser als wir. Du solltest nicht in einer Band wie unserer spielen.« So haben wir Leute gefeuert.

Terry Mason: Ich hab immer noch Unterricht genommen, weil es während dieser frühen Gigs echt schwierig war, einen Schlagzeuger zu finden und zu behalten. Ich dachte, Schlagzeug könnte ich relativ schnell lernen, aber ehrlich gesagt, blieb dafür gar keine Zeit: Bei diesen Bands wusste man nie, ob sie eine Lebensdauer von drei Wochen oder von drei Jahren hatten. Einer hieß Tony Tabac und hat die ersten Gigs gespielt. Zu den Proben kam er nicht gerne, anscheinend hatte er andere Sachen im Kopf, deshalb hab ich im Hintergrund weitergeübt, auch noch, als Steve kam.

Stephen Morris: Ich saß in der Bar vom Apollo und hab eine Zeitschrift gelesen, da stand: »Schlagzeuger gesucht«. Nachdem die Sunshine Valley Dance Band aufgelöst war, bin ich hin und wieder zum Vorspielen bei anderen Bands gegangen. Für den fraglichen Job klang ich aber nie genug nach Cabaret. Ich glaube, das Netteste, was die gesagt haben, war: »Nimm noch ein bisschen Unterricht.« Also bitte – »Schlagzeuger gesucht«. Da waren zwei Anzeigen: Eine von einer Band namens The Fall und die andere von Warsaw. Ich hatte keine Ahnung, wer das war.

Nebenher fing ich an, mit Konzertbesprechungen für den *Record Mirror* Geld zu verdienen. Man bekam einen Scheck über ungefähr drei Pfund. Aber bei der Coutts Bank kam ich mir toll vor, wenn ich dorthin gegangen bin: »Schau an, die Bank der Königin.« Mein erstes Punk-Konzert war Ed Banger and the Nosebleeds im Rafters gewesen. Vini Reilly spielte dort Gitarre, und ich bekam ein Interview mit Vini, stellte ihm die Standardfrage nach seinen Einflüssen. Und er meinte: »Wir sind von allen möglichen Arten revolutionärer Musik beeinflusst.« Okay.

Jedenfalls kam ich bei dem Konzert mit jemandem ins Gespräch und fragte ihn, ob er schon mal was von Warsaw gehört hatte. »Ach, die hab ich schon mal gesehen, die sind nicht so toll.« Dann fragte ich: »Und wie sind The Fall?« – »O nein, nein, nein, bloß nicht The Fall.« Also dachte ich: »Wenn ich mich schon aufgrund einer besoffenen Unterhaltung für eine der beiden Bands entscheiden muss, dann wohl besser für Warsaw.« Ich war immer noch ein bisschen unentschlossen und ging runter zur Haltestelle. In Jones' Musikladen hing ein Zettel im Fenster. Wieder stand dort: »Schlagzeuger für Punkband gesucht, Warsaw«.

Und ich dachte: »Das ist ein Wink des Schicksals.« Und außerdem war's eine Telefonnummer aus Macclesfield, also dachte ich: »Super, da muss ich nicht weit fahren.« Ich hab mich ans Telefon gehängt, irgendeinen grobklotzigen Punk-Typen erwartet, aber stattdessen war es der sehr sanftmütige, wortgewandte Ian. Ich fragte: »Sucht ihr einen Schlagzeuger?« – »Allerdings. Kannst du … Schlagzeug spielen?« – »Ja, kann ich.« – »Hast du vielleicht Lust, mal bei mir vorbeizukommen?«

Er meinte: »Die anderen aus der Band sind im Urlaub, aber wenn du herkommst, kannst du dir ein Tape anhören.« Ich bin dann zu Ian nach Hause, was von mir aus bloß die Straße runter war. Da hatte ich mir gerade zum ersten Mal das Rauchen abgewöhnt – drei Wochen lang war ich clean gewesen –, und das Erste, was ich Ian zu verdanken habe, war, dass er mich wieder voll auf Nikotin gebracht hat. »Eine kann nicht schaden, komm schon, komm, eine tut dir nichts, komm.« Und das war's, danach war ich noch dreißig Jahre lang nikotinabhängig. Aber ich hab mich in den Job gequatscht.

Er hat mir ein Tape gegeben, das sie im Studio in Oldham aufgenommen hatten. »Hör dir das mal an und sag, wie du's findest.« Also bin ich damit los. Es klang, als würde jemand Flöte spielen, aber natürlich war das keine Flöte, das war Hooky am Bass. Einfach eigenartig. Also schön, besonders schwer war's nicht, keine 6/4 oder 7/14, keine komplizierten Taktarten wie bei Van der Graaf Generator. Ich dachte, das würde ich wahrscheinlich ziemlich schnell hinbekommen. Also habe ich gesagt: »Okay, ich bin dabei, wenn ihr mich haben wollt.«

So was hatte ich vorher schon mal erlebt. Halb hab ich damit gerechnet, dass sie sagen: »Nimm erst mal noch ein bisschen

Unterricht, dann klappt das schon irgendwann.« Aber er hat angerufen und gesagt: »Die anderen sind zurück aus dem Urlaub, und wir wollen proben. Hast du Lust zu kommen?« Also hab ich mir den Wagen von meiner Mutter geliehen – ich glaube, meine Eltern waren in den Ferien –, hab mein Schlagzeug in den Kofferraum gepackt und gefragt, wo wir uns treffen. »Strangeways.« – »Strangeways … das Gefängnis?« – »Ja, das Gefängnis.« – »Und die anderen waren im Urlaub?« – »Ja, die waren im Urlaub.« – »Wo waren sie denn?« – »In Frankreich.«

Also hab ich draußen vor Strangeways geparkt und damit gerechnet, dass die anderen beiden da rauskommen, aber dann ist ein Mark 2 Jaguar vorgefahren, und ich dachte: »Schau an.« So ein Bärtiger stieg aus, das war Hooky. »Der hat ja einen Bart, wie abgedreht.« Dann tauchte Bernard auf, und wir sind ins Abraham Moss Leisure Centre nach Crumpsall gefahren und haben losgelegt, die Songs gespielt, die auf dem Tape waren, und das war's eigentlich. Ich glaube nicht, dass jemand gesagt hat: »Du hast den Job.« Dafür meinten sie aber: »Wir haben nächste Woche einen Auftritt, hast du Zeit?« Und so bin ich von Macclesfield zu Warsaw gekommen.

Bernard Sumner: Terry ist schon ein bisschen komisch. Vermutlich fand er die Band deshalb gut, weil wir ja auch ein bisschen komisch waren, lauter Außenseiter, so wie er. Er hat vieles ausprobiert; irgendwann war er auch mal Gitarrist bei uns, der zweite Gitarrist, als wir im Swan geprobt haben. Nach einigen Monaten fiel mir auf, dass man ihn überhaupt nicht gehört hat. Also bin ich an seinen Verstärker gegangen und hab ihn aufgedreht. O Gott, das war schrecklich, er konnte überhaupt nicht spielen, aber er meinte: »Okay, Gitarre kann ich nicht, dann bin ich eben der Schlagzeuger.«

Das war, als wir noch einen Drummer gesucht haben. Er hat sich ein Schlagzeug gekauft, das so billig war, dass die Beine aus Drahtbügeln bestanden. Wenn er drauf gespielt hat, ist das Ding vor ihm weggelaufen. Als Steves Mum ihn nicht aus dem Haus lassen wollte, weil er erkältet war, und ihm auch nicht erlaubt hat, sein Schlagzeug mitzunehmen, musste er Terrys Schlagzeug benutzen, das vor ihm weggelaufen ist. Innerhalb der Gruppe hat das für politische Differenzen gesorgt, das muss ich schon sagen.

Dann wurde Terry unser Manager, und bei der ersten Aufnahme, die wir gemacht haben – die Ian von dem Geld bezahlt hat, das er zu seinem einundzwanzigsten Geburtstag bekommen hatte –, war das so: »Okay, Terry, das klingt total geil, schick es an die Plattenfirmen.« Er hat jede Menge Material rausgeschickt, und dann hatten wir wieder ein Bandtreffen. »Hast du schon Rückmeldungen gekriegt?« Wir hatten eine Antwort von einer Plattenfirma bekommen, die lautete: »Danke, aber nein danke, ruft in zehn Jahren noch mal an.« Wir dachten also: »Scheiße, verfluchter Mist«, waren echt entmutigt. Dann haben wir die Aufnahme in den Kassettenrekorder gesteckt und abgespielt.

Terry hat damals noch bei seiner Mum gewohnt. Wir hörten Schlagzeug (*imitiert Schlagzeuggeräusche*), dann hörten wir (*summt die Titelmelodie von* Coronation Street) und »Terry, Essen ist fertig« *(mehr Schlagzeug)*, mitten in die Musik rein. Wir meinten: »Hast du das etwa so rausgeschickt? Da hört man *Coronation Street* und deine Mum, die dich zum Essen ruft. Wie ist das denn passiert? Wie hast du das aufgenommen?«

Er sagte: »Na, ich hab mich hingesetzt, ferngesehen und zwei Kassettenrekorder hier hingestellt, einen mit Lautsprecher und einen mit Mikro.« So hat er Bandaufnahmen kopiert, einfach über Lautsprecher und Mikro. Deshalb war *Coronation Street* mit drauf und aller möglicher anderer Scheiß, und das hat er an die Plattenfirmen geschickt. Verdammt peinlich. Danach haben wir ihn zum Keyboard-Techniker befördert, als wir dann ein Keyboard hatten. Wir haben ihn nie rausgeworfen, immer nur befördert.

Peter Hook: Ich meine, das war total eigenartig, wenn man sich das mal überlegt, weil man nämlich überhaupt nichts gehört hat, das Equipment war furchtbar. Ich hab Bernards Gitarre erst gehört, als wir mit Martin Hannett ins Studio gegangen sind; genauso Ians Gesang, aber vom Gefühl her hat es gestimmt: »(*macht Gitarrengeräusche*). Fühlt sich gut an. Keine Ahnung, was wir spielen, keine Ahnung, was er singt, aber es fühlt sich gut an.« Mit Steves Schlagzeug war's dasselbe: Man konnte es nicht hören, aber es fühlte sich gut an. Das Ganze fühlte sich einfach gut an, was ja eigentlich das Interessante ist.

Stephen Morris: Ich hatte lange bei meinem Dad im Zimmer einfach drauflos getrommelt. Die Cabaret-Bands haben ihr eigenes Ding gemacht, und man musste irgendwie den Takt finden, und wenn man mal was anderes versucht hat, hieß es: »Holla, holla.« Als ich dann mit Hooky, Bernard und Ian zusammengespielt habe, haben wir alle voneinander gelernt. Wir sind eigentlich ziemlich schnell zusammengewachsen und präziser geworden. Mein erster Auftritt mit ihnen war der letzte Abend des Electric Circus.

Peter Hook: Am letzten Abend des Electric Circus haben wir uns mit dem Veranstalter gestritten und beinahe auch noch mit den Drones, weil die uns nicht auftreten lassen wollten. Das war dieser Wichser, der Sänger von den Drones. Ian war stinksauer, absolut wütend auf den Veranstalter und die Drones und Slaughter and the Dogs, weil die uns nicht wollten. Die haben sich einfach hingestellt und gesagt: »Wir wollen nicht, dass ihr spielt.« Und wir meinten: »Fickt euch, wir haben genauso das Recht zu spielen wie ihr.« Ian und ich sind ihnen buchstäblich an die Gurgel gegangen.

Ich glaube, Bernard und Steve waren im Wagen. Wir mussten uns prügeln, um auftreten zu dürfen. Weil sie eigentlich nicht wollten, dass wir spielen, waren wir dann als Erste dran. Virgin haben uns aufgenommen, als wir die Mikros gecheckt haben.

Deshalb bricht es in der Mitte von »Novelty« einfach ab. Wir haben nur zwei Songs aufgenommen, und ich glaube, als die sich das hinterher angehört haben, dachten sie: »Scheiße, die sind ja viel besser als die anderen Bands an dem Abend.«

Die Drones und Slaughter and the Dogs standen da und wollten, dass wir aufhören. Niemand hat sich für uns eingesetzt. Auch die scheiß Buzzcocks nicht. Wir waren total auf uns alleine gestellt und haben es an dem Abend nur auf die Bühne geschafft, weil wir hartnäckig geblieben sind und Ian ausgeklinkt ist. Ian konnte total hochgehen, wenn ihm jemand blöd kam. Aber ich hab ihn immer nur explodieren sehen, wenn er sich für die Band eingesetzt hat, und das war super.

Stephen Morris: Bis dahin hatte ich sie eigentlich nicht für richtige Punks gehalten, wobei daran nichts verkehrt gewesen wäre, nicht so zu sein, wie ich mir Punks vorgestellt habe. Das waren ganz normale Jungs. Für einen Sänger fand ich Ian ziemlich sanft und höflich: Man kannte ja Johnny Rotten und die ganzen Leute, die ständig rumgerotzt haben. Ian war überhaupt nicht so. Ich hab mich wirklich nicht groß drum gekümmert, was passiert, wenn man tatsächlich auftritt. Wir haben einfach gespielt, und Ian hat ins Mikro genuschelt.

Eigentlich hätte mir bei den Vorbereitungen für den Auftritt am letzten Abend im Electric Circus was dämmern müssen. Der letzte Abend bestand genau genommen aus zwei Abenden, und Ian meinte: »Wir gehen am Samstag hin und machen klar, dass wir am Sonntag spielen.« Also sind wir hin. Ian wurde sehr laut und aggressiv gegenüber den Leuten an der Tür. So hatte ich ihn noch nie erlebt, er war echt aggressiv, sehr leidenschaftlich und hat sich voll aufgeregt. »Lasst uns spielen!« Schließlich meinten sie, wahrscheinlich nur um ihn loszuwerden: »Okay, dann kommt halt. Ihr dürft als Erste auf die Bühne.«

Ich fand das ein bisschen komisch. Als wir mit dem ganzen Kram ankamen, meinten sie: »Ihr seid jetzt sofort dran.« Plötzlich hat sich Ian in einen herumwirbelnden Derwisch verwandelt, was uns auch angespornt hat. Bernard und Hooky legten eine genauso manische Nummer hin – nur dass es gar keine Nummer war, sondern reine Leidenschaft. Ian hat es rausgelassen, was auch immer es war. Ich hab mich am Schlagzeug abreagiert, Bernard und Hooky an den Gitarren. Er hat sich abreagiert, indem er sein Ding gemacht hat. Ich hatte mir das ganz anders vorgestellt, bis ich's gesehen hab, und dann war das schon so was wie eine Offenbarung.

- 2. Oktober 1977: Der letzte Abend im Electric Circus, Collyhurst, Manchester

Rezension von Jon Savage, *Sounds*, 15. Oktober 1977
Hippe Disco-Einflüsse bei Warsaw. Sie wirken jung und nervös. Verzweifelt, schlagen um sich, fürchten sich, stehenzubleiben/zu stürzen: »What are you gonna do when the novelty's gone / You'll be back in the gutter where you came from«. (»Novelty«)

Terry Mason: Wir waren es so weit gekommen, und dann traten wir auf der Stelle. Zu der Zeit war Warsaw möglicherweise die unbeliebteste Band in Manchester. Anscheinend hatte niemand mehr Auftritte für uns. Wir bekamen nicht mal mehr was, wenn kurzfristig jemand anders abgesagt hatte. »Die Vorband im Rafters ist nicht aufgetaucht, wen haben wir denn auf der Kurzwahlliste?« Uns jedenfalls nicht. Wir kamen nicht aus Manchester raus, und in Manchester selbst zogen wir auch kein Publikum.

Die Punk-Explosion konzentrierte sich auf die Buzzcocks, die aus Lower Broughton kamen, und deren Umfeld. Die restliche Szene ballte sich in Manchester, aber in den von der Didsbury Mafia geführten Kneipen, von C.P. Lee und Leuten wie Bruce Mitchell. Und wir gehörten nicht dazu. Die mochten uns nicht, weil wir keine besonders guten Musiker waren. Wir befanden uns am falschen Ende der Stadt und gaben uns mit den falschen Leuten ab, einfach weil damals vieles mit den Orten zu tun hatte.

Richard Boon: Was war das Manchester-Punk-Ding? Die Buzzcocks bildeten die Speerspitze, aber dann gab es bis zu The Fall nur sehr wenig. Gerüchte und Tratsch gab es trotzdem jede Menge. Bands haben sich für dreißig Minuten gegründet und nie irgendwas gemacht, weil deren Mitglieder einander nicht ausstehen konnten. Kann eine regionale Sache gewesen sein, ich weiß es nicht. In South Manchester war das anders. Dort regierten die, die von Alberto y Lost Trios Paranoias übrig waren. Warsaw haben sich, anders als die anderen, nicht mit denen abgegeben. Sie waren sehr isoliert, machten ihr eigenes Ding.

C.P. Lee: Die Albertos waren eine Art Dada-Cabaret-Band. Wir haben uns 1974 gegründet, um uns gegen die Rock-Giganten zur Wehr zu setzen. Als es dann mit Punk losging, hatten wir zufällig eine Bühnenshow, die ich geschrieben hatte, mit dem Titel *Snuff Rock*. Die Idee war, dass junge Leute arbeitslos waren und niemand mehr Bands sehen wollte. Die Bands brauchten einen Gag, also dachten sie sich *Snuff Rock* aus. Jeden Abend wollten sie einen arbeitslosen Jugendlichen auf die Bühne holen, der dort live Selbstmord beging. So würden sie Millionen verdienen.

- 7. Oktober 1977: Salford College of Technology

Martin Hannett kam vorbei und sagte: »Wir ziehen los und sehen uns was an.« Im Bierkeller, im Band on the Wall oder egal wo. Ich bin ziemlich oft mit ihm zu Konzerten gegangen. In gewisser Weise war das wie eine A&R-Suche, weil Rabid Records gerade erst anfingen. Wir hatten Warsaw in Salford gesehen, als Slaughter and the Dogs dort gespielt hatten – die waren bei Rabid Records. Beim Konzert kam es zu einer Schlägerei, und wegen der ganzen Aufregung war's zum Schluss ein ziemlich kurzer Abend.

An den darauffolgenden Tagen erzählte Martin in der Cotton Lane, wo Rabid Records saßen, total begeistert davon, aber Tosh Ryan hatte große Bedenken wegen der ganzen Nazi-Symbolik. Ich weiß noch, dass Martin gesagt hat: »Das ist die Tanzmusik der Zukunft.« Das war Martins Abschied von Rabid, denke ich, weil er das finden wollte, was er unter der Tanzmusik der Zukunft verstand. Mich beeindruckt das, weil es nichts mit Hippietum zu tun hatte. Dass er's damals schon gesehen hat, spricht für seine Genialität. Sie waren auf jeden Fall noch sehr unausgereift, aber er hat was darin gesehen.

Martin Hannett: Ich war Teilhaber bei Rabid Records. Das Label wurde als Vehikel für die Single von Slaughter and the Dogs gegründet und weitergeführt, bis wir bei Veröffentlichung Nummer 105 ankamen, Jilted John. 103 war John Cooper Clarke, 102 waren die Nosebleeds, 104 war »Kinnel Tommy«. Ed Banger war völlig irre, aber gutmütig irre. Er war mit den Faal-Brüdern aus Wythenshawe gekommen. Mike Faal hat Plakate für Factory aufgehängt. Sie gehörten zur Crew von Slaughter and the Dogs: Vini Reilly, Rob Gretton, ich.

Terry Mason kam ins Büro, weil er eine PA brauchte. Eines Abends hab ich sie mir angesehen, sie spielten als Vorband vor Slaughter an der Salford Tech. Und sie waren echt gut. Die PA hatte den Geist aufgegeben, sodass Steve und Hooky ungefähr fünfzehn Minuten ohne Verstärkung spielten. Mich hat es unter anderem deshalb zu Drum Machines getrieben, weil die Schlagzeuger oft so entsetzlich schlecht waren. Steve war aber gut, deshalb kamen sie sofort in Fahrt. Sie waren anders als Punk. Ursprünglich war da sehr viel Raum in ihrem Sound.

- Dezember 1977: Pennine Sound Studios, Aufnahmen zur EP *An Ideal for Living*

Bernard Sumner: Als wir unsere erste Platte aufgenommen haben, *An Ideal for Living*, hatten wir noch keinen Manager. Wir haben einfach nur Musik gemacht und wollten, dass Leute sie hören. Im Prinzip war das damals das Punk-Ethos, selber machen, unabhängig sein, vergesst die großen Labels, vergesst die Superstars, einfach Heimarbeit. Das Geld kam von Ians einundzwanzigstem Geburtstag, und er hat sehr tapfer und nett beschlossen, ein Studio in Oldham davon zu mieten, das Pennine Sound.

Die Typen, die es geführt haben, machten uns ein Pauschalangebot. »Ihr zahlt soundsoviel, dafür bekommt ihr das volle Programm. Ihr nehmt den Track hier auf, wir mischen ihn für euch, und ihr bekommt ihn auf Vinyl, wir kümmern uns um die Grafik, alles.« Wir dachten: »Super, das ist echt nett von denen, das machen wir.« Also haben wir's gemacht und dort aufgenommen. Gleich beim ersten Mal im Studio hieß es: »Kommt schon, Jungs, Zeit ist Geld. Und eure Zeit ist gleich abgelaufen, ihr habt nur noch eine halbe Stunde.«

Peter Hook: Ich glaube, das lag daran, dass alle es so gemacht haben, alle Bands, und man hat sich gegenseitig geholfen. Wenn man etwas wissen wollte, hat man die Buzzcocks angerufen, und die haben es einem gesagt. Vielleicht waren sie nicht scharf drauf, persönlich mit einem abzuhängen, aber sie haben einem gesagt, was man wissen wollte. Man hat sich umeinander gekümmert. So war das auch mit den Studios, man ist hin und hat bezahlt, dann hat man die fertige Platte bekommen – so wurde das damals gemacht.

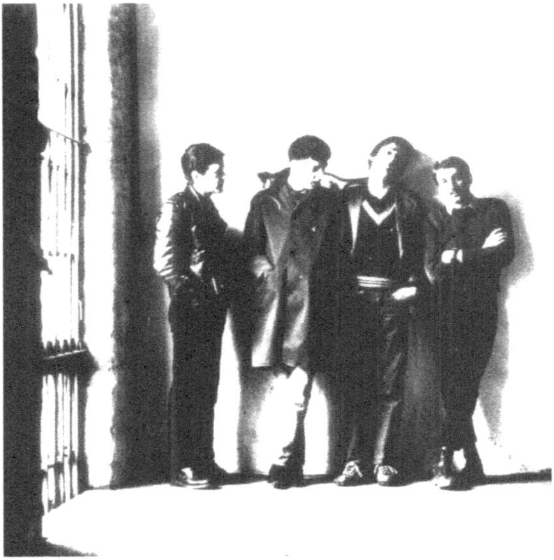

Joy Division, Cover von *An Ideal for Living*, 7-Inch-EP, Frühling 1978 (Gareth Davy)

Stephen Morris: Das war, nachdem wir ein paar Mal geprobt hatten. Wir haben die Songs auf dieser ersten Kassette aufgenommen, und dann haben wir noch ein paar mehr geschrieben. »Novelty«, glaube ich, war ein alter Song auf dem Tape. Dann haben wir »Leaders of Men«, »Failures«, »Warsaw« und »No Love Lost« aufgenommen.

Wir fingen an, eigene Songs zu schreiben, weil wir's konnten. Ian hatte die Texte dazu. Die Songs entstanden einfach aus dem Nichts heraus. Wir haben mit einem angefangen, ihn fertig gemacht, und dann: »Okay, wir haben noch einen Song geschrieben, wir gehen das Set durch.« Und so fängt man an: Erst hat man drei Songs, vier Songs, fünf Songs. Wenn man länger als zwanzig Minuten gespielt hat, hat man die Geduld der Zuhörer schon sehr strapaziert. Jedenfalls dachten wir das.

»No Love Lost« war der Anfang der Abkehr vom reinen Geprügel. Es war ein Beispiel für: »Ach, warte mal, wir haben hier eine gute Passage, aber irgendwie passt sie nirgends rein. Warte mal, das ist noch so eine gute Passage, warum legen wir die nicht dahin und die andere dorthin.« Ian war sehr gut in so was, er konnte Sachen erkennen und auch ein bisschen arrangieren. Außerdem hat es ihm nichts ausgemacht, dass er über lange Strecken nicht gesungen hat. Ihm gefiel die Vorstellung, dass unsere Intros so was wie unser Markenzeichen wurden. Das andere war, dass das Gitarrenriff in »No Love Lost« aus »L.A. Woman« stammte, was Ian und ich echt gut fanden.

Peter Hook: In London gab es eine Band, die Warsaw Pakt hieß. Sie sind dadurch bekannt geworden, dass sie eine Direktschnitt-Platte veröffentlichten. Sie haben im Studio gespielt, in Stereo abgemischt und direkt auf die Platte geschnitten. Dafür haben sie jede Menge Presse bekommen. Als wir wegen Auftritten rumtelefonierten, meinten auf einmal alle: »Ach, seid ihr Warsaw Pakt?« Wir hätten Ja sagen sollen, dann hätten wir die Gigs bekommen, haben wir aber nicht. Wir haben gesagt: »Nein, nein, wir sind Warsaw aus Manchester« – oder Salford.

Das nahm einfach überhand, deshalb mussten wir unseren Namen ändern. Wir haben uns die Hirne zermartert. Die Favoriten waren Slaves of Venus und Joy Division. Ian hatte das aus einem Buch, *House of Dolls*. Ungefähr zur selben Zeit beschlossen wir, dass wir uns alle die Haare blond färben sollten, um mehr aufzufallen. Am nächsten Tag kam ich mit blond gefärbten Haaren in den Proberaum, aber die anderen drei Dreckskerle hatten es nicht gemacht. Ich blieb dann trotzdem jahrelang dabei.

Bernard Sumner: Wir hatten ungefähr eine Woche Zeit, uns einen neuen Namen einfallen zu lassen, und ein Typ in dem Trickfilmstudio, wo ich gearbeitet habe, hat mir ein paar Bücher gegeben. Eins hieß *House of Dolls*. Ich wusste, dass es um

Nazis ging, aber ich hab's nicht gelesen, nur durchgeblättert und den Namen Joy Division entdeckt. Das war ein Bordell, das die Soldaten besuchten, und ich dachte: »Also das ist ganz schön geschmacklos, aber auch ganz schön punk.«

Alle, denen ich den Namen vorschlug, meinten, »toller Name«, also haben wir ihn genommen. Wir wussten, dass da Konnotationen dranhängen, aber wir dachten: »Wir sind keine Nazis, also scheiß drauf, ist ein toller Name.« Wir waren sehr entschlossen, ein bisschen dachten wir auch, »fickt euch, wir machen, was wir wollen«, aber wahrscheinlich ist er wirklich ganz schön geschmacklos.

Stephen Morris: Das kam von »No Love Lost«. Da stammten Teile aus Ians Büchern, die er damals gelesen hat, unter anderem *House of Dolls*. Die Joy Division war ein Regiment von Prostituierten, die sich um die neuen arischen Übermenschen, Nazischläger oder sonst was kümmern mussten. So hießen die, und irgendwie blieb es hängen. Da fing es an, dass die Leute dachten: »Ach du Scheiße, das sind Nazis.« Ich meine, eigentlich hätten wir's kommen sehen müssen.

Bernard Sumner: Ich wurde 1956 geboren. Ich hab bei meinen Großeltern gewohnt, und die haben ständig über den Krieg gesprochen. Das Haus einer Großtante war bombardiert und völlig zerstört worden. Wir hatten ein Zimmer voller Gasmasken und Kampfhelme, britische Flaggen und alte Funkgeräte – lauter Krimskrams aus dem Krieg. Mein Großvater hat die ganze Zeit Sendungen über den Krieg geschaut. Ich hab mich dafür interessiert, wie es dazu hatte kommen können, denn auf ein junges Gemüt wie mich wirkte es ziemlich bizarr, dass sich die ganze Welt gegenseitig an die Gurgel geht. Gewalt in einem so wahnsinnigen Ausmaß.

Natürlich fand ich grauenhaft falsch, was die Nazis gemacht hatten, aber es war, als wäre die ganze Welt irre geworden. Ich denke, damit kann man nur umgehen, indem man sich mit der menschlichen Natur beschäftigt und herausfindet, wie man Menschen ihre Aggressionen nehmen kann, denn schließlich sind es einfach Aggressionen, machohaftes Benehmen von Leuten, die nicht bereit sind, auch mal zurückzustecken.

Als ich in Salford gelebt habe, bekam ich eine Menge Gewalt mit und hielt das eigentlich für ganz normal. Ich sah, wie Leute mit Eisenstangen geschlagen oder windelweich geprügelt wurden. Mein Onkel bekam vierzig Messerstiche ab. Meinem Cousin wurde so heftig ins Gesicht getreten, dass ihm ein Augapfel rausflog. Er musste mit seinem Auge in der Hand zu Fuß ins Krankenhaus gehen, was ganz schön widerlich gewesen sein muss. Um mich herum war überall Gewalt. Ich selbst war nicht gewalttätig, und deshalb wollte ich die Ursachen verstehen, warum Menschen sich so verhalten.

- 25. Januar 1978: Pips, Manchester, erstes Konzert unter dem Namen Joy Division

Jeremy Kerr: Ich war regelmäßig im Pips. Im Roxy Room ganz hinten liefen David Bowie und Roxy Music, aber dann gab es noch eine kommerzielle Disco mit Soul und später auch noch was im Keller, The Future oder so – da lief beispielsweise Kraftwerk, *Trans-Europe Express*. Das war gut, alles in einem einzigen Laden. Man konnte von einem Raum mit David Bowie und Roxy Music runtergehen und Heavy Soul hören, dazwischen führte eine Treppe rauf zu den Mädchentoiletten – das war ein guter Standort.

Kevin Cummins: Ich hab sie mir im Pips angesehen, als Ian ausgesperrt wurde. Er ist zum Rauchen nach draußen, und dann wollten sie ihn nicht mehr reinlassen, haben ihm nicht geglaubt, dass er in der Band ist.

Paul Morley: Der neue Name war ganz gut, um Bernards Schnurrbart, Hookys Lederkappe und das leicht tuntige Element in den Hintergrund treten zu lassen, das sie damals noch hatten. Wahrscheinlich hätte man sie für schwul gehalten, weil das zum Pips gepasst hätte. Das Aufgedonnerte vom Pips hat größtenteils bis in den Punk hinein überlebt, sie hielten da noch eine ganze Weile dran fest. Aber ich erinnere mich an Joy Division ganz am Anfang, und daran, dass sie nicht mehr Warsaw hießen.

- 15. April 1978: Rafters, Manchester

Terry Mason: Wir kamen an einen Punkt, an dem wir ein bisschen feststeckten. An dem Abend ging es um neue Bands. Auch wenn es eigentlich die Stiff/Chiswick Challenge war, hatte im Großen und Ganzen immer noch die Musik-Mafia aus Didsbury das Sagen. An dem Abend ging es vorrangig darum, überhaupt auf die Bühne zu kommen. Hätten wir das nicht geschafft, hätten wir das Handtuch geschmissen, weil es einfach aussah, als spräche zu viel gegen uns. Wir wussten, dass man uns noch was schuldig war.

Wir kamen früh an und mussten uns wahnsinnig viel Scheiße von den Leuten dort anhören. Komischerweise wurden dieselben Leute wenig später alle unsere Freunde. Wir waren da und wollten spielen, aber es dauerte und dauerte und dauerte. Wir dachten, wir würden niemals auftreten dürfen. Allmählich wurden wir immer genervter und auch betrunkener. Das Zeug, das wir getrunken haben, war scheußlich. Wir tranken Special Brew mit schwarzem Johannisbeersirup. Heute würde ich lieber Diesel trinken.

Kevin Cummins: Bei der Stiff/Chiswick Challenge hab ich mich mit ihnen gestritten. Damals schienen sie nicht zu dem zu gehören, was wir als die Manchester-Szene betrachteten. Im Prinzip gab es ja gar keine, aber sie lebten eben nicht in Hulme, gingen nicht zu den ganzen Gigs wie alle anderen und strahlten außerdem noch eine Arroganz aus, die damals irgendwie daneben wirkte. Wie viele Bands und viele Jugendliche hielten sie sich für viel besser, als sie wirklich waren, und ich dachte: »Ich hab schon ein paar Bilder von denen gemacht. So lange da nichts passiert, brauche ich nicht noch mehr.«

In gewisser Weise hatte ich recht, aber sie wollten auch Außenseiter sein. Sie wollten nicht sein wie die Drones, die jede Woche auftauchten, oder wie Slaughter and the Dogs. Sie glaubten, dass sie mehr zu bieten hatten. Auch wenn das zu dem Zeitpunkt vielleicht noch gar nicht stimmte.

Paul Morley: Die Stiff/Chiswick Challenge im Rafters war wirklich abgefahren, weil keine Band, die noch ganz bei Trost war, freiwillig auf Stiff hätte veröffentlicht werden wollen. Aber trotzdem sind alle, einschließlich Joy Division, dort aufgetreten und wollten gewinnen, wie bei einem seltsamen *X Factor*-Prototyp mit einer fürchterlichen Jury, die entscheidet, wer auf dieses eher komische Londoner Label darf. An dem Abend lag eine Menge Gewalt in der Luft, weil es aus irgendwelchen Gründen aussah, als würden Joy Division gar nicht die Chance bekommen aufzutreten.

Terry Mason: Die Nervigsten dort waren die Negatives, das heißt Paul Morley, Kevin Cummins, Richard Boon – schon komisch, dass dieselben Namen auf der Seite der Guten und der Bösen auftauchen –, und genau diese Typen waren es auch, die uns den Samstagabend im Electric Circus verdorben haben. Bei der Stiff/Chiswick Challenge ging es darum, dass der Gewinner am Ende die Möglichkeit bekam, herumzureisen und eine Single zu veröffentlichen.

Im Prinzip haben die uns einfach verarscht. Wir strengten uns an, Auftritte und Presse zu bekommen, aber im Prinzip haben uns diese Leute einfach nur ausgelacht. Wir waren stinksauer auf die, und ich weiß, dass Ian wütend auf Paul Morley war. Die bekamen mit, dass wir stinkig waren, und schließlich durften wir doch auftreten. Ich bin nicht sicher, ob es nach zwei Uhr war, aber es war auf jeden Fall absurd spät. Bis dahin hatten die Leute schon neun oder zehn Bands gesehen, von denen keine besonders begeisternd gewesen war. Die Reihen lichteten sich, die meisten Zuschauer waren schon nicht mehr da.

Peter Hook: Die anderen Bands waren sehr viel softer als wir. Im Vergleich zu Howard Devoto und Pete Shelley, die eher verweichlicht wirkten, waren wir heavy, musikalisch und als Persönlichkeiten. Das hat uns von denen unterschieden. Wir waren so aggro. Nur weil uns niemand leiden konnte. Wir waren eine funktionierende Band, haben geprobt, aber dann kamen die Negatives, betranken sich und dachten: »Ach kommt, wir spielen mal ein bisschen.« Und weil sie sich mit allen so gut verstanden haben, lief das. Wenn man weiterkommen wollte, musste man mit Gewalt drohen.

Bernard Sumner: Da hab ich zum ersten Mal Ians andere Seite erlebt. Er war wirklich reizend, echt nett, ein höflicher, intelligenter Typ, aber wenn er nicht bekommen hat, was er wollte, ist er explodiert und zum Wahnsinnigen geworden. Weil er nur so bekommen hat, was er wollte. Ich weiß noch, wie er die Tür zur Garderobe der Negatives eingetreten hat und zu Paul Morley und Kevin Cummins hin ist: »Ihr geht nicht auf die Bühne, verdammte Scheiße. Wenn doch, bringen wir euch um, schlitzen euch mit Glasscherben auf. Wir spielen heute.«

Wir haben denen einfach so heftig gedroht, dass wir zum Schluss auftreten durften. Ian stand so unter Hochspannung, dass sein Auftritt danach unglaublich war. Zum Schluss hat er die Bühne auseinandergenommen. Das waren so Holzbretter, und er hat sie einfach rausgerissen, ins Publikum geworfen. Das war ein explosiver Auftritt. Tony war da und Rob auch. Wir haben gespielt und fanden: »Das war ein guter Auftritt.« Dann sind wir nach Hause und dachten: »Immerhin haben wir eine Chance bekommen und durften spielen.«

Bob Dickinson: Ich habe für den *New Manchester Review* gearbeitet, ein guter Ort, um Musiker, Bands und Künstler und alle möglichen Leute kennenzulernen. In gewisser Weise war das so eine Art Bahnhof, wo man ständig jemanden getroffen hat. Ich hab Joy Division 1978 zum ersten Mal gesehen. Im April bei der Stiff/Chiswick Challenge. Der *New Manchester Review* unterstützte das Band on the Wall und das Rafters, ich bekam etwa zwanzig Pfund dafür, dass ich einmal pro Woche dort aufgelegt habe.

Da waren jede Menge ehrgeizige neue Bands, die einen Plattenvertrag wollten. Aber es war 1978, und die allermeisten waren Pop- oder Pubrock-Bands, und eigentlich gefiel mir keine davon so richtig. Ich kann mich nicht erinnern, wer die anderen waren. Ich glaube, um halb zwei Uhr morgens kamen Joy Division auf die Bühne und spielten ein ziemlich kurzes Set, nur ungefähr zwanzig Minuten. Dass so was wie Joy Division dabei sein würde, damit hatte niemand mehr gerechnet, und es war ein ganz schöner Schock. Mir haben sie gefallen, weil sie gleichzeitig brutal und hypnotisierend wirkten.

Als sie auf die Bühne kamen, wusste ich nicht, was ich von ihnen halten sollte, weil sie Bikerklamotten trugen. Ich glaube, zwei von ihnen hatten Lederhosen an, und ich dachte schon: »Jetzt kommt Heavy Metal«. Aber ihre Haare waren ganz kurz, was erst mal verwirrend war. Dann spielten sie diese sehr kompromisslose, rohe Musik, die ganz anders war als alles, was man an dem Abend vorher gehört hatte.

Nachdem das Publikum weg war, blieb ich an der Tanzfläche stehen. Ich kannte Rob Gretton, weil er auch DJ im Rafters war, und ich erinnere mich noch, wie er vor mir stand und auf mich eingeredet hat, total ekstatisch – auf der Tanzfläche lagen lauter

Scherben und Kippen, der ganze Müll nach einem Konzert – darüber, wie toll er sie gefunden hatte und dass das die beste Band gewesen sei, die wir je in unserem Leben sehen würden, dass er sie managen und Gott weiß wohin bringen wollte. Das werde ich nie vergessen.

Terry Mason: Ian kam hinterher rüber und hat sich Tony Wilson geschnappt. Ich lief Ian hinterher und dachte noch: »O Gott, mach keine Dummheiten.« Er geht also hin und knöpft sich Wilson vor, und Wilson, der ein gebildeter Mensch war, beschließt, dass er sich ganz bestimmt nicht mit Ian, mir und den ganzen Leuten anlegen will, die ihn sozusagen umzingelt haben. Also wird er total nett und sagt: »Ach, nein, na klar, wir bringen euch in der nächsten Staffel von *So It Goes,* keine Angst.« Und danach wurde alles anders.

Peter Hook: Als ich Tony Wilson das erste Mal begegnet bin, war das, als hätte ich einen Alien mit Fangarmen und achtzig Augen gesehen. Er kam von einem anderen Stern. Das war eigenartig, weil ich früher immer mit meiner Mutter in den Tabakladen von Tonys Vater in der Regent Road gegangen war, neben Smith's, dem Spielzeugladen. Sie hat dort jeden Samstagmorgen ihre Zigaretten gekauft, und ich bin mitgekommen. Sie sagte immer: »Hallo, Mr. Wilson.« Er antwortete: »Hallo, Mrs. Hook, wie geht's?« Dann haben sie sich erst mal ein bisschen unterhalten. Damals war ich wohl so vier oder fünf Jahre alt.

Ich kannte also Tonys Vater, bevor ich Tony kennenlernte. Jahre später bekam ich erst raus, dass seinem Vater der Tabakladen in der Regent Road gehört hatte. Das war echt irre, weil er vielleicht auch dort gewesen war. Schon irre, wir beide da im Laden mit gerade mal fünf Jahren. Ich bin einfach nicht schlau aus Tony geworden. Er war Showbiz. Und er war ein Star, deshalb hat man sofort dagegen rebelliert, der grobe Klotz in einem kam sofort zum Vorschein. Schon komisch, als Ian besoffen war, hat er ihn als Arschloch beschimpft, weil er uns noch nicht in die Sendung gebracht hatte, und wir meinten: »Verdammte Scheiße, Ian, jetzt kommen wir nie in die Sendung.«

Mark Reeder: Rob kam in den Laden und meinte: »Gestern Nacht hab ich die beste Band der Welt gesehen – Joy Division.« Ich wusste nicht, von wem er sprach, weil ich dachte, ihr Name sei Warsaw. »Die beste Band, die ich je gesehen habe«, sagte er. »Die will ich managen.« Damals managte er eine Band namens The Panik, und ich glaube, die hatten gerade ihre erste Single draußen, »It Won't Sell«. Und das stimmte: Wir sind fast nichts davon losgeworden, das Zeug blieb wie Blei in den Regalen liegen.

Dann, am selben Wochenende, kam Tony Wilson in den Laden und sagte genau dasselbe. Da wurde mir klar, dass die beiden von Warsaw redeten. Die Band hatte ihren Namen geändert, weil Warsaw Pakt so eine schreckliche Platte veröffentlicht hatten, die in nur vierundzwanzig Stunden aufgenommen worden war. Ich weiß noch, wie ich gesagt hatte: »Alle werden euch für diese Band halten, wollt ihr nicht euren Namen ändern?«

Jedenfalls erzählte ich Rob, dass Tony gesagt hatte, er wolle sie managen, und er meinte: »Auf keinen Fall! Dem werd ich was erzählen.« Und schon war er unterwegs zu den Telefonzellen in der Piccadilly, hat telefoniert und geflucht, dann kam er zurück und sagte: »DAS wäre erledigt.« Er war wirklich zufrieden mit sich. Anscheinend hatte er Tony Wilson gesagt, dass er sich verpissen und die Finger von »seiner Band« lassen solle. Und dass er sie selbst managen würde. Er war ganz schön wild entschlossen. Danach war eigentlich offensichtlich, was passieren würde.

Tony Wilson: Ich erinnere mich, Warsaw im Electric Circus gesehen und gedacht zu haben: »Was für ein scheiß Lärm.« Andererseits war das meiste damals Lärm. Ich erinnere mich, dass mich der Sänger beeindruckt hat, weil er was ganz Besonderes an sich hatte. So was heftet man eigentlich ab unter: »Das ist keine Band, die ich demnächst ins Fernsehen bringen werde.« Gleichzeitig blieb mir im Hinterkopf, dass der Sänger wirklich interessant war und ich mir das merken wollte. Aber das war's auch schon, weil es wirklich Katzenmusik war – ich denke, das ist der korrekte Ausdruck dafür.

Mir war bewusst, dass sie ihren Namen geändert hatten und jetzt Joy Division hießen. Dann gab es diese Stiff/Chiswick-Challenge im Rafters. An dem Abend passierten verschiedene Dinge. Erstens fragte mich ein Mädchen auf der Treppe, »wann gibt's neue Folgen von *So It Goes*, Mr. Wilson?«, und eine Stimme rief plötzlich dazwischen: »Er will nicht, dass es fortgesetzt wird. Er will, dass es abgesetzt bleibt, damit er zur Legende wird.« Das war Gretton, meine allererste Begegnung mit Robert Leo Gretton.

Dann hab ich hinten am Billardtisch gesessen. Ein junger Mann in einem langen Regenmantel pflanzte sich neben mich und sagte: »Du Arschloch, du hast uns nicht ins Fernsehen gebracht, blah blah blah.« Das war das erste Mal, dass Ian so was mit mir gemacht hat. Dass er die nächsten zwei, drei Jahre mit mir gearbeitet und sich dabei wie ein rücksichtsvoller Oberschüler benommen hat, immer ganz reizend gewesen ist, war mein Glück. An dem Abend erlebte ich den anderen Ian, den »Du blödes Arschloch«-Ian.

Ich hab nicht reagiert, aber ich weiß noch, dass ich dachte: »Du bist der Nächste auf der Liste, du verfluchter Idiot. Du weißt nicht mal, dass ich mir die 7-Inch-Single längst angehört hab. Sie klingt wunderbar. Ihr seid die Nächsten.« Ich durfte pro Monat eine Band bringen. Zu dem Zeitpunkt gab es kein *So It Goes* und kein *What's On*. Ich musste nur hin und wieder eine Band für eine regionale Nachrichtensendung buchen, und sie waren die Nächsten auf meiner Liste.

Ich weiß noch, dass ich dachte: »Der Unterschied ist, dass alle anderen Bands an dem Abend im Rafters auf der Bühne standen, weil sie auf der Bühne stehen wollten.« Sie wollten Rockstars sein und in die Musikindustrie einsteigen, aber diese Jungs hier standen auf der Bühne, weil ihnen gar nichts anderes übrigblieb. Sie wurden von irgendetwas in sich selbst getrieben, und das hat man in ihren Augen gesehen. An dem Abend wurde mir und meinem lieben Partner, dem verstorbenen Mr. Robert Leo Gretton, klar, dass sie die wichtigste Band in Großbritannien waren.

Es ist mein Glück, dass ich schließlich mit ihnen arbeiten durfte, und auch mit Rob. Ich meine, Robs Geschichte ist eine ganz andere. Er ist zu ihnen hin und wollte sie managen. Das war wie Tag und Nacht. Da war dieses sengende Licht, die Sonne, und alles andere war Düsternis.

5

MAI – JUNI 1978

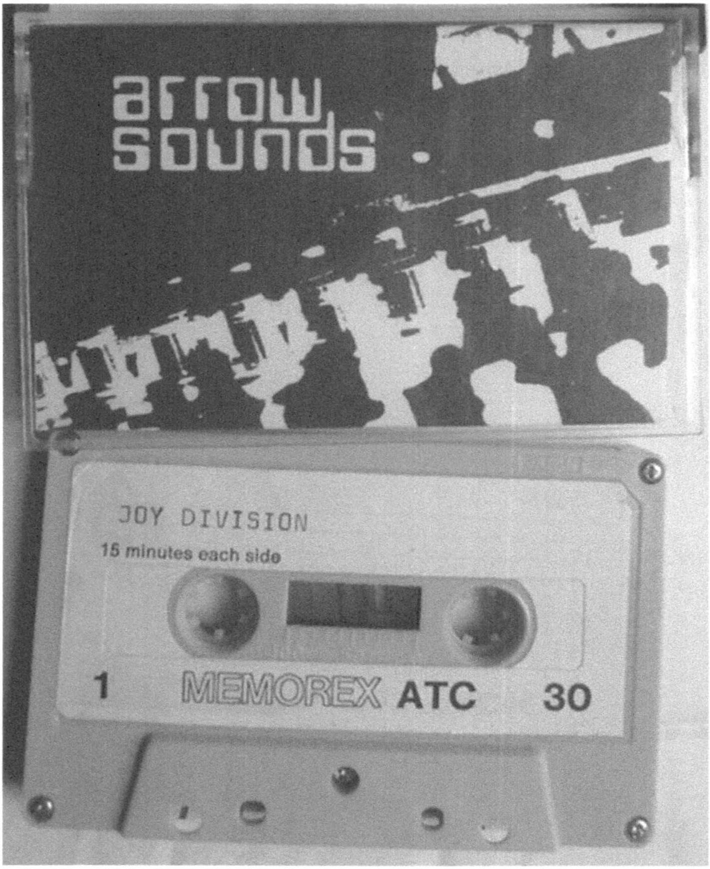

Kassette, Joy Division, RCA-Album, Sommer 1978
(Jon Savage)

Bernard Sumner: Am nächsten Tag stand ich in einer Telefonzelle in Spring Gardens in Manchester, gleich vor dem Postamt. Jemand klopfte an die Scheibe. Ich machte die Tür auf und meinte: »Ja?« Es war Rob Gretton. »Bist du einer von Joy Division?« Ich so: »Ja.« Daraufhin er: »Ich bin DJ in diesem Club, ich bin Rob Gretton, und genau genommen hab ich meinen Job verloren. Tagsüber hab ich für ein Versicherungsunternehmen gearbeitet, aber die haben mich gefeuert, weil ich ihnen zu links war. Jetzt such ich mir einen Übergangsjob als Kloputzer im Arndale Centre, aber lieber wäre ich euer Manager.«

Also hab ich gesagt: »Okay, alles klar, was willst du machen?« Er fragte: »Darf ich euch im Proberaum besuchen, und dann besprechen wir das?« Ich meinte: »Wir proben zum Beispiel nächsten Sonntag oder nächsten Mittwoch, komm vorbei.« Das war in der alten Fabrik, in der wir geprobt haben. Dann hab ich's wieder vergessen und niemandem davon erzählt. Wir waren gerade am Proben, als Rob Gretton reinkam. Wir spielten einfach weiter, er setzte sich, und alle fragten: »Wer ist das?« Dann hörten wir auf. »Wer bist du?«

Ihm war's wirklich peinlich, und ich meinte: »Ach, hab ich ganz vergessen, euch zu erzählen. Der Typ will unser Manager werden.« Rob war ein bisschen paranoid, weil alle so unfreundlich zu ihm waren, also sagte er: »Okay, lasst uns in die Kneipe gehen und das besprechen.« Also sind wir ins Pub, aber damals hat man noch keine Runden geholt, nur was für sich selbst. Wir sind immer alle an die Bar: »Ich nehme einen Sweet Martini, bitte, Hooky ein Brown Ale.« Steve hat eine Coke genommen und Ian ein Special Brew, aber wir haben alle nur unsere eigenen Drinks bezahlt. Rob blieb ohne was zu trinken sitzen.

Zu dem Zeitpunkt war er schon total paranoid, dachte, die Band wollte ihn reinlegen, wir würden uns nur über ihn lustig machen, aber das war nicht so. Wir hatten das nur einfach immer so gemacht. Aber die Besprechung anschließend lief gut, und wir brauchten unbedingt einen Manager, also bekam Rob den Job. Er schien ein paar gute Ideen zu haben und war das fehlende Glied in der Kette, das wir brauchten, um voranzukommen. Seine Art zu denken war ziemlich punk. Wenn er aufgelegt hat, hat er Soul aufgelegt, aber ideologisch betrachtet, war er ein echter Punk.

- 3. und 4. Mai 1978: RCA-Sessions, Arrow Studios, Manchester

Stephen Morris: Die RCA-Platte, das war, bevor wir Rob begegnet sind. Ian hing an Piccadilly Gardens in Manchester rum, wo RCA damals ein Büro hatten. Weil Iggy und Bowie bei RCA waren, dachte er wohl, dass Bowie eines Tages vorbeikommen würde, um zu fragen, wie viele Platten er verkauft hatte. Ian unterhielt sich mit Richard Searling und Derek Bramwood. Das war eine weitere Seite von Ian, die ich noch nicht kannte, diese schleimscheißerische Seite, wenn er sagte: »Ach ja, ich bin mit Derek bei RCA befreundet.«

Richard Searling hatte einen Freund in King's Lynn, der ein Punkrock-Label gegründet hatte. Vorher hatte er ein Northern-Soul-Label namens Grapevine geführt, das irgendwie mit RCA zusammenhing. Wir wurden als die Vorzeige-Punkrock-Band dazugeholt und nahmen schließlich ein Album in den Arrow Studios auf, nicht weit von der Deansgate entfernt. Das war eine interessante Erfahrung. Ganz schöner Mist, wir hätten das nicht machen sollen, aber wenn jemand kommt und sagt, »hi Jungs, hier ist der Vertrag, ihr könnt eine LP machen«, dann ist das, als würde man die Leiter hochsteigen, und deshalb haben wir's gemacht.

Bernard Sumner: Wir kannten Richard Searling von RCA Records. RCA interessierten sich nicht für uns, aber in den Siebzigerjahren hatte es eine Single von den Floaters mit dem Titel »Float On« gegeben. Das ist die mit »Hi, my name's Larry, I'm Capricorn«. Und dann stellt sich die ganze Band mit ihren

Sternzeichen vor. Ein Klassiker. Kitschig wie die Hölle, aber ein Riesenerfolg. Der Typ, der die Platte gemacht hatte, hielt Punk für das nächste große Ding und wollte ein Album mit uns aufnehmen. Er würde sogar das Geld vorstrecken. Ich glaube, er hat für TK Records gearbeitet. Wir sollten eine Coverversion von einem Northern-Soul-Song aufnehmen, »Keep on Keeping on«. Als er ihn aufgelegt hat, waren wir ziemlich beeindruckt, das hatte ein irre gutes Gitarrenriff. Wir dachten: »Das ist eine echt gute Platte. Wir kennen Richard Searling von RCA, der ist okay, also machen wir's.«

Richard Searling: Ian kam regelmäßig im RCA-Büro vorbei. Hauptsächlich, weil er Iggy Pop verehrt hat. Derek hat ihn fast wie einen Sohn betrachtet. Ian war ein schüchterner Typ, unaufdringlich, aber er kam immer wieder, wie viele andere, weil das Büro sehr zentral lag. Es war in der Nähe von Piccadilly Radio, Derek hatte den Standort perfekt ausgesucht. Ich denke, CBS war damals das einzige andere Label, das einen Sitz in Manchester hatte, deshalb hat Derek gegen den Widerstand aus London darauf gedrängt, ein Büro hier einzurichten.

Damals betrieben wir Grapevine Records, das John Anderson in King's Lynn leitete. Ich hatte ihm einen Deal mit RCA vermittelt, und in London hatten wir einen großartigen Start. Northern Soul war wirklich so groß, dass man viele Platten verkaufte. Ich weiß noch, dass wir in derselben Woche, in der wir die Joy-Division-Sessions hatten – die Verkaufszahlen kamen immer dienstags rein –, achtunddreißigtausend Exemplare von einer Platte von Judy Street verkauft hatten, »What«, ein Klassiker. Aus irgendwelchen Gründen tauchte er aber nicht in den Charts auf.

John Andersons Partner in Amerika war ein gewisser Bernie Binnick, der so was wie eine Legende war. Ihm gehörte Swan Records in Philadelphia, und er hatte die Beatles dort unter Vertrag genommen. Bernie hatte Beziehungen zu Henry Stone, der

TK geführt hat, die echt angesagt waren, mit Leuten wie George McCrae und Jimmy »Bo« Horne, und sie wollten eine Punkband haben. Ich kannte niemanden, außer … »Oh, Ian hat eine Band.« Sie waren gerade im Pennine Studio, ließen tausend Exemplare von einer EP pressen. Ich glaube, ich erinnere mich daran, wie er mir ein eingeschweißtes Exemplar gezeigt und gesagt hat: »Wir haben noch 999 davon.« Sie hatten gerade ihren Namen in Joy Division geändert.

Damals wimmelte es in Manchester nur so von Bands, und niemand hätte vorhersehen können, dass sie es so weit bringen. Aber Bernie wollte eine Band, und sie schienen einen Versuch wert zu sein. Ich weiß nicht mehr genau, wie wir das gemacht haben. Nur dass ein bisschen Überredungskunst notwendig war, weil keiner von uns wusste, wie's läuft. Irgendwie haben wir 1.400 Pfund zusammengekratzt und sind damit in die Greendale Studios, die fünfunddreißig Pfund die Stunde kosteten.

Wir machten die Sessions, wobei John Anderson immer mal wieder meinte, »ihr müsst einen Synthesizer verwenden«, was sie aber nicht wollten. Die Spuren wurden bemerkenswert schnell aufgenommen. Ich glaube, der Engineer muss ziemlich gut gewesen sein. Ich war auch dabei, aber John und der Engineer machten die eigentliche Arbeit. Ich hab hauptsächlich Billard gespielt. Die Tracks klangen fantastisch. Bis Mittwoch hatten wir noch keinen Gesang, überhaupt keinen. Ich glaube, wir wollten Ian mit Cider lockerer machen. Den hat er gerne getrunken, aber nur um seine Stimme richtig hinzubekommen.

Ich erinnere mich deutlich daran, dass John zu mir sagte: »Wir werden diese Sessions nicht fertigbekommen, der Gesang haut noch nicht richtig hin. Kannst du Paul Young von Sad Café dazuholen?« Was absolut ätzend war. Aber wenn man sich's mal überlegt, wir hatten nur bis Donnerstagabend, um fertig zu werden. Zum Schluss hat doch alles noch geklappt, sogar so gut, dass die Leute, wenn wir ihnen die Kassetten vorspielten, ziemlich gestaunt haben. Sogar bei RCA haben sie aufgemerkt und das zur Kenntnis genommen. Aber da war dann der Wurm drin, weil die Band nicht zu RCA wollte. Das war das Letzte, was sie wollten.

Bernard Sumner: Wir sind also mit diesem Typen ins Studio. Er wollte in zwei Tagen ein Album mit uns machen – einen Tag aufnehmen, einen Tag mischen. Der Kerl war eine Nervensäge, überhaupt nicht auf unserer Wellenlänge. Wir sind nach Manchester in die Stadt, haben das Album an einem Tag aufgenommen. Mein Gitarrenverstärker hat gezickt. Das war einer für fünfzig Pfund, er hat gebrummt und geknattert, der Lautsprechertrichter war kaputt, und der Typ hat sich die Haare gerauft. »Hört mal, ihr habt nur einen Tag. Zeit ist Geld, und uns läuft die Zeit davon. Du reparierst deinen Verstärker, besorg dir Klebeband oder so.« Das Ganze war ein einziges Gewürge.

Gerade als wir gehen wollten, sagte er: »In Ordnung, wir hätten heute auch noch den Gesang aufnehmen müssen, aber den nehmen wir dann halt morgen früh vor dem Mischen auf.« Er meinte: »Besorg dir James-Brown-Platten. Hör dir heute Abend an, wie James singt, und morgen früh singst du wie James Brown.« Ian meinte nur: »Kommt, wir verpissen uns.« Und wir sagten: »Was? Das erste Mal, dass uns einer ein Studio bezahlt?« Wir haben ein bisschen gestritten, und Ian meinte: »Der Kerl ist ein Vollidiot, wir sollten uns verziehen.« Wir sind trotzdem wieder hin. Und Ian hat einfach nicht gesungen wie James Brown.

Ich weiß noch, dass wir morgens echt schlecht gelaunt dort saßen, weil die Session am Vormittag doppelt gebucht worden war. Der andere war ein Kerl, der einen Werbejingle einsingen sollte. Immer wieder hat er so ein Werbeliedchen für Littlewoods Lotteries geschmettert: »Littlewoods Lotteries, more and more, win Littlewoods, Littlewoods Lotteries, more and more, win Littlewoods«, mit aufgesetzt amerikanischem Akzent. Wir waren so schlecht gelaunt, und dann meinte der Typ plötzlich: »Okay, ihr habt noch eine Stunde, jetzt geht und nehmt den Gesang auf.«

Eine Stunde für den kompletten Gesang. Danach haben wir abgemischt, das Ergebnis war einfach grauenhaft.

Stephen Morris: Ich werde nie vergessen, wie er Ian dazu bringen wollte, wie James Brown zu singen. Am besten bekam man Ian dazu, wie James Brown zu singen, wenn man ihn besinnungslos betrunken machte. Anscheinend hatte James Brown das ja genauso gemacht, also haben wir eine Flasche Whisky besorgt und ihn damit abgefüllt. Dann meinten wir, er solle schmettern wie James Brown. Es hat nicht funktioniert; er wurde bloß motzig und fing an, wie ein Hund zu jaulen. Jedenfalls haben wir was draus gelernt, aus der Platte für RCA: dass man's so nicht macht. Als wir *Unknown Pleasures* aufgenommen haben, wussten wir dann immerhin, wie's geht.

Positiv daran war, und vielleicht hatten sie das zur Sicherheit mit in Betracht gezogen: »Wenn es als Punkplatte nicht funktioniert, können wir sie vielleicht noch als Northern-Soul-Punk-Crossover verkaufen.« – »Wieso covert ihr nicht ›Keep on Keeping on‹ von N.F. Porter?« Das war die erste von vielen unglückseligen Coverversionen, die wir aufgenommen haben. Jedes Mal, wenn wir was gecovert haben, wurde zum Schluss was ganz anderes draus, und in diesem Fall war's »Interzone«. Die Idee, das zu covern, kam von denen, also haben wir's gemacht, aber eben ganz anders. Ich meine, »Keep on Keeping on« von N.F. Porter ist auf jeden Fall ein toller Song.

Richard Searling: Die Platte von N.F. Porter ist sehr energiegeladen. Der eindringliche Text handelt davon, dass ein Schwarzer seinen Nächsten beschwört, nicht aufzugeben: »Keep on, don't let the system get you down.« Das war eigentlich keine typische Northern-Soul-Platte, wahrscheinlich mehr oder weniger eine Neuveröffentlichung – sie ist erst 1971 rausgekommen. Der Vorschlag mit »Keep on Keeping on« kam von meiner Frau Judith. Ich denke, wir hatten damals alle ziemlich viele Ideen, wie die Session in Greendale aussehen sollte. Die Band hat keinen Widerstand dagegen geleistet. Wahrscheinlich haben sie ein bisschen die Augenbrauen hochgezogen. Wie gesagt, die Kooperationsbereitschaft war durchaus unterschiedlich ausgeprägt. Ian war sehr positiv. Steve war eher nervös, hat eigentlich nicht viel gesagt. Bernard war misstrauisch, da er Geschäftsmann war, ein alter Kopf auf jungen Schultern. Ich denke, er hat wohl gedacht: »Was zum Teufel machen wir mit den Typen da?« Aber sie haben dran gearbeitet, das muss man der Band lassen, nachdem sie den Track gehört hatten, haben sie sich drangemacht und ein fantastisches Stück aufgenommen. Ich weiß nicht, wie sie's zum Schluss genannt haben, aber es war toll.

»Keep on Keeping on« wurde also aufgenommen. Dann gab es noch ein Stück mit dem Titel »They Walked in Line«, und das war eigenartig, weil es gegenüber von den Greendale Studios ein Pub gibt, wo wir was mit ihnen trinken gegangen sind. Meine Frau war dabei. Die Jungs wollten Lager, und ich bin los, hab die Getränke geholt. Als ich zurückkam, stellte sich heraus, dass sie noch Limetten dazu wollten, und Judith sagte: »They wanted Lime, they wanted Lime.« Das haben wir dann gesungen. Wir haben ihnen eine Chance gegeben, als sonst niemand dazu bereit war, und ich hoffe, sie blicken positiv auf diese Woche zurück.

- Juni 1978: Veröffentlichung der EP *An Ideal for Living* auf Enigma Records
- 12. Juni 1978: Veröffentlichung von *Short Circuit: Live at the Electric Circus* mit Joy Division, »At a Later Date«

Peter Hook: Das Album vom letzten Abend im Circus war eine Farce. Die haben uns total übers Ohr gehauen. Der Vertrag war das Seltsamste, was ich je gesehen habe: »Alle Bands bekommen fünf Prozent von Virgin.« Wir dachten, das bedeutet, jede Band bekommt fünf Prozent, aber tatsächlich haben wir nur 0,5 Prozent bekommen. Zehn Bands haben sich fünf Prozent geteilt, und Virgin hat 95 Prozent behalten. Sechs Monate später kam die Platte mit einem fetten Aufkleber raus: »Mit Joy Division!«

Paul Morley, *NME, 3. Juni 1978*
Joy Division hießen früher Warsaw, eine Punkband mit literarischen Ambitionen. Sie sind nüchtern, unheilvoll, verlassen sich vielversprechend auf die Möglichkeiten von Repetition, Reduktion und verräterische Dynamiken, wobei sie ihren Sound in orthodoxerer Hardrock-Manier zum Einsatz bringen als – sagen wir mal – The Fall oder Magazine. Sie besitzen einen sehr zweifelhaften Reiz, könnten sich mit Geduld entwickeln und anstrengende, aber lohnenswerte metallische Musik machen.

Alan Lewis, Rezension von *An Ideal for Living* in *Sounds,* 24. Juli 1978
Noch so eine auf Spaßfaschismus und Profit ausgerichtete Bande, jedenfalls der Hitlerjugend-Symbolik und der germanischen Typografie auf dem Cover nach zu urteilen. Trotzdem interessant und auf jeden Fall einen Versuch wert, wenn man mit den malmenden Düsterriffs und der Industrial-Trostlosigkeit von Wire/Subway Sect etwas anfangen kann.

Jon Savage, Rezension von *Short Circuit: Live at the Electric Circus* in *Sounds,* 24. Juli 1978
Joy Division (früher Warsaw) sind mit »At a Later Date« vertreten, das ebenso wie ihre EP *An Ideal for Living* ein noch einzulösendes Versprechen enthält.

Bernard Sumner: Wir hatten *An Ideal for Living.* Ich hatte das Cover gezeichnet. »Ich weiß, was wir machen, wir gehen damit ins Pips, den Club, wo wir immer sind, und legen sie auf.« Inzwischen gab es da auch einen Raum für Punk, sodass wir dort zum DJ gingen. Wir meinten: »Spiel unsere Platte, das sind wir, spiel die Platte.« Woraufhin er erwiderte: »Nein, verpisst euch.« – »Doch, doch, wir kommen schon seit Jahren her. Leg sie auf.« Er meinte: »Na gut, gebt her.«

Auf der Tanzfläche waren jede Menge Leute. Er legte die Platte auf, und die Pressung war so schlecht, dass es total dumpf klang, unglaublich leise. Die Tanzfläche war auf einmal wie leergefegt. Alle waren weg, und nach der Hälfte nahm er die Platte wieder runter. Das war so: »Oh, Scheiße, was haben wir getan?« Ich hab's auf die Pressung geschoben, aber gut möglich, dass es die Musik war. Auf jeden Fall kam die Platte überhaupt nicht gut an.

Peter Hook: Das war schlicht eine Frage von Physik. Wenn man so viel Musik auf eine 7-Inch presst, klingt sie scheiße. Ich weiß inzwischen, dass die Monitore im Studio verzerrt haben, weshalb es dort besser klang. Auf Platte klang es überhaupt nicht wie im Studio. Das war vermutlich einer der enttäuschendsten Momente meines Lebens: die Platte bekommen, nach Hause gehen und auflegen, und dann klingt sie so schlimm, dass ich am liebsten gestorben wäre. Die ganze Arbeit und Mühe, die ganzen Hoffnungen und alles, was man da reingesteckt hatte … und dann war's einfach nur schrecklich.

Stephen Morris: Wir blieben auf den Platten sitzen. »Was sollen wir damit machen? O Gott.« Ich hab versucht, sie zu verkaufen. Ich bin sogar eine ganze Menge losgeworden – auf jeden Fall mehr als zehn –, in den Kneipen in Macclesfield. In Macclesfield muss es ein paar Leute geben, die noch irgendwo ein Exemplar von *An Ideal for Living* rumliegen haben.

Mark Reeder: Als sie die EP veröffentlichten, wollte sie niemand ins Sortiment nehmen. Ich fand sie genial, hab sie geliebt. Ich wusste, dass Ian sich für Geschichte interessierte, besonders für den Zweiten Weltkrieg und Deutschland. Und da ich in Deutschland gewesen war, wollte er alles darüber erfahren. Ich hab versucht, ihm zu erklären: »Das ist nicht so, wie du es dir vorstellst, dass die Leute alle im Stechschritt herummarschieren.« So hat man sich damals Deutschland vorgestellt, voller Nazis. Aber so was vorne aufs Cover zu nehmen fand ich schon mutig. Wenn man's aufgeklappt hat, war drinnen das Kind aus dem Warschauer Ghetto.

Aber die Platte verkaufen, das war zu einer heiklen Zeit … Siouxsie war mit Hakenkreuzarmband im Fernsehen aufgetreten, damit hatte sie auf jeden Fall die falschen Signale gesendet. Joy Division machten sich Sorgen, dass sie für Faschisten gehalten werden könnten und plötzlich lauter Rechte aus dem Unterholz kriechen würden. Da wurden lauter falsche Signale gesendet, mit der pseudo-germanischen Schrifttype oder Songs wie »They Walked in Line« – ich wusste, dass Ian so was faszinierend fand, die Mythologie und den Okkultismus, weil wir als Teenager über das alles geredet hatten.

Deborah Curtis: Ian war fasziniert davon. Ich glaube, ihm gefiel der ganze Pomp, die Uniformen und das Umherstolzieren. Er fand auch Margaret Thatcher großartig. Er hatte es gerne, wenn alles nach ihm ging, wenn er die Kontrolle hatte, und das hat auch funktioniert.

Bis zu einem gewissen Grad hat er mich dabei an die Wand gedrückt. Nicht mit Absicht, aber er wusste, dass er seinen Willen bei mir ohne Weiteres durchsetzen konnte. Ich glaube nicht, dass er eine herrische Frau hätte heiraten können.

Man konnte sich nicht einfach so mit ihm über etwas streiten, weil er sofort nachgab. Er blieb immer bei seinen Überzeugungen, wollte gleichzeitig aber auch niemanden vor den Kopf stoßen. Genauso wie mit der Nazi-Sache. Mit mir wollte er nicht darüber reden.

Ich glaube, weil er wusste, dass wir beide unterschiedlich darüber dachten. Anstatt sich zu streiten – Auseinandersetzungen mochte er nicht –, hielt er einfach den Mund.

Paul Morley: Im Electric Circus schrien Warsaw »Remember Rudolf Hess« und lauter so einen Blödsinn: Wenn so was vorkam, hegte niemand auch nur einen Augenblick lang den Verdacht, dass sie das ernst meinten; irgendwie vertraute man dem Instinkt der Anwesenden, dass es das nicht war. Das hätte gefährlich sein können, aber es wirkte, dass sie eher auf der Suche nach einer gefährlichen Energie waren als auf anstößige Weise davon fasziniert. Es kam einem eher ungeschickt als schrecklich vor.

Bernard Sumner: Der Zweite Weltkrieg hat mich wegen meiner Großeltern schwer beeindruckt. Das Cover war Ausdruck davon. Es war nicht Pro-Nazi, ganz im Gegenteil. Ich fand, die Menschen sollten nicht vergessen. Als ich aufwuchs, hatte ich das Gefühl, von meinen Lehrern und anderen darin angeleitet zu werden, wie man sich verhält und wie man sich auf die Welt bezieht. Die Generation davor hatte eine Zeit durchlebt, in der die gesamte zivilisierte westliche Welt einen Krieg kämpfte. Die Menschen benahmen sich vollkommen wahnsinnig, brachten einander um.

Das Erste, was Rob Gretton sagte, als er dazukam, war: »Ändert das scheiß Cover von der scheiß Platte, die ihr da gemacht habt. Alle halten euch für Nazis. Wessen Idee war das, ihr Deppen?« Er meinte: »Wir machen ein neues Cover und pressen die Platte als 12-Inch, damit sie lauter klingt.« Rob war zu der Zeit DJ. Also hat er das gemacht. Und er hatte recht, sie klang fantastisch, richtig gut.

Richtig gut war auch, dass Rob zweitausend Pfund aufgetrieben hatte und dem Typen die RCA-Bänder und den Vertrag abgekauft hat – wir hatten einen verfluchten Vertrag unterschrieben. Damals waren zweitausend Pfund eine Riesensumme, keine Ahnung, wo er die herhatte. Und so haben wir die Bänder bekommen, aber natürlich sind sie trotzdem als Bootleg erschienen, als Joy Division bekannt wurden. Plötzlich tauchte es auf, dieses scheiß Album.

Richard Searling: Ich weiß noch, dass sie gesagt haben: »Wir besorgen uns einen Manager, oder spricht was dagegen?« Ich meinte: »Nein, ihr braucht sogar einen, man sollte immer einen haben.« Das war Rob Gretton. Er wollte alle Stücke neu mischen, was ein Schock für uns war, weil wir eigentlich gar kein Geld dafür hatten. Wir fanden sie gut genug. Ich weiß nicht mehr, wer das Angebot gemacht hat, oder ob wir gesagt haben, »dann wollen wir unser Geld zurück«. John denkt, dass wir siebenhundert Pfund zurückbekommen haben. Ich bin sicher, wir haben alles wiederbekommen.

Bei RCA interessierte man sich ausschließlich dafür, einen Typen namens Gerard Kenny zu pushen. Er sollte der neue Elton John werden. Die interessierten sich eigentlich gar nicht für irgendeine dahergelaufene Band aus Manchester, obwohl sie ihnen verdammte Millionen hätte bringen können, wenn sie's damals richtig angestellt hätten. Du lieber Gott, Iggy Pop hätte sie produzieren können, wenn man sich das mal überlegt. Aber ich glaube, hätte man mich damals gefragt, »meinst du, die kommen groß raus, Richard?«, dann hätte ich bei allem, was sonst noch so los war, gesagt: »Nein, eigentlich nicht.«

Rob Gretton (wie »Rob« vom Fanzine *Manchester Rains*): Das ist ein Slaughter-and-the-Dogs-Fanzine – es heißt *Manchester Rains*, weil es in London brennt (»London's Burning«, hurra!). Wir haben beschlossen, es den Dogs zu widmen, weil wir fanden, dass über viel zu viele beschissene Bands berichtet wurde, besonders solche aus »The Big Smoke« – so nennt man London, weil's nun mal brennt, kapiert? –, was sie gar nicht verdienten.

Lesley Gilbert: Wir waren ungefähr sechs Monate in einem Kibbuz in Israel gewesen und kurz nach dem Auftritt der Pistols in der Lesser Free Trade Hall zurückgekommen. Das hatten wir also verpasst, und natürlich hatte nach unserer Rückkehr keiner von uns beiden einen Job. Ich fand schnell wieder einen, aber Rob nicht, weshalb er viel Zeit hatte. Als Slaughter and the Dogs in Wythenshawe anfingen, wo er selbst auch herkam, kannte er jemanden, der wiederum die Band kannte, und eines Abends sind wir los und haben sie uns angesehen. So fing es an. Ich weiß nicht genau, warum, aber er fand sie echt aufregend, viel aufregender als ich.

Ich fand sie interessant, aber Rob hat es richtig gepackt. Ich denke, er befand sich in einer Phase seines Lebens, wo er Neuem gegenüber sehr offen war. Ich glaube nicht, dass er es bewusst drauf angelegt hatte, sein Leben zu ändern, aber er fand es einfach richtig aufregend. Eine Zeit lang arbeitete er mit Slaughter, dann musste deren Manager, der Bruder von dem Gitarristen Mike Rossi, eine Weile kürzertreten, sodass Rob zusammen mit Vinnie Faal das Management übernommen hat.

Joy Division sahen wir zum ersten Mal zusammen bei diesem Stiff/Chiswick-Abend, da sind sie sehr spät aufgetreten. Wir sind extra geblieben, um sie zu sehen, und sie waren einfach unglaublich. Ihre Präsenz und die Atmosphäre, die sie entstehen ließen. Ich meine, nachdem wir schon ein paar Stunden lang herumgestanden und eine Band nach der anderen gesehen hatten, hätte man denken können: »Gott sei Dank, endlich sind das die Letzten.« Aber ihre Präsenz war … ich kann das nicht anders beschreiben, das war einfach: »Wow, die sind unglaublich.« Zu der Zeit lag das vielleicht noch gar nicht so sehr an der Musik, das war erst mal ein reines Gefühl.

Bernard Sumner: Wir brauchten dringend einen Manager, und Rob war toll. Er war kein Geschäftsmann und konnte ziemlich streitlustig sein, manchmal hat er uns alle wie Kinder behandelt. Er war ein bisschen älter als wir. Ich glaube, Hooky und mich hat er für zwei dämliche Trottel aus Salford gehalten, weil er aus Wythenshawe stammte, und anscheinend hält man in Wythenshawe nicht viel von Salford. Rob war City-Fan. In Salford sind alle United-Fans, in Wythenshawe sind alle City-Fans, und das spielte ein bisschen mit rein, auch wenn wir mit Fußball gar nicht so viel am Hut hatten.

Ich weiß noch, wie wir zum ersten Mal zusammen in einem Hotel übernachtet haben. »Verzeihung, Sir, möchten Sie geweckt werden?« – »Nein.« – »Möchten Sie eine Zeitung?« Ich hab gesagt: »Ja.« Und der Typ meinte: »Welche?« Woraufhin ich gesagt hab: »Ich nehm die *News of the World*, bitte.« Ich weiß noch, wie Rob meinte: »*(Schnaubt) News of the World?* Du dämlicher Salford-Trottel.« Er hat sich natürlich den *Guardian* bestellt. Und ich meinte: »Wieso nicht? Was ist denn verkehrt an der *News of the World?*« Jetzt weiß ich es, aber er fand das typisch, und die Geschichte bringt auf den Punkt, was er wohl von uns gehalten hat.

Aber man konnte Spaß mit ihm haben, und er stand sehr auf das ganze Punk-Ethos. So wollte er Sachen angehen, nicht Mainstream sein, was uns perfekt in den Kram passte. Ich denke, wenn wir uns selbst überlassen geblieben wären, hätten wir einfach bei jedem unterschrieben, der unsere Platten hätte veröffentlichen wollen. Aber dass wir auf Factory gelandet sind, war in erster Linie Robs Umtriebigkeit zu verdanken. Ian hielt das auch für eine gute Idee. Hooky und ich haben uns nicht so viele Gedanken darüber gemacht, aber wir bekamen dadurch sehr viel mehr kreativen Freiraum.

Terry Mason: Barney hat von allen am wenigsten Mühe investiert. Ian und ich waren nach London gefahren und hatten es bei Plattenfirmen versucht, hatten Material rausgeschickt. Wir waren diejenigen, die an den Traum geglaubt haben, dass was Großes draus werden könnte. Barney hat einfach nach Lust und Laune mitgemacht. Dann kam Rob an, und ich denke, Ian hat es ganz schön zugesetzt, wie das abgelaufen ist, weil er ein sehr ehrenwerter Mensch war. Ian kam das nicht richtig vor.

Ich hatte kein Telefon, was mir mein Leben als Manager echt schwer gemacht hat. Rob hatte zu dem Zeitpunkt auch keins, aber da, wo er gewohnt hat, gab's direkt vor der Haustür eine Telefonzelle, das ließ sich also regeln. Es war eine eigenartige Situation: Ich war Gründungsmitglied der Band, hatte so viel Mühe reingesteckt, und gerade als das erste größere Hindernis überwunden schien, kam Rob, und ich flog hochkant raus. Ich war angepisst und erwirkte eine einstweilige Verfügung. Wobei ich gar nicht wusste, was das war, aber ich wusste, dass man das so machte.

Es hatte nie was Schriftliches gegeben, wobei das bei Bands sowieso keine Bedeutung hat. Ich stand vor der Entscheidung: Geb ich alles auf – geb ich meine Freunde auf – und mach ein Riesenfass auf, oder bleib ich bei ihnen? Es war ein Hobby, das Spaß gemacht hat. Ich kann nur allen raten, die sich überlegen, in eine Band einzusteigen: Egal wie schrecklich sie ist, probiert es aus. Das ist gut, es macht Spaß. Es muss nicht ein Leben lang dauern, aber probiert es mal eine Weile aus. Also blieb ich bei der Band.

Ich hatte ein Treffen mit Rob. Er wollte, dass ich dabei bleibe. Ich war ja immer noch nützlich: Es hat mir nichts ausgemacht, die Ausrüstung Treppen rauf und runter zu schleppen, ich war der Fahrer, und ich war ziemlich vernünftig. Dann hat Rob gesagt: »Weißt du, was du machen kannst? Die Band kann sich keinen Tontechniker leisten, aber du kannst das lernen.« Und von da an hab ich das im Prinzip gemacht. Man gehörte immer noch dazu; das waren ja meine Freunde, und wegen so was schreibt man seine Freunde doch nicht ab.

Stephen Morris: Mit Rob wurde einiges anders. Ich denke, alleine die Tatsache, dass wir einen Manager hatten, war schon ein Schritt nach vorne. Wir hatten die Platte aufgenommen, Konzerte gespielt und einen Manager gefunden, das waren im Prinzip die wesentlichen Bausteine auf dem Weg zum Erfolg, und den letzten hatten wir gerade bekommen. Durch Rob haben wir … ich wollte gerade »alles ernster genommen« sagen, aber ich glaube nicht, dass wir das, was wir gemacht haben, überhaupt jemals sehr ernst genommen haben. Wir waren sehr leidenschaftlich dabei, aber das ging nicht so weit, dass wir es extrem ernst genommen hätten. Wir haben es gemacht, weil es uns Spaß gemacht hat. Das kam von Herzen.

Terry Mason: Es gab so eine Phase, da waren wir zwar die unbeliebteste Band der Stadt, trotzdem haben wir immer weiter geprobt und sind besser geworden. Auch Ians Songs wurden immer besser. Ein paar der frühen waren von Hooky, und dann plötzlich hat Ian sich mit seinem Songwriting durchgesetzt, und das war eine ganz andere Liga. Während andere einfach irgendwas zusammengereimt haben, hat Ian Gedichte verfasst. Nicht dass wir seine Texte normalerweise überhaupt gehört oder verstanden hätten.

Bernard Sumner: Ich kann mich nicht mehr genau erinnern, wie das passiert ist. Wir haben einfach unsere Instrumente genommen und gespielt. Wir hatten so einen beschissenen Kassettenrekorder. Ian meinte meist, »oh, der Teil da ist gut«, weil wir uns offenbar konzentriert hatten, er hat sich das die ganze Zeit angehört. Wenn ihm was gefiel, hab ich den Teil arrangiert. »Und wenn wir hier einsteigen?« Dann haben wir drauf gejammt. »Okay, das benutzen wir als Strophe und das da für den Refrain.« Eigentlich war's ganz einfach, aber ich vermute mal, weil wir nicht wussten, wie's geht, haben wir's auf eher ungewöhnliche Weise gemacht.

Man hat sich was gesucht, das auf der Gitarre leichter zu spielen ist, und gesagt: »Okay, dann versuch's mit den beiden Saiten. Oh, das klingt gut. Das nehme ich.« Mein Verstärker war so unglaublich laut – um da Feedback rauszukriegen, musste ich ihn wahnsinnig laut aufdrehen, sonst hätte es schrecklich geklungen. Ich habe einen eigenartigen Verstärker benutzt, den ich gefunden hatte. Ich glaube, er hieß Vox U30. Das ist nicht der Vox der Beatles und auch kein AC30; das ist eine komische Mischung aus einem Transistor- und einem Röhrenverstärker. Der hat einen echt bissigen, lauten und wütenden Sound. Ich liebe diesen Verstärker.

Ich bilde mir ein, dass ich ein gutes Rhythmusgefühl habe, deshalb bin ich ein ganz guter Rhythmusgitarrist. Wegen Punk und dem Tausend-Noten-pro-Minute-Ding dachte ich immer, es wäre toll, wenn man ein Solo mit nur einem Finger spielt. Dadurch ist für die Menschen leichter zu verstehen, worum es geht. Ich versuche also, es immer möglichst einfach zu halten. Hooky konnte sich bei den tiefen Tönen selbst nicht hören, also hat er höher gespielt. Eigentlich sind wir nur durch einen glücklichen Zufall zu unserem Sound gekommen.

Ich bin eigentlich ein entspannter Mensch, kein bisschen überdreht. Wenn man Punk spielen will, muss man aber überdreht, aggressiv oder wahnsinnig sein, das hat also nicht so richtig funktioniert. Deshalb hab ich meinen eigenen Stil entwickelt, der eher langsam und bedacht war. Ich stand auf Sound und hab oben am Gitarrenhals gespielt, wo der Sound so richtig schön ist. Bei mir geht es eher um Rhythmus und Akkorde, bei Hooky um Melodie. Er hat ein tolles Gespür für Melodien. Den Leuten gefällt der energische, ungestüme Teil seiner Persönlichkeit, da ist was Gewagtes, das sich da in der Musik Bahn bricht.

Das Eigenartige ist, dass wir nie darüber gesprochen haben, man hat das einfach gemacht. Das war eine sehr unbewusste Art des Komponierens. Wir hatten keine Methode. Wir haben einfach auf Ideen gewartet. Ian war ziemlich gut im Erkennen von Riffs. Er sagte: »Oh, der Teil ist gut. Lasst uns was damit probieren.« Und ich hab vorgeschlagen: »Wie wär's, wenn wir von da nach dort springen?« Alle haben es versucht, und dann hatte jemand anders eine Idee, bis wir ein Stück zusammenhatten und er's auf Kassette aufgenommen hat.

Ian ist dann damit nach Hause, wo er eine große Kiste mit Texten hatte. Ich weiß nicht mehr, ob er gleich im Proberaum Melodien auf die Tracks genuschelt hat oder nicht. Ich hatte das Gefühl, dass er das alles zu Hause machte und mit dem fertigen

Text zur nächsten Probe kam. Auf jeden Fall hat er zu Hause geschrieben, das war sein Ding. Er war Autor. Er hatte immer eine Mappe voller Texte dabei. Er hat zu Hause gesessen und einfach die ganze Zeit geschrieben statt fernzusehen, er ist aufgeblieben – ich weiß das nicht, ich vermute es nur, weil er immer mit Unmengen von Texten kam.

Wir haben viel über Musik geredet: »Hast du die neue Platte von Iggy gehört, ›China Girl‹? Komm, wir machen auch so was.« Aber das ging nicht, weil wir nicht gut genug waren. »Hast du ›7 and 7 Is‹ von Love gehört? Leg das mal auf.« Und wir: »So was machen wir auch.« Dann haben wir nicht weiter geredet, wir haben einfach unser Ding gemacht. Keiner hat gesagt, »es braucht noch acht Takte in der Mitte«, oder so was in der Art. Wir haben einfach nicht drüber geredet, sondern gemacht. Manchmal ist tagelang nichts passiert, aber an manchen Tagen hatten wir dann ein paar gute Ideen.

Das ist nur passiert, weil wir eigentlich nicht wussten, wie's geht. Handwerklich hatten wir keine Ahnung. Das war eine sehr naive Art zu komponieren. Wir haben einfach gespielt, weil wir fanden, dass es mit den simpelsten Methoden, den simpelsten Akkorden und der simpelsten Musik gut klang. Den Rhythmus haben wir für sehr wichtig gehalten, deshalb haben wir drauf geachtet, dass Steve einen guten Rhythmus vorlegte, bevor wir mit den Gitarren anfingen. Wir meinten: »Komm schon, Steve, gib uns ein paar Drum-Beats vor.« Dann saßen wir alle da und hörten uns seine Rhythmen an. »Okay, das da, zu dem Beat jammen wir jetzt.«

Tony Wilson: Das waren alle vier, ohne Frage. Es wird immer davon geredet, wie wichtig Schlagzeuger in Bands sind. Hätte Stephen die anderen nicht angetrieben, so wie er's getan hat, gäbe es Joy Division nicht – aber ohne Bernards reduzierte Gitarre auch nicht. Das Herzstück der Melodien ist natürlich Hookys High-Fret-Bass, das hat vorher niemand gemacht. Alle hatten was zu sagen, und durch die Pistols waren sie befreit worden. Das war nicht nur Ian, das waren alle vier.

Stephen Morris: Am Anfang hab ich so eine Art Punk-Schlagzeug gespielt, aber ich wusste nicht genau, wie ein Punk-Schlagzeug klingt. Ich dachte, so ähnlich wie Maureen Tucker bei Velvet Underground. Die Schlagzeuger, die ich mir angehört hatte, waren John French von der Magic Band und Jaki Liebezeit von Can. Ich wollte klingen, als hätte John French eine Weile in Deutschland gelebt und viel Krautrock gehört. Ich wollte was Neues machen.

Maureen Tuckers Schlagzeugstil war unter anderem das, was an Velvet Underground so auffällig war. Sehr, sehr minimalistisch und düster. Der Aspekt hat mir gefallen, ich stand irgendwie auf einen hypnotischen Schlagzeugsound – so wie auch der von Velvet Underground hypnotisch ist – und darauf, dass man eine Art Hintergrund vorgibt und dann andere Sachen draufsetzt. Ich wollte auf den Toms spielen: keine Ahnung, warum, ich hab das beim Spielen entwickelt.

Es gab keine Auseinandersetzungen. Ich meine, jeder streitet sich mal, aber wir waren fast demokratisch. Beeinflusst wurde man durch die eigenen Grenzen. Wir waren alle voneinander abhängig, wenn man einen von uns weggenommen hätte, hätten wir nicht mehr wie Joy Division geklungen. Das waren nur wir alle zusammen. Hooky konnte seinen Bass nicht stimmen, Bernard musste den Bass und die Gitarre stimmen, wir waren sehr voneinander abhängig. Ich hab mich an Hooky gehalten, weil er versucht hat, melodische Rhythmen zu spielen, und Bernard hat sie ausgefüllt. Er hat eigentlich keine großen Gitarrenriffs gespielt. Was er gespielt hat, war weniger verschachtelt als strukturgebend.

Peter Hook: Schon komisch, als Musiker bin ich mir immer eher unzulänglich vorgekommen, weil ich sah, wie andere Reggae-Bass spielten, und dachte: »Oje, das kann ich nicht.« Ich kann nicht Songs anderer Leute spielen, das finde ich unmöglich. Meine Mum hat immer gesagt, dass ich einfach keine Melodie halten kann. Ich denke, ich habe wirklich kein musikalisches Gehör, deshalb kann ich auch nicht zu anderer Leute Musik spielen. Früher hat mich das echt frustriert. Anscheinend ist das, was man will, immer wichtiger als das, was man hat. Ich vermute, unterbewusst wollte ich spielen wie Jean-Jacques Burnel oder Paul Simonon.

Wir haben zweimal die Woche geprobt, drei Stunden lang am Mittwochabend und zwei Stunden am Sonntag. Dabei kam immer ein Song raus. Wir konnten ihn nicht aufnehmen, weil wir uns kein Tonbandgerät leisten konnten, es gab die Songs nur in unseren Köpfen. Das ist heutzutage eine unglaubliche Vorstellung, dass *Unknown Pleasures* größtenteils nur in unseren Köpfen existiert hat. Es gab die Songs nur, wenn wir sie zu viert gespielt haben. Wäre einer von uns gestorben, wären sie einfach weg gewesen, das fand ich immer grotesk. Absolut bizarr.

Ich hab einem alten Lehrer an meiner Schule, Diccon Hubbard, der Bass bei den Salford Jets gespielt hat, einen Bass-Kapodaster abgekauft. Wenn ich tiefe Töne spielte, konnte ich mich nicht hören, weil Barneys Verstärker echt laut war. Aber wenn ich hoch spielte, konnte ich mich hören. Ian ist gleich drauf angesprungen, als ich so hoch gespielt habe, und meinte: »Das klingt gut, wenn du hoch spielst, daran sollten wir arbeiten, das klingt besonders.« Und ich meinte: »In Ordnung, welcher Teil?« Und er: »Der Teil, den du da gerade gespielt hast.« Die ganzen Songs – »She's Lost Control«, »Insight«, »Twenty Four Hours«, »Love Will Tear Us Apart« – 99 Prozent fingen mit der Musik an.

Terry Mason: Der Band wurde schon sehr früh klar, dass sie ein Aufnahmegerät brauchten. Im Prinzip haben sie gejammt, einzelne Teile rausgegriffen, und dann hat Ian eine Karteikarte gezückt und einen Text dazu ausprobiert, um zu sehen, ob er passte. Wie bei einem Sehtest – »Ist das mit diesem Text besser? Oder mit dem?« –, und so sind sie langsam draufgekommen. Als sie ein Aufnahmegerät hatten, konnten sie immer wieder noch mal zurückgehen und sich anhören, was sie gespielt hatten. Es gab eine Phase, da haben sie Songs wie am Fließband komponiert. Sie haben an einzelnen Stellen gearbeitet und hatten eine Menge unfertige Sachen. Ian hat sie sich dann noch mal angehört, verändert, Teile rausgeschmissen und neue ausprobiert; wenn sie nicht zufrieden waren, haben sie's eine Weile liegen lassen.

Stephen Morris: Man wusste nicht, was zum Teufel Ian überhaupt gesungen hat. Keine Ahnung, was er gesungen hat.

Bernard Sumner: Das war toll, weil Ian einfach so einen Text beisteuern konnte, wenn wir gejammt haben, sodass wir oft einen Song an einem einzigen Tag geschrieben haben. Wenn wir erst mal das Anfangsriff hatten, lag es eher an Hooky, Steve und mir, das Arrangement auszuarbeiten. Ian hat sich ein bisschen zurückgenommen, solange wir einen vollständig arrangierten Song draus gemacht haben. Dann kam er mit dem Gesang. Wir haben uns nicht gegenseitig angespornt, eher vollkommen ignoriert. Wir befanden uns alle auf unserer eigenen Insel und achteten drauf, dass es gut klang. Nicht darauf, was die anderen machten, jedenfalls nicht bewusst.

Unterbewusst gab es wohl Augenblicke, aber wir haben untereinander nicht drüber gesprochen, einfach immer nur unser Ding gemacht. Wir hatten keine Ahnung, was das war, aber irgendwas ist passiert. Wir wussten nur, dass wir Musik mögen. Wenn man Musik liebt und sie einen leidenschaftlich bewegt, dann hört man einen Song und spielt ihn immer und immer wieder. Beim Komponieren dreht man den Vorgang einfach um; man empfindet etwas leidenschaftlich und bringt die Leidenschaft mittels seiner Hände und Gedanken zum Vorschein.

Bevor ich spiele, muss ich außerdem versuchen, mir vorzustellen, was ich spielen will. Ich versuche, es zuerst im Kopf zu hören, und probiere dann, es auf meine Hände zu übertragen. Das ist einfach nur eine Umkehrung. Wir standen alle total auf Musik. Hooky definitiv, Steve hatte eine riesige Plattensammlung, wahrscheinlich die größte von uns allen, und Ian natürlich auch. Aber Ian war auch derjenige, der die Texte schrieb. Er stand total auf Bücher, eine echte Leseratte. Ich denke, wenn er länger gelebt hätte, wäre er irgendwann Schriftsteller geworden. Ich denke, sogar ziemlich bald.

Peter Hook: Ich nehme an, ich bin aggressiver als Bernard und ein gutes Stück aggressiver als Steve, der Gute. Steve ist überhaupt nicht aggressiv. Es sei denn, er geht ab, und wenn er abgeht, geht er ab wie ein Vulkan, verfluchte Scheiße. An Joy Division hat mir gefallen, dass wir sehr gleichberechtigt waren: Die Band waren wir vier, und wir sind alle in die richtige Richtung gegangen. Joy Division waren vollkommen ausbalanciert, und das hat uns perfekt gemacht.

6

JUNI – DEZEMBER 1978

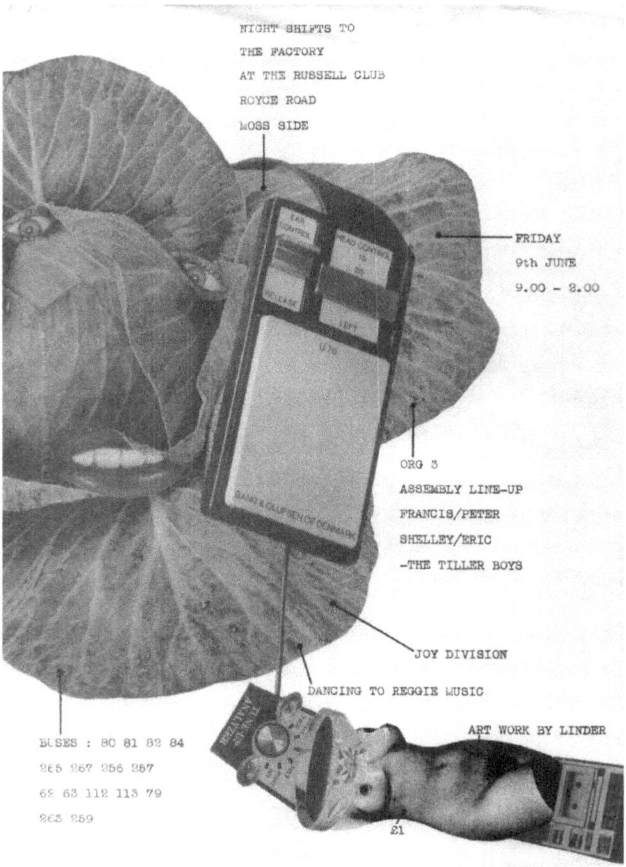

Factory-Flyer, Juni 1978
(Mit freundlicher Genehmigung von Linder Sterling)

Richard Boon: Obwohl es lauter kleinere Läden gab, die man mieten und in denen man eigene Veranstaltungen organisieren konnte, gab es keinen Treff, kein Zentrum. Aber diese ganzen auf gut Glück organisierten Punkrock-Konzerte an eigenartigen Orten haben etwas ausgelöst. Tony Wilson hat sehr schnell reagiert, indem er mit Factory einen eigenen Abend im PSV Club gestartet hat. PSV war der Passenger Service Vehicle Club, und dort gab es einen Ruhetag. Eigentlich war es ein Club für Busfahrer und Schaffner mitten in Moss Side, wodurch es was Anrüchiges bekam und schnell zum Fokus wurde.

Moss Side war aufregend, weil es auf der Grenze zwischen verschiedenen rivalisierenden Kulturen lag. Die Straße runter war stark asiatisch geprägt – die berühmte Curry Mile; es gab auch ein wichtiges afro-karibisches Element. Und dazu kamen viele Weiße, die man gezwungen hatte, in den vermutlich größten architektonischen Irrtum einzuziehen, der je begangen worden ist: die Crescents in Hulme. Ich meine, da haben sich Leute in eine Gegend gewagt, die sie nicht kannten, die Misstrauen weckte. Es gab jede Menge Kriminalität und Drogen, deshalb war es genau der richtige Ort. Jemand musste die Initiative ergreifen und sagen: »Hier ist ein Laden, wo wir regelmäßig hin können, anstatt frustriert rumzusitzen und uns zu fragen, wann endlich mal wieder was los ist.«

Tony Wilson: Obwohl ich auch bei *Granada Reports* Bands untergebracht habe, war *So It Goes* meine wichtigste Musiksendung, aber ich hatte meine Chefs verärgert. Iggy hatte seine Version von »The Passenger« im Apollo gespielt, und wir hatten das im Oktober 1977 gesendet. In der Mitte ist so eine Einstellung, in der er sich zu meinem Kameramann Mike Blakely setzt und singt: »So I said to Camille, ›Camille, I'm going to buy you a Rolls-Royce‹. And she said, ›Iggy, I hate fucking cars‹, blablabla.«

Natürlich wurde das rausgeschnitten. Die Stelle ist wunderbar, aber es hieß: »Das ›fucking‹ muss raus.« Ich bin ausgeflippt.

»Nein, nein, das ist, als würdest du Mozart sagen, was er machen soll.« Im Prinzip mussten sich meine Chefs bei Granada zwei Wochen lang das Geschrei von diesem irren Wilson anhören, das »fucking« aus Iggy Pops Klassikerversion von »The Passenger« rauszuschneiden sei dasselbe, wie die Bibel zu redigieren oder bei Shakespeare Zeilen herauszukürzen. »Das könnt ihr nicht machen.« Die haben sich also den ganzen Scheiß von mir anhören müssen, und ich kann's ihnen nicht verdenken, dass sie dann gesagt haben: »Das war's, wir hören uns keinen weiteren Scheiß von Wilson mehr an.«

Ich wurde nach oben gerufen und bekam gesagt: »Keine Musiksendungen mehr. Und übrigens, sollten wir den Typen mit dem Pferdeschweif am Hintern noch ein einziges Mal sehen, bist du gefeuert.« Damit meinten sie Iggy. Also hab ich hingenommen, dass Musik im Fernsehen damit vorbei war. *So It Goes* war Geschichte. Für mich war's aber die Leidenschaft meines Lebens, was in den Sechzigerjahren für jedes Kind in Großbritannien galt. In den Siebzigern hatte ich direkt damit zu tun, hatte Kontakt zu dieser wunderbaren Welt, und plötzlich hieß es: »Finger weg, sofort!«

Ich wollte diesen Kontakt aber nicht völlig aufgeben. Ungefähr in demselben Monat, als ich die Ansage bekam – das war im Januar 1978 –, verlor einer meiner besten Freunde, Alan Erasmus, seinen Job als Manager einer Band. Der Schlagzeuger und der Rhythmusgitarrist wurden ebenfalls rausgeworfen. Das ist alles an einem bestimmten Tag passiert, dem 24. Januar 1978. Ich rief Alan an und sagte: »Alan, ich manage eine Band mit dir zusammen, Durutti Column.« Und so wurde ich zusammen mit Erasmus Bandmanager. Die Partnerschaft hat dreizehn oder vierzehn Jahre lang gehalten. Plötzlich ist man Manager einer Band und geht zu deren erstem Gig: »Wir könnten im Rafters spielen, aber da spielen alle. Warum gründen wir keinen neuen Club?« Erasmus kannte einen Laden in Hulme. Ein Tipp, den ich allen heute gebe, ist: Sucht euch eine Bar oder einen Club, der donnerstags oder freitags nicht läuft, und fragt, ob ihr ihn mieten dürft. Dem Besitzer ist es egal, weil er das eigentliche Geld an der Bar verdient. Und wenn ihr genug verdient, indem ihr Bands spielen lasst und an der Tür kassiert, macht das.

Wir dachten, wir gründen einen neuen Club, nur vier Wochen lang, an vier aufeinanderfolgenden Freitagabenden im Russell Club in Hulme. Die Geschichte ist absolut wahr: Erasmus und ich liefen eines Tages in Manchester rum und sahen ein Schild, auf dem »Factory Closing« stand. Er meinte: »Wir nennen den Club The Factory, dann können wir eine eröffnen und müssen keine schließen.« Es stimmt also wirklich, dass ich als typischer Sechzigerjahre-Oxbridge-Typ nicht eine Sekunde lang an Warhol gedacht habe; wir fanden es einfach sehr typisch für Manchester, so ein nordenglisches Industrie-Ding.

Das war also die Idee von Erasmus: einen Club ins Leben zu rufen. Dann kam so ein junger Grafikdesign-Student, der ein bisschen aussah wie Bryan Ferry, und sprach mich bei einem schlechten Patti-Smith-Konzert an – das war, als Patti Smith schon keine New Yorker Dichterin mehr war, die als Rockstar auftrat, sondern schon ein Rockstar geworden war, der behauptete, New Yorker Dichterin zu sein. Er sagte: »Mr. Wilson, wenn Sie mal einen Grafiker brauchen …« Er sagte nicht: »Mein Freund Malcolm Garrett macht was für die Buzzcocks, und ich bin scheiß neidisch auf ihn. Ich muss was für euch machen, um mit Malcolm mithalten zu können.« Das hat er nicht gesagt.

Ich hab ihn angerufen, und drei Tage später kam er in die Kantine von Granada und brachte, typisch Peter, keine von seinen Arbeiten mit. Er hatte ein Buch von Jan Tschichold dabei, wir brüteten eine halbe Stunde über dem Buch – wunderbar –, und danach war Peter unser Grafiker. So kam es zu Factory, den Plakaten und der Beziehung, und das waren die ursprünglichen drei Partner, Erasmus, Wilson und Saville.

Peter Saville: In Manchester kam man nicht an ihm vorbei. Tony hatte *So It Goes* und damit eine der wenigen Fernsehplattformen. Tony fand das toll, was gerade passierte, und er war ein beeindruckender Fürsprecher des Ganzen. Und zwar eigenartigerweise innerhalb des Establishments. Nichts ist mehr Establishment als das Fernsehen, besonders in den Augen junger Menschen. Er war Nachrichtensprecher und Journalist im politischen Fernsehen, hatte aber auch spätnachts noch eine Musiksendung, wo Punk und New Wave liefen.

Das war wunderbar, weil das Fernsehen etwas weiterverbreitet und auch anerkannt hat, woran man selbst glaubte. Gleichzeitig wusste man, dass das ziemlich provokant war. Bei *The Old Grey Whistle Test* hatte man's nicht ganz kapiert – dort hatte man noch nicht mal Roxy Music kapiert. Wir sahen Tony mindestens einmal die Woche bei einem Gig mit einem Kameramann von Granada im Schlepptau irgendwas filmen, das war einfach eine wunderbare Bestätigung.

Alle kannten Tony. Man hat ja oft das Gefühl, dass man die Leute aus dem Fernsehen kennt, dabei kennt man sie gar nicht und denkt das nur, weil sie einem so vertraut sind. Tony war so jemand, bei dem wir das Gefühl hatten, dass wir ihn kannten. Ich denke, die meisten hatten gemischte Gefühle, aber sie waren dankbar dafür, dass er da war, Interesse zeigte. Ich hab mich mit ihm getroffen, weil Richard Boon meinte: »Geh zu ihm hin.« Mein lieber, bester Freund am College, Malcolm Garrett, hatte es geschafft, für die Buzzcocks arbeiten zu dürfen, worauf ich unglaublich neidisch war.

Malcolm hatte es verdient und ich nicht, aber trotzdem war ich neidisch und wollte auch mehr mit dem aktuellen Geschehen zu tun haben. Jede Woche, wenn ich ihn gesehen habe, lag ich Richard Boon in den Ohren und hoffte, dass er noch eine Band unter Vertrag nehmen würde, dass Malcolm die Arbeit zu viel werden würde oder so. Irgendwann war ich wieder dabei, an Richard zu sägen: »Hast du nicht was, das ich machen könnte?«

Und Richard sagte: »Geh zu Tony Wilson, ich hab gehört, er will einen Clubabend organisieren. Vielleicht braucht er was.«

Ein Clubabend war nötig, weil die ganzen großartigen Veranstaltungsorte in Manchester – ’76, ’77 und ’78 hatte es so viele gegeben – aus irgendwelchen Gründen systematisch von den Behörden dichtgemacht worden waren. Punk wirkte destabilisierend, und das bereitete dem Establishment Sorge, ein bisschen wie bei der Rave-Kultur Anfang der Neunzigerjahre. Deshalb wurden Veranstaltungsorte geschlossen, Lizenzen entzogen, Nachbarn beschwerten sich über den Lärm oder sonst was. Und plötzlich, Anfang ’78, gab es in Manchester fast keine Auftrittsorte mehr für Bands.

In seiner Rolle als Fürsprecher der Jugend nahm Tony es auf sich, einen Veranstaltungsort zu organisieren. Ich bin zu ihm hin und hatte gerade genug Selbstvertrauen, um ihn anzusprechen und zu fragen, ob ich was für ihn entwerfen dürfte. Wir trafen uns in der Kantine von Granada Television, aber ich hatte noch nichts gemacht, das ich hätte vorzeigen können. In den ersten Jahren am Art College war ich sehr glücklich gewesen, hatte Airbrush-Glamour fabriziert und mir Cover für Roxy Music ausgedacht, aber dann war ich ’76 in ein Loch gefallen, als das plötzlich alles keine Rolle mehr zu spielen schien. Dank des Einflusses von Malcolm Garrett aber hatte ich allmählich wieder eine Ahnung bekommen, wohin ich wollte.

Ich bin mit ein paar Büchern unter dem Arm zu Tony, hab ihm das Manifest von Jan Tschichold gezeigt, *Die neue Typographie*. Ich sagte: »So was will ich machen. Brauchst du was in der Art?« Tony hat es sich angesehen. Das ist nicht so richtig Tonys Gebiet, aber es sah gut aus, und er sagte: »Entwirf doch mal ein Plakat für uns.«

Und so kam es, dass ich ein Plakat entworfen habe. Er hatte schon mal selbst eins gemacht und zeigte es mir: Er hatte die beiden Cowboys aus dem Kanon der Situationisten übernommen, was ich furchtbar fand. Ich glaube, es hing bei Alan an der Wand.

Tony zeigte es mir ganz stolz und meinte: »Also, das hab ich nur so zum Spaß gemacht.« Da waren die beiden Cowboys, die sich auf Französisch über Verdinglichung unterhalten. Ich hab's überhaupt nicht kapiert. Hat zwanzig Jahre gedauert, bis ich's verstanden habe, und dann hab ich's so gut verstanden, dass ich's vorne in meinem Buch zitiert habe. Aber damals hab ich's nicht begriffen.

Tony Wilson: Ich weiß noch, wie ich nach Hale zu Peter nach Hause bin. Er hatte so schwarze und gelbe Quadrate und Linien und spielte damit, setzte sie auf dem Boden zusammen. Das war nicht gerade Punk, aber ich hab schon immer gerne mit Leuten gearbeitet, die schlauer sind als ich. Wenn man mit Leuten arbeitet, die schlauer sind als man selbst, warum sollte man ihnen dann sagen, was sie zu tun haben? »Du bist Grafiker, du bist schlau, also mach, was du willst.« Für Musiker gilt dasselbe. Für alle: Macht, was ihr wollt. Entweder ihr könnt es oder nicht.

Peter Saville: Ich weiß gar nicht, ob Tony wirklich ein Plakat gebraucht hat, aber er meinte: »Mach mal.« Er ist drauf eingegangen, dass da jemand mitmachen wollte, das hat er gemerkt. Da war alles noch ganz unausgegoren, bis dahin war noch gar nichts passiert. Eigentlich ging es ja auch nur um ein paar Freitagabende im Russell Club, und da kam jemand und wollte helfen. Also sagte er: »Gut.« Und so kam es, dass ich ein Plakat entworfen habe. Irgendwann hab ich gefragt, was draufstehen soll, und er meinte: »Das sind die Termine und die Bands, die spielen.«

Also hab ich die Liste genommen und gemacht, was ich wollte. Ich war sowohl hocherfreut als auch enttäuscht, weil es Factory heißen sollte. Sofort hatte ich so ein Warhol-Gefühl, aber eigentlich war's keine gute Zeit für Sechziger-Zitate. Wir waren ja gerade dabei, uns von all dem zu entfernen; es war eine Zeit, in der man versucht hat, Abstand zwischen sich und die jüngere

Vergangenheit zu bringen. Ich hab mich mehr für die Zwanzigerjahre interessiert als für die Sechziger.

Das coole industrielle Selbstverständnis von Factory, das war's eigentlich. Es gibt zwei klar unterscheidbare ästhetische Linien, die sich durch den Postmodernismus ziehen. Zum einen die vorgegebenen Relikte des Modernismus der Sechzigerjahre, die sind Hightech. Die überschwängliche, futuristische Ästhetik der Sechziger fällt durch, wenn die Plastikmöbel zerbrechen und das Wasserbett ausläuft, aber im Kommerziellen und Industriellen lag unweigerlich eine Wahrheit des zeitgenössischen Designs, deshalb hat das Hightech-Element der Sechziger in der zeitgenössischen Ästhetik überlebt.

Im Postmodernismus steht dem ein Pseudo-Klassizismus radikal gegenüber. Klassizismus gehört zu den Neuentdeckungen dieser Grand Tour. Viele mögen ganz gerne mal ein paar Säulen und Giebel irgendwo, aber in der postmodernen Architektur haben wir eher freie Formen, die mit diesen Elementen spielen, nicht mehr Kennzeichen von Privilegiertheit sind. Sie sind aus Plastik oder pink oder zieren wie im Fall des AT&T Building einen zweihundert Meter hohen Wolkenkratzer. Ein bisschen ist das, als würden die gewöhnlichen Leute nach der Revolution mit den Trümmern spielen.

Ästhetisch definiert sich der Postmodernismus durch das Zusammenspiel aus Hightech und Neoklassizismus. Factory passte in meinen Augen hervorragend zu dieser technischen Ästhetik. Im Art College hing ein Schild an einer Werkstatttür, das ich schon seit Monaten haben wollte. Das war in der 3D-Abteilung, und da stand: »Bitte Gehörschutz tragen«. Als Tony sagte, »ich werde den Abend The Factory nennen«, dachte ich: »Das Schild borge ich mir.«

An dem Abend, an dem ich mich mit Tony traf, hab ich das Schild von der Werkstatttür abgehängt. Es war ein Symbol für Sound, das ich in Bezug auf Factory zitieren wollte: eine Soundfabrik. *Die neue Typographie* aus dem Jahr 1919 von Jan Tschichold entsprach meinen Vorstellungen von moderner technischer Information, das ist praktisch das Manifest der neuen Typografie des Maschinenzeitalters. Das erste Factory-Plakat ist deshalb so eine eigenartige Mischung aus einem industriellen Warnschild aus den Siebzigerjahren in Verbindung mit einer eher strengen, idealistischen modernistischen Typografie.

The Factory, 75 x 100 cm, Plakat, 1978 (Design von Peter Saville)

Da es gleichzeitig auch als Kalender der kommenden Events fungierte, standen auf dem ersten Factory-Plakat alle vier Termine der nächsten zwei Monate. Weitere Einzelheiten mussten nicht mitgeteilt werden, abgesehen von den Angaben zu dem Ort, der sich nun The Factory nannte. Ich war mir vollkommen der Tatsache bewusst, dass 99,9 Prozent der Menschen die Plakate nicht zur Kenntnis nehmen würden, wenn sie in Manchester aufgehängt wurden. Aber sie richteten sich nicht an die 99,9 Prozent, sondern an die 0,1 Prozent, die sich dafür interessierten, und ich hoffte, dass diese 0,1 Prozent ein solches visuelles Statement der Andersartigkeit wahrnehmen würden.

- 9. Juni 1978: The Factory I, PSV Club, Hulme, Manchester

Richard Kirk: Cabaret Voltaire kamen aus Sheffield. Wir hatten ein paar von unseren Aufnahmen an New Hormones geschickt. In Manchester hatte man davon gehört, auch Tony Wilson, und daraufhin wurden wir eingeladen, in der Factory zu spielen. Ich kann mich nicht erinnern, ob wir gleich am Eröffnungsabend oder erst am zweiten aufgetreten sind, aber egal wann, ich glaube, wir haben mit Joy Division gespielt. Sie erinnerten mich entfernt an die Doors, hätten die Doors in den Siebzigerjahren in Manchester gelebt und nicht in den Sechzigern in Los Angeles.

Ian Curtis war Fan von Autoren wie William Burroughs und J.G. Ballard, das hat uns verbunden. Wir interessierten uns für Velvet Underground, die Stooges und Kraftwerk, auch das hatten wir gemeinsam. Und wir kamen alle aus der Arbeiterklasse, mit ähnlichem Familienbackground. Die Musik von Joy Division klang sehr nach dem Norden, ein bisschen wie Cabaret Voltaire, und sie vertraten auch eine ähnliche Einstellung zum Leben oder der Welt – dystopisch, düster, industriell.

Malcolm Whitehead: Rob Gretton lernte ich 1976 kennen, in diesem großartigen Sommer. Wir haben uns auf Anhieb super verstanden. Rob war in einem Kibbuz gewesen und wieder zurückgekommen. Ich nehme an, er war gerade dabei, sein Leben irgendwie in den Griff zu bekommen. Wir waren also zwei Grammar-School-Jungs, die herausfinden wollten, was sie mit ihrem Leben anstellen konnten. Jedenfalls verstanden wir uns echt gut. Er wollte dann mit Lesley nach Kreta, weshalb wir nach '76 ein bisschen den Kontakt verloren hatten. Aber im darauffolgenden Jahr sind wir uns beim Moss Side Carnival wieder begegnet. Er hat mir erzählt, er würde eine Band managen.

Ich dachte: »Okay.« Er meinte, »du willst doch Filme drehen«, weil wir viel darüber geredet hatten, was wir in Zukunft machen wollten. Er schlug vor, dass ich die Band, die er damals gemanagt hat, im Electric Circus filmen solle, The Panik. Die waren absolut grauenhaft. Ich hab gedreht, aber es war so dunkel, dass ich nach einer Rolle aufgegeben hab. Nachdem ich ungefähr einen Monat lang daran gearbeitet hatte, rief er mich an: »Ich bin nicht mehr deren Manager, vergiss es.« Inzwischen managte er eine andere Band, die gerade erst ihren Namen in Joy Division geändert hatte. Er meinte: »Komm und schau sie dir an, mal sehen, was du davon hältst.«

Also bin ich in den Russell Club, wo Joy Division gespielt haben. Sie sind auf die Bühne – aber es war noch niemand da, weil sie ganz früh dran waren – und waren absolut der Hammer. Ich kann mich dran erinnern, aber nicht im Kopf, sondern im Bauch. Da war so eine Kraft, das war genau so, wie ich mir das immer von einer Band gewünscht habe. Danach war ich absolut fix und fertig.

Ich kann mich bis heute erinnern, was ich zu Rob gesagt habe. Ich meinte: »Ich dachte, ich würde das so machen müssen wie bei The Panik. Ich dachte, ich würde heute hier auftauchen und zu dir sagen: ›Die sind ganz nett, Rob, lass uns was mit denen machen.‹« Aber ich war total geflasht: »Wir *müssen* was mit denen machen.« Ich hab nicht überlegt, ob sie Platten verkaufen würden, in solchen Kategorien hab ich gar nicht gedacht, aber ich war mir sicher, dass sie kulturell groß werden. Sie hatten es einfach drauf, waren überwältigend.

Iain Gray: Der Schock, Ian zu erleben, war einfach riesengroß. Das war der erste Auftritt in der Factory, im Russell Club. Das ging noch über die Sex Pistols hinaus. Ian kam auf die Bühne, ich weiß nicht mehr, womit sie angefangen haben, aber es war einfach unglaublich. Er stand da, fing mit diesem Tanz an, den ich in Ansätzen schon aus dem Schuppen in Withington kannte. Das war überirdisch, und ich dachte: »Das ist der Ian, der seiner Frau Blumen und Pralinen kauft, der Typ, der bei den *Waltons* mitspielen könnte, und jetzt steht er auf der Bühne und hypnotisiert alle.«

Er war fast wie ein Messias. Ich war hin und weg, hab ihnen das alles vollkommen abgekauft. Das Komische daran war, dass ich Ian kannte. Normalerweise schmälert das die Starqualitäten eines Musikers, wenn man ihn persönlich kennt, aber ich hab ihn gesehen und war einfach absolut baff. Ich hatte so eine Ehrfurcht, obwohl ich ihn kannte, und das finde ich bis heute eigenartig. Das war sehr britisch, er war total er selbst, überhaupt nicht gespielt, dabei aber total furchteinflößend.

Tony Wilson: Sie waren schon sehr viel besser geworden. Im Juni '78 hatten sie schon nicht mehr diesen jauligen Sound mit dem interessanten Sänger. Da war es schon massiver geworden, wie ein feingeschliffener Diamant. Sie waren unglaublich. Wobei ich mich erinnere, dass Margi Clarke bei ihnen in der winzigen Garderobe war und Joy Division mit Geschichten unterhalten hat, und plötzlich sagte: »Oh, ich muss mal pinkeln, ich muss aufs Klo.« Die Jungs meinten, »klar, geh ruhig«, woraufhin Margi ihren Rock lüpfte und sich aufs Waschbecken setzte, während die beiden Jungs aus Salford und die anderen beiden aus Macclesfield kreidebleich zusahen. Als wäre ihnen ein solches Verhalten vollkommen neu, als hätten sie so was noch nie gesehen, wären noch nie jemandem wie Margi begegnet.

Stephen Morris: Als Tony mit den Factory-Abenden angefangen hat, gab's immer eine große Lücke im Raum: vorne die Band, dann erst mal lange nichts, und hinten standen ein paar Leute rum. Ian hat das nichts ausgemacht, dass da keiner war, er hat sich trotzdem reingehängt, auch in einem leeren Saal. Beim zweiten Mal wurde der Abstand zwischen Band und Publikum aber schon geringer, bis schließlich sogar hier und da jemand getanzt hat. Die kamen tatsächlich nach vorne, und Wahnsinn, plötzlich hatten wir ein Publikum.

- 28. Juli 1978: The Factory I, Manchester
- 29. August 1978: Band on the Wall, Manchester

Paul Morley, *NME*, 9. September 1978
Ihre Musik geht gnadenlos nach vorne, rotiert, beharrt, wiederholt sich, immer ausgezeichnet ausbalanciert … Dies könnten Joy Division auf ihrem Zenith sein.

- 4. September 1978: Band on the Wall, Manchester

Mick Middles, *Sounds*, 16. September 1978
Sie fingen mit »Exercise One« an, was sofort zeigte, dass die Band sich im vergangenen Jahr immens verbessert hat. Ein tiefer und düsterer Song mit einer Killerbassline. Die Band raste durch das Set, verwandelte die zunächst mäßig interessierte Zuschauermenge in eine stürmische Meute.

- 9. September 1978: Eric's, Liverpool
- 10. September 1978: Royal Standard, Bradford
- 22. September 1978: Coach House, Huddersfield

Bernard Sumner: Inzwischen traten wir überall auf. Ich hatte einen zwielichtigen Agenten aufgetrieben, einen kleinen Typen in einem Hinterzimmerbüro mitten in Manchester. Er brachte uns nach Huddersfield und ähnliche Städte, wo wir fünf Pfund pro Auftritt bekamen. Ich weiß noch, dass wir einmal sogar bezahlt haben, um spielen zu dürfen, das war in einem Working Men's Club in Huddersfield und irgendwo in Leeds, in ganz West Yorkshire, wo sonst niemand spielen wollte. So kamen wir rum.

Tatsächlich wurden Steve und Hooky einmal als Verdächtige im Fall des Yorkshire Ripper vorgeladen und vernommen, weil wir so oft über die Pennines gefahren sind – wir haben Gigs in den Gegenden gespielt, wo der Ripper Leute ermordet hat. Steve hatte einen Cortina, und sie hatten seine Nummer, auch die von Hookys Transporter. Die Polizei kam zu ihnen nach Hause und nahm sie zur Vernehmung mit. »Er hat einen Bart, und warum hat er sich plötzlich die Haare blond gefärbt, sein Erscheinungsbild verändert? Wieso liegt hinten im Wagen ein Hammer?« Natürlich fanden wir das unglaublich witzig, dass sie verdächtigt wurden.

Aber zurück zu dem Agenten und unseren Auftritten in West Yorkshire. Wir haben dreimal in diesem Laden gespielt. Beim ersten Mal kamen fünf Leute, und beim dritten Mal war's proppenvoll, es musste sich also herumgesprochen haben. Ich glaube, das lag daran, dass wir anders waren als die meisten Bands. Inzwischen hatten wir aufgehört, Punk nachzuäffen, und hatten unseren eigenen Sound entdeckt, wir klangen einzigartig und sahen auch so aus. Das war ein allmählicher, stetiger Steigerungsprozess.

Malcolm Whitehead: Immer wenn sie in der Stadt gespielt haben, bin ich hin, und es dauerte nicht lange, bis die Konzerte total voll waren.

Ich schätze, das waren nur ein paar Wochen, weil sich damals alles in so kurzer Zeit zu verdichten schien.

Sie hatten was Magisches. Das hab ich bei keiner anderen Band erlebt. Normalerweise gab's vielleicht drei Mitglieder, die gepasst haben, und einer nicht – aber bei ihnen passte alles. Das war wie ein wunderbarer Zufall. Denn man weiß, wie sie zusammengekommen sind, das war ja auch eher Zufall. Trotzdem hatte man den Eindruck, als wären sie dafür geboren, miteinander zu spielen. Sie waren künstlerisch einfach genau richtig füreinander. Sie sind alle unterschiedliche Persönlichkeiten, und trotzdem haben sie hervorragend zusammengearbeitet.

Das lag auch an Ian, der den Zusammenhalt bildete, dadurch, dass er sich völlig entblößte. Der Wahnsinnsmut von diesem Kerl, das hat mich gepackt. Ehrlich gesagt, wusste ich nicht so genau, worüber sie gesungen haben, weil es so laut war. Aber ich wusste auch, was er meinte, ohne dass ich die Texte verstehen musste. Ich weiß nicht, ob das einfach ganz natürlich so war, oder ob er sich dazu gezwungen hat. Ich weiß, dass er ein paar Bier kippen musste, bevor er auf die Bühne ging. Ich glaube nicht, dass das nur Nervosität vor dem Auftritt war. Ich glaube, das war eher so: »Ich muss die Wahrheit sagen, dafür muss ich mich erst mal ein bisschen betrinken.« Ich dachte nie: »Der spult einfach sein Programm ab.« Ich glaube, jeder einzelne Auftritt von ihm, den ich gesehen habe, war echt, die nackte Wahrheit.

Bernard Sumner: Während Joy Division sich weiterentwickelt haben, hat Ian teilweise in einem Reha-Zentrum für Menschen mit körperlichen und geistigen Behinderungen gearbeitet, die ins Berufsleben einsteigen wollten. Diese Menschen dort haben ihn sehr berührt. »She's Lost Control« handelt von einem Mädchen, das in dieses Zentrum kam und arbeiten wollte. Sie litt unter Epilepsie und verlor dadurch immer mehr Zeit, eines Tages kam sie gar nicht mehr. Ian nahm an, dass sie einen Job gefunden hatte, aber später erfuhr er, dass sie einen Anfall hatte und gestorben war.

Ich war von meinen Großeltern und dem Krieg beeinflusst, Ian von Wahnsinn und Geisteskrankheit. Er interessierte sich für die kranken Aspekte des Lebens. Er meinte, seine Schwester oder seine Tante oder sonst jemand hätte in einer Irrenanstalt gearbeitet und ihm Sachen über die Leute dort erzählt – Leute mit zwanzig Nippeln oder zwei Köpfen –, und dass ihn das sehr beeindruckt hatte. Er hatte sehr intensive Momente, aber es war auch lustig mit ihm. Man konnte viel Spaß mit ihm haben, er war witzig. Aber er war keine normale Person.

Ich fang mal mit dieser Intensität an, wenn er frustriert war. Ich weiß noch, wie er einmal aus einem Hotel kam. Er hatte Debbie angerufen, und der Anruf hatte ihn zehn Pfund gekostet. Ihm war nicht klar gewesen, dass Hotels so viel fürs Telefonieren berechnen. Also hat er Rob gebeten, einen Teil davon zu übernehmen, weil er selbst kein Geld hatte, aber Rob meinte: »Fick dich, zahl das mal schön selbst.« Ian ist fuchsteufelswild geworden, Rob gegenüber einfach total ausgeflippt.

Ich weiß noch, ein anderes Mal im Proberaum war er so frustriert wegen Rob, dass er einen Papierkorb genommen und sich auf den Kopf gesetzt hat. Damit ist er dann wie bescheuert auf und ab marschiert, was wir natürlich extrem lustig fanden. Er ist total durchgedreht, absolut ausgetickt. Eben war er noch der nette, höfliche, freundliche, witzige Ian gewesen, und plötzlich ist er ein Irrer. Ian war sehr eigensinnig, wenn er seinen Willen nicht bekam; er hatte eine explosive Persönlichkeit.

Meistens war er cool. Wirklich. Sein Auftreten auf der Bühne, vermute ich mal, war Ausdruck von diesem Rausch oder Wahn, in den er manchmal verfiel.

Eben war er noch Ian, und plötzlich (*schnippt mit den Fingern*) übertrat er eine Schwelle und wurde ein Wahnsinniger, befand sich mit dem Kopf in einer anderen Welt. So war er auf der Bühne, aber auch, wenn man sich mit ihm gestritten hat. Er war ein sehr charismatischer Frontmann, weil man nie wusste, was als Nächstes passieren würde – wir wussten es jedenfalls nicht –, und das hat funktioniert. Er konnte sich vollkommen von der Musik mitreißen lassen.

Viele dachten, er wäre voll auf Drogen, aber das war er nicht, nie, er sah nur so aus. Die Musik hat ihn offenbar in eine Art Trance versetzt, er fing an zu tanzen und verabschiedete sich in eine andere Welt. Er verlor sich vollkommen in der Musik. Man wusste nie, was gleich kommt, ob er die Bühne auseinandernimmt oder das Schlagzeug kaputt tritt. Es war einfach sehr aufregend anzuschauen.

- 20. September 1978: *Granada Reports*

  Bob Greaves: … namens Joy Division. Früher hießen sie Warsaw, aber Joy Division klingt besser, finde ich, und wir hoffen, dass wir sie auf eine schöne Reise schicken, wie zuvor schon viele andere, nicht wahr, Tony?
  Tony Wilson: Da dies die Sendung ist, die euch, von den Beatles zu den Buzzcocks, die ersten Fernsehauftritte vieler Bands beschert hat, würden wir gerne so weitermachen und euch auch in Zukunft über die interessantesten neuen Sounds im Nordwesten informieren. Und Joy Division ist der interessanteste neue Sound, der uns in den vergangenen sechs Monaten untergekommen ist. Sie sind eine Band aus Manchester, mit Ausnahme des Gitarristen, der aus Salford stammt – ein sehr wichtiger Unterschied. Sie heißen Joy Division, und hier sind sie mit »Shadowplay«.

Peter Hook: Ich hatte eine Wahnsinnsangst. Rob ist mit uns losgegangen und hat jedem ein neues Hemd gekauft: »Die muss man an der Leine halten.« Also trugen wir alle neue Hemden bei »Shadowplay«, ich hab's auf Granada geschaut und gedacht: »Scheiße, wir sind gut.« Und das kam selten vor, dass ich sowas dachte.

Bernard Sumner: Es war bizarr, weil wir wegen der Vorschriften im Studio, der Gewerkschaften oder so, unser eigenes Equipment nicht anfassen durften. Ich wollte nur meinen Verstärker einstöpseln, und plötzlich hieß es: »Nicht anfassen, das fliegt alles runter vom Set, wenn du das anfasst, schalten wir alles ab.« Ich sagte: »Ist nur ein Stecker. Ich will nur meinen Verstärker einstöpseln.« – »Fass bloß nichts an, Sunshine.«

Ich weiß noch, dass ich's mir angesehen habe und ganz zufrieden war; sie hatten Aufnahmen von herumfahrenden Autos in einer Stadt dahinter gelegt.

Tony Wilson: Ich hab einen der Regisseure gebeten, die Nachmittagssession aufzunehmen, das war der wunderbare David Liddiment, der später Chef von ITV wurde. Ich war im Kontrollraum, und David meinte: »Ich will was im Hintergrund, kannst du mir was besorgen, Tony, bitte?« Also meinte ich: »Na klar, kein Problem.« Ich bin hochgeflitzt in den ersten Stock in die Schneideräume von *World in Action*, da ich mit einem der Cutter befreundet war. »Darf ich mir was borgen?« Die hatten solche Drahtkörbe, wo der Abfall reinkommt, und gerade einen Dokumentarfilm über die CIA in Langley geschnitten, die Reste von den Negativen lagen da drin. Sie meinten: »Die werfen wir weg, kannste haben, Tony.« Also haben wir einfach ein paar Schwarz-weiß-Negative aus Langley zusammengeklebt. Ich bin runter damit, David hat es im Hintergrund laufen lassen und drübergelegt, sodass da hübsche Vorstadtaufnahmen zu sehen waren, ohne irgendeine tiefere Bedeutung. Viel bedeutsamer war, dass Bernard da so jung und so schön aussieht.

Man erkennt ein paar sehr gewaltige Autobahnüberführungen. Das war totaler Zufall; in dem Korb im Schneideraum hätte alles Mögliche liegen können. Aber zufällig war es eine vorstädtische Reisedoku und passte zu der Zeile »To the centre of the city where all roads meet, waiting for you«. Und zu der Tatsache, dass Ian und Steve aus Macclesfield stammten. Manchester war die große Stadt die Straße runter, und sie sind ständig hin- und hergefahren.

C.P. Lee: Joy Division und ihresgleichen bildeten die Speerspitze der Bands, die tatsächlich richtige Autobahnen benutzen konnten. Bei Joy Division gibt es auch so eine Atmosphäre von Bewegung, der Vorstellung von einem Mancunian Way, der von Osten nach Westen führt. Eigentlich führt er nirgendwohin. Wir sind es gewohnt, dass amerikanische Bands vom Freeway sprechen. Joy Division singen eigentlich gar nicht davon, aber ich denke, es gibt eine Unterströmung, ein Gefühl von Bewegung und Unterwegssein auf Straßen. In den Siebzigern konnte man kreuz und quer durch Großbritannien fahren, damit wird also schon so etwas Freigeistiges assoziiert.

- 12. Oktober 1978: Kelly's, Manchester

Bob Dickinson: Kelly's war ein kleiner Kellerclub in einer winzigen Straße abseits der Hanover Street. Es gibt ihn nicht mehr. Das war so ein Projekt von Rock Against Racism, Phil Jones hat ihn betrieben, weshalb ich davon erfuhr, als er mich zu Hause besuchte. Es war kaum jemand da; so nah bin ich Joy Division nie wieder gekommen, ich konnte sie mir aus allernächster Nähe ansehen. Ich glaube nicht, dass es ein besonders guter Auftritt war. Joy Division waren nicht jedes Mal gut; wahrscheinlich haben sie nicht alles gegeben, weil nicht viele Leute da waren. Ihr Kleidungsstil hatte sich verändert, seitdem ich sie zum ersten Mal gesehen hatte. Sie trugen keine Lederjacken und Stiefel mehr, sondern Anzüge, Krawatten und dunkle Hemden, dunkle Anzüge und sahen nach *Here Are the Young Men* aus. Sie sahen deutsch aus, aber gut gekleidet und nüchtern. Sie wirkten immer ernst, aber die Anzüge waren ein wichtiger Teil dieses Imagewandels, durch den der Charakter von Joy Division geprägt wurde.

Ich glaube nicht, dass sie Nazis waren, ich denke, sie waren sich des Nazismus sehr wohl bewusst und dessen, was die Nazis getan hatten. Sie interessierten sich für Auschwitz, Warschau, die

Ghettos, wie die Nazis die Juden verfolgt und ermordet hatten. Ich denke, ihre Musik war sehr von dem Gefühl beeinflusst, verfolgt zu werden, dass wir alle vom Gespenst des Nazismus verfolgt werden und dem, was die Nazis in Europa angerichtet haben. Der Umstand, dass sie nicht aus dem ehemals besetzten Teil Europas stammten, hat das wahrscheinlich noch eindringlicher gemacht.

Sie redeten im düsteren, deprimierten Manchester darüber. Sie ließen das Europa gegen Ende des Zweiten Weltkriegs nachhallen, den Tod von Millionen. Darüber will immer noch niemand nachdenken. Ich hab Joy Division nie für Nazis gehalten. Als ich *An Ideal for Living* gekauft und mir das Cover angesehen habe, mit dem Trommler und Barneys Frisur, dachte ich: »Barney hat sich die Haare geschnitten, um ganz bewusst so auszusehen und die Schuld auf sich zu nehmen.«

Bernard Sumner: Wir wussten, dass wir keine Nazis sind, das hat uns genügt. Gleichzeitig haben wir Gigs für Rock Against Racism gespielt. Wir hatten nicht das Gefühl, uns rechtfertigen zu müssen, weil wir eben keine Nazis waren – ganz im Gegenteil. Wir hatten nicht das Gefühl, zur Presse gehen und sagen zu müssen: »Wartet mal, das erste Plattencover ist eigentlich Anti-Nazi.« Das war uns zu plump. Unsere Einstellung war: Wenn jemand wissen will, ob wir Nazis sind, dann soll er uns fragen, wir sagen ihm die Wahrheit. Aber niemand hat uns gefragt. Ehrlich gesagt, waren wir aber auch sehr naiv.

- 20. Oktober 1978: The Factory I, Manchester

Liz Naylor: 1977 war ich vierzehn oder fünfzehn und wusste nicht, was ich machen sollte, ich war echt frustriert. Ich stand total auf Musik, und liebte Captain Beefheart und solche Sachen, Punk war für mich also gar nicht so weit weg. Ich hatte ungefähr 1974 Beefheart in der Free Trade Hall gesehen, außerdem Lou Reed an einem ziemlich trostlosen Abend, auch in der Free Trade

Hall. Für mich war's also vollkommen selbstverständlich, dass ich Punk dann auch toll fand.

Ich glaube, ungefähr Ende '77 oder vielleicht Anfang '78 stand ich immer bei Virgin im Plattenladen rum, so wie die anderen Punks. Ich hab wirklich nichts gemacht, als einfach nur in dem Laden rumzustehen. Ich dachte, irgendwas würde schon passieren, und das war eine Möglichkeit, der Szene näher zu kommen – natürlich ist dort gar nichts passiert, aber ich konnte in die Punk-Atmosphäre reinschnuppern. Das war alles eher frustrierend.

In Hyde, wo ich gewohnt habe, war ich absolut der einzige Punk. Eine Gang von Jungs aus dem Ort ist mir immer hinterher. »Punky« haben sie mich genannt, die Straße entlanggejagt und mich terrorisiert. Ich war nicht besonders hart drauf; die haben mir ganz schön Angst gemacht. In Hyde gab es einen Plattenladen, aber die hatten keine Punkplatten. Ich hab dort aber ein DIN-A4-Blatt gesehen, auf dem handschriftlich geschrieben stand, dass The Fall in der Droylsden Town Hall spielen würden. Droylsden war ein wirklich fürchterlicher Vorort zwischen Hyde, Ashton und Manchester, aber irgendwie hatte ich schon mal von The Fall gehört.

Das war im Juni 1978, und es war der erste Punkrock-Gig, auf dem ich je war. Es war fantastisch. Wenn man auf Beefheart stand, waren The Fall einfach total einleuchtend, und dann passierte etwas Unglaubliches. Ich dachte erst, ich würde nicht reinkommen, aber weil es ein Konzert in einer Town Hall war, war's kein Problem. Als Erstes spielte eine Band, die Distractions hieß, und deren Bassist kam und unterhielt sich mit mir, weshalb ich mir irgendwie vorkam wie aus dem Musikbusiness. Alles, worauf ich wartete, wenn ich so bei Virgin Records rumhing – nämlich irgendwie in die Punksphäre reinzukommen –, passierte zu großen Teilen an jenem Abend.

Im Sommer '78 sah ich meinen ersten Punkrock-Gig, schlief zum ersten Mal mit einem Mädchen und schnitt mir die Haare ab. Das war ein ganz besonderer Moment, nach dem es kein Zurück mehr gab. Das hatte ich begriffen. Und dann hing ich in Manchester ab, in Pubs und Clubs, in die ich reinkam, was bemerkenswert war, weil ich aussah wie dreizehn. Was auch zeigt, was für eine Sorte Läden das war, in denen ich abhing, die mich reingelassen haben.

Ich hatte nie Geld. Manchmal hab ich als Babysitter gearbeitet, was ein bisschen seltsam gewirkt haben muss, aber im Prinzip hatte ich nie Geld und konnte mir deshalb auch nicht viele Platten kaufen. Wenn ich in Plattenläden ging, dann nur, um sie mir anzusehen und mir vorzustellen, wie es wäre, wenn ich Platten kaufen würde, oder um mir vorzustellen, wie sie klangen. Auf die Art kam ich nach Salford zu Robinson's Records, raus an die wahren Ränder von Manchester, die ziemlich heruntergekommen waren.

On the Eighth Day war ein echter Hippieladen in All Saints mit einem kleinen Café. Dort aß ich Sachen, die ich nie zuvor gegessen hatte, weil ich aus einer ganz gewöhnlichen Familie kam, in der es abends Meat Pies gab. Ich aß Naturreis und Sesam und trank dazu Mu-Tee. Schon den Geruch dort fand ich berauschend, vermutlich war das Patchouli-Öl, und ich fand's echt toll. Oben gab es gebrauchte Schallplatten, da kaufte ich mir *Trout Mask Replica*. Es standen lauter verstaubte Platten rum, die ich anfassen und an denen ich schnuppern konnte.

Ich kaufte eine Jutetasche und las den *Mole Express*, was damals eine sehr wichtige Underground-Zeitung war. Verstanden hab ich zwar nichts, aber das war mir egal: Wenn man weiß, dass man in der verkehrten Welt lebt, dann will man das Portal zu der Welt finden, in der man eigentlich sein sollte, und das war mein Portal zu dieser besseren Welt. On the Eighth Day befand sich neben einem radikalen Buchladen namens Grass Roots, wo ich immer Bücher las, aber nie was kaufte. Ich war total gerne in diesen Läden.

Im Sommer 1978 durchlebte ich eine Krise – oder Befreiung. Als im September nach den Ferien die Schule wieder anfing, brach alles in sich zusammen. Ich flog von der Schule. Man bat mich auf sehr unmissverständliche Weise zu gehen. Und danach ließ ich mich eine Weile einfach treiben, woraufhin sich die Schulbehörde und das Jugendamt einschalteten. Zu der Zeit sah ich Joy Division in der Factory.

Ich riss ständig von zu Hause aus, ging in die Factory und blieb die ganze Nacht weg, weil es gegenüber in der Bonsall Street in Hulme eine Wohnung gab, wo sich alle, die wollten, einfach aufs Ohr hauen konnten. Ich bin immer gleich zu den Soundchecks in die Factory und blieb dann einfach dort. Ich entdeckte, dass es noch eine zusätzliche Bar gab, wo ich Bier klaute, das ich mit den Zähnen aufmachte. Die Factory war der Laden, in den ich reinkam. Wenn Joy Division spielten, war's kein Problem, mich einfach mit reinzuschmuggeln und dann drin zu bleiben.

- 15. November 1978: Brunel University, Rezillos-Tour, Joy Division im Vorprogramm der Undertones und der Rezillos

Martin, joydiv.org: Der Gig fand im sogenannten Kingdom Room statt. Ich hatte schon zahlreiche Bands dort spielen sehen. Es war immer sehr dunkel da drin, und die Decken waren niedrig, was die Atmosphäre noch verstärkte. An dem Abend war der Laden voll, über vierhundert Leute, würde ich sagen. Ich stand ganz vorne an die Bühne gedrängt. Joy Division gingen begleitet von ein paar gedämpften Jubelrufen und »Wer zum Teufel sind die?« auf die Bühne. Ohne jede Ansage fingen sie mit dem Set an.

Da ich ihre Musik nicht kannte, erinnere ich mich nur an zwei Stücke – »Walked in Line« und »Digital«, wegen der Wiederholung im Refrain. Der Sound war schroff und roh, scheinbar ohne Melodie, aber sehr laut und wütend. Ich wusste nicht, ob er mir gefiel, aber das war egal, weil mich Mr. Curtis vollkommen in seinen Bann gezogen hatte. Er stand keine drei Meter von mir entfernt und bewegte sich wie ein verfluchter D-Zug! Ian fixierte immer wieder Leute im Publikum mit starren Blicken, mich auch, gute zehn Sekunden lang brachte er mich dazu, mich ganz schön unwohl zu fühlen.

Leider war das Set sehr kurz. Es können nicht mehr als vier oder fünf Stücke gewesen sein. Der Grund war, dass Teile des Publikums immer noch auf diese Rotzerei standen und Ian nicht ausstehen konnten. Sie spuckten den armen Mann von oben bis unten voll und schrien »Scheiße!!«, »Haut ab! Haut ab! Haut ab!« Am Ende von »Digital« hatte Ian dann eindeutig genug und sagte noch einigermaßen höflich zum Publikum: »Ich sehe, ihr seid noch sehr ungebildet hier im Süden.« Damit ist er von der Bühne runter. Sumner und Hook kamen schnell hinterher, dann kapierte auch Steve Morris, dass es vorbei war, und kam hinter seinem Schlagzeug hervor. Dummerweise musste er vorne vorbei, um von der Bühne zu gehen, und stolperte dabei über ein Lautsprecherkabel. Die Menge johlte und lachte ihn aus. Er rappelte sich auf, beschimpfte das Publikum und ging.

Mick Middles, *Sounds*, 18. November 1978

Auf der Platte heißt es »Songs by Joy Division«. Schreibt ihr die Stücke zusammen? Wer hat die Ideen?

Ian: »Das ist ganz unterschiedlich, jedenfalls was die Musik angeht.«

Bernard: »Wir fangen meistens mit einem Schlagzeug-Beat an, dann kommen Bass und Gitarre dazu. Ian steuert die Texte bei.«

Ian: »Ich hab ein kleines Buch mit Texten, und die baue ich dann ein. Ich hab jede Menge Texte in Reserve, die benutze ich, wenn die passende Melodie dazu auftaucht. Die Zeilen setzen sich meist aus allem Möglichen zusammen. ›Leaders of Men‹ zum Beispiel, ein paar von den Zeilen sind zwei oder drei Jahre alt.«

Wovon handeln die Texte?

Ian: »Ich schreibe nicht über was Bestimmtes, ich schreibe sehr unterbewusst.«

- 20. November 1978: Check Inn Club, Altrincham

Mike Nicholls, *Record Mirror*, 25. November 1978
Frontmann der Band ist der blasse, hyperaktive Ian Curtis, dessen eigenartig angespannt wirkende, mechanische Tanzschritte an Lou Reed 1974 erinnern.

- 27. Dezember 1978: Hope and Anchor, London

Nick Tester, *Sounds*, 13. Januar 1979
Joy Division geben sich alle Mühe, düster zu wirken, aber ich musste grinsen. Sie stolpern mit mürrischer, trotziger Miene auf die Bühne. Sänger Ian Curtis wirkt ausgesprochen gereizt, aber er sagt nichts zwischen den Stücken, außer vielleicht, dass die Band neu stimmen muss.

Terry Mason: Wir waren inzwischen ein ganz beachtlicher Fisch im Teich des Nordwestens geworden, ein bisschen auch in Yorkshire, aber das war eher wie Jesus' Ritt auf dem Esel nach Jerusalem. Der Auftritt im Hope and Anchor war unser erster in London, und dann auch noch in einem Laden, von dem wir schon gehört hatten. Wir hatten die Zeitungen gelesen und wussten, dass Londoner Konzerte im Rainbow, in den Nashville Rooms oder im Hope and Anchor stattfanden. Kurz nach Weihnachten an einem Sonntagabend kamen wir an. Es waren nicht sonderlich viele Leute da, und für Ian war das eine große Enttäuschung. Ich denke, dass das womöglich der Auslöser für das war, was danach passiert ist.

Bernard Sumner: Ian hatte eine explosive Persönlichkeit: Er war Mr. Polite, Mr. Nice, aber plötzlich, bevor jemand was mitbekam, ungefähr nach drei Stücken, fing er manchmal an, sich eigenartig zu benehmen, die Bühne zu zerlegen, Bretter rauszureißen und ins Publikum zu werfen. Bis zum Ende des Sets ist er dann oft absolut durchgedreht. Wir sind von der Bühne, und er war voller Blut, meinte, »scheiße, was ist denn da passiert?«, aber niemand hat drüber geredet, weil das nicht unsere Art war. Wir haben so was nicht hinterfragt. Wir dachten auch nicht, dass er hätte erklären können, warum er sich da so reingesteigert hat.

Irgendwann haben wir im Hope and Anchor in London gespielt. Ich weiß nicht, ob das unser erstes Konzert in London war. Ich war jedenfalls total krank, hatte Mandelentzündung oder Grippe. Ich wollte echt nicht mitfahren. Steve kam in seinem Cortina, und Rob meinte: »Komm, raus aus dem Bett. Los, du fährst mit.« Ich stieg in den Wagen und weiß noch, dass Ian schon auf der Fahrt in einer komischen Stimmung war – das war ungewöhnlich bei ihm, ein bisschen kindisch und albern, dabei war er eigentlich nicht so –, ein bisschen negativ, gar nicht wie sonst. Das war vormittags.

Wir sind hingefahren, haben gespielt. Es waren nur ungefähr drei Leute da, und es war entsetzlich heiß und stickig in dem winzigen, kleinen Raum. Der Sound war scheiße, und jedes Mal, wenn Steve aufs Schlagzeug gehauen hat, hat sich für mich der Raum gedreht. Nach dem Auftritt haben wir noch was gegessen, griechisch. Ian war total negativ, unflätig und alles andere als nett, und ich weiß noch, dass ich dachte: »Das ist aber untypisch.« Ich hatte einen Schlafsack dabei, wir sind wieder in den Wagen und zurückgefahren.

Wir fuhren los, da war's schon zwei Uhr morgens, wir sind über die M1 und waren ungefähr auf der Höhe von Luton. Ian saß vorne, Steve war dabei, außerdem saßen Rob und ich mit im Wagen. Ich glaube, Hooky fuhr im Transporter. Ich hatte den Schlafsack über mir ausgebreitet, und Ian meckerte an dem Auftritt herum, wegen dem Sound. Er meinte, »hey, gib mir den Schlafsack«, was ihm gar nicht ähnlich sah, weil er sonst überhaupt nicht so egoistisch war. Er drehte sich um und zog mir den Schlafsack weg. Ich sagte: »Hör auf mit dem Scheiß, gib ihn mir wieder.« Ich zog daran, und er zog zurück. Ich hab ihm den Schlafsack weggerissen und festgehalten, woraufhin er ihn mir wieder aus den Fingern zerrte und sich schließlich über den Kopf zog. Dann hat er sich zusammengekauert und so ein eigenartiges Knurren ausgestoßen. Er hat geknurrt wie ein Hund, und ich dachte: »Was ist denn jetzt los?« Dann kam eine Hand unter dem Schlafsack hervor, holte nach Steve aus und schlug gegen die Windschutzscheibe. Er schlug wie wild um sich, und aus den Schlägen wurde ein ausgewachsener Grand-mal-Anfall im Auto, während Steve gefahren ist.

Ich sagte: »Fahr ran, halt an, er hat einen Anfall, der flippt aus, fahr ran.« Steve fuhr also auf den Seitenstreifen, und Rob und ich zogen ihn zu seinem eigenen Schutz aus dem Wagen, zwangen ihn mitten in der Nacht auf dem Seitenstreifen zu Boden. Wir hielten seine Arme und Beine fest, während er einen epileptischen Anfall hatte. Wir wussten, dass es ein Anfall war, und sind mit ihm nach Luton ins Krankenhaus gefahren. Die meinten aber bloß: »Gehen Sie zum Arzt, wenn Sie wieder zu Hause sind.«

Wir dachten, das wäre was Einmaliges, vorher war es ja noch nie passiert, das musste eine einmalige Sache gewesen sein. Danach bekam er die Diagnose Epilepsie, und die Anfälle kamen immer öfter und hörten auch nicht mehr auf. Für uns war das schwer zu verstehen, weil wir das absolut nicht geahnt hatten. Und auch schwer zu akzeptieren, weil Ian seitdem anders war.

Stephen Morris: Das hat sich sehr negativ auf Ian ausgewirkt, weil er starke Beruhigungsmittel verschrieben bekam. Der Arzt hat ihm erklärt, er könne das Risiko nur minimieren, indem er ein normales, geregeltes Leben führte, was er zu dem Zeitpunkt überhaupt nicht wollte. Er sprang gerne auf der Bühne rum und trank auch gerne. Diese Seite an ihm hab ich das erste Mal eines Abends erlebt, als wir in den Electric Circus reinkommen wollten. Er ist einfach abgehauen, und als ich ihn das nächste Mal gesehen habe, war er dabei, einem Mädchen die Zunge in den Hals zu schieben. Er hat es ganz schön wild getrieben und sich nicht gerne sagen lassen, dass er das nicht mehr machen durfte. Es war einer der Gründe, weshalb er überhaupt in der Band war.

Peter Hook: Ich saß mit der ganzen Ausrüstung vorne im Transporter, und die anderen fuhren im Cortina hinterher. Plötzlich war der Cortina einfach verschwunden. Wir hielten an, hatten aber nicht genug Benzin, um die anderen zu suchen. Wir hatten kein Geld – wir hatten sowieso schon draufgelegt, um den Gig spielen zu können, und jetzt ging uns das Geld aus –, deshalb konnte ich nicht umdrehen. Ich dachte, sie hätten eine Panne. Aber Steve war Mitglied im AA, und ich dachte, das würde schon alles okay gehen. Ich wusste, dass sie irgendwie zurückkommen würden. Erst als ich zu Hause war, die Roadies Twinny und Terry abgesetzt und die Sachen ausgeladen hatte, erfuhr ich, dass Ian krank war.

Terry Mason: Wir wussten nicht, was wir machen sollten. Wir hatten noch nie mit Leuten zu tun gehabt, die solche Anfälle erlitten. Wir wussten nicht, was wir ihm sagen sollten. Was sagt man zu seinem Freund, der gerade einen schweren Anfall im Wagen und die Diagnose Epilepsie bekommen hat? Außerdem sind wir Männer. Männer reden nicht, und wir ganz bestimmt nicht. Wir waren Kerle: »Ach, geh zum Arzt, der gibt dir Tabletten.« Ian ist brav zum Arzt gegangen, hat Tests gemacht und danach noch mehr Tests gemacht und bekam immer mehr Medikamente verschrieben.

Deborah Curtis: Ich glaube, es fing an, als man mir ansah, dass ich schwanger war: Da hatte er den ersten Anfall. Das klingt schrecklich, aber ich glaube, er wollte Aufmerksamkeit. Ich denke, unter anderem gefiel ihm an mir, dass ich hundertprozentig hinter ihm stand, egal, was er machte. Ich habe ihn so sehr unterstützt. Als ich schwanger wurde, machten auf einmal alle ein Riesentheater um mich, und ich denke, er war ein bisschen eifersüchtig.

Ich glaube, bei dem Auftritt im Hope and Anchor hatte es Ärger gegeben, auch wenn niemand gesagt hat, dass es ein Streit war. Meine Mutter erinnert sich, dass ich ihr erzählt habe, es sei die Rede davon gewesen, dass Ian die Band verlassen würde, also muss es eine ziemlich große Sache gewesen sein. Er hat alles so ernst genommen. Ich glaube nicht, dass die anderen es so ernst genommen haben wie Ian. Er wollte nichts anderes. Ich denke, er hatte das Gefühl, dass die anderen nicht genauso viel investierten. Was nicht stimmte, sie haben nur nicht so viel Aufhebens darum gemacht.

7

OKTOBER 1978 – MAI 1979

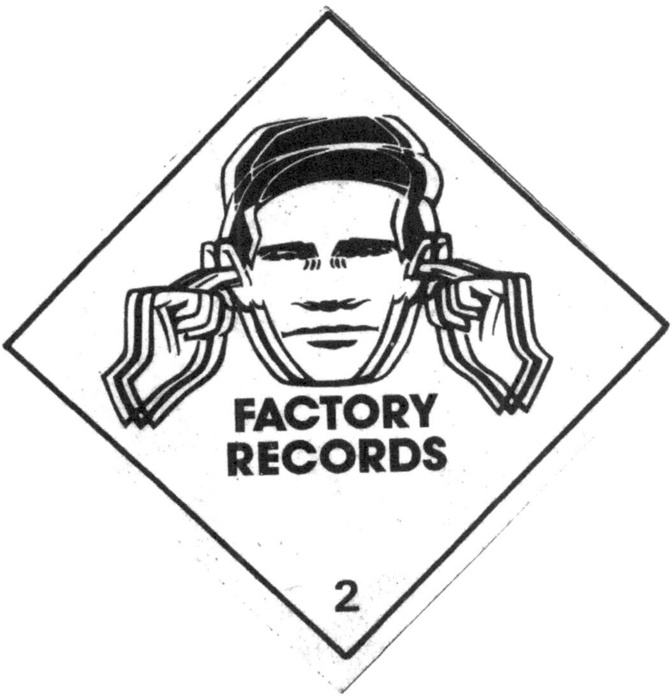

»Use Hearing Protection« – Factory-Records-Aufkleber als Beilage zu *FAC-2, A Factory Sample* (Design von Peter Saville)

Paul Morley: Ich glaube, sie waren gerne Außenseiter, oder? Die Vorstellung hat ihnen eine ganze Weile lang gut gefallen. Ich denke, das war ihnen sehr wichtig. Im Fußball verwendet man den Begriff, um Leute wachzurütteln. Dadurch hatten sie was, wogegen sie ankämpfen konnten. Gab es rebellische Außenseiter aus Macclesfield? Ich weiß noch, dass es damals echt komisch war, wenn man aus Macclesfield kam; nur Tanten kamen aus Macclesfield.

Das war eine eigenartige Zusammenstellung, Salford und Macclesfield. Das spielte auf jeden Fall in die seltsamen Spannungen hinein, die schließlich eskaliert sind. Salford war damals eine Metapher für alles Schmutzige, Versiffte und Kaputte an Manchester. Wenn man sich in Salford umgesehen hat, kam es einem einfach nur heruntergekommen und tot vor. Nach Salford zu fahren, schien ganz schön gefährlich zu sein. Hin und wieder ging man mal an die Salford University, um sich ein Konzert anzusehen, dann kam einem die Gegend vor wie Brooklyn oder Harlem, als wäre man auf der dunklen Seite gelandet.

Macclesfield lag ziemlich weit draußen auf dem Land, das war ein schöner hübscher Ort. Ziemlich tot, aber immerhin war man auf dem Land. Das eine war also verqualmt, industriell, entsprach den ganzen klassischen Klischees, das andere bestand aus offener Landschaft, hatte Potenzial, und am Rand befand sich eine Welt, von der aus man relativ schnell entkommen konnte, denn da war Hoffnung, dort befand sich Alices Wunderland. Wenn man in Macclesfield lebte, konnte man es beinahe sehen, in Salford dagegen kam einem nichts dergleichen unter die Augen. Das war also eine seltsame Verbindung.

Deshalb sind sie sehr schnell auf die Gretton/Wilson- und die Hannett-Dynamik angesprungen, was gut war, denn dadurch hieß es umso mehr: Jeder für sich alleine. Hannett war die erste Person, die ich je Dope habe rauchen sehen, damals am mythischen Beginn der Siebziger, als er noch ein seltsames Gerücht von einem Typen war, der sich irgendwie am Rande des Musikgeschäfts bewegte. Wobei ich nie so richtig verstanden hatte, inwiefern. Ich war ihm nur ein paarmal begegnet.

Tony Wilson – dieser Mensch, der fast schon eine Figur wie John Stapleton, Richard Madeley, Bruce Forsyth war –, schaltete sich plötzlich ein, was außergewöhnlich war. Und jegliches Misstrauen, das es gegeben haben mag, kam von uns, die wir uns noch an Tony Wilson und »Kamikaze Corner« bei *Granada Reports* 1973 erinnerten. Es war absurd, wunderbar zwar, aber absurd. Unter normalen Umständen wäre es nicht passiert, und trotzdem war es toll, dass es passiert ist. Ich nehme an, auf seine Art war er ein ganz normaler Musikfan.

Gretton hatte Auftritte im Oaks in Chorlton organisiert: Siouxsie and the Banshees und die Slits. Er hatte Slaughter and the Dogs gemanagt, also kannte ich Rob und seine eigenartigen Loyalitätssprünge, von der Scheiße zum Gold. Eine Weile war's schwierig, damit klarzukommen. Und ja, man war sich dieser ganzen Gestalten bewusst, auch Erasmus, weil er Schauspieler war und in einer Folge von *The Liver Birds* mitgemacht hatte, er war also jemand.

Das war eine sonderbare Truppe. Man musste nicht mehr zum Zirkus gehen, sie waren der Zirkus. Sie hatten den Zirkusdirektor und die komischen Menschen mit ihren Partytricks, das war eine sonderbare kleine Crew.

- 11. Oktober 1978: Cargo Studios, Rochdale, Aufnahmen von *A Factory Sample*

Bernard Sumner: Martin ist einfach so aufgetaucht. Ich kann mich nicht erinnern, dass wir das je besprochen hätten. Oder dass jemand gesagt hätte, es wäre eine gute Idee; plötzlich hatten wir einfach einen Produzenten, und sein Name war Martin Hannett. Ich hatte keine Ahnung, wer er war.

Tony Wilson: Zuerst waren wir zu dritt, gleichberechtigte Partner. Dann wurde Martin ebenfalls gleichberechtigter Partner, weil er der Produzent war. Tatsächlich trennten sich Durutti Column, die Alan und ich gemanagt hatten, weil wir drauf bestanden hatten, mit Martin zu arbeiten. Die Musiker in der Band wollten einen

Typen namens Laurie Latham, der ein toller Produzent war, wie sich herausstellte, aber wir sagten: »Nein, wir glauben an Martin.« Die Band verabschiedete sich also von uns, und wir blieben nur mit Vini sitzen. Wir haben praktisch die Pink-Floyd-Nummer durchgezogen. Wir hatten Syd Barrett, aber keine Band mehr.

Stephen Morris: *A Factory Sample* war das Erste, was wir mit Martin gemacht haben, und auch das Erste für Factory Records. Tony hatte ein Plattenlabel gegründet, und es sollte großartig werden: »Ich veröffentlichte eine Doppel-EP, und jede Band bekommt eine Seite – Cabaret Voltaire, Joy Division, John Dowie.« Wir haben »Digital« und »Glass« aufgenommen. Das waren die neuesten Stücke, die wir geschrieben hatten, also dachten wir, dass das auch die besten sein müssten. »Und Martin Hannett wird das produzieren« – super, ein echter Produzent.

Rob hatte aber vergessen, uns zu sagen, dass Martin kommen würde. Martin tauchte einfach auf und sagte: »Spielt was.« Wir müssen wohl »Digital« gespielt haben. Er meinte: »Ja, ja. Schön, schön, ich hab genug gehört, ich muss los.« Er war ein Hippie, kam einem nicht unbedingt ungewöhnlich vor, nur wenn man ihn in seinem natürlichen Umfeld erlebt hat. Und das war in Martins Fall das Studio, dort hat man für Martin und seine Launen gearbeitet, das war einfach seine Art, sie auszuleben.

Denkwürdigerweise hatte er den AMS DB16 – eine Digital Delay Line. Wenn man einmal was aufgenommen hatte, konnte man es damit festhalten, der Sound war also immer in seiner Box. Man hat auf den Knopf gedrückt oder die Snaredrum angeschlagen: »Oh, da ist meine Snare in der Box. Wie hast du das denn gemacht, Martin?« Es war unglaublich, er hat Sachen hinbekommen, die heute ganz normal sind, aber damals war das magisch. Ich meine, er war wirklich eine Art Schamane.

Martin Hannett: Joy Division waren ein Geschenk für jeden Produzenten, weil sie keine Ahnung hatten. Sie haben nicht widersprochen. *Factory Sample* war das Erste, was ich mit ihnen gemacht habe. Ich glaube, ich hatte seit ungefähr zwei Wochen eine neue AMS Delay Line. Das Ding hieß Digital und war ein Geschenk des Himmels. Als Idee hatte es das schon früher gegeben, und Ende der Sechzigerjahre kam eine Digital Delay Line mit sogenannten Schieberegistern auf den Markt, die riesig und unzuverlässig waren und viel zu viel Strom verbrauchten. Als dann kleine Datenspeicher aufkamen, haben die schlauen Menschen bei AMS sie in eine Box gepackt.

Der Auftritt in Salford war elementar wichtig. Das war in einem sehr großen Raum, und sie hatten schlechtes Equipment. Sie versuchten den Raum auszufüllen und die Ecken zu erreichen. Als ich die Aufnahmen vorbereitet habe, haben sie die Idee im Prinzip einfach unterstützt.

Tony Wilson: Mit dem Digital Delay hat Hannett den modernen Drumsound erfunden. Er hat einen Lautsprecher ins Klo gehängt. Mit den Jahren lernt man, dass das kein Irrsinn ist, sondern dazu dient, den Raumklang einzudämmen, um einen ganz nackten Sound zu erhalten. Dann werden Hall, Echo und sonstige Effekte draufgelegt. Ich wusste, dass er das machte. Nicht klar war mir hingegen, dass Martin selbst Anteil an der Vision hatte, die hinter der Digital-Delay-Maschine steckte.

Ich habe Stuart Nevinson kennengelernt, dem AMS Neve gehörte. Er erzählte mir, wie er einmal mit seinen Kollegen aus Burnley rausfuhr und oben am Hang auf einem Parkplatz stand, als ein Geisteskranker aus Didsbury mit seinem zerdellten Volvo auf denselben Parkplatz fuhr, ausstieg, sich hinten in seinen Wagen setzte und fünfzehn Minuten lang die Sounds beschrieb, die er in seinem Kopf hörte. Dann fuhr er wieder nach Manchester zurück, die anderen fuhren nach Burnley und bauten das Gerät, das solche Sounds erzeugt.

Jon Wozencroft: Die Lyrics von »Digital« sind tatsächlich digital. Da ist dieses ein-aus: »Day in, day out, day in, day out.« Sie schalten um. Auf eigenartige Weise stehen sie auch in Beziehung zur Person Ian Curtis, der, wie wir jetzt wissen, bipolar war: Auf der einen Seite haben wir einen jungen Mann, der mit seinen Freunden in die Kneipe geht, albern ist; und auf der anderen den Ästheten, der Gedichte liest und sich an der hochtrabenden Vorstellung berauscht, er würde zum romantischen Pop-Idol werden.

Peter Saville: Das Plattencover war der Heilige Gral aller bildenden Künstler und Designer um die zwanzig. Besonders damals in Großbritannien, das war die wahre Manifestation von Pop Art: ein öffentliches Schaufenster, eine gemeinsame Plattform des Massenbewusstseins. Innerhalb einer Woche nach Veröffentlichung wurde jedes Cover, das zwischen fünf und fünfhunderttausend Leute sahen, zur gemeinsamen Ikonografie einer unglaublichen Anzahl von Menschen. Es gibt nichts Vergleichbares.

Das ist nicht wie das Titelblatt einer Zeitschrift, das eine sehr viel kurzlebigere Angelegenheit ist. Man erreicht einen riesigen Querschnitt an Menschen, national und international. Das ist der Wahnsinn. Die Vorstellung, an so was zu arbeiten, ist unglaublich. Und auch die Freiheiten, die man dabei hat. Wenn man den Ehrgeiz, das Ego oder die Eitelkeit besitzt, etwas machen zu wollen, das wahrgenommen wird, dann ist ein Plattencover genau das Richtige.

Als Tony sich Weihnachten ’78 mit Alan und mir hingesetzt und gesagt hat, wir könnten eine Platte mit den Bands aus dem Club machen, die noch keinen Vertrag haben, war das einfach wahnsinnig aufregend. Die drei Plakate, die ich bis dahin für Factory gemacht hatte, waren noch sehr auf Manchester hin ausgerichtet, und ich wusste, wenn wir eine Platte rausbrachten, müsste das landesweit funktionieren. Ich hatte keine Ahnung, wie

Tony dieses grandiose Projekt finanzieren wollte, aber ich hob die Hand und stimmte sofort dafür, weil es eine großartige Idee war, aber natürlich ausschließlich aus egoistischen Gründen: Ich wollte etwas schaffen, das über die Oxford Road hinausreichte.

Lindsay Reade: Wir lernten uns 1976 kennen, 1975 war Tonys Mutter gestorben. Sie hatte ihm fünfzehntausend Pfund hinterlassen, was damals ganz schön viel Geld war. Tony hatte einen guten Job bei *Granada Reports*, er musste die Ersparnisse also nicht zur Finanzierung seines Lebensunterhalts anzapfen. Ich war politisch dagegen, Geld auf der Bank zu haben; Tony war politisch auch immer ein bisschen links, deshalb schien es eine gute Idee zu sein, es in *A Factory Sample* zu investieren. Wir waren beide absolut zufrieden, es abzuschreiben: Ich war zu 100 Prozent sicher, dass wir es nie wiedersehen würden, aber das spielte keine Rolle, weil es Spaß machte.

Peter Saville: Wir nahmen eine Platte auf. Obwohl das zweite und das dritte Factory-Plakat sich eher am Klassizismus orientierten, hielten wir es bei *A Factory Sample* – auf dem vier Bands vertreten waren, womit es eine repräsentative Veröffentlichung von Factory sein sollte – für angebracht, das erste Factory-Plakat zu zitieren: wegen des Factory-Wiedererkennungswertes. *A Factory Sample* leitet sich also vom ersten Factory-Plakat ab. Die einzelnen Gruppen konnten einen Aufkleber beilegen und damit selbst etwas beisteuern, die äußere Form aber entsprach eher Factory insgesamt als den einzelnen Bands.

Joy Division trugen eine Collage bei – ich glaube, eine Bauchredner-Puppe, ein irgendwo gefundenes Schwarz-weiß-Bild. Als ich das Cover für *A Factory Sample* entwarf, hatte ich noch keinen persönlichen Kontakt zu ihnen; das wurde alles über Tony geregelt. Tony sagte: »Cabaret Voltaire wollen dies, Joy Division wollen das …« – »Schön.« Ich übernahm die Gestaltung und entwarf das Cover so, wie ich das wollte. Dafür musste ich mich mit niemandem treffen, deshalb habe ich sie zu diesem Zeitpunkt nicht kennengelernt.

A Factory Sample war eine hausgemachte Low-Budget-Produktion. Tony hatte ein bisschen Geld von seiner Mutter geerbt und es in *A Factory Sample* investiert. Wir hatten eigentlich keine Ahnung, was wir da taten. Ich hatte keine Ahnung, wie man ein Plattencover drucken lässt. Ich wusste nicht, wer Plattencover druckt. Als Tony sagte, »ich glaube, wir können es in Plastik einschweißen, das habe ich in Taiwan mit Reispapier gesehen«, dachte ich: »Toll, ich hab nämlich keine Ahnung, wie man so was herstellt. Und Tony hat die Vorstellung, es könnte mit einer Plastikhülle gehen – super.«

Ich entwarf ein großes Stück Pappe, das gefaltet und in eine Plastikhülle eingeschweißt wurde, was Tony mit Alan erledigt hat, glaube ich. Mir war das sehr recht, weil ich keine Ahnung davon hatte. Zum Glück machten Tony und Alan das bei Alan zu Hause, alle fünftausend Stück. Ich glaube, ich habe mich gedrückt. Ich erinnere mich nicht, dass ich auch welche zusammengeklebt habe.

- 13. Januar 1979, Titelseite des *NME*: Nationwide Ethnic Credibility Special ’79 mit Bob Last von Fast Records und Ian Curtis

Paul Morley: Ich bin aus zwei Gründen nach London gezogen: Erstens hat mein Vater sich umgebracht, und außerdem musste ich so schnell wie möglich raus aus Heaton Moor, dem Haus, das mir vorkam wie aus *The Texas Chainsaw Massacre*. Das absolute Nonplusultra war, einen Job beim *NME* zu ergattern – das war wichtiger als Heimatliebe oder sonstige Affinitäten. Egal, ob Tony Wilson mir erzählte, dass er mir einen Job bei Granada besorgen wollte, ich musste auf jeden Fall nach London. Ich weiß noch, dass ich im Spätsommer hinfuhr. Ich glaube, das Erste, was ich gemacht habe, war ein Interview mit Debbie Harry. Das kam aufs Cover, und als ich die Coverstory hatte, ging's los, plötzlich schien alles Sinn zu ergeben.

Ich hatte schon ziemlich früh gefordert, dass Ian Curtis auf die Titelseite gehörte. Da gab es ein großartiges Bild, das Kevin Cummins von Ian gemacht hatte, aber viel zu früh, als dass es wirklich aufs Cover gekonnt hätte, weil es noch so was Anfängerhaftes hatte. Damals ging's eher um Bryan Ferry, um Bob Dylan … auf keinen Fall würden solche Provinztypen auf die Titelseite einer so unglaublich wichtigen, einflussreichen Londoner Zeitschrift kommen.

Kevin Cummins: Im *NME* erschien ein Bild vom ersten Gig, vielleicht zwei Monate später, einfach neben irgendeiner Nachrichtenmeldung. Darüber hinaus wurden meine Sachen gelegentlich im *New Manchester Review* veröffentlicht und dann aber relativ regelmäßig im *NME,* weil ich die einfach mit Bildern bombardiert habe. Jedes Mal, wenn in Manchester ein Konzert stattfand, schickten wir Bilder, Paul hat einen kurzen Artikel oder eine Kritik dazu geschrieben. Aufträge bekamen wir keine. Na ja, manchmal schon, aber meistens auch nicht, wir machten es einfach trotzdem immer wieder.

Paul Morley: Zwei Monate nachdem mein Vater sich umgebracht hatte, schaffte Ian es zum ersten Mal auf die Titelseite vom *NME*. Ich hatte einen großen Artikel über Manchester geschrieben; ein Psychologe oder sonst jemand würde mir wahrscheinlich erklären, dass es sich dabei um einen kathartischen Moment handelte. Es war sehr wichtig, dass ich das machte und dass ich alles andere ausblendete, einfach um von der Szene zu berichten, darüber, was in Manchester mit Joy Division, The Fall, den Buzzcocks und Slaughter and the Dogs los war. Ich lag ihnen ständig mit der Szene dort in den Ohren.

Dann kam *A Factory Sample*, und ich durfte Joy Division für einen zweiten Artikel über Manchester interviewen. Meine

Erinnerung ist, dass ich mich vor allem sehr für Ian eingesetzt habe; erst als Neil Spencer rigoros Nein gesagt hat, hab ich einen anderen Kurs eingeschlagen. Ich wollte einfach unbedingt Manchester in irgendeiner Form aufs Cover bringen. Es kam zu Auseinandersetzungen, und ich war sehr leidenschaftlich, bin ausgeflippt und echt sauer geworden. Das ging so weit, dass ich fast rausgeflogen wäre, weil ich so viel Druck gemacht habe, aber mir schien es sehr, sehr wichtig.

Wenn ich heute diese Fotos anschaue, kann ich's kaum glauben, dass ich damals Kevin angerufen habe, den ich irgendwie aufgetrieben hatte, damit er Fotos zu dem Artikel beisteuerte, den ich über Manchester schreiben wollte: »Ich mach ein Interview. Willst du die Fotos dazu machen?« Wir trafen uns alle nervös in einem Pub, und ich habe ein total misslungenes Interview mit Joy Division geführt, die absolut nichts zu sagen hatten. Das war furchtbar, weil ich einfach unbedingt wollte, dass sie was sagten.

Wir schütteten absurde Mengen Lager in uns rein und sprachen eigentlich gar nicht miteinander, aber in gewisser Weise, denke ich, war ihre Unartikuliertheit auch faszinierend, weil wir uns ja andernorts durchaus alle artikulieren konnten. Nur als wir zusammensaßen, haben wir nicht wirklich über viel gesprochen. Es war fast peinlich. Dann hat Kevin diese Fotos geschossen, die mir aussagekräftiger zu sein schienen als unser nerviges, sinnloses Interview.

Kevin Cummins (betrachtet die Kontaktbögen der Joy-Division-Aufnahmen für den *NME* am 13. Januar 1979): Ian schaut beim Rauchen einfach direkt in die Kamera. Es liegt an seinen Augen, dieser glasige Blick in seinen Augen, wenn er in die Kamera schaut, dass es vielen kalt den Rücken runterläuft. 16, 17, 18, 20 und 21 – da kommen wir der Sache schon näher. Eins zeigt die Umrisse. Bei einem anderen kommen sie ein Stück aus dem Durchgang hervor, bekommen Licht von der Seite. Zu dem Zeitpunkt hatte ich schon zwei Drittel einer Filmrolle verschossen, und mir war bewusst, dass ich noch nichts Richtiges hatte.

Ich bin zu der Brücke gegangen, wo sie auf mich gewartet haben. Und ich fand einfach, dass das so trostlos aussah und so wenig nach Rock'n'Roll, dass ich zweimal abgedrückt und dann noch mal hochkant eine Aufnahme davon gemacht habe. Mehr gibt es davon nicht. Wahrscheinlich ist es das bekannteste Bild von Joy Division geworden.

Als wir den Artikel im Januar 1979 für den *NME* gemacht haben, hatten wir den Auftrag, über drei Bands aus Manchester zu berichten: The Passage, Spherical Objects und Joy Division. Paul hielt Spherical Objects für die künftig wichtigste Band von diesen drei, ich denke, weil er Steve Scrivener mochte und fand, dass er eine ganze Menge zu bieten hatte. Er war intelligent im Hinblick auf Musik, er mochte Dub Reggae. Wie Rob Gretton war er ein interessanter Mensch. Er hatte die ganzen Referenzen, eine Wohnung in Hulme ohne was drin und solche Sachen.

Wir verknipsten also ungefähr vier Filmrollen und verbrachten viel Zeit mit ihnen, dazu zwei Filmrollen für The Passage, weil Dick Witts natürlich auch immer ziemlich interessant war. Joy Division hatten wir uns für den Schluss aufgehoben. Erst als Paul das Interview im Brunswick führte, in der Nähe der Piccadilly Station, veränderte sich die Ausgangslage für den Artikel. Paul redete dort zum ersten Mal richtig mit ihnen und erkannte, mit wie viel Leidenschaft und Intensität sie dabei waren. Da haben wir begriffen, was aus Joy Division werden konnte.

Das Bild von Ian an dem langen Tisch ist in einem Laden namens Art & Furniture entstanden, im Chapel Walk. Der Inhaber war Jonathan Silver, dem mehrere Bekleidungsgeschäfte in Manchester gehörten, wo Ian auch seinen Hochzeitsanzug gekauft hatte. Jonathan war toll: Er war mit David Hockney auf der Kunstschule gewesen, sie waren befreundet, und er hatte diese Vision, dass Manchester die ganze tolle Kunst und die tollen Möbel brauchen würde. Viel klassischer Designer-Kram. Er hat

Design-Möbel von Allen Jones und Hockney verkauft und alle möglichen anderen Sachen. Aber nicht sehr viel davon. Selbst in Didsbury war man noch nicht bereit dafür. Also hat er uns da drin fotografieren lassen, und das war toll, weil er natürlich ein paar echt schicke Stücke hatte, die wir benutzen konnten.

Aber die Aufnahme von der Band auf der Brücke wurde schließlich das Bild, das sie definiert hat. Leute haben mir erzählt, dass sie schon wussten, wie die Band klingt, nur weil sie es gesehen hatten. Das lässt einen ziemlich demütig werden, dass ein Bild eine solche Resonanz haben kann. Immer wenn es irgendwo auftaucht, sagt jemand, es sei das beste Rock'n'Roll-Foto aller Zeiten. Dabei war es ein ganz bewusster Versuch, kein Rock'n'Roll-Foto zu machen. Eigentlich war es eine Architekturaufnahme, die Band gibt dem Ganzen bloß den Kontext. Alles an Joy Division hängt so unausweichlich mit allem anderen zusammen, dass sie ohne das Foto nicht hätten existieren können, und umgekehrt hätte das Foto nicht ohne Tony, Rob, die Band und die Stadt, so wie sie sich zu der Zeit entwickelt hatte, entstehen können.

- 26. Januar 1979: The Factory I, Russell Club, Manchester

Alan Hempsall: Ich habe sie Anfang '79 im Russell Club zum ersten Mal gesehen. Das hat mich wirklich umgehauen. Die Energie auf der Bühne war der Wahnsinn. Es ist ja ziemlich gut belegt, dass Ian eine tolle Bühnenpräsenz hatte. Die Musik dazu war einfach so funktional, beinahe schon ein Triumph der Funktion über die Form. Ich weiß nicht, wie man das beschreiben soll, aber alles war auf ein Minimum reduziert – die Gitarren sehr sparsam eingesetzt, gerade was für die Musik gebraucht wurde. Sie waren einfach eine sehr gut geölte Maschine.

Für die Zeit damals wirkten sie sehr sauber und ordentlich, trugen kurzärmelige Hemden und Krawatten, was recht ungewöhnlich war: Es erinnerte irgendwie an Bowie auf dem Cover von *Low*. Wenn man sich die Schuhe ansah, das waren stinknormale

Halbschuhe, dazu grüne Stoffhosen und so, das war alles ein sehr gebügeltes Saubermann-Image, was ungewöhnlich war, und die Frisuren sahen aus wie: »Wir gehen alle drei Wochen zum Friseur, und wenn mal ein Haar nicht sitzt, dann kümmern wir uns drum.«

Und dann noch Hooky mit seinem Bart, er hat fast ausgesehen wie ein U-Boot-Kommandeur oder so, ihm fehlte nur noch der blaue Rollkragenpulli. Aber ja, das war ein auffälliges Image, und in Verbindung mit der Musik ergab das ein hervorstechendes Gesamtpacket.

Peter Hook: Der Look kam von Ian und Bernard. Wir hatten so einen Pfadfinderladen neben dem Postamt in der Back Piccadilly entdeckt und haben uns dort für fünfzig Pence Pfadfinderhemden gekauft. Dann gab's noch einen Laden in der Tib Street, wo man Militärklamotten kaufen konnte, die total billig waren. Wir hatten einfach kein Geld, eigentlich war das aus der Not geboren, und irgendwann standen wir drauf. Bernard hat sich den Look zu eigen gemacht. Ian hatte ihn eigentlich sowieso. Steve hat sich von seiner Mutter einkleiden lassen, er hatte also einen sehr eigenen Stil, fast wie ein Erdkundelehrer.

Im Punk ging es immer darum, alles kaputt zu machen: den Kleiderschrank, das eigene Leben, neu anzufangen. So war das. Die guten Sachen konnte man sich nicht leisten.

Ich fand heraus, dass ein Destroy-T-Shirt … wie viel hat das damals gekostet? Siebzig Pfund oder so? Das waren für mich zwei Monatslöhne. Unerschwinglich. Als ich mitbekommen habe, wie viel die Klamotten kosteten, hat das für mich einen Schatten auf The Clash geworfen. Ich dachte: »Was zum Teufel soll das?« Ich hab's echt nicht verstanden.

Bernard Sumner: Es gab diese Oxfam-Shops sowie Army- und Navy-Läden. Als ich in Chorlton in dem Trickfilmstudio gearbeitet habe, gab's dort einen kleinen Oxfam-Laden, und ich weiß noch, wie ich mir dort eine hübsche, gepunktete Krawatte gekauft habe, die man sonst nirgends bekommen hätte. Man hat die Sachen von der vorigen Generationen gekauft, die die Leute weggeschmissen hatten. Und Sachen aus Armeebeständen, Klamotten aus den Vierziger- und Sechzigerjahren und so. So gesehen war das wohl Vintage. Außerdem enge Jeans. Das war das, was wir angezogen haben.

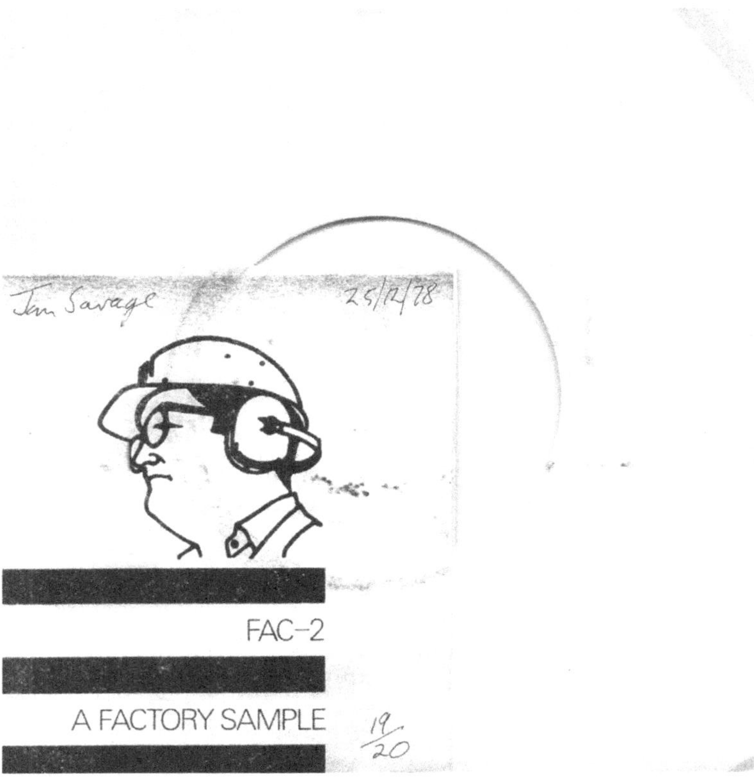

Promo für *A Factory Sample*, Dezember 1978
(Design von Peter Saville)

Jon Savage, Rezension von *A Factory Sample* im *Melody Maker*, 27. Januar 1979
Joy Division ziehen ihre klaustrophobische, aggressive, aber präzise Wut immer enger, eine Qualität, die sich auf der vorangegangenen EP *An Ideal for Living* nur andeutete: Sowohl »Digital« wie auch »Glass« sind stark, massiv und bewirken, wie die ganze EP, dass man noch mehr hören möchte (Sinn und Zweck eines Samplers).

- 2. Februar 1979: Veröffentlichung von *A Factory Sample*

Tony Wilson: Es ist ein Mythos, dass die britische Independent-Bewegung, unabhängig von großen Firmen Platten zu machen, ein Punk-Ding war, ein politisches Statement. Dass das so was war wie: »Scheiß auf die großen Firmen, wir machen es selbst.« Das ist vollkommener Blödsinn, den irgendwelche Leute hinterher verbreitet haben. Wenn man zu der Zeit dabei gewesen ist, weiß man, dass sich das durch eine Reihe von Zufällen ergeben hat. Rough Trade Records wurde von einer Reihe schlauer junger Leute in Notting Hill Gate betrieben, die sehr gut darin waren, seltene Reggae-Maxis aufzutreiben, und plötzlich sagten andere Läden in Großbritannien: »Ihr könnt die Sachen besorgen, wir nicht. Dürfen wir sie euch abkaufen?«

Rough Trade wurde eher zufällig ein Plattenvertrieb, gerade als das neue Ding mit Punk losging, und damals gab es einen Markt. Ich ging in einen kleinen Buchladen in der Peter Street und kaufte mir Singles von obskuren amerikanischen Punkbands. Gleichzeitig gab es Leute wie Pinnacle, die – und das ist eine wichtige historische Tatsache – Zubehör für Plattenspieler verkauft haben und mit einem halben Dutzend Reinigungsarmen und einem halben Dutzend antistatischer Bürsten für Plattenspieler in großen Kombis von einem Laden zum anderen fuhren.

Plötzlich kapierten sie, dass sie hinten im Wagen noch reichlich Platz hatten, und im Lauf der Jahre ’77 und ’78 entstand so ein unabhängiges Vertriebssystem. Ich will niemanden mit Hegel vollquatschen, aber die Produktionsmittel bestimmen das Bewusstsein. Es war wunderbar. Plötzlich konnte man selbst Platten veröffentlichen, und so fingen wir alle an, das zu tun. In Manchester hatten das auch schon andere vor mir gemacht, Tosh Ryan bei Rabid Records zum Beispiel. Das cleverste Label war Fast Records aus Edinburgh. Aber dahinter stand immer noch die Vorstellung, dass man die eigene Band anschließend an eine Major-Firma verkauft.

Rob Gretton (Notizbuch, Januar 1979): Paul hat nach einer neuen Undergroundszene gefragt, die sich außerhalb des Systems herausbildet – wie seht ihr die Rolle der Band? Wollt ihr innerhalb oder außerhalb des Systems arbeiten? Wollen wir lange Tourneen alleine machen? Ich persönlich will lieber eine andere Rolle im Hinblick auf das alles spielen – versuchen, es aus einer anderen Perspektive anzugehen, mir nicht alles vom Geld diktieren lassen.

Kevin Cummins: Rob war in allem, was er gemacht hat, sehr penibel. An seinen Notizbüchern sieht man sehr gut, dass er fast schon einen manischen Kontrollzwang hatte. Er war sehr gut darin, sie in den Fokus zu stellen, Sachen festzuzurren. Was würde funktionieren, was nicht, und wie konnten sie tatsächlich auch mal Geld verdienen? Auf der Ebene kommt man bei allen Bands irgendwann zu einem bestimmten Punkt, an dem man sich fragt: »Was ist die nächste Stufe? Seid ihr zufrieden damit, einfach nur herumzukaspern, oder wollt ihr's ernst nehmen?« Wenn ja, dann muss es einen geben, der das alles zusammenbringt. Das war Rob. Er hatte so eine kumpelhafte Seite, aber wenn man mit ihm über Musik gesprochen hat, wurde er sehr ernst.

Paul Morley: Ich hab den Kontakt gehalten, weil ich oft in den Norden gefahren bin. Wilson hing ständig am Telefon, weil er einen bequatschen wollte, das hat er mit uns allen gemacht, hat uns immer wieder diese Geschichten erzählt: »Wenn du *A Factory Sample* nicht besprichst, gibt es kein Label, es liegt an dir«. Und man ist drauf reingefallen. Es war keine Single und kein Album: *A Factory Sample* war für den *NME* tatsächlich sehr schwer zu verstehen, deshalb musste ich auf die Knie gehen und betteln, damit sie's besprechen, und dann hat Tony mir dafür gedankt, dass ich Factory gerettet hätte, und da war man sehr stolz.

- 14. Februar 1979: Die erste John Peel Session wird gesendet

Jon Wozencroft: Eine der wichtigsten Verbreitungsmethoden war das Radio –, die Sendungen von John Peel auf BBC Radio 1, von zehn bis zwölf. Meine Freunde und ich bildeten ein Netzwerk, sodass wir, wenn es einer mal nicht selbst aufnehmen konnte, dafür sorgten, dass es ein anderer machte. Und dann tauschte man sich reihum darüber aus, was am Abend zuvor gelaufen war. Man hatte sehr schnell ein geniales Archiv zusammen, an dem man dann später die Veröffentlichungen gemessen hat.

C.P. Lee: Ich kann mich erinnern, Joy Division gehört zu haben, weil John Peel sie sehr früh gebracht hat. Gleich danach legte Peel ein Stück von den Doors auf und meinte an dessen Ende: »Da bitte, jetzt wissen wir, wie sie klingen wollen.« Und zu meiner Schande muss ich gestehen, dass mir die frühen Sachen zu sehr nach Morrison klangen. Da wurde nach Bedeutung in Texten gesucht, die eigentlich nicht bedeutungsvoll sein sollten.

- Februar 1979: Interview mit Bob Dickinson

Bob Dickinson: Ich habe Joy Division für den *New Manchester Review* interviewt. Die Band war noch relativ unbekannt, und es war schwierig, die Idee zu verkaufen, weil der *Review* von Leuten geführt wurde, die ein paar Jahre älter waren als ich. Sie konnten mit Post-Punk nicht viel anfangen, noch nicht mal mit Punk. Man musste sich wirklich anstrengen, sie zu überzeugen, dass die neuen Bands aus Manchester es wert waren, interviewt zu werden. Ich denke, Kevin Cummins hatte viel damit zu tun, dass wir den *Review* von dem Interview überzeugen konnten.

Jedenfalls bekamen wir den Auftrag. Aber ich war alleine. Kevin hatte schon ein paar Fotos von der Band geschossen, und ich glaube, im *Review* erschien dann das Bild, wo er sie in Hulme auf der Brücke im Schnee fotografiert hatte. Ich traf mich mit der Band in T.J. Davidsons Proberaum in der Little Peter Street. Ich schätze, es war ungefähr sechs Uhr, halb sieben oder so. Sie unterbrachen ihre Probe in diesem kahlen, eigenartigen Raum, in dem ich nie vorher gewesen war, wegen des Interviews.

Wir beschlossen, in einen Pub am oberen Ende der Little Peter Street zu gehen, an der Kreuzung zur Albion Street. Auf der Straßenseite gegenüber war ein altes viktorianisches Pub, Barney kam aber nicht mit. Sie meinten, er wolle nicht mit Journalisten reden, aber die anderen drei und Rob kamen. Wir haben uns in ein Hinterzimmer gesetzt, wo ein Fernseher lief, und ich hab das Interview aufgenommen. Das Band hab ich noch. Man hört den Fernseher im Hintergrund und auch die Spannung in der Luft. Besonders Peter Hook kam mir sehr feindselig vor.

Das hatte nichts damit zu tun, was er sagte, sondern lag eher daran, dass er die ganze Zeit mit dem Fingernagel an den gläsernen Aschenbecher auf dem Tisch schnippte. Man hört die ganze Zeit während des Interviews so ein klirrendes Klappern. Das war Nervosität, aber es kam mir irgendwie aggressiv vor. Was mich nicht besonders erstaunt hat, weil viele Bands Journalisten damals ablehnend gegenüberstanden. Denn sie dachten, man wollte sie reinlegen. Außerdem glaube ich, dass das damals einfach dazugehörte, wenn man in einer Band war.

Die anderen beiden, Stephen und Ian, waren ganz entspannt, besonders Ian war sehr offen im Hinblick auf sein Leben. Ich hatte ihn nach seinem Hintergrund gefragt, woher er stammte und was für Bands er früher gehört hatte. Er erzählte von seiner Arbeit bei Rare Records und von Iggy and the Stooges, seinen Lieblingsbands und so weiter. Rob erzählte, dass er überzeugt davon war, dass die Band in dieselbe Richtung gehen sollte wie die aus Amerika importierten 12-Inch-Singles, die er mitgebracht hatte.

Rob war ursprünglich Northern-Soul-DJ und hatte Joy Division mit Northern Soul bekannt gemacht. Er war kein Konservativer, sondern ein echter Musikbegeisterter. Ich erinnere mich, dass er an dem Abend einen ganzen Stapel Platten mit in die Kneipe gebracht hat. Alle waren neu, importierte 12-Inch-Singles aus Amerika, und sie waren alle für die Tanzfläche, früher Electro, ganz früher Hip-Hop. Und er erzählte der Band unermüdlich davon, meinte: »Das ist genau die Richtung, in die ihr auch gehen solltet, Synthie-Schlagzeug, elektronisches Schlagzeug, Dancefloor.«

Das war eine eigenartige Sorte von Dancefloor-Platten mit elektronischen Rhythmen, die scheinbar völlig in Kontrast zu dem standen, worum es Joy Division damals meiner Ansicht nach ging, nämlich ein von Hand bedientes Schlagzeug. Aber wenn man es sich überlegt, benutzten Joy Division Rhythmus schon damals maschinell: Sie spielten einen Rhythmus und verwandelten ihn in etwas Überirdisches, nicht ganz Menschliches, nur dass eben Menschen diesen Rhythmus erzeugten. Wenn man sich ihre Musik anhörte, hatte man den Eindruck, dass ein bestimmtes Interesse am Zusammenspiel mit Maschinen bestand.

Rob sprach über die Richtung, die Joy Division einschlagen sollte. Bei dem Interview fanden zwei Dialoge gleichzeitig und parallel statt: Ich versuchte, ein Interview zu führen, und Rob wollte ihnen mit Nachdruck klarmachen, dass sie diese Richtung ernst nehmen sollten. Es war eine interessante Erfahrung, das mitzubekommen, zu hören, wie der Manager mit seiner Band über deren künftige Entwicklung sprach.

▪ 4. März 1979: Genetic-Demos, Eden Studios, London

Tony Wilson: *A Factory Sample* löste ein unglaubliches Interesse an Joy Division aus, also tat ich, was meine Aufgabe war. Mit meinem Freund Rob nahm ich den Zug nach London und traf einen gewissen Andrew Lauder, einen sehr schlauen A&R-Mann. Er war derjenige, der die Buzzcocks bei United Artists unter Vertrag gebracht hatte, anschließend aber war er zusammen mit einem gewissen Martin Rushent, der damals ein wunderbarer Produzent war, zu Genetic/Radar gewechselt, einer Tochterfirma von Warner Brothers.

Ich unterstützte Rob bei seinem Gang zu Warner Brothers. Der für mich großartigste Abend in der britischen Musikgeschichte ist möglicherweise derjenige an dem Sonntag, an dem ich mit Gretton in Manchester im Band on the Wall saß und er sich plötzlich zu mir umdrehte und sagte: »Warum nehmen wir unsere erste Platte nicht bei dir auf und gehen dann zu Warner Brothers?« Ich weiß noch, dass ich anstatt »Wow« zu sagen eher so was meinte wie: »Sicher? Bist du wirklich sicher? Was wird das denn kosten?«

»Martin sagt, das kostet zehntausend.« Tatsächlich hat es fünfundzwanzigtausend gekostet, aber egal.

Ich meinte: »Na gut, schön, vielleicht ist das keine schlechte Idee. Bist du sicher, Rob?« – »Ja, bin ich.« Dann hat Rob den Deal schriftlich fixiert, fünfzig-fünfzig, weil das einfach eine ausgezeichnete Art ist, so was zu regeln, aber dann kam noch einiges dazu. Rob ist nämlich ein verfluchtes Genie, lässt aber nicht durchblicken, dass er eins ist. Er meinte: »Ach übrigens, fünfzig-fünfzig, aber wir nehmen die Verlagsrechte raus, den Verlag zahlst du von deinen fünfzig Prozent.« Und als guter katholischer Kommunist hab ich gesagt: »Ja, gut.« Das hat uns schließlich in den Bankrott geführt.

Aber das war der Anfang der britischen Independent-Plattenindustrie, der Moment, in dem der Manager einer Band sagte: »Komm, wir bleiben hier und machen das so und gehen nicht zu einem Major«. Obwohl der Major, Warner Brothers, sich alle Finger nach der Band geleckt hat. Ich hab in dem Moment einfach …

wenn sich Historisches ereignet, realisiert man das oft nicht. Und ich hab's auch nicht kapiert, ich hatte keine Ahnung, was in Robs Hirn vor sich ging. Dabei war das ganz einfach und ist der für Manchester typischen Arroganz und Chuzpe zu verdanken.

Seine Theorie war: »Wir haben gerade *A Factory Sample* gemacht. Das hat Tony 4.000 Pfund gekostet. 4.000 Pfund waren weg, 4.400 Pfund kamen rein, davon hab ich hundert Pfund bekommen. Und das für eine wirklich bizarre 7-Inch-Doppel-Single.« Er kannte die Realität: Mit dem Album würde sehr viel mehr Geld reinkommen. Wenn wir das noch mal so handhaben würden, könnte er mit seiner Band eine großartige Karriere machen und müsste nicht alle zwei Wochen in einen Zug nach London steigen und dort Gespräche mit Arschgesichtern führen. Das war im Prinzip Robs Philosophie. Er hat es tatsächlich geschafft, nicht nach London fahren und mit Arschgesichtern reden zu müssen, es hat funktioniert.

Lindsay Reade: Rob war sehr ehrgeizig. Wahrscheinlich ist man das zwangsläufig, wenn man in Wythenshawe aufgewachsen ist. Außerdem war er schlau, er hatte sich alles genau überlegt. Hat Tony erzählt, dass er den besten Deal aller Zeiten bekommen hat. Sie haben sich untereinander auf einen Vertrag geeinigt; eigentlich die totale Abzocke. Aber Tony war das egal, weil Tony von was ganz anderem getrieben war. Bei ihm war das eher intellektuell und konzeptuell, überhaupt nicht materiell. Ich denke, Robs Antrieb war dagegen sehr wohl ein materieller.

Peter Hook: Rob war der Meinung, es wäre besser, die Kontrolle zu behalten, weil Martin Rushent ein starker Charakter war. Und dass er nicht wie Tony war, wurde klar, sobald man mit ihm zu tun hatte. Zwischen ihnen lag eine Nord-Süd-Kluft, und ich denke, dass sie trotz des ganzen Glamours, der damit verbunden ist, bei einem Major-Label in London unter Vertrag zu stehen, auch Angst hatten. Ich denke, Rob hatte Angst, die Kontrolle zu verlieren. Das Tolle an Rob war, dass er's über sich gebracht hat, eine Menge Geld abzulehnen.

Pete Shelley: Ich denke, sie hatten damit mehr Freiheit, als sie gehabt hätten, wenn sie nach London gegangen wären. Die Londoner Plattenfirmen wollten damals alle noch ihre eigenen Punkbands signen. Zum Glück waren wir bei United Artists, und unser A&R-Mann war Andrew Lauder, der uns im Prinzip erlaubt hat, zu machen, was wir wollten. Wir hatten Freiheiten, wurden aber gleichzeitig von der Plattenfirma unterstützt. Factory wurde in gewisser Weise von Hippies geführt, da gab es, wie gesagt, in dem Sinn keinen Geschäftsplan, einfach nur einen schelmischen Geist.

- 14. März 1979: Bowdon Vale Youth Club, Altrincham

Malcolm Whitehead: Eines Abends kam Rob und wollte mit mir reden. Er kam zu mir nach Hause in die Charter Road in Altrincham, und wir haben darüber geredet, wie wir vorgehen sollten. Wir beschlossen, ein Konzert im Check Inn Club zu veranstalten, im Prinzip eine Art Disco. Also dachte ich: »Wenn sie anfangen, mach ich ein paar Aufnahmen.« Der Abend war für mich eine Katastrophe: Sie spielten und kamen super an, aber leider hat die Kamera nicht funktioniert.

Also sagte ich: »Dann müssen sie noch irgendwo anders in Altrincham spielen.« Und weil ich einige dieser Merseybeat-Konzerte in Bowdon Vale gesehen hatte, schlug ich vor: »Wieso machst du's nicht dort?« Also spielten sie dort, und ich hab's gefilmt. Ich kannte ein paar von den Typen im Ausschuss, hatte teilweise schon mit ihnen gearbeitet, deshalb bekam ich locker die Genehmigungen. Ich hab einfach ein Gerüst gemietet, und Rob hat Scheinwerfer organisiert.

Wir brauchten starke Scheinwerfer, weil Super-8-Film nicht sehr lichtempfindlich ist, weshalb ständig die Sicherungen rausgeflogen sind. Dann begann das Konzert. Ich glaube, ursprünglich wollten wir nur zwei Songs aufzeichnen und einen kurzen Film über das machen sollen, was da mit Anderton und seiner repressiven Polizeieinheit abging, die er in Manchester zu installieren versuchte. Die Situation ähnelte ein bisschen der mit Mayor Daley in Chicago 1968. Jedenfalls kam es uns so vor.

Anderton war ein sehr lautstarker Chief Constable. Einer der ersten ganz offensichtlich Rechten, die sich in die politische Arena begeben haben. Er wollte bei der Jugend hart durchgreifen: Jeden, der andere Vorstellungen vertrat als ein durchschnittlicher Vorstadtspießer, fasste er als Bedrohung auf. Das lief in Manchester die ganze Zeit im Hintergrund ab. Und dann drohte Thatcher am Horizont, wovon wir nicht wirklich viel wussten, aber im Film wird das angedeutet. Wir entfernten uns von dem Bemühen, eine gute Gesellschaft schaffen zu wollen, und ließen stattdessen eine faschistische Konsumgesellschaft entstehen.

Wenn man erst mal so einen Proto-Hitler hatte, als den ich Anderton damals sah, dann waren Joy Division die naheliegendste Gegenreaktion. Es gibt Einstellungen von der Zuschauermenge, ganz normale Personen, dann Schnitt zu der Undergroundstimmung im Proberaum, die fast etwas von einer Widerstandsgruppe hatte. Das war die Idee, die wir rüberbringen wollten: Widerstand mittels Kunst und Kultur. Eines Tages würde beides größer sein als diese ganze rechte Politik, weil es menschlicher war und deshalb siegen würde.

Sie probten in T.J. Davidsons Proberaum. Zuerst dachte ich: »Ich dreh ein kleines Interview, lass ein Band mitlaufen«. Aber ihnen fielen keine Antworten ein und mir keine Fragen. Damals kostete eine Filmspule ungefähr sechs Pfund, wir gaben die Idee also ziemlich schnell auf. Dann dachte ich: »Na ja, eigentlich machen sie das nicht, indem sie reden«. Denn im Gespräch waren sie einfach nur normale Typen im Pub, erst durch ihre Kunst haben sie kommuniziert. Also dachte ich: »Gut, dann nehmen wir nur Musik, weil das als Statement aussagekräftig genug ist.«

Liz Naylor, »No City Fun«, *City Fun*, Ausgabe Nr. 3, Dezember 1978

I think I hate the city. I think it hates me. I think I'm paranoid.
I hate, I hate, I hate. I hate every product; everybody;
Everygroup everyshop everybus everyclothing;
Everyfad everyfashion every»scene«.
I feel like 1976
My head aches. Thank you god.
I am Sylvia Plath in reincarnation.
I hate – and that's the saddest thing.
By James »don't call me scarface« Anderton
(HONEST)
xxxxxx

Liz Naylor: Ich hab immer zu Hause geschrieben. Ich hatte endlose Stapel an Bewusstseinsstrom-Texten und hab die ganze Zeit geschrieben, das war eine Möglichkeit, mich auszudrücken. Es gab dieses Fanzine mit dem Titel *City Fun*, und ich dachte, dafür könnte ich was schreiben. Es wurde über eine Art Matrize gedruckt, unglaublich primitiv, unstylish, eigentlich gar nicht Punkrock, eher wie eine Gemeindezeitung, die von einem Hippie-Kollektiv geführt wurde.

Da waren Andy Zero, dem der Bioladen in Mossley gehörte, ein Typ namens Neil und ein anderer namens JD, der eine Wohnung in Hulme hatte, wo immer alle pennen konnten, und der mysteriöse Martin X, der älter war und sich einfach so treiben ließ – das war einer aus der Generation der Sechziger.

City Fun war eher kein Punk-Fanzine, wie man sich das vorstellt, sondern kam aus einer gewissen Kommune-Hippie-Gesinnung. Es gab Treffen, an denen alle teilnehmen durften, weil es ein Kollektiv war, und irgendwann fing ich an, dorthin zu gehen und mich mit denen einzulassen.

Die Stadt machte harte Zeiten durch, und die Einzigen, die noch übrig blieben, waren der Abschaum der Erde. Anderton sah sich als Chief Constable von Manchester auf seinen Ländereien um und dachte: »Wisst ihr was? Hier lebt nur noch Abschaum. Den werde ich beseitigen.« Das kam einem wirklich bedrohlich vor. In seiner Biografie steht, er habe geglaubt, er würde jede Nacht direkt mit Gott sprechen, und dass Gott ihm Botschaften sendete.

C.P. Lee: Wie in den Sechzigerjahren, als ein bestimmter Chief Constable, ein Schotte namens McKay, die Beat-Clubs geschlossen hatte, machte in den Siebzigern ein Chief Constable Karriere, der ursprünglich sogar als Liberaler gegolten hatte. Ein gewisser James Anderton, der hart gegen die Korruption vorgehen wollte, die es Ende der Sechziger innerhalb der Polizei von Manchester gab. Erst später haben die Leute gemerkt, dass er sich auf Gespräche bezogen hat, die er angeblich mit Gott geführt hatte. Jesus habe ihm gesagt, er solle dieses oder jenes tun, und da läuteten dann die Alarmglocken.

Die Leute, die Savoy Books betrieben haben, erzählten eine faszinierende Geschichte: Eines Morgens um sieben entdeckten sie Anderton, wie er in Zivilkleidung gegenüber ihrem Buchladen in der Peter Street stand, nicht weit von der Free Trade Hall, am Schauplatz des Peterloo Massacre, und ihren Laden betrachtet und genickt hat. Wenige Monate später wurden sie alle verhaftet und wegen Unzucht und Verbreitung von Pornografie ins Gefängnis gesteckt. Was umstritten war. Anderton kam persönlich vorbei, sah sich die Läden an, fällte sein Urteil und griff durch.

In Manchester herrschte eine Atmosphäre, in der die repressiven Kräfte Blankovollmacht bekamen und machen konnten, was sie wollten. Zeitungsläden wurden durchsucht, weil sie den Kalender aus der *Sun* mit den Seite-drei-Mädchen verkauft hatten. Es fanden Razzien in Videoläden statt, und *Apocalypse Now* wurde beschlagnahmt: weil der Titel *Cannibal Apocalypse* ähnelte, was die von der Sitte nicht ganz begriffen.

Das Problem war, dass sie den gesamten Bestand eines Geschäfts beschlagnahmen durften, man selbst aber später vor

Gericht einen Anwalt bezahlen musste, um nachzuweisen, dass es sich nicht um obszönes Material handelte. Die Polizei musste gar nichts nachweisen. Deshalb sagten die Leute einfach: »Was soll's, ich geb auf, behaltet den Kram.« Anderton versuchte genauso wie McKay, gegen die Clubs durchzugreifen, aber es gab auch eine Menge Kritik und Widerstand. Das war eine ganz schön heikle Sache, und es gab eine Menge Druck seitens der Polizei.

Liz Naylor: Wenn man queer ist, Punk und pleite, dann kommt es einem vor, als hätten es alle auf einen abgesehen. Da wurde man paranoid, aber ich denke, ein bisschen was Wahres war schon dran an der Paranoia. Andertons bösartige Präsenz war wirklich in der ganzen Stadt zu spüren. Er hat sich dort umgesehen und gedacht: »Die Stadt ist voller Abschaum, und ich werde damit aufräumen.« Er war Fundamentalist und hat wirklich geglaubt, er würde die Stadt gesünder machen. Eigentlich war's ein Wettkampf: Wir haben mit einer sehr großen Macht um Räume gerungen.

Es gab einen Buchladen, der Savoy Books hieß, wo es Pornos und Bootlegs zu kaufen gab. Als der von der Polizei geschlossen wurde, stand Anderton draußen und hat zugesehen. Dabei sah er aus wie Moses – damals hatte er einen Vollbart. Bei Clone Zone, das im Zentrum dessen liegt, was heute das Schwulenviertel ist, war es genauso. Ich weiß, dass Anderton bei Razzien persönlich anwesend war und ungeheure Schadenfreude zeigte. Auf die Art war er auch physisch in der Stadt präsent. Dass ich seinen Namen übernommen habe, war mein eigener kleiner ironischer Triumph.

Rob Gretton, Notizbuch, März 1979
Germanic One –
Exercise One – sehr gut – tolles neues Feedback
Lost Control – ausgezeichnet – schön und einfach, baut sich

gut auf – Schlagzeug sehr wichtig – steigert sich – Betonung auf dem Beat
Shadowplay – guter Text – sehr gute Leadgitarre
Melodic One (Insight) – glaube nicht, dass die ganzen Breaks gut rüberkommen – aber mir gefällt's
Wilderness – nein – mag das Zerrissene daran nicht
Ice Age – gute schnelle Nummer – einprägsam, aber der Text ist ein bisschen arg simpel – die Gitarre am Ende gefällt mir nicht
Transmission – sehr gut – vielleicht schreit er zu viel?
New One – Option?
Day of the Lords – guter Text

- April 1979: Strawberry Studios, Stockport, Sessions zu *Unknown Pleasures*

Bernard Sumner: Das Material für *Unknown Pleasures* war ungefähr unser dritter Anlauf. *Unknown Pleasures* zu schreiben dauerte etwa sechs Monate, und es war das zweite oder dritte Set, das wir hatten. Beim ersten hatten wir eigentlich nur Quatsch gemacht, haben erst mal gelernt, wohin man die Finger an der Gitarre legt und welche Plektren und Verstärker wir benutzen wollen. *Unknown Pleasures* war unser erster ernsthafter Ausflug in die Realität. Eigentlich der erste echte Versuch; der Rest bestand aus Üben und Proben.

Meine ersten Erinnerungen an Martin stammen von *Unknown Pleasures:* dass er einerseits wahnsinnig toll war, ein Katalysator im Hinblick auf Experimente, weil er dafür gesorgt hat, dass wir tatsächlich Spaß im Studio hatten. Wir haben alle Stücke aufgenommen, wir hatten sie ja schon so oft live gespielt. Ich glaube, wir hatten drei Wochenenden, um alles aufzunehmen und zu mischen. Zuerst haben wir sie mit Martin im Studio aufgenommen, und dann hatten wir Zeit zu experimentieren, haben komische Geräusche drübergelegt. Zum Beispiel hat Martin den Fahrstuhl aufgenommen, außerdem hatte er so ein Gerät, mit dem man sampeln konnte. 1979 war das ein Hammer. Ich glaube, wir haben ein »Bling« von meiner Gitarre dafür aufgenommen, dann bekam ich ein Keyboard, und mit der Delay Unit konnte man den Sound auf dem Keyboard reproduzieren. Damit hab ich Overdubs gemacht. Das war ein fantastisches Herumexperimentieren und sehr kreativ. Ich hab diesen Aspekt der Arbeit mit Martin geliebt. Beim eigentlichen Aufnehmen konnte er allerdings sehr seltsam sein.

Tony Wilson: Ich war am allerersten Tag dabei, als Martin Steve dazu gebracht hat, sein Schlagzeug auseinanderzunehmen. Er sagte: »Okay, Steve, nimm dein Schlagzeug auseinander.« Martin hatte ein ganz großes Talent, Musiker aus der Fassung zu bringen.

Stephen Morris: Das Studio gehörte Martin, und wenn man im Studio war, hat man für Martin und seine Launen gearbeitet. Es wurden unglaubliche Mengen an Pot geraucht: Ob Martin einfach nur total stoned war oder eine andere Sichtweise auf die Dinge hatte, ließ er nicht durchblicken. Er hat nicht gesagt: »Ich möchte, dass du das so oder so machst.« Nur: »Toll, mach das noch mal, aber ein bisschen mehr Cocktailparty.« Oder »ein bisschen mehr Gelb«. Ob das am Kiffen lag oder ob es die Zen-Schule des Produzierens war – es war auf jeden Fall interessant, weil er uns beigebracht hat, das Studio als Musikinstrument zu betrachten.

Peter Hook: Die Songs waren auf jeden Fall großartig. Martin hat sie nicht geschrieben, er hat sie nur produziert. Er hat seinen Beitrag geliefert, wenn wir ihn gebraucht haben, und genau das ist die Aufgabe eines Produzenten. Als wir angefangen haben, mit ihm zu arbeiten, waren wir noch total grün hinter den Ohren; er hat uns gesagt, was wir machen sollen, und keiner hat ihm widersprochen. Es war nicht einfach, mit ihm zu arbeiten. Chris Nagle und er bildeten so was wie ein Team, und das war kleinlich und engstirnig.

Es war, wie mit Professor Stanley Unwin zu arbeiten: Man wusste oft nicht, was er wollte. Martin war ein typischer A&R-Mensch, wie ich mittlerweile festgestellt habe. Er wusste nicht, was er wollte, aber wenn er's gehört hat, hat er's einem gesagt. Teil seines Charmes war auch, dass er sich nicht gut ausdrücken konnte, das war sein Problem. »Tu es und sei hervorragend, aber bescheiden.« Verdammte Scheiße: »O Gott, ich bin aus Salford, Mann, damit komm ich nicht klar.« Das war wirklich die Hölle.

Stephen Morris: Martin wusste, was er wollte, aber er wusste nicht, wie er's einem sagt. Man musste erraten, was er meinte. Ich glaube, wir haben das ganz gut hinbekommen. Das war keine ausschließlich erfreuliche Erfahrung. Ich weiß, dass Bernard und Hooky die Zusammenarbeit nicht gefiel, weil Martin so was wie eine Klanglandschaft entstehen lassen wollte, wohingegen Joy Division auf der Bühne sehr aggressiv klangen, sehr roh und sehr leidenschaftlich.

Bernard hatte einen sehr eigenartigen, aber rohen Gitarrensound, und den hat Martin verwendet und was anderes draus gemacht. Das war nicht persönlich gemeint, er hat versucht, die bestmögliche Platte zu machen, aber wir sind häufig mit ihm aneinandergeraten. Dabei haben wir uns abgewechselt, das ging hin und her: »Los, sag's ihm, sag's ihm.« – »Martin, kannst du die Gitarre ein bisschen aufdrehen?« – »Sag du's ihm, sag du's.« – »Hast du die Gitarren aufgedreht?« Er meinte nur: »Phh, klar.« Dann war er wieder weg: »Diese scheiß Musiker.«

Wir wollten, dass es roh ist und rockt. Es war live, aber er hatte unseren Sound genommen und was anderes draus gemacht, was Psychedelisches. Was ich im Verlauf unserer zahlreichen, völlig vernebelt geführten Gespräche verstanden habe, war, dass er als Produzent von Factory einen Factory-Sound schaffen wollte, ähnlich wie Elektra. Die Doors und das frühe Westcoast-Zeug hatten auch so einen bestimmten Sound, der, wie er meinte, aus lauter

»Boom« und »Zizz« bestand. Er wollte nicht nur eine Identität für sich als Produzent finden, sondern auch für Factory.

Mir hat gefallen, was Martin auf *Unknown Pleasures* gemacht hat. Ich glaube, Bernard und Hooky haben sich ganz schön gewundert. Mir hat's gefallen, weil ich immer dachte, wenn man auf ein Konzert geht, will man so was Instinktives. Man will, dass es ungeschliffen klingt, und man will die Energie spüren. Aber wenn man eine Platte hört, dann passiert das vor allem im Kopf. Manchmal ist es schön, Feinheiten zu entdecken. Ich mochte Martins kleine Geräusche, auf die sich das Ohr konzentriert, wo man denkt: »O Gott, so was hab ich ja noch nie gehört.«

Dass ich mit Syndrums angefangen habe, beruht eigentlich auf einem Irrtum. Ich hatte das britische Cover von *Tago Mago* zu Hause – das ist nur beim britischen Cover so, das deutsche ist anders. Da war Jakis Schlagzeug drauf, und daneben stand so ein Ding. Ich hab mich gefragt, was das ist. Mein Bruder sagte: »Das ist ein Drum-Synthesizer, wahrscheinlich haben sie damit diesen Sound hinbekommen.« – »Drum-Synthesizer, sagst du? Hm, na gut, okay.« Also hab ich mir das gemerkt. Dann hab ich Anzeigen gesehen, auf denen Drum-Synthesizer angeboten wurden. »Genau, so will ich klingen.«

Damals gab's so einen Schwall an Platten mit diesem Bing-Boo-Sound. Zum Beispiel »Dancing in the City« von Marshall Hain und »Love Don't Live Here Anymore« von Rose Royce. Das war so eine Mode. Ich dachte: »Wahrscheinlich wissen diese Leute gar nicht, was man mit einem Drum-Synthesizer machen kann, also besorg ich mir einen, um denen zu zeigen, was damit alles geht, denn die haben offensichtlich nie Can gehört.« Ich hab sogar noch die Quittung. Zwei Neun-Volt-Batterien, man haut drauf, und dann macht es »Bing-Boo«.

Als ich über die erste Enttäuschung hinweg war, dachte ich: »Auch wenn das wahrscheinlich der beste Sound ist, den man da rausholen kann, müsste es doch trotzdem möglich sein, ein bisschen mehr damit anzufangen.« Also haben wir's bei »She's Lost

Control« verwendet, auch auf »Insight« gibt's ein »Bing-Boo«. Wahrscheinlich bin ich heute auf einem Ohr fast taub, weil Martin es irgendwann hochgedreht und einen Schwarm marodierender Tauben draus gemacht hat.

Das Drum-Pattern in »She's Lost Control« war aus einem Song von Phil Spector geklaut: Das ist derselbe Beat, aber mit anderen Sounds gespielt. Ist einfach ein klassischer Phil-Spector-Beat. Wenn man sich den anhört und sich vorstellt, wie das auf einem großen Schlagzeug klingt, dann ist das eigentlich dasselbe. Verstehst du, das war nicht sonderlich originell. Mein einziger origineller Gedanke war: »Ich schmeiß mein Geld für ein Schlagzeug raus, das aussieht wie ein UFO und für das man zwei Neun-Volt-Batterien braucht. Und das muss ich jetzt irgendwie unterbringen.«

Bernard Sumner: Martin hat auf »She's Lost Control« was Interessantes gemacht. Wahrscheinlich ist das eine meiner liebsten Rhythmusspuren von Steve. Steve hat einen Großteil davon mit elektronischen Drums gespielt, die vorher noch kaum benutzt wurden. Ganz bestimmt nicht in Manchester. Martin hatte die großartige Idee, Steve in eine Gesangskabine zu setzen, wo er den Hi-Hat-Rhythmus mit dem Spray einer Sprühdose spielen sollte. Leider war's, glaube ich, Insektenspray oder so, und Steve wäre fast dran verreckt – pssst, pssst, über den ganzen Track. Der arme Steve, Martin hatte es echt auf ihn abgesehen.

Aber ja, es klang toll. Das war was Neues, und wir haben nicht einfach nur gemacht, was andere vor uns gemacht haben, ich mochte den Lernprozess. Eine der Stärken der Musik von Joy Division war, dass wir uns in einem Lernprozess befanden. Man kann hören, dass da jemand Musik erkundet und ausprobiert, wie man sie spielt. »Weiß nicht, was ich damit machen soll, aber es klingt gut.« Wir haben unsere Fühler nach elektronischer Musik und Synthesizern ausgestreckt, die damals noch kaum verwendet wurden: Kraftwerk und Cabaret Voltaire haben uns sehr beeinflusst.

Peter Hook: Wahrscheinlich sind Bernard und ich die Einzigen auf der ganzen Welt, die *Unknown Pleasures* nicht mochten, weil es nicht so klingt, wie wir live geklungen haben, das ist total eindimensional. Wir haben die Songs geschrieben, dann haben wir sie uns angehört und gedacht: »Das klingt verdammt großartig, so sollten andere Leute sie hören.« Jetzt ist mir klar, dass es was anderes ist, ob man Songs aufnimmt oder ob man sie live spielt. Genau das ist ja gerade so großartig daran. Damals, als ich jung war, wollte ich einfach, dass es klingt, wie wir live geklungen haben. Ich wollte nicht melancholisch klingen, ich wollte nicht, dass es was Bleibendes wird.

Wir wollten die Leute einfach nur total sprachlos machen, wie Iggy Pop live. Tiefgang oder so was hat mich nicht interessiert, ich wollte denen in die Fresse treten und fertig. Aber so was überdauert nicht. Martin hatte das offensichtlich schon hinter sich und gemerkt, dass einiges für Feinheiten spricht, auch für Tiefgang, Melancholie und einen gewissen Sog. Anstatt die Hörer direkt anzubrüllen, flüsterte man ihnen ins Ohr. Martin Hannett hat ihnen ins Ohr geflüstert, und Bernard und ich wollten sie anbrüllen.

Stephen Morris: Ich war ganz zufrieden mit allem, absolut mit allem, weil es ganz anders war als die RCA-LP, was Plackerei gewesen war, entfremdete Arbeit für ein großes Unternehmen. Mit Martin haben wir uns auf eine Science-Fiction-Reise begeben, bei der wir nicht wussten, wohin sie führt. Als wir es zum Hören bekamen, klang alles ganz anders, als wir's beim Aufnehmen gehört hatten, da hatte es noch sehr roh geklungen. Hinterher hat er alles Mögliche draufgelegt. Ich fand, *Unknown Pleasures* hatte einen futuristischen Sound, und darauf war ich sehr stolz.

Peter Saville: Im Januar oder Februar 1979 redeten Rob und Tony darüber, dass Joy Division ein Album machen und inwiefern Factory sich dabei einbringen könnte. Ich weiß nur, dass Tony mir gesagt hat: »Wir machen ein Joy-Division-Album. Es gibt ein paar Sachen, die sie gerne auf dem Cover hätten.« Ich weiß nicht mehr, wer mir diese Sachen gegeben hat, ob er sie mir gegeben hat. Vielleicht war's auch Stephen Morris, meistens war Stephen Morris derjenige, der kommuniziert hat.

Ich hab einen Umschlag mit Elementen bekommen, die Joy Division gerne auf ihrem Plattencover haben wollten. Ich meine, das Wellenmuster ist einfach genial, das ist unbestritten toll. Stephen hat mir, glaube ich, eine Kopie von einer Seite gegeben, und ich habe der Bildunterschrift entnommen, dass es sich um ein Pulsar-Diagramm handelte. Offensichtlich, laut diesem Buch, der damals tollste Pulsar im ganzen Weltall. Der Rest des Auftrags war eigentlich ziemlich frei. Wahrscheinlich hab ich die naheliegenden Fragen gestellt: »Will jemand den Titel auf dem Cover haben? Soll ›Joy Division‹ vorne draufstehen?« – »Eigentlich nicht.«

Ich denke, das ist am vielsagendsten. Es ist nicht wirklich cool, den eigenen Namen vorne draufzuschreiben. Das ist eine komische Mischung aus Schüchternheit und Arroganz. Den Namen vorne draufzuschreiben ist nicht cool – das wirkt irgendwie so gewollt, oder? Und ich denke, so waren sie auch, das ist die Art von Psyche, die zu dieser Epoche der diskret elitären Bildlichkeit gehört, die noch aus der Phase vor Punk stammte, aus dieser Phase der visuellen Codes – der stummen, diskreten Identifizierung von Dingen.

Sie schlugen vor, das Cover könnte außen weiß und innen schwarz sein, was ich umgedreht habe. Aber ich habe nur die Elemente bekommen und wurde gebeten, sie zusammenzufügen, also hab ich mein Bestes getan. Der Look von *Unknown Pleasures* ist mehr oder weniger von einem sehr begrenzten technischen Verständnis geprägt. Ich hab's beim *New Manchester Review* gemacht. Ich hab das Studio dort als Arbeitsplatz benutzt: Es gab eine spezielle Kamera, die ganz nützlich war, wenn man im Paste-up-Verfahren arbeiten wollte, und ich hab einfach das gemacht, von dem ich wusste, wie's geht.

Dass ich so wenig Erfahrung hatte, hat mich wirklich eingeschränkt, deshalb hab ich's auf sehr neurotische Weise zusammengestellt. Ich fand, wenn die Wellen auf dem Labeletikett der Platte erscheinen sollten, dann mussten sie eine bestimmte Größe haben, denn ich kam nicht damit klar, mehr als eine Größe zu verwenden, ich wollte nicht dasselbe in zwei verschiedenen Größen haben. Die Abmessungen außen sind daher durch die innen vorgegeben. Die Wellenform ist so angepasst, dass sie auf der einen Seite der Platte aufs Label passt, möglichst sogar auf beide – ich weiß es nicht mehr –, und vorne drauf hat es dieselbe Größe.

Ich hatte die Musik nicht gehört. Ich hab mir Sorgen um meine eigene Arbeit gemacht, hatte genug zu tun mit Präzision, Stimmung, Atmosphäre und der Qualität meiner eigenen Arbeit. Ich bin oft wirklich gehandicapt durch diesen Perfektionismus. Außerdem war's eine schrecklich große Verantwortung. Ich hatte die Platte nicht gehört, aber allein durch die Tatsache, dass es ein Plattencover war, hatte ich ordentlich Respekt davor. Ich war vierundzwanzig, und das war etwas, das landesweit veröffentlicht werden würde. Ich hatte Angst, was falsch zu machen, also machte ich es so perfekt ich konnte, innerhalb der engen Grenzen meines Könnens.

Das Geniale an Factory war, dass es keine Firma war, kein Unternehmen. Niemand war dort angestellt, es wurde in nichts investiert, außer in die Herstellung von Platten, es gab keine kommerziellen Vorgaben, keine Profitziele. Ich denke, niemand hat Tony gewünscht, dass er sein Geld verliert. Ich meine, das Erstaunliche an *A Factory Sample* war, dass fünftausend gepresst und fünftausend verkauft wurden, aber ich denke, *A Factory Sample* wurde gekauft, so wie man damals Independent-Platten gekauft hat: als solidarische Geste.

Ich hab Sachen von Fast Records gekauft. Ich meine, ich wusste nicht mal, was drauf war, aber wenn es eine Fast-Platte war, hat man sie gekauft, weil man die Pflicht hatte, ein bis zwei Pfund aufzubringen, um deren Unabhängigkeit zu unterstützen.

A Factory Sample hat sich verkauft, weil die Leute die Geste der Unabhängigkeit unterstützt haben, und das war's: Man gab sein Bestes und machte alles genau so, wie man es wollte. Ich hab *Unknown Pleasures* so gestaltet, wie ich die Platte gerne in einem Plattenregal gefunden hätte. Niemand hat von mir verlangt, was anderes zu machen, also hab ich's so durchgezogen.

Es muss im Frühsommer gewesen sein, als ich mit den Entwürfen für *Unknown Pleasures* zu Rob gegangen bin. An dem Nachmittag hatte er gerade eine Testpressung bekommen und sagte: »Ich hab eine Testpressung, willst du mal reinhören?« Natürlich wollte ich, aber ich war schrecklich verunsichert: Eigentlich wollte ich das Album gar nicht hören.

Alles, was ich an Aufnahmen von Joy Division kannte, waren die beiden Stücke auf *A Factory Sample,* die sich ganz gut anhörten, besser als der Rest, aber das war trotzdem schwere Kost, und ich war wahnsinnig nervös. Ich wusste nicht, ob ich die Geduld haben würde, mir vierzig Minuten Joy Division anzuhören, schon gar nicht in Gegenwart ihres Managers, aber ich konnte natürlich nicht Nein sagen. Ich machte die Entwürfe fürs Cover, wie hätte ich da sagen sollen, dass ich mir die Musik nicht anhören will?

Also hab ich mich auf Robs Sofa gesetzt, und er hat die Testpressung aufgelegt. Innerhalb weniger Augenblicke wusste ich, dass ich an einer bahnbrechnenden Sache beteiligt war. Was ich hörte, ging weit über alle meine Erwartungen hinaus, ich glaube, über die Erwartungen der meisten. Joy Division mit Martin waren einfach jenseits von … das war das am weitesten Entwickelte, was ich im Rahmen des nicht sehr umfangreichen New-Wave-Kanons bislang gehört hatte. Ich habe damals alles Mögliche gekauft und gehört, ich hatte also einen Kontext, in den ich es stellen konnte. Und es war umwerfend.

Die Musik hatte nicht mehr das Rohe, Ungeschliffene der meisten Punk- und New-Wave-Bands, aber sie besaß Integrität. Sie wollte nicht gefällig sein; sie atmete den Geist des Post-Punk, aber ohne dessen Unausgereiftheit. Das war etwas vollkommen Eigenes. Ich denke, sie sind langsam in Joy Division reingewachsen; ich denke, Martin hat eine Möglichkeit gefunden, wie Joy Division zu verstehen sein könnten. Er hat etwas gehört, er hat etwas gesehen, er hat etwas durch sie gespürt und war in der Lage, in seinem eigenen Kopf zu entwerfen, was dies sein könnte. Offensichtlich hat er einen Weg vor sich gesehen und das Material, das ihm zur Verfügung stand, auf diesen Weg gebracht.

Erst rückblickend bekam ich eine Ahnung davon, was Martin da tatsächlich gemacht hatte. Damals hab ich's nicht begriffen. Okay, es war das Album von Joy Division, Martin hatte es produziert. Ich dachte: »Wow, das ist toll.« Da hatte eine Transformation stattgefunden, aber zu dem Zeitpunkt hab ich nicht verstanden, dass das an Martin lag. Ich kannte Martin nicht. Ich erinnerte mich an Warsaw, ich hatte Stücke von Joy Division auf dem Sampler gehört, und jetzt war da etwas wahrhaft Unglaubliches, etwas war passiert. Ich wusste nicht, woher das gekommen war.

Ich hab mich nie mit Martin hingesetzt und mit ihm geredet. Ich glaube nicht, dass Martin und ich je mehr als zwanzig Worte gewechselt haben. Er hat sich für sein Universum interessiert und ich mich für meins: Wir hatten beide nicht wirklich viel für andere Menschen übrig. Factory war eine Kollaboration von Personen, die nicht viel für andere übrighatten, und die einzigartige Rolle von Tony bestand darin, derjenige zu sein, um den alle kreisten. Ich möchte ihn nicht als Sonne bezeichnen, aber Factory war eine Art Sonnensystem.

Ich befand mich auf einer Umlaufbahn um Tony herum, Martin auf einer anderen, Alan wieder auf einer anderen, und außerdem waren da noch Joy Division und Rob Gretton auf ihren jeweiligen Umlaufbahnen. Ich kreiste alleine auf meiner vor mich hin, außer ein- oder zweimal im Jahr, wenn Joy Division meine Bahn kreuzten. Man kann das ganze Factory-Geschehen als ein System betrachten, in dem sich alles um eine zentrale Figur drehte, und das war Tony.

Das Geniale an Tony war, dass er die einzelnen Talente in dieses System hineinzog und friedlich nebeneinander existieren ließ. Es gab keine Vorschriften, keine Absichten, nur die Produkte, und so war es mehr oder weniger die ganze Zeit. Niemand hat je gesagt, was irgendjemand sonst zu tun hatte, zumindest nicht unter den Künstlern, die diese Produkte schufen. Niemand hat je einem anderen gesagt, was er zu tun hatte.

Ian Wood, Rezension des Auftritts im Eric's, Liverpool, 3. Mai 1979, erschienen im *NME*, 26. Mai 1979

Als Joy Division von der Bühne gingen, war ich emotional völlig aufgelöst. Das ist, ohne jede Übertreibung, eine wichtige Band.

8

JUNI – SEPTEMBER 1979

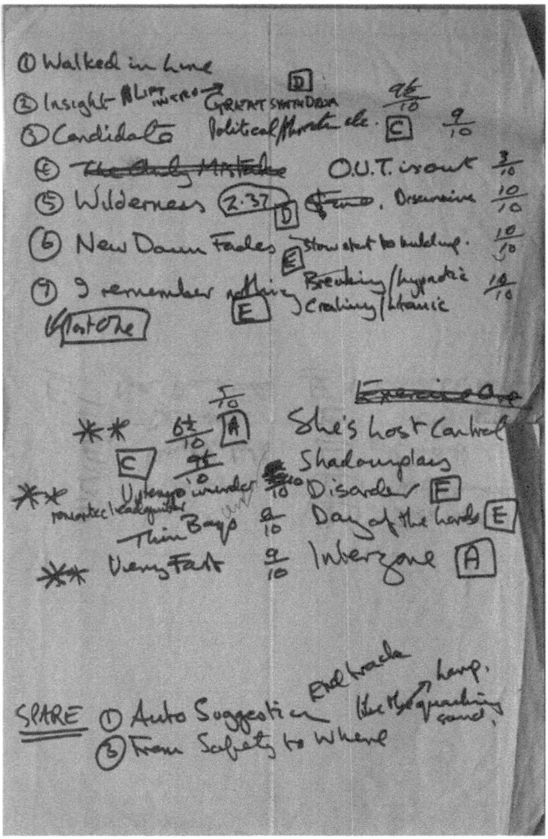

Handschriftliche Notizen zur Reihenfolge der Stücke auf *Unknown Pleasures*, Frühjahr 1979, Rob Gretton (Mit freundlicher Genehmigung von Lesley Gilbert, Benedict Gretton und Laura Gretton)

- 15. Juni 1979: Veröffentlichung von *Unknown Pleasures*

Bernard Sumner: Ich weiß noch, dass Hooky und ich wegen dem Sound von *Unknown Pleasures* ein bisschen frustriert waren, weil wir das Gefühl hatten, live würde die Band viel wilder, rockiger und aggressiver klingen als auf dem Album. Wenn man sich Live-Aufnahmen anhört, merkt man das. Martin wollte keinen geradlinigen Sound, wollte nicht einfach nur die Band aufnehmen. Er wollte den Sound verfremden, manchmal gefiel uns das und manchmal nicht.

Unknown Pleasures war unsere erste eigene Veröffentlichung. Wir hatten die Songs ein paar Mal live gespielt, und sie waren stark, klangen für uns fast schon nach Heavy Metal. Ian hat zwei Sachen gesagt: Erstens, er wollte nie größer werden, als die Kinks je waren. Zweitens, dass er in Amerika in den Heavy-Metal-Clubs spielen wollte, was echt komisch war. Er hat die Stooges wirklich geliebt, und er wollte das erreichen, was die Stooges ausmachte.

Die Musik war im Grunde ziemlich laut und heavy, aber wir hatten das Gefühl, dass Martin sie abgemildert hatte, besonders die Gitarren, die dröhnenden Elemente hatte er rausgenommen. *Unknown Pleasures* gefiel uns also nicht so richtig. Über der Platte lag eine düstere, unheilvolle Stimmung: Wir hatten ein Schwarzweiß-Bild skizziert, und er hatte es bunt ausgemalt. Wir fanden das furchtbar, aber Rob fand's toll, Wilson fand's toll, die Presse fand's toll, und die Öffentlichkeit fand's toll. Wir waren halt nur die dummen Musiker, die's geschrieben hatten. Wir haben unseren Stolz runtergeschluckt und uns damit abgefunden.

Peter Hook: Über *Unknown Pleasures* steht überall, soweit ich das gelesen habe, dass fünftausend Exemplare von der ersten Pressung veröffentlicht wurden. Aber das waren keine fünftausend, das waren zehntausend. Ich weiß das, weil Rob und ich sie nämlich in der Palatine Road die Treppe raufgetragen haben.

Stephen Morris: Es ging definitiv bergauf, nachdem wir *Unknown Pleasures* rausgebracht hatten. Wir hatten so lange geprobt und geprobt, Stücke geschrieben, und als die Platte fertig war, entwickelte sie ein Eigenleben. Wenn Leute nach *Unknown Pleasures* nett zu einem waren, dachte man: »Ja, ja, neulich warst du noch nicht so nett zu mir.« Wir sind mit dem Lob nicht unbedingt so umgegangen, wie wir das hätten tun sollen.

Wir waren nicht gut auf die alte Manchester-Mafia zu sprechen und hatten immer noch so eine »Leck mich am Arsch«-Einstellung gegenüber der Musikpresse, weil wir einen Großteil der Wörter, die in den Rezensionen benutzt wurden, gar nicht verstanden haben. »Was erzählt er da?« Es war nur eine Platte, wir haben das daher alles nicht so ernst genommen. Wenn Leute nach den Auftritten kamen und sagten, dass es ihnen wirklich gefallen hatte, dann hat mir das was bedeutet, aber die Rezensionen haben mich nur ratlos gemacht.

Peter Hook: Wir haben einfach weitergemacht. Damals hat man ja buchstäblich alles selbst gemacht. Das war schwierig und harte Knochenarbeit. Man musste sein Equipment selbst auf- und wieder abbauen. Das war sehr unglamourös. Auch als wir Joy Division waren und *Unknown Pleasures* schon veröffentlicht hatten, war's noch echt schwierig, zu den Auftrittsorten zu kommen. Mit Glamour hatte das ehrlich gesagt nichts zu tun.

Charles Shaar Murray, »Heads Down No Nonsense Mindless Poetry«, Interview mit John Cooper Clarke im *NME*, 7. Juli 1979

Auf der Bühne rammen Joy Division dem Publikum düstere Brocken organisierten Lärms entgegen, während sich der Vogelscheuchensänger wie ein vom Teufel besessener James Brown dazu bewegt. Wie Acid-Rock vor ungefähr zehn Jahren. Man munkelt, dass Acid in Manchester unter den jungen Postpunks beträchtlich viele Anhänger hat. Wenn der

Bassist seinen Synthesizer anschmeißt, das Fell der Snare reißt und der Sound der Band allmählich den aus glattem, schwarzem Marmor gemeißelten Awful Things ähnelt, wer könnte da noch widersprechen?

- 13. Juli 1979: Russell Club, Hulme

Kevin Cummins: Sie spielten kurz hintereinander zwei Konzerte in der Factory, im Juni und im Juli, bei einem davon hat Martin den Sound live gemischt. Das war ungefähr zu der Zeit, als das Album veröffentlicht wurde. Plötzlich leuchtete einem alles ein. Der Band gefiel der Sound nicht: Er war zu künstlerisch. Aber für uns klangen sie voller, sie hatten ihr Potenzial mit dem Album ausgezeichnet genutzt, und wir alle dachten: »Das ist das Album des Jahres.« Unglaublich, dass wir Joy Division nur sechs oder neun Monate zuvor noch für eine Art Witzband gehalten hatten.

Alan Hempsall: Crispy Ambulance traten am 13. Juli im Russell Club vor Joy Division auf. Das war einer der ersten Auftritte nach der Veröffentlichung des Albums. Joy Division fingen mit »Dead Souls« an, das ich, glaube ich, vorher nie gehört hatte. Sie haben sich nie angebiedert: Wenn sie neues Material hatten, dann haben sie's auch gespielt. »Dead Souls« ist immer noch eins meiner Lieblingsstücke. Mir gefällt, wie es sich langsam aufbaut und Ian sich zurückhält, er steigt erst ein, wenn der Song schon halb durch ist. Ich dachte immer: »Das ist ein schlauer Trick, es gibt nicht viele Sänger mit so viel Selbstdisziplin.«

Roger Mitchell, Rezension von *Unknown Pleasures*, *City Fun*, Ausgabe 8, Juli 1979

Ein wahrhaftig bemerkenswertes Debüt, was vor allem auf die Originalität und Kompromisslosigkeit der Band zurückzuführen ist. Vermutlich das beste Debüt-Album seit *The Clash* 1977.

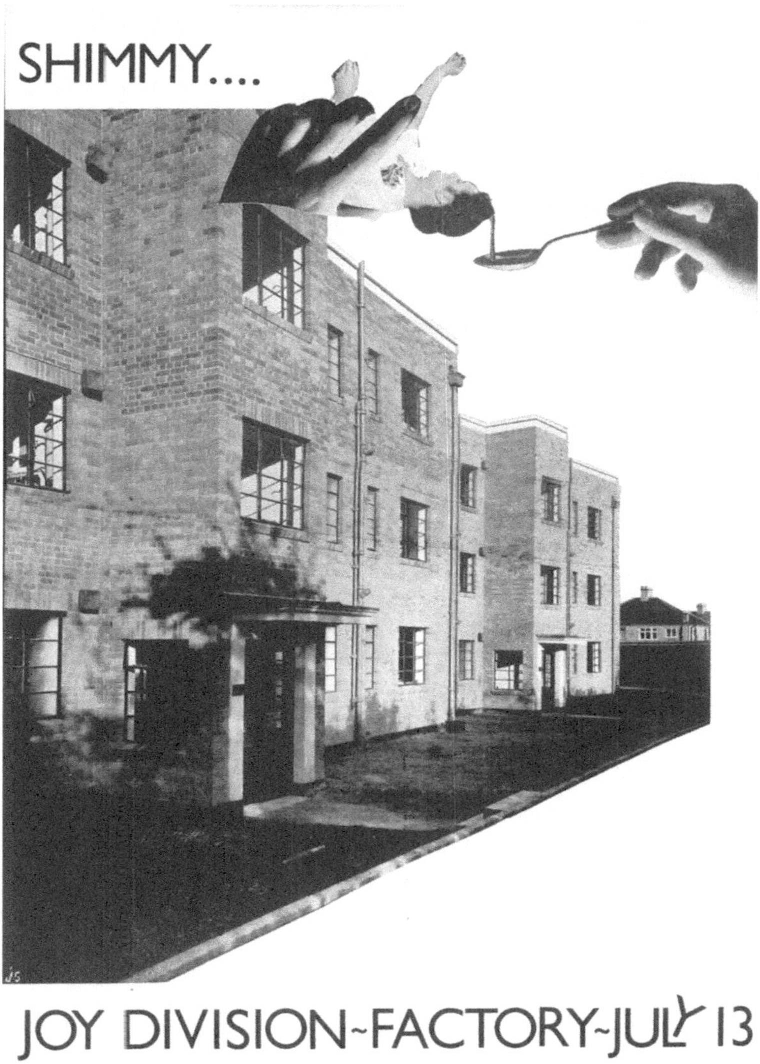

»Shimmy«: Plakat für Joy Division in der Factory, 13. Juli 1979
(Jon Savage)

Jon Savage, Rezension von *Unknown Pleasures, Melody Maker,* 21. Juli 1979

»To the centre of the city in the night waiting for you …« In den räumlichen, kreisförmigen Themen von Joy Division, versehen mit der Lackschicht aus Martin Hannetts glänzender Wachtraum-Produktion, spiegeln sich perfekt die dunklen Orte und Leerstellen Manchesters, die endlosen Straßenlaternen und versteckten Vorstadteigenheime, wie man sie aus einem zu schnell fahrenden Wagen heraus wahrnimmt, die brachliegenden Industriegebiete – die zahllosen Trümmergrundstücke des 19. Jahrhunderts –, die aus einem orangefarbenen Bus heraus betrachtet an faulige Zähne erinnern.

***City Fun*-Rezension des Auftritts von Joy Division beim »Stuff the Superstars Special«, Manchester, 28. Juli 1979**

Der Manager liest den größten Teil des Abends über in einem Buch. Nein, das ist keine Pose, er ist ein aufrichtig ernsthafter Mensch, steht voll auf Philosophie und so. Er betrachtet es als seinen Job (und den macht er ziemlich gut). Vom Hype lässt er sich nicht beeindrucken, dem Gerede vom »nächsten großen Ding«. Er wusste schon vor Jahren, dass sie groß rauskommen würden. Joy Division waren von Anfang an auf die eine oder andere Weise dabei. Sie wussten, wohin sie wollten, auch wenn das nicht für uns gilt. SIE WAREN GENIAL, ich mein's ernst, GENIAL!

Liz Naylor: Ich hab Joy Division einige Male in der Factory gesehen, kurz vor dem »Stuff the Superstars«-Gig im Mayflower, der von *City Fun* veranstaltet wurde. Den ganzen Tag spielten Bands, unter anderem auch The Fall und Ludus und einige erfolglose unbekannte Bands, auch der fürchterliche John the Postman. Es war interessant zu sehen, dass Joy Division einen großen

Schritt getan hatten. Sie waren keine kleine rotzige Factory-Band mehr; sie befanden sich plötzlich in einer Reihe anderer Bands aus Manchester, das Line-up an dem Abend zeigt das.

Der Mayflower Club war fantastisch. Er war mein liebster Veranstaltungsort überhaupt. In den Zwanzigern wurde er als Kino gebaut, hieß damals The Coronet. In den Fünfziger- und Sechzigerjahren wurde er zum Tanzsaal umfunktioniert, unter dem Namen Southern Sporting Club. Er befand sich mitten in einer sehr proletarischen Gegend namens Gorton, Myra Hindley kam von dort: Reihenhäuser, das weiße Arbeiterklasse-Manchester, wie nach dem Krieg. Seit den Siebzigern fanden dort Gigs statt, die niemand sonst bei sich machen wollte: Reggae und andere Sachen, bei denen man nicht so recht wusste.

Das Gebäude war am Zerfallen, es war feucht da drin. Ich weiß noch, wie ich rein bin, und natürlich gab es keine hauseigene PA oder so. Es war einfach nur ein großes, feuchtes, leeres Gebäude mit einer kaum funktionierenden Bar – ich glaube, man konnte nur Dosenbier kaufen –, und es stank. Es gab noch eine obere Ebene, die aber wegen bautechnischer Mängel geschlossen war. Es war einfach ein großer, schwarzer, leerer Saal. Eigentlich war das Gebäude ganz schön melancholisch; aus dem Gemäuer wuchs Unkraut, wegen der Feuchtigkeit.

Als *Unknown Pleasures* veröffentlicht wurde, bin ich in die Palatine Road und hab ein Exemplar umsonst bekommen; aber ich hatte keinen Plattenspieler, deshalb bin ich damit ins Mayflower, und da muss wohl ein *City Fun*-Konzert stattgefunden haben. Ich hab das Album aufgelegt und über die PA laufen lassen, so hab ich es zum ersten Mal gehört, wie es über die schlechte PA in den riesigen feuchten Saal hineinwummerte, und natürlich passte das absolut perfekt. Man hat sich sofort verliebt, es hat einfach alles bedeutet: »Diese Musik entspricht der Atmosphäre meiner Umgebung.«

Ich war einfach völlig gebannt. Ich war jung und nicht in der Lage, mich zurückzuhalten und einfach zu denken: »Hm, das ist eine gute Band.« Joy Division waren wie eine Erweiterung meines Selbst. Es kam mir vor, als gäbe es gar keine Grenze zwischen mir und dem, was ich da erlebte. Sie waren wirklich wichtig für mich. Ich glaube, ich habe sie wahrscheinlich sieben- oder achtmal live gesehen. Ich hatte eigentlich keine Ahnung, was ein guter oder was ein schlechter Auftritt ist, sie waren einfach nur für mich da. Wenn ich andere Bands gesehen habe, dann hatte ich eine Meinung dazu, aber Joy Division waren die Welt, die mich umgab. Das ist das Besondere an ihnen, sie waren eine ungemein interessante Band im Hinblick auf Zeit, weil sie von der Vergangenheit geprägt waren, man durch sie aber auch immer wieder in die Gegenwart katapultiert wurde. Die Zeit blieb ein bisschen stehen. Ians Performance war für mich genau so, als würde die Zeit stehenbleiben. Joy Division kamen aus einer bestimmten Zeit und von einem bestimmten Ort, und sobald man sie dort herausnimmt, verändert sich ihre Bedeutung. Als hätten sie kollektiv die damalige Aura von Manchester transportiert. Sie waren so, wie Manchester war. Folglich wurde diese Aura auch Ian als Einzelperson zugeschrieben, aber ich denke, das ist ein Missverständnis. Als Band waren sie sehr viel wichtiger denn als Individuen oder als seine Vision, weil ich nämlich nicht glaube, dass es seine Vision war. Ich glaube, es war die Atmosphäre von Manchester.

Bernard Sumner: Ian hatte das Bedürfnis, Extreme auszuprobieren. Es gibt auf der Welt zwei Sorten Menschen: solche, die Extreme auskosten, sich fürchterlich betrinken oder überhaupt nicht trinken. Und dann gibt es Menschen, die sich immer für den Mittelweg entscheiden. Ich würde sagen, ich bin mehr oder weniger einer von der Mittelweg-Sorte, aber Ian wollte immer das Extreme haben: extreme Musik, manische Auftritte. Die Musik war daher auch extrem düster. Nachdem wir *Unknown Pleasures* aufgenommen hatten, fiel es mir schwer, mir die Platte anzuhören, weil sie so düster war.

STUFF THE SUPERSTARS
FUNHOUSE AT THE MAYFLOWER CLUB
SAT 28TH JULY DOORS OPEN 1.30 p.m. BANDS FROM 2.00 TILL LATE.

IN ORDER OF APPEARANCE.

HAMSTERS
ELTI FITS
ARMED FORCE
FRANTIC ELEVATORS
JOY DIVISION
LUDUS
THE LIGGERS
THE FALL
THE DISTRACTIONS
JON THE POSTMAN

TICKETS AVAILABLE FROM:- DISCOUNT RECORDS (Underground Market)
PICCADILLY RECORDS (Piccadilly Plaza)

TICKETS £1.50 TICKETS £1.50 TICKETS £1.50

STUFF THE SUPERSTARS SPECIAL FESTIVAL.....SATURDAY 28th JULY
FUNHOUSE AT THE MAYFLOWER CLUB..............
BAR 1.30 - 3.00 & 5.30 till LATE. FOOD AVAILABLE ALL DAY......
RECORDS, BADGES, FANZINES, etc, ON SALE (CHEAP!!!)...........
ALL PROFITS AFTER EXPENSES WILL BE SPLIT EQUALLY BETWEEN THE BANDS

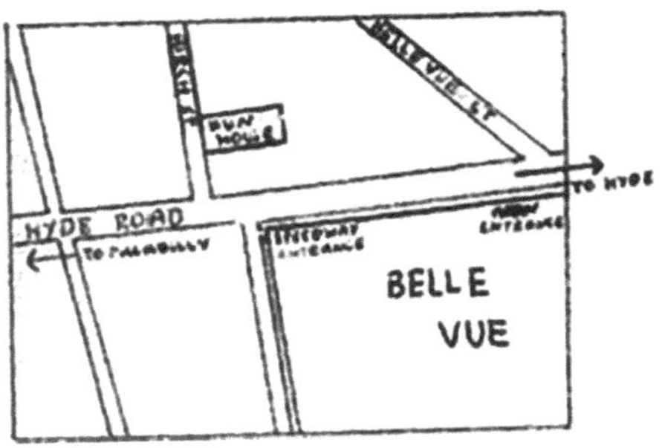

BUSES:-
From Piccadilly: 125,126,160,
204,205,206,207,208,209,210,
211,212,233,234,235.
From Cheetham/Clayton: 53.
From Old Trafford/Moss Side:53.
From Denton & Hyde 125,207-212
From Droylsden: 169, 170.
From Didsbury & Burnage:169,170

»Stuff the Superstars«-Konzert im Mayflower (aus *City Fun*),
28. Juli 1979

Ich glaube nicht, dass die Produktion da geholfen hat, durch sie ist sie noch düsterer geworden. Ich dachte: »Niemand wird sich das anhören, das ist einfach zu verdammt heftig, zu undurchdringlich.« Außerdem glaubte ich, dass wir alle im Leben schon ziemlich düstere Erfahrungen gemacht hatten. Wir waren erst einundzwanzig, bei mir war's so, dass ich eine sehr schwierige Kindheit hatte. In meiner Familie gab es sehr viele Todesfälle und Krankheiten: Meine Mutter hatte eine Zerebralparese; meine Großmutter, bei der ich aufgewachsen bin, hatte eine Augenoperation, und die war schiefgegangen, sodass sie ihr Augenlicht verloren hat; mein Stiefvater hatte Krebs vom Rauchen.

Mein Großvater war auch krank – er hatte einen Hirntumor –, das alles ist passiert, als ich noch sehr klein war. In meiner Familie gab es so viele Tragödien. Ich musste schon in sehr jungen Jahren zusehen, wie einige dieser Menschen gestorben sind, und das hat sich definitiv auf mich ausgewirkt. Wenn man als junger Mensch so was miterlebt, wird man eine ernste Person. Ich war sechzehn, als es anfing, als mein Großvater starb. Dass ich Einzelkind war, hat es nur noch schlimmer gemacht. Ich weiß, dass Hooky auch Probleme zu Hause hatte, und Ian war vermutlich durch seine Arbeit sehr ernst geworden. Für mich war das Leben eine ernste Angelegenheit, und ich vermute, das kam unbewusst auch in meiner Musik durch.

Ich hatte ziemlich viele Verluste in meinem Leben hinnehmen müssen. Mein Zuhause und meine glücklichsten Erinnerungen waren verschwunden – machen wir uns nichts vor, die glücklichsten Erinnerungen hat man schließlich immer an die Kindheit, als jeden Tag die Sonne schien und man keine Hemmungen oder Komplexe kannte. Übrig war nur noch eine Chemiefabrik. Alles war weg – die Häuser, die Menschen. Da gab es also diese Leerstelle, einen Ort, an den man niemals wieder zurück konnte. Mit zweiundzwanzig wurde mir bewusst, dass ich niemals wieder zu diesem Glücksgefühl zurückkehren konnte. Für mich ging es bei Joy Division also um den Tod meines Umfelds und meiner Kindheit.

Liz Naylor: Ich weiß nicht, wie Joy Division es hinbekommen haben, von Manchester zu erzählen. Ich glaube nicht, dass es ihnen bewusst war. Bernard gehört zu denjenigen, die in ein Neubauprojekt umgesiedelt wurden. Joy Division hatten eine gestörte Beziehung zur Gemeinde und zur Stadt, einfach weil sie in einem bestimmten Alter waren. Ich denke, das ist ein Zufall der Geschichte. Ihre Erfahrung von Manchester war, dass sie erst in Gemeinschaften lebten, dann umgesiedelt wurden.

Ihre Erfahrungen in der Stadt sind den Erfahrungen nicht unähnlich, die ich gemacht hatte, als ich Mitte der Siebziger dort hinkam, vor Punk, als es mit der Stadt wirklich bergab ging, sie sich leerte, verfiel und herunterkam. Ich glaube, das war wirklich eine eigenartige Zeit und ein seltsamer Ort, die letzten Tage der Industriestadt. Dadurch entstand ein einzigartiger Moment, eine Atmosphäre, und diese Atmosphäre lässt sich durch die heutige Psychogeografie der Stadt zurückverfolgen, weil solche Momente niemals wirklich vollkommen ausgelöscht werden können.

Ich nehme an, die Umgebung spiegelte mein Inneres. Und ich fühlte mich dort wirklich wohl. Es ist interessant, das Buch von Deborah Curtis zu lesen: die Orte, die Clubs, in die Ian gegangen ist, und die Orte, an die ich gegangen bin – das New Union in der Princess Street, der mieseste Pub überhaupt, und der Mayflower Club. Ich ging auch in einen Club namens Dickens in der Oldham Street. Diese Orte galten als schwule Läden, aber eigentlich bedeutete das nichts, weil alle, die dort hingingen, Freaks waren. Das waren die, die in der Stadt geblieben waren, nachdem alle anderen weg sind, sobald sie konnten.

C.P. Lee: Der Zeitgeist der späten Siebziger floss in Joy Division ein. Das ist eine Band von jungen Männern aus Städten im Nordwesten Englands, die nicht anders konnten, als sich von der

Atmosphäre beeinflussen zu lassen, die um sie herum herrschte. Wenn ich sie mir heute anhöre, sehe ich, wie direkt das in die Musik übergegangen ist. Die Auftritte von Joy Division hatten definitiv etwas Rituelles, auch die Veröffentlichungen – wobei »Veröffentlichung« auch im buchstäblichen Sinne zu verstehen ist, da wurde etwas freigesetzt, mithilfe dessen sie über etwas hinausgehen und etwas hinter sich lassen konnten, auf eine andere Daseinsebene übergehen.

Mark Reeder: Ich habe die Platten von Joy Division geliebt. Ich war voller Ehrfurcht. *Unknown Pleasures* hätte ich mir nicht besser vorstellen können, es war einfach perfekt für diesen Moment. Als Rob mir die erste Kiste *Unknown Pleasures* geschickt hat, habe ich meinen Ohren nicht getraut. Das Album hat mich einfach umgehauen. Alles daran: das Cover, das Geheimnisvolle der Innenhülle – die Hand an der Tür. Fantastisch. »New Dawn Fades«, das hab ich ununterbrochen gehört. Dieser Song hat einfach eine Saite in mir angeschlagen, aber ich habe jeden einzelnen auf dem Album geliebt.

Jon Wozencroft: *Unknown Pleasures* war so ein umwerfender Moment, weil innerhalb von nur sechs Monaten, seit *A Factory Sample,* eine so außergewöhnliche Entwicklung stattgefunden hatte. Vor allem in der Hinsicht, dass das Album eine vollkommene Welt für sich bildete. Es war wie ein richtig guter langer Spielfilm, von dem man nicht wollte, dass er endete. Dabei spielte keine Rolle, ob es ein Achtunddreißig-Minuten-Album oder ein Fünfundvierzig-Minuten-Album war; es war genau richtig für die Erfahrung, die es vermitteln wollte.

Es war sehr aufregend, weil man auf eine Reise mitgenommen wurde. Ian ist auf der ersten Seite, auf dem ersten Stück zu hören, wie er sagt: »I'm waiting for a guide to come and take me by the hand.« Das ist es, man ist sofort drin.

Iain Gray: Ich fand *Unknown Pleasures* angsteinflößend, und das schon, als Ian noch gelebt hat. Ich erinnere mich, dass ich es spätnachts gehört und gedacht habe: »Das ist echt unheimlich.« Ich hörte eine tiefe Verzweiflung heraus. Man denkt immer, auch wenn man jemanden nur entfernt kannte, dass man hätte fragen sollen: »Alles klar?«

Richard Boon: Ich fand, es war eine tolle Platte von Martin Hannett. Einiges davon war arg gewollt, der Gesang war teilweise sehr manieriert und ein bisschen zu vordringlich. Man hat das Gefühl, er klingt etwas gekünstelt intensiv, es kommt nicht wirklich von Herzen. Nachdem Martin ihnen eine neue Form verpasst hatte – er war derjenige, der sie geformt hat, sehr viel mehr als Wilson oder Gretton – und sie den Sound auch erzeugen konnten, den er aus ihnen herausgeholt hat, wurden sie lockerer und klangen weniger förmlich und gezwungen, als ich sie zunächst wahrgenommen habe.

Bob Dickinson: Joy Division klangen wie Geister und wirkten damals gespenstisch. Ihrer Musik haftet dies noch immer an, wie von etwas Totem, dabei ist es lebendig, es ist da, aber dann auch wieder nicht. Eine andere Formulierung, die mir dazu einfällt, ist, dass Technologie Geister aus uns allen macht; die Aufnahme, die visuelle ebenso wie die Audioaufnahme, verwandelt uns in datierbare Objekte und tötet uns ab. Ich denke, dass ihnen das bewusst war, dass sie der Gedanke verfolgt hat und sie diesen Zustand beschrieben haben, wodurch ihre Musik so relevant und gleichzeitig eindringlich wirkt.

- 2. August 1979: Live im Prince of Wales Conference Centre, YMCA, London

Jill Furmanovsky: Sie waren eindrucksvoll. Ian sah in seinem grauen Hemd und der Hose wie ein Schuljunge aus. Dann war da Hooky mit seinem tief hängenden Bass. Er hatte eine ganz bestimmte Art zu spielen, die sehr ungewöhnlich war. Bernard auch – sie sahen nicht wirklich wie Rockstars aus. Aus meiner Sicht eher wie The Fall. Ich war sehr beeindruckt von Ian Curtis: Er wirkte, als hätte er die Schule geschwänzt und sich einer Rockband angeschlossen, was in gewisser Weise ja auch stimmte.

Nach dem Auftritt bin ich hinter die Bühne und hab meinen Kopf zur Tür hereingesteckt, in ihre Garderobe. Sie waren gut gelaunt, der Auftritt war gut gelaufen, Freunde waren gekommen, und ich hatte ein paar Minuten. Länger habe ich für die Aufnahmen auch nicht gebraucht. Ich bin rein und wieder raus: Eigentlich hab ich sie gar nicht kennengelernt. Sie müssen gewusst haben, wer ich war, weil ich mit den Buzzcocks und ein paar anderen Punkbands gearbeitet hatte, und wahrscheinlich hab ich auch gesagt: »Ich bin Jill Furmanovsky vom Soundso (für welche Zeitung ich auch immer gerade gearbeitet hatte), ist es okay, wenn ich ein paar Aufnahmen von euch hier in der Garderobe mache?« Und sie hatten nichts dagegen. Ich hab ein paar Schnappschüsse gemacht und bin wieder raus.

Sie waren alle ziemlich gut drauf, teilten sich Zigaretten, tranken was. Sie waren bestens aufgelegt. Die anderen Bands – Monochrome Set gehörten dazu – gingen ein und aus. Ich bin sehr schnell; viele meiner besten Arbeiten sind sehr schnell entstanden, in einem Hotelzimmer oder einer Garderobe, an solchen Orten. Das war unmittelbar nach dem Auftritt, und die wichtigste Aufnahme, die wir ständig verwenden, sieht aus, als würden sie von einer bestimmten Stelle aus explodieren. Die Komposition hat mir immer gefallen, wie Ian sich vorbeugt, aber vorher hatte es einiges an Hin und Her gegeben.

Ian Curtis zu sehen, der sich ein Handtuch umgewickelt und nichts dagegen hatte, dass noch jemand im Raum war, vermittelte ein Gefühl davon, dass der Gig wirklich gelungen war. Ich glaube, für sie war das ein wichtiger Londoner Auftritt damals. Sie mussten einiges an Aufsehen erregt haben.

Adrian Thrills, Rezension des YMCA-Konzerts im *NME*, 11. August 1979

Joy Division waren phänomenal … Jedes Mitglied ist gleich wichtig. Schlagzeuger Steve Morris ist zweifellos der beste »Thumper«, seit sich Palmolive von den Slits/Raincoats traurigerweise ins Exil verabschiedet hat. Die Kombination aus gewöhnlichem Schlagzeug, elektronischer Percussion und Syndrums ist bemerkenswert, ganz besonders umwerfend auf »She's Lost Control« und »Insight«, das sie als Zugabe spielten. Peter Hook schlingert und schlägt den Bass an wie ein bedrohlicher Paul Simonon, während Gitarrist Bernard Dickens (*sic*) mit ernsthafter Miene neben Ian Curtis steht, der singt, knurrt und zuckt wie eine Marionette an unsichtbaren Fäden.

Steve Taylor, Rezension des YMCA-Konzerts im *Melody Maker*, 11. August 1979

Joy Division sprechen von apokalyptischer Hoffnungslosigkeit und Fragmentierung, doch ihre Musik dient der Austreibung von Passivität und Nachlässigkeit, als Wiederbelebung des urwüchsigen Geistes des Rock'n'Roll, wie ich es lange nicht mehr erlebt habe.

Dave McCullough, »Wahrheit und Gerechtigkeit auf Manchester-Art«, Interview in *Sounds*, 11. August 1979

Die Ironie dabei war natürlich, dass sie, indem sie sich, wie sie glaubten, unergründlich gaben, und äh, obskur, einen Riesenbeweis ihrer Verkünstelung, oder genauer gesagt, ihrer zerebralen Defizite geliefert haben. Ian schwieg zufrieden, während ich auf den absurden Mummenschanz, der sich da abspielte, zunehmend irritiert reagierte.

Bernard Sumner: Ich glaube, das war eins unserer ersten Interviews. Es war so schrecklich, dass wir dachten: »Scheiße, wenn das so ist, dann machen wir das nie wieder.« Also haben wir einfach keine Interviews mehr gegeben. Ich glaube, Ian hat ein paar gegeben, aber ein Spaß war's nicht. Wir hatten keine Ahnung, wie man sich verkauft. Wir waren nicht scharf drauf, bei *Top of the Pops* aufzutreten oder Unmengen von Platten zu verkaufen, uns gefiel es einfach so, wie's in dem Moment war, und was anderes hat uns nicht interessiert. Wir hatten keine Ahnung, dass man, wenn man massenhaft Interviews gibt, auch mehr Platten verkauft.

Dave McCullough war ziemlich widerlich, weil er halt ein Schwachkopf ist. Wir waren nicht unvernünftig oder so, aber als wir nicht so mitgemacht haben, wie er sich das vorgestellt hatte, ist er gleich hochgegangen, und wir dachten: »Scheiß drauf. Wir beschränken uns lieber darauf, Platten zu machen.« Natürlich hat sich meine Meinung über Journalisten inzwischen total verändert. Ich finde sie wunderbar.

Peter Hook: Rob war der Denker. Er hatte eine Vision, wie wir dargestellt werden sollten. Als die Presse kam und uns lauter Blödsinn entgegenschleuderte, haben wir die genauso genervt, wie wir ganz am Anfang die anderen Bands genervt haben, weil die in der Regel ein Haufen Blödmänner waren. Wir wollten das Spiel nicht mitspielen. Wir haben Fragen einfach nur mit »nein« beantwortet. Für uns schienen die kein Recht zu haben, uns zu bewerten. Die haben einem eine Frage gestellt und dann erwartet, dass man ihnen mit einer einzigen Antwort ihre ganze Spalte vollschreibt. Die haben bekommen, was sie verdient haben.

Ian war sehr schüchtern, besonders am Anfang. Steve wollte nicht, und Bernard und ich waren zwei besoffene Prolls, deshalb hat Rob gesagt: »Hört mal, wahrscheinlich ist es besser, wenn ihr beide gar nichts sagt, weil ihr nämlich dumm seid wie Schweinescheiße.« Und wir meinten: »Klar, darauf können wir uns einigen.« Man wusste nicht, was man machte, man hat's einfach getan. Vielleicht wusste Ian ja Bescheid, aber er hat noch weniger gesagt als Bernard und ich, weil wir ja immerhin vorlaut waren und beide eine große Klappe hatten.

Rob hat das unterbunden. Später hat sich das geändert, weil Ian es gehasst hat, wenn die Leute immer nur mit ihm über die Band reden wollten. Er hat es gehasst, wenn die ihn aus Joy Division herausgegriffen haben, und auch das war ein Grund, weshalb wir nicht unbedingt mit der Presse sprechen wollten. Bandinterviews fangen immer gleich an. Eigentlich sind sie alle scheißlangweilig. Ich will gar nicht wissen, wo die Musik herkommt. Ich stelle mir lieber vor, dass sie magisch ist und einfach so existiert, ich war also froh, keine Interviews geben zu müssen. Ich finde, das zerstört das Rätselhafte. Wir waren sehr isoliert. Auch wenn es genervt hat, wir haben uns durch das Zusammensein untereinander auch Kraft gegeben. Rob war richtig gut darin, uns anzutreiben. »Kommt schon, kommt schon, scheiß drauf.« Er hat uns bei der Stange gehalten. Wenn uns irgendwas runtergezogen hat, hat er uns wieder hochgebracht und weitergetrieben, und damit war's vergessen, weil er sich für uns eingesetzt hat. Wenn er das Gefühl hatte, dass was verkehrt läuft, hat er gesagt: »Verpiss dich, du Blödmann, du verfluchtes Arschloch, das ist meine Band« – das war toll. Man hatte wirklich das Gefühl, dass er einen anfeuert.

James Brown, sabotagetimes.com

Stephen Morris: Dass sich was verändert hatte, hab ich zum ersten Mal gemerkt, als wir im Nashville gespielt haben. Wir sind raus, und da stand eine Schlange von Leuten, wie ich sie noch nie gesehen hatte. Die standen um den ganzen Block, und alle wollten in die Nashville Rooms. Ich sagte: »Schau dir das an, unsere erste Schlange.«

Paul Rambali, »Joy Division: Keine Gefangenen machen, keine Spuren hinterlassen«, *NME,* 11. August 1979
Würde man mit einer Taschenlampe in diese unterirdische Szene leuchten, würde man die jungen aufgeräumten Gesichter von Joy Division sehen, und vielleicht würde einem auffallen, was für anständige, ordentliche Kleidung sie tragen. Ein unscheinbares Image, das durch die Pattentaschen auf den Hemden, die zwei von ihnen tragen, leise auf die militärischen Anklänge ihres Namens verweist. Vielleicht würde einem auch die wachsende Begeisterung in den Gesichtern der Zuschauer auffallen, die alle mit der unwiderstehlichen Musik mitgehen. Definitiv die stärkste Musik aus diesem Land in diesem Jahr.

- 13. August 1979: Nashville Rooms, London

Ian Curtis (Interview geführt von Paul Rambali, *NME,* 11. August 1979): Man arbeitet immer auf den nächsten Song hin. Egal, wie viele man schon hat, man sucht immer nach dem nächsten. Im Prinzip spielen wir, was wir wollen. Es wäre leicht für uns, zu sagen: »Anscheinend mögen die Leute diese oder jene Songs …« Es wäre leicht, noch einen davon vorzulegen. Aber das machen wir nicht.

Wir wollen uns nicht verwässern, und indem wir erst mal bei Factory bleiben, haben wir auch die Freiheit zu machen, was wir wollen. Wir unterliegen keinerlei Beschränkungen, und die Musik auch nicht – nicht mal die Grafik oder die Promotion. Manche Bands bekommen riesige Vorschüsse – Kredite sind das eigentlich –, aber wofür geben sie das Geld aus? Was bekommen sie für das ganze Geld? Wird ihre Musik davon besser?

Terry Mason: Das hatte was von einem Schneeballeffekt, als sie zu der Zeit größer geworden sind. Wir bekamen immer mehr Presse, und allmählich glaubte man, was dort stand. Es hatte eine Zeit gegeben, als keiner sie kennen wollte, und plötzlich sagten alle: »Ihr seid fantastisch.« Das hat der Band Selbstbewusstsein verliehen, und sie sind mit mehr Stolz auf die Bühne gegangen. Sie waren sehr viel selbstsicherer.

Tony Wilson: Ich glaube nicht, dass ich mitbekommen habe, wie sie in kurzer Zeit richtig groß wurden, weil ich von Anfang an davon ausgegangen bin, dass sie richtig groß waren. Ich wusste, dass sie die wichtigste Band ihrer Generation waren, so wie die Pistols zwei Jahre zuvor. Es wäre schön, zu denken, dass ich es damals nicht gewusst hätte, aber ich habe es gewusst … und nein, es war keine Überraschung. Sie wurden einfach immer besser und besser.

Bernard Sumner: Wir haben uns immer auf das verlassen, was wir selbst von uns gehalten haben. Was die anderen gedacht haben, war uns eigentlich egal. Wahrscheinlich lag das daran, dass wir am Anfang so unbeliebt waren – ich weiß nicht, das kann auch meine Paranoia gewesen sein. Auf jeden Fall haben wir gelernt, uns auf uns selbst zu verlassen. Ich meine, ich persönlich, ich war Einzelkind, deshalb verlässt man sich sowieso erst mal auf sich selbst.

Ich hatte immer das Gefühl, dass das eine wunderbare Stärke von Joy Division war – uns hat etwas nur interessiert, wenn es uns gefallen hat, und das hat uns so langlebig gemacht. Wir wussten auch nicht, wie das alles funktioniert, wir waren bei einem Independent-Label. An Karriere haben wir nicht gedacht; wir waren zufrieden mit fünfzig Pfund die Woche, hundert Pfund die Woche oder wie viel auch immer, und haben gemacht, was wir geliebt haben: Wir sind herumgereist, sogar in Europa, haben Konzerte gegeben. Das war toll. Das hat uns genügt, weil es gut war: Wir hatten viel Spaß unterwegs, haben Partys gefeiert und so weiter.

- 19. August 1979: Fotosession mit Kevin Cummins in T.J. Davidsons Proberaum

Kevin Cummins: Ich hab sie ein paar Mal im Proberaum besucht, aber keine Fotos gemacht; ich bin vorbeigekommen, weil mich interessiert hat, was sie machten. Ich hatte bereits die Buzzcocks und The Fall da drin fotografiert. Ich dachte: »Vielleicht sollte ich ein paar Lampen mitnehmen, um ein bisschen aufzustocken.« Außerdem sind Bands ja dafür bekannt, dass sie nicht pünktlich erscheinen, erst um Mitternacht anfangen zu arbeiten oder so. Ich bin also ein paarmal hin und habe ihnen ungefähr eine Stunde lang beim Proben zugesehen.

Dann bin ich wieder hin und hab Fotos gemacht. Das meiste ist im Gegenlicht aufgenommen. Mir gefiel die Silhouette, diese Atmosphäre aus Schatten. So haben dann auch andere Leute sie fotografiert. Man sieht jede Menge Coladosen und Zeug herumliegen. Die Coladosen waren voller Pisse. Es hat furchtbar gestunken, widerlich. Die Toiletten waren ein Stockwerk tiefer, aber sie waren zu faul, um runterzugehen. Also haben sie einfach in die Coladosen gepisst, und die standen überall rum, man hat also lieber nichts angefasst.

Bernard Sumner: T.J. Davidson war der Typ, der den Proberaum vermietet hat. Er hat ein bisschen ausgesehen wie der Schlagzeuger von Frankie Goes to Hollywood, nur mit Dauerwelle, aber er war ein echt netter Kerl. Ich glaube, seinem Vater hat ein Juwelierladen gehört, und er hat lauter alte Fabriken in Manchester gekauft. Wir hatten ein riesiges Stockwerk für uns. Die Hälfte der Fenster war zerschlagen, und auf dem Klo gab's Ratten. Wir hatten keinerlei Schallschutz, deshalb konnte man alles von unten hören. Waren Slaughter and the Dogs unter uns?

Im Winter haben wir den ganzen Müll auf eine Seite gefegt und angezündet, um uns aufzuwärmen. Im Boden war ein Loch, durch das man das Schlagzeug von Slaughter and the Dogs sehen konnte. Hooky hat durch das Loch draufgepisst – natürlich immer erst, wenn sie weg waren –, weil sie so laut und nervig waren. Das war ein kreativer Ort, aber es war verdammt kalt. Ich vermute mal, die Heizung hat nicht funktioniert. Die Akustik war fürchterlich und unser Equipment auch. Wir haben es trotzdem geschafft, ein paar tolle Songs dort zu schreiben.

- 27. August 1979: Open-Air-Festival, Leigh

Jon Savage, Artikel über das Leigh Festival im *Melody Maker*, 8. September 1979
Joy Division vertrieben die zunehmende Kälte mit kinotauglichen, eisernen Lärmblöcken.

Kevin Cummins: Wir fuhren aufs Gelände und parkten ungefähr fünfzig Meter von der Bühne entfernt, ließen den Wagen einfach dort stehen. Da parkte schon eine ganze Reihe von Autos, weil kaum jemand da war. Es war ziemlich ungeschützt. Ich hab Bilder von Hooky aufgenommen, wie er im Mantel auf der Bühne steht, und das mitten im August. Alles war wahnsinnig schlecht organisiert. Das Plakat war nicht fertig, deshalb wusste niemand, dass das Festival überhaupt stattfand. Und dann kam man nicht hin, weil die öffentlichen Verkehrsmittel gestreikt haben, es waren also nur Leute da, die selber fahren konnten.

Den ganzen Tag kam kaum jemand, erst am Abend, als Joy Division dran waren, wurde es ein bisschen voller. Dass ich mit auf der Bühne sein und Aufnahmen machen durfte, war ganz schön aufregend für mich. Ich war fast den gesamten Gig über auf der Bühne. Mir macht das immer Spaß, weil man dasselbe spürt wie die Band.

Peter Hook: Ich weiß noch, wie wir auf dem Leigh Festival gespielt haben. War kein toller Auftritt. Mir ging's nicht so gut, es war echt kalt. Das Highlight war, als Terry eine ein Meter lange Scheißwurst im Klo entdeckt hat.

Jeremy Kerr: Auf dem Weg zum Festival wurden alle gefilzt. Da waren mehr Polizisten als Zuschauer.

Lesley Gilbert: Da standen ungefähr zehn Figuren auf einer Wiese, und das war's. Ich denke, da waren mehr Polizisten als Publikum. Die haben jeden angehalten, der dorthin wollte. Ich weiß, dass die sich Bernards Freundin Sue geschnappt und sie durchsucht haben. Es hat sich niemand dran gestört, dass so wenige da waren, es hat Spaß gemacht. So was kam ständig vor, Konzerte, wo kaum jemand war, aber das hat niemanden gestört.

Stephen Morris: Das Leigh Festival – was für eine Pleite. Eine Mischung aus Factory und einem Zoo! Kam mir vor wie eine riesige Wiese. Mir ist nur in Erinnerung geblieben, dass es gleich am Anfang schon geregnet hat. Die zwanzig oder dreißig Leute, die gekommen waren, stiegen in ihre Autos und schalteten die Scheinwerfer ein. »Wo sind alle hin? Ach, in den Autos? Na gut.« Es war klar, dass das eine Pleite wird. Viele Factory-Ideen entstanden aus nächtlichen Gesprächen, und hätte man nur ein paar Stunden gewartet, bevor man entsprechende Entscheidungen fällte, hätte man vermutlich gemerkt, dass man danebenliegt. Aber nein, wir gehen mit dem Kopf durch die Wand und scheißen auf die Konsequenzen.

- 8. September 1979: Futurama Festival, Leeds

Terry Mason: Futurama war natürlich ein wichtiger Auftritt. Wir haben am selben Abend gespielt wie Public Image, Johnny Rottens neue Band, und zwar direkt vor ihnen.

Kevin Cummins: Für die Jungs war's super, aber die Veranstaltung insgesamt war schlimm. Das war alles, wogegen Punk angetreten war – ein riesiges Festival in einem zugigen Saal in Leeds, The Queen's Hall. Die hatten nicht mal sauber gemacht, es war nur spärlich besucht. Den ganzen Müll da drin hatten die einfach nur nach hinten gefegt und vorne eine kleine Absperrung gebaut. Ehrlich gesagt, das war eine Feuerfalle. Die Bühne hatte was von einer Arena und war mit Takelage abgesichert. Es war sehr kalt und sehr trist. Und dann kam gnadenlos eine Band nach der anderen. Bis zum Auftritt von Joy Division war's ziemlich fürchterlich. Für die Band hat's funktioniert. Ohne auf Klischees zurückgreifen zu wollen: Es herrschte eine beinahe osteuropäische Atmosphäre. Ich glaube nicht mal, dass das beabsichtigt war, es hat aber funktioniert. Für Fotografen war Ians Tanzstil eine ganz schöne Herausforderung. Es gab verschiedene Möglichkeiten, damit umzugehen: mit einer größeren Blende aufnehmen und seine Bewegungen einfangen; oder einen Blitz verwenden und ihn damit scharf bekommen, aber immer noch ein bisschen Bewegung mit den Armen zeigen.

Ich wollte einfach die Intensität seines Auftritts einfangen. Das war absolut faszinierend. Es kam mir immer gefährlich vor, weil man das Gefühl hatte, dass er ein bisschen außer Kontrolle geriet, und das hatte ich so noch bei keiner anderen Band erlebt. Ich hatte The Clash gesehen, The Jam und diese ganzen Bands, aber ich hatte nie das Gefühl gehabt, dass sie mehr waren als die Summe ihrer Einzelteile. Aber bei Ian, das war gefährlich. Der einzige andere, bei dem es auf der Bühne ähnlich wild zuging, war Iggy Pop.

Dave Simpson: Das war der erste Gig, auf dem ich je war. Er fand in einem Saal namens The Queen's Hall statt, den es nicht mehr gibt, in der Swinegate. Mitte der Achtziger wurde er abgerissen. Ich kann mich noch lebhaft daran erinnern, weil ich dort auf Flohmärkte gegangen bin. Der Sound der Band war unverwechselbar. Ich habe ein paar Aufnahmen davon, und immer wenn ich die Tapes höre, versetzen sie mich sofort wieder dorthin zurück. Damals war ich fünfzehn oder sechzehn, war nie auf einem Gig gewesen und konnte es mit nichts vergleichen.

Das Erste, woran ich mich erinnere, ist die Größe der Lautsprecher. Ich hatte noch nie ein richtiges PA-System gesehen. Ich war es gewohnt, dass Musik aus einem Transistorradio kommt oder im besten Fall aus einer Anlage zu Hause. Vor diesen Lautsprecherboxen zu stehen, die wahrscheinlich fünf Meter hoch waren, war wie in eine andere Welt abzutauchen. Mich hat das umgehauen. Es war ein eigenartig hallender Sound, und wenn man sich das Tape anhört, glaube ich, dass dieser Sound dadurch sogar noch verstärkt wird.

Der Schlagzeugsound, dieses massive, gigantische Hämmern, das klingt einfach unglaublich. Für mich als Jugendlicher klang es einfach unheimlich.

Bevor Joy Division auf die Bühne gingen, spielten andere Bands im Stroboskoplicht, was ich auch noch nie gesehen hatte. Hawkwind hatten Punishment of Luxury ihr Lasersystem geborgt, die ich an dem Abend auch fantastisch fand. Es kam mir alles sehr futuristisch vor, was auch gewollt war. Die Veranstaltung war angekündigt worden als »das weltweit erste Science-Fiction-Musik-Festival«, was eine großartige Idee war, diese ganzen vorwärtsgewandten Bands spielen zu lassen, dazu ein paar Spezialeffekte wie Laser. Außerdem liefen ein paar Leute als Roboter verkleidet herum. Eine sehr rudimentäre Vision von der Zukunft.

Ich hatte ihren Namen gesehen. Auf der Fahrt mit dem Bus zur Schule sah ich immer Plakate für den Roots Club in Chapeltown. Darauf hatte ich ihren Namen entdeckt und gesehen, dass sie da spielen würden. Ich glaube, sie haben auch noch im Fan Club im Brannigan's gespielt. Das war nicht im Stadtzentrum, eher im damaligen West-Indian-Viertel. Da gab's Reggae und Pink Military oder Pink Industry, Cabaret Voltaire – eher so die esoterische Seite der Post-Punk-Ära. Sie hatten schon mal in Leeds gespielt, aber ich glaube nicht, dass viele Leute wussten, wer sie waren.

Als A Certain Ratio dran waren, drehte sich jemand zu mir um und fragte: »Wer ist das?« Ich sagte: »Keine Ahnung, vielleicht sind das Joy Division.« Von beiden hatte ich nie gehört, sie waren nur Namen auf einem Plakat. Keine Ahnung, wie sie aussahen oder klangen. Mein Fauxpas wurde mir bewusst, als Tony Wilson ein oder zwei Stunden später auf die Bühne kam und Joy Division als »die fantastischen Joy Division« ansagte. Dabei gingen mir zwei Dinge durch den Kopf: »Erstens, das wird super. Und zweitens, wenn die anderen eben nicht Joy Division waren, wer waren sie dann?«

Joy Division haben mich absolut sprachlos gemacht. Das war, als hätte man die Zukunft gesehen. Sie fingen mit »Dead Souls« an, was auch komisch war, weil ich Songs mit zehn Sekunden langem Intro gewohnt war, dann setzt die Strophe ein, und irgendwann kommt der Refrain. Man rechnet nicht damit, dass ein Song mit anderthalb Minuten Bass, Schlagzeug und ein bisschen Gitarre anfängt. Der Sänger hat gar nicht gesungen, nur getanzt. »Was ist das, ein Instrumental? Wer ist der Typ, der da so komisch tanzt?«

Dann fängt der Tänzer an zu singen, und plötzlich ergibt alles Sinn.

Ich weiß noch, dass Peter Hook seinen Fuß auf den Monitor gestellt hat, um »Transmission« zu spielen. Sie haben »Wilderness« und »I Remember Nothing« gespielt, das klang unglaublich, wegen dem Hall auf dem Schlagzeug. Ian trug ein glänzendes schwarz-weißes Hemd und sah im Scheinwerferlicht großartig aus. Ich kann mich nicht erinnern, dass er überhaupt was gesagt hat. Kann höchstens sein, dass er gesagt hat: »Guten Abend, wir sind Joy Division.« Sie sind einfach auf die Bühne und haben gespielt. Mir gefiel das Geheimnisvolle daran. Diese vier noch ziemlich jungen Typen, die Musik machen und einen an alle möglichen Emotionen ranführen, und dabei wird nichts erklärt.

Das hat mein Leben total verändert. Praktisch alles, was ich seit diesem Konzert gemacht habe, habe ich deshalb gemacht. Und noch was: Man brauchte ein Bild für einen Ausweis, um reinzukommen. Bevor wir also rein sind, gingen mein Freund Bruce und ich zu Woolworths und haben Fotos gemacht. Auf meinem Fotoautomatenbild trage ich so ein T-Shirt mit einem aufgebügeltem Sid Vicious, ich hab eine sehr schlechte Vapors/Members-artige Stachelfrisur, und Bruce streckt den Arm durch den Vorhang. Ich schaue auf, lache über den hereingestreckten Arm, und die Kamera geht los.

Wenn ich mir das Bild heute ansehe, denke ich: »Wow, ein paar Stunden später warst du nicht mehr derselbe.« Das T-Shirt flog gleich am Montagmorgen raus – der Abend hat wirklich alles verändert. Ich weiß noch, dass ich mich daraufhin von vielen Platten getrennt habe. Plötzlich wollte ich Sham 69 oder UK Subs nicht mehr hören, ich hörte jetzt Joy Division, Bunnymen, diese John-Peel-Sachen.

***Damaged Goods*, Fanzine, Nr. 4**

Weiter geht's mit dem Zwei-Song-Wunder, Joy Division auf Factory Records. Warum lieben alle Joy Division? Wer weiß, ich jedenfalls bestimmt nicht, aber es ist ein RIESEN-HYPE. »Shadowplay« und »She's Lost Control« sind die einzigen beiden Songs des Sets, mit denen ich was anfangen kann, der Rest ist monotones Gedröhne! Kommt schon, ihr modernen Jungs, schaut mal hinter die Gothic-Faszination, die Nazi-Bezüge im Namen, das stilisierte (Kentucky Fried-)Getanze, und was seht ihr da – NICHTS, ALLES NUR POSE! Finito. PS. Ist Tony Wilson der neue McClaren?

- 13. September 1979: *No City Fun: The Factory Flick* (Factory FAC 9), 8-mm-Film, Premiere im Scala Cinema, London, mit Texten aus »No City Fun« von Liz Naylor und *Unknown Pleasures* als Soundtrack

Liz Naylor, »No City Fun«, *City Fun*, Ausgabe 3, Dezember 1978

Manchester, wo bist du? ICH MUSS. Ich gehe umher und strenge mich echt an, wie ein berühmter Schriftsteller auszusehen, Zigarette schön im Mundwinkel, Dylan Thomas hat's drauf gehabt, niemand ist beeindruckt. Niemand überzeugt … ich auch nicht … okay, wo sind die Leute? Virgin hat zum Zeitpunkt der Niederschrift geschlossen – GOTT SEI DANK (wünschte, es würde für immer geschlossen bleiben). Wegen Umzug (JEDENFALLS NICHT AUFGRUND VON BEWEGUNG, BESTIMMT NICHT AUFGRUND VON FORTSCHRITTLICHKEIT) treibe ich mich im Underground herum – HORROR MOVIE, Mädchen mit gefärbten Haaren und geschlitzten Röcken hassen mich, fünfzehnjährige Schuljungen kaufen überteuerte Singles von The Clash, sagen »geil« und ejakulieren auf Platten von Blondie (jetzt wisst ihr, warum die alle in Plastikhüllen stecken!). Ich schere aus, alte Hüte etc. etc. etc.

Liz Naylor: Ich war so platt, dass aus diesem Ding, das ich geschrieben hatte, was ganz anderes geworden war. Das kam mir vor wie ein Moment, der einem das Leben rettet. Ich weiß nicht, was ich gedacht habe, was passieren würde – dass ich in Hollywood unter Vertrag käme? Bis dahin hatte ich zu Hause gewohnt, war ein totaler Freak, ich war queer und alleine, es fühlte sich an, als wäre man überhaupt nicht anwesend in der Welt. Oder als hätte man keine Stimme, plötzlich war nicht nur dieses Ding veröffentlicht worden, sondern auch noch verfilmt, und das kam mir vor, als wäre meine Vision von Manchester Realität geworden.

Wenn ich mir das rückblickend ansehe, merke ich, dass es nicht nur meine Vision war. Ich glaube, es lag an der Atmosphäre in Manchester, dass sich Charles Salem für die Musik von Joy Division entschieden hat, weil er darin eine gewisse Ähnlichkeit entdeckt hat. Wir sprachen über dasselbe, haben zur gleichen

Zeit denselben Ort erlebt. Wenn ich mir das jetzt ansehe, denke ich tatsächlich, dass das ein psychogeografischer Film war, er wirkt sehr situationistisch, die ganzen Einstellungen von Schaufenstern. Das sieht aus wie primitiver englischer Situationismus – was toll ist.

(*schaut Film*) Oh, jetzt sind wir im Arndale. Okay. Ach, da ist Paperchase – ich kann mich nicht mal dran erinnern. Ein Markt in einer Unterführung. Wenn ich das jetzt sehe, kann ich die meisten Örtlichkeiten identifizieren und sagen, wo das war. Als würde man wieder auf diese Reise geschickt werden. Da wird die Stimmung in der Stadt zu dieser Zeit gezeigt. Das ist so eine unbewusste Art des Filmemachens und ein ziemlich befangener Text, aber im Zusammenspiel entsteht etwas ganz und gar Einzigartiges.

- 15. September 1979: *Something Else,* BBC TV

(Interview wie gesendet)
Tony Wilson: Glaubt ihr, dass eure Platten jemals gespielt werden?
Stephen Morris: Zweifelhaft, sehr zweifelhaft.
Paul Burnett: Wenn man eine Platte veröffentlicht, hat man dann automatisch das Recht, dass sie auf Radio 1 gespielt wird?
Tony Wilson: Wenn's eine geniale Platte ist, wenn sie besser ist als der übliche Schrott … Es gibt Platten, die besser sind als der übliche Schrott, die nicht gespielt werden, weil sie ein bisschen verstörend wirken – einfach aus dem Grund, dass sie von irgendwo ein bisschen tiefer in der Seele kommen als das Zeug aus einer reinen Hitfabrik –, und diese Sachen werden meist nicht gespielt.

Stephen Morris: *Something Else* war gut. Da haben wir kapiert, dass man sich von den Damen in der Maske auch die Haare schneiden lassen kann. Wenn man dahin gegangen ist, hat man einen kostenlosen Haarschnitt bekommen; man durfte auch in die Kantine gehen und sich absurd vergünstigtes Essen holen – das war total billig. Außerdem hab ich was im Fernsehen gesagt, nur das eine Mal. Wir waren dort mit The Jam, und Paul Weller ist auf uns aufmerksam geworden. Danach haben The Jam »Start« gespielt. Ian hat immer behauptet, das hätten sie von uns geklaut.

Tony Wilson: Wenn man den ersten Fernsehauftritt, also »Shadowplay« bei Granada, mit der BBC ein Jahr später vergleicht, dann ist das ein echter Unterschied, weil sie sich hier voll reinknien. Ich finde, der Auftritt bei *Something Else* auf BBC ist phänomenal. Es ist wunderbar, »Shadowplay« zu sehen und die ersten Fernsehaufnahmen von Joy Division zu erleben, aber die BBC-Aufnahmen sind einfach sehr intensiv.

Jon Wozencroft: Es war im September '79. Ich musste zu einer Knochentransplantation ins Krankenhaus, weil ich mir das Schlüsselbein ganz entsetzlich gebrochen hatte und es mit Knochenmasse geflickt werden musste. Ich war noch dabei, mich davon zu erholen, als ich an einem Samstagnachmittag in den Fernsehraum ging, um eine Sendung namens *Something Else* zu sehen. Die anderen dort hatten *Grandstand* und die Fußballergebnisse geschaut, und ich dachte, »das ist offensichtlich interessant«, deshalb musste ich sie überreden, mich umschalten zu lassen.

Wir haben dann auf BBC2 umgeschaltet, und so einen Musikauftritt hatte ich im Fernsehen noch nie gesehen. Wir alle wissen, wie schwierig es ist, in einem Fernsehstudio gute Musik einzufangen. In diesem Fall weiß ich nicht, was passiert ist, aber der Auftritt von Ian Curtis mit der Band hat die Künstlichkeit des Mediums total durchbrochen. Ich glaube, da wurde einfach eine sehr starke Energie gebündelt und die Band an einem guten Tag erwischt. Wahrscheinlich hatten sie auch begriffen, dass das eine Gelegenheit war, ihre Vision und ihre Musik landesweit zu präsentieren.

Das Außerordentliche war, dass es am Samstagnachmittag zur Primetime gesendet wurde. Ich glaube, es war ungefähr halb sechs. Viertel vor sechs an einem frühen Samstagabend, das hätten also alle sehen können, und alle, die mit mir im Raum waren, haben es gesehen. Die ganzen alten Männer mit den kaputten Beinen und Hüften haben sich plötzlich Joy Division anstatt *Dad's Army* angesehen. Die Reaktionen waren außergewöhnlich: Nichts von dem üblichen Gemecker, »mach den Mist aus«. Ich meine, ganz offensichtlich hat man gemerkt, dass das etwas sehr Ungewöhnliches war.

Es war bezeichnend, wie sie ihre Chance genutzt haben, indem sie mit »Transmission« anfingen, weil sich der Song sehr modular aufbaut und auch die Entwicklung zeigt, die Joy Division innerhalb einer so kurzen Zeitspanne gemacht hatten. Sie fingen als Musiker an, die kaum ihre Instrumente beherrschten, und plötzlich waren sie eine Supergroup. Steves Schlagzeug, Hookys Bass und Bernards Gitarren waren einfach außergewöhnlich. Das war ein Kontrapunkt.

Anstatt sich immer wieder in dieselben Melodien und Konfigurationen zu hüllen, hat jeder Einzelne die Erwartungen auf den Kopf gestellt, sodass Hooky zum Beispiel Leadgitarrist wurde. Bernard hatte dadurch die Freiheit, alle Schattierungen herauszuholen, die auf der Gitarre möglich sind. Er hat auf sehr melodische Art viel mit Verzerrung und Lärm angestellt. John McKay von Siouxsie and the Banshees war damals der Einzige, der etwas Ähnliches versucht hat. Das war sehr konzentriert, zehn Minuten konzentrierte Sendezeit.

- 28. September 1979: The Factory I, Manchester

Deborah Curtis (aus *Touching from a Distance):* Als es Herbst wurde, spielten sie zum letzten Mal in der Factory, dann wurde sie auf unbestimmte Zeit geschlossen, da die Lizenz vom Russell Club abgelaufen war. Sechzehn Monate lang war das »unser Laden« gewesen, und jetzt hatten wir das Gefühl, dass ein neues Kapitel begann.

Paul Barrowford, joydiv.org: Das Licht wird gedimmt – Joy Division gehen auf die Bühne und eröffnen mit einem neuen Song, »Atmosphere«. Das Stück ist langsam, düster. Ian Curtis spielt dabei Gitarre. Außerdem werden vier oder fünf andere Songs gespielt, »Colony« ist der beste davon. Alte Lieblingslieder wie »Wilderness« und besonders »She's Lost Control« bringen das Publikum dazu, manisch zu tanzen. Fünfundvierzig Minuten später endet ein hervorragendes, kontrolliertes Set. Die Band kommt noch einmal für »Transmission« auf die Bühne, Fehlstart, neuer Versuch. Jetzt kommt es zu einem Ereignis, das den ganzen Abend ruiniert. Jemand muss den Bassisten Peter Hook beschimpft haben, denn mitten im Song attackiert er den Unbekannten mit seinem Bass. Hook jagt ihn durch den Zuschauerraum, es endet mit einem Handgemenge in der Nähe der Garderobe. Hook kehrt auf die Bühne zurück und verschwindet backstage. Die Band (ohne Hook) macht mit »Step Inside« weiter, und das war's.

Peter Hook: Twinny und ich sind mit einem Kumpel von Bernard ausgegangen und wollten ihn betrunken machen – Dr. Silk, ein Zauberer. Wir sind mit ihm weg, um ihn abzufüllen, so was hat man damals gemacht. Aber er wurde nicht betrunken, er musste irgendwie geschnallt haben, was wir vorhatten, und dass wir ihm Wodka in den Tomatensaft gekippt hatten. Und er muss dasselbe bei uns gemacht haben, weil Twinny und ich plötzlich sternhagelvoll waren. Wir sind zurück zur Factory, und als wir gespielt haben, waren wir blau. Ich hab Steve die ganze Zeit angeschrien, dass er schneller spielen soll, weil ich so voll war.

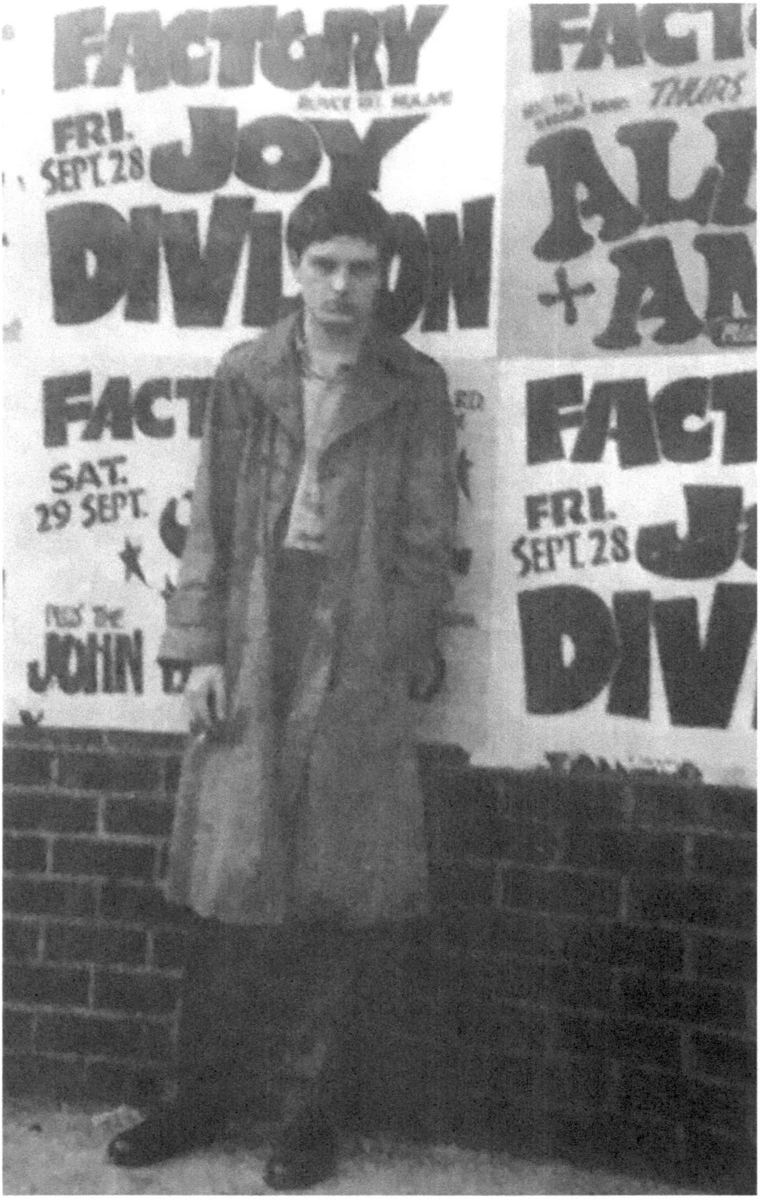

Ian Curtis vor The Factory, September 1979 (Phil Alderson)

Vorne standen jede Menge Fans: Die waren bei jedem Auftritt da. Ich weiß noch, dass so ein Typ zu einem der Fans mit total vielen Badges hin ist, ihn an den Haaren gepackt und ihm eine Kopfnuss verpasst hat. Ich dachte: »Das kommt nicht in die Tüte.« Also hab ich meinen Bass abgenommen und damit ausgeholt wie Spartacus, dabei hatte ich aber so viel Schwung, dass ich – waaaaah – von der Bühne flog und zwischen ihnen landete, und sie fingen an, auf mich einzutreten. Daraufhin ist Twinny dazwischen, hat mich am Kragen gepackt und wieder zurückgezogen.

Wir haben uns den Typen geschnappt, den wir für den Schuldigen hielten, und Twinny und ich haben ihn verdroschen. Dann haben wir noch mal richtig hingeschaut, und es war der Fan mit den Badges – wir hatten uns den Falschen gegriffen. Der Rest der Band hat weitergespielt. Das war für mich das erste Mal, dass die Band einfach weitergespielt hat. Die haben nicht geholfen, alle drei nicht, die haben mich und Twinny machen lassen. Ich weiß noch, dass ich hinterher stinksauer war, weil die mir nicht geholfen haben, nicht mal aufgehört haben zu spielen.

Bob Dickinson: Man ist damals los, um sich eine gute Band anzusehen, dazu gehörten Joy Division seinerzeit. Man ist hin, weil man aus dem Haus musste, weil es zu Hause meistens nicht so schön war. Man ist lieber ausgegangen, weil man seine Freunde sehen wollte und die Läden damals – wie das Rafters, das Band on the Wall, der Russell Club, der Mayflower Club – von der Größe her eine gewisse Intimität zwischen Band und Publikum zugelassen haben, man konnte der Band sehr nah sein. Das war noch mehr als Intimität; da gab es auch so ein Gefühl von Dialog.

Wenn man diese Bands gesehen hat, konnte man sie verändern, und sie veränderten einen ebenfalls. Man war da, um nachklingen zu lassen, was sie machten, und sie waren da, um nachklingen zu lassen, was man selbst gemacht oder gesagt hatte. Es gab jede Menge Geschrei: Die Leute schrien die Bands an, und die Bands schrien ins Publikum zurück. Ich habe das geliebt, dass es da immer so einen Dialog gab. Das sagte einiges über die Musikszene in Manchester aus: Sie war demokratisch, weil alle mit einbezogen wurden.

> **Mary Harron, »Factory Records: Denkanstöße«, *Melody Maker*, 29. September 1979**
> Die Songs sind eine Reihe unzusammenhängender Bilder: Ian Curtis sagt, er schreibt Texte für einen imaginären Film. Ziel dieser surrealistischen Montage ist nicht die Vermittlung einer Botschaft, sondern das Erzeugen eigenartiger Gefühle. Ein Schlüssel zu Joy Division findet sich im Titel ihres Albums. Ein weiterer ist die Beschreibung Martin Hannetts, der sie als »Tanzmusik mit Gothic-Anklängen« bezeichnet hat. Unbeabsichtigt lieferte Bernard Albrecht in unserem Interview eine ausgezeichnete Erklärung für »Gothic«, als er über seinen Lieblingsfilm *Nosferatu* sprach: »Die Atmosphäre ist wirklich böse, aber man fühlt sich wohl darin.«

Mary Harron: Ursprünglich hatte Tony mich angerufen und mir einen Haufen früher Factory-Sachen geschickt. Ich hab den ganzen Packen immer noch. Er hatte die Sachen gelesen, die ich im *Melody Maker* über Gang of Four und die Mekons geschrieben hatte, und das hatte sein Interesse geweckt. Ich denke, er hatte keine Ahnung, dass ich keine Britin war; er hat einfach diesen Kram gelesen und war davon angetan – ich vermute, wegen der Politik. Und er stand auf den Radikalismus der Sechziger. Jedenfalls dachte er, dass mir Factory gefallen würde.

Ich bin mit Steve Taylor von *The Face* hin. Tony hat uns durch Manchester geführt, und ich hab Joy Division interviewt. Ich glaube, das war in einem China-Restaurant. Leer. Und Tony fährt uns herum, redet ununterbrochen – im Prinzip ein Tony-Monolog. Dann sind wir zu dem Produzenten gefahren, Martin

Hannett. Wir sahen Orchestral Manoeuvres, haben die beiden Typen interviewt, und sie haben mir etwas vorgespielt, ich glaube auf Kassette: elektronische Popmusik, die neu war und die ich ganz toll fand.

Ich glaube nicht, dass ich Peter Saville da schon kennengelernt habe, das kam erst später. Oder vielleicht doch, jedenfalls bin ich ihm später noch einmal bei einem Konzert in London begegnet und habe mich dort mit ihm angefreundet. Er hatte jede Menge interessante Ideen.

Beim ersten Mal haben wir uns ungefähr sechs Stunden lang darüber unterhalten, was nach Punk los war. Natürlich hat mich die Warhol Factory sehr interessiert, aber ich glaube, was mir damals an Factory am besten gefallen hat, waren die unglaubliche Grafik, der Stil und die Theorie, die Ideen, die dahintersteckten.

Das war die originellste Idee für eine Plattenfirma, die mir je untergekommen war. Mir gefiel, dass es ein kleines Label mit einer vollkommenen Identität war, jeder Aspekt davon war innerhalb einer Gesamtästhetik entworfen worden. Ich fand das unglaublich, so was auf eigene Kosten zu machen. Das war kein Major-Label, sie fanden es einfach toll, etwas herzustellen. Und nichts war so schön wie das, was Peter gemacht hat.

Ich hatte immer noch einen Kater von Punk. Und das Neue, worauf ich angesprungen war, waren Gang of Four und die Mekons. Musikalisch gefielen mir Joy Division anfangs noch nicht so gut wie später. Ich weiß nicht, warum es mich nicht stärker überwältigt hat, weil ich sie heute großartig finde. Ich weiß nicht, warum ich nicht mehr von ihnen gehalten habe. Als ich zum ersten Mal *Eraserhead* sah, mochte ich den auch nicht. Ich glaube, das war alles zu neu, ich brauchte ein bisschen länger, um es schätzen zu lernen. Die Musik war ganz anders. Worauf bezog sie sich? Ich glaube, ich stand immer noch auf die Punk-Ästhetik, die sehr dicht und sehr diszipliniert war.

Ich habe sie in London gesehen, in einem von diesen komischen West-Londoner Pubs; kann das Nashville gewesen sein.

Als ich das Interview geführt habe, waren sie nett, schlau und unschuldig. Sehr aufgeweckte Arbeiterklasse-Kids aus Manchester eben – und trotzdem waren sie ernst, unschuldig und bescheiden, aber sie hatten alle die Vorstellung von einem Leben, in dem sie Musik machten. Ich habe keine Missklänge herausgehört. Es gab Bands, die mir gegenüber aggressiv wurden, aber von ihnen kam mir nichts dergleichen entgegen. Sie waren nicht direkt schüchtern, aber doch zurückhaltend. Sehr nachdenklich. Sie waren reizend.

> **Mary Harron, »Factory Records: Denkanstöße«, *Melody Maker,* 29. September 1979**
> Geschichte wiederholt sich nie genau gleich. Aber es gibt hier eine wichtige Parallele: Abgesehen von den Distractions haben sich alle Factory-Bands vom Alltagsleben ab- und etwas zugewandt, was man in den Sechzigerjahren als »inneren Raum« bezeichnet hätte. Die Bands der Sechziger haben dabei nicht mehr erreicht als Joy Division – eine Reihe von spannenden Empfindungen. Aber weil diese Erkundungen damals unter Drogeneinfluss stattfanden, dachte man, man habe kosmische Wahrheiten entdeckt. Ohne Drogen sind die Erkundungen heute sehr eigen und konfus – aber wenigstens ehrlich.

Mary Harron: Ich glaube, ich hatte in dem Artikel einiges falsch verstanden. Ich hatte das Gefühl, besser hinhören zu müssen. Dazu kam, dass Tony sie so sehr gepusht hat, dass sich Widerstand in mir regte. Ich hatte das Gefühl, niedergewalzt zu werden, und war deshalb besonders kritisch. Wir wollten unsere Integrität als Stimmen von außen bewahren, was ich heute nicht mehr so ernst nehme. Das war der Irrtum des Rockjournalismus: dass mich niemand umstimmen durfte.

Aber Tony hat so einen Druck gemacht, von wegen Acid für alle, eine psychedelische Bewusstseinsrevolution. Da ich in dieser

Hinsicht anti-hippie war, hielt ich das für eine echt krude Idee. Er redete wie ein Wasserfall – das Ganze hatte mit Marxismus zu tun, mit Anarchie und einer psychedelischen Revolution –, und als er anfing, Acid zu verteilen, dachte ich: »Das wird schrecklich.« Ich vermute mal, zum Schluss ist es wirklich an den Drogen gescheitert, wenn auch nicht am Acid.

Damals war mir noch nie jemand mit einer so umfassenden Vision begegnet – was den Ort angeht, an dem die soziale Revolution stattfinden sollte. Er hatte eine tolle Umschreibung für Malcolm und die Sex Pistols. Er sagte, niemand habe begriffen, dass Malcolm, als er die Sex Pistols ins Leben gerufen hatte, eigentlich eine gewalttätige Version der Bay City Rollers habe gründen wollen. Er hatte es gar nicht drauf angelegt, mit der Musik ernst genommen zu werden.

Damals hat er gesagt, was er in Manchester vorhatte – und in gewisser Weise hat er das auch durchgezogen. Ich glaube, er dachte, er könnte einen größeren Bewusstseinswandel hervorrufen, eine psychische Revolution.

Tony Wilson: Ich weiß noch, dass Mary Harron, die Kritikerin und Autorin, eines Abends nach Manchester kam. Ich glaube, wir waren in einem Restaurant, ungefähr um drei oder vier Uhr morgens. Ich weiß noch, dass sie sagte: »Aber bist du sicher, dass da noch mehr kommen wird?« Und ich sagte: »Ich denke schon.« Wenn man sich den Text von »Shadowplay« anschaut – »I let them do everything they wanted to« –, da war eine Komplexität enthalten, die, wie ich zu ihr sagte, »die Richtung zu einer größeren Komplexität der Gefühle und des Ausdrucks weist«. Und ich hatte recht.

Das Verdienst dieses Gedankens muss ich Bernard zuschreiben, nämlich dass Punk einem ermöglicht hat zu sagen: »Fickt euch«. Aber irgendwie ging es danach nicht weiter. Es war nur eine einzige giftige, wütende Formulierung nötig gewesen, um den Rock'n'Roll wiederzubeleben, aber früher oder später musste jemand mehr hervorbringen als »Fickt euch«. Joy Division waren die Ersten, die das gemacht haben. Sie haben die Energie und die Einfachheit von Punk genutzt, um komplexere Emotionen auszudrücken.

9

OKTOBER – NOVEMBER 1979

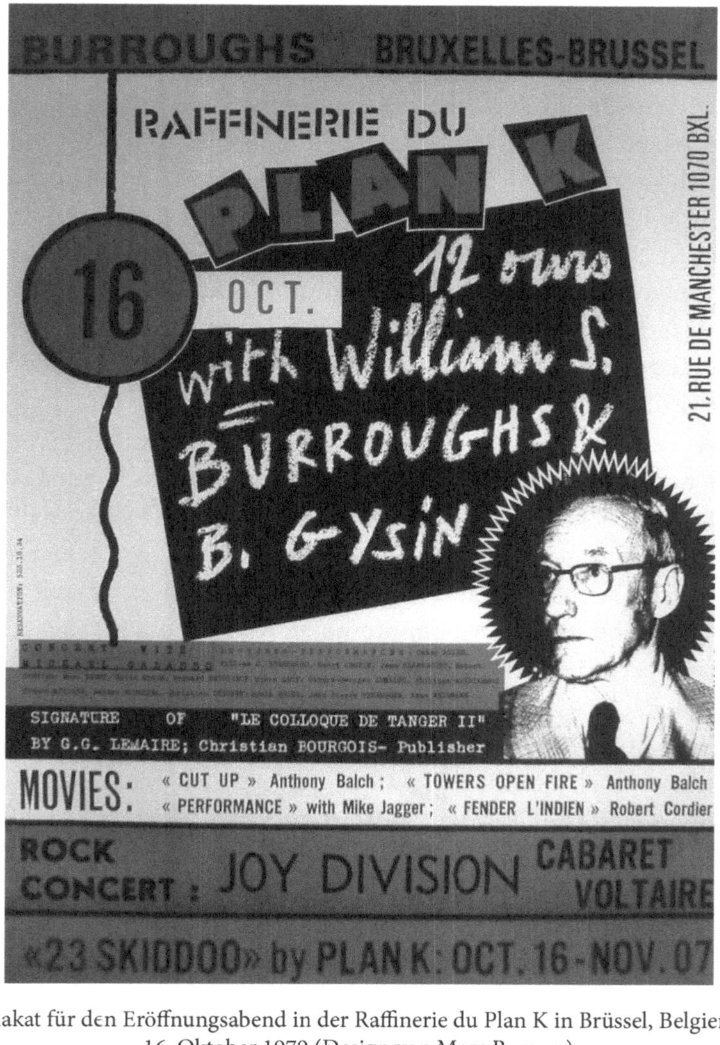

Plakat für den Eröffnungsabend in der Raffinerie du Plan K in Brüssel, Belgien, 16. Oktober 1979 (Design von Marc Borgers)

- 2. Oktober 1979: Mountford Hall, Liverpool University, Auftakt zur Buzzcocks-Tour mit Joy Division als Supportband

Pete Shelley: Im Oktober 1979 hatten wir gerade unser drittes Album veröffentlicht, *A Different Kind of Tension.* Wir suchten eine Vorband, und Joy Division nahmen inzwischen Platten auf. Wahrscheinlich war das die Idee von Richard Boon: »Lasst uns noch eine Band mitnehmen, die wir kennen und mit der wir uns verstehen, und dann landesweit auf Tour gehen.«

Ich kann mich nicht erinnern, dass wir viel von den Auftritten von Joy Division mitbekommen haben. Normalerweise waren wir im Hotel und haben uns vor den Gigs ein feudales Essen einverleibt, bevor wir auf die Bühne sind. Wir kamen, wenn sie gerade fertig waren, und hinterher haben wir uns alle in der Hotelbar getroffen. Es gab also jede Menge hochprozentige Abende, so lange die Bar geöffnet war.

Richard Boon: Als die Buzzcocks Geld von einem Major-Label bekamen, haben wir bescheuerterweise die Fackel weitergereicht und sind mit den Slits und Subway Sect getourt. Wir haben mit The Fall, Gang of Four und Cabaret Voltaire gespielt und auch mit Joy Division, die ihr Album promoten wollten, das bei den Kritikern beeindruckend gut angekommen war. Wir haben sie eingeladen; einfach so, weil sie Freunde waren. Sie wurden bezahlt, hatten ihren eigenen Soundmann. Sie waren sehr unabhängig, und natürlich hat ihre Crew mit der von den Buzzcocks jede Menge dämlichen Roadie-Blödsinn getrieben, genau wie die Mitglieder beider Bands.

Pete Shelley: Und dann waren da natürlich nicht nur die Bandmitglieder von Joy Division, sondern auch deren Crew, Leute wie Terry, der immer für Blödsinn zu haben war. Dazu ein Roadie namens Twinny, der Pfundscheine dafür kassiert hat – damals war ein Pfund noch eine Menge Geld –, dass er seine Tattoos gezeigt hat. Er ließ die Hose runter und beugte sich vor. Aus seinem Hintern kamen zwei Hände, die er sich hatte tätowieren lassen. So hat er sich Geld zum Saufen verdient.

Bernard Sumner: Die Buzzcocks-Tour war unsere erste echte Rock'n'Roll-Tour mit Roadies und dem ganzen Kram. Ich weiß noch, dass mir einer von den Roadies der Buzzcocks einen schrecklichen Streich gespielt hat. Er hat mir einen riesigen Klumpen Gras gegeben und meinte um ungefähr vier Uhr morgens: »Da bitte, iss.« Ich war jung und naiv. Ich dachte, mir würde der Kopf abfallen, ich wusste nicht mehr, wo ich war. Eigentlich war's ein Abenteuer, wie Arbeit kam uns das überhaupt nicht vor, nur wie Spaß. Und so lange es Spaß machte, haben wir's gemacht.

Ich glaube nicht, dass ich da schon verheiratet war, wir haben nur zusammen gewohnt. Als wir noch Jobs hatten, war's schwieriger. Ich hab im Trickfilmstudio gearbeitet, Ian in einem Reha-Zentrum für Behinderte, Steve bei seinem Dad und Hooky in Salford im Werftbüro. Um halb sechs hatten wir Feierabend, und wenn wir um neun Uhr in London spielen sollten, mussten wir entweder da runter rasen oder früher Schluss machen. Nach dem Gig in London sind wir dann zurückgefahren und am nächsten Tag direkt zur Arbeit.

Als wir professioneller wurden, kündigten wir unsere Jobs und meldeten uns arbeitslos, was irgendwie beängstigend war, aber dadurch hatten wir die Freiheit, uns auf die Band zu konzentrieren. Beängstigend, weil mein Job eigentlich ganz gut war. Das war ein großer Schritt für uns, weil wir ja Miete und alles Mögliche zahlen mussten, aber es hat funktioniert.

Peter Hook: Wir verdienten lange kein Geld, und mit der Zeit wurde das zu einem echten Problem. Dann kam die Buzzcocks-Tour, und wir bekamen die Chance in Vollzeit Musik zu machen. Das bedeutete für uns alle echte Lohneinbußen, weil ich glaube, dass wir nur elf oder dreizehn Pfund die Woche bekamen. Barney hatte mit der Arbeit in Cosgrove Hall sogar ganz gut verdient, wir anderen hatten normale Löhne. Er bekam ungefähr dreiundzwanzig Pfund die Woche, für ihn war das also ein echter Einschnitt.

Außerdem bin ich von zu Hause ausgezogen, weil meine Mutter es nicht erlauben wollte, um ehrlich zu sein. Ihr war peinlich, dass ich mit einer Band losgezogen bin. Ich hatte den Geschäftsführer der Bank angelogen, mir einen Kredit geben lassen und mit Iris, meiner Freundin, ein Haus gekauft. Für mich war das deshalb eine ganz schön stressige Zeit, weil ich meine Arbeit aufgegeben hatte, meine Mutter mich umbringen wollte und ich mit einem Haus dasaß. Wir hatten kein Geld. Ich brachte dreizehn Pfund die Woche nach Hause, und wir hatten keinen Teppich, keine Stühle, kein Bett, nichts. Ich glaube, wir hatten zwei Liegestühle, die uns jemand geschenkt hatte.

Kevin Cummins: Als er sie gebucht hat, dachte Richard Boon noch, er würde Joy Division einen Gefallen tun, aber als es so weit war und die Tour startete, kamen die Leute eher, um Joy Division zu sehen, als wegen der Buzzcocks. Viele sind in der Pause gegangen. Ich glaube, der erste Abend war der an der Liverpool University. Ich hab dort Fotos für den *NME* gemacht, damals wollte der *NME* lieber noch eine Buzzcocks-Besprechung als eine über Joy Division. Paul und ich wendeten vergeblich ein, dass sich niemand mehr für die Buzzcocks interessierte und die Leute wegen Joy Division gekommen waren.

- 4. Oktober 1979: Newcastle City Hall

Jon Wozencroft: Joy Division spielten nicht so häufig oben im Nordosten. Ich glaube, sie gaben ein Konzert im Rock Garden in Middlesbrough, der seinen Namen zu Unrecht trug, weil er alles andere als ein Garten war: Es war sehr schwierig, da überhaupt hinzukommen, weil er unter einer Autobahnüberführung lag. Das war ein ziemlich brutaler und befremdlicher Ort. Alle haben letztlich darauf gewartet, dass Joy Division in Newcastle spielen.

Die Erwartungen waren fieberhaft. Ich bin sicher, mindestens die Hälfte der Leute waren wegen Joy Division da. Es ist ziemlich außergewöhnlich, dass sie zu dem Zeitpunkt an jedem Abend der Woche gespielt haben: Vor Newcastle waren sie in Liverpool, in Leeds, nach Newcastle sind sie dann weiter nach Glasgow, Edinburgh, Dundee, Aberdeen – das war ein außergewöhnlich hektischer Zeitplan. Die Newcastle City Hall war eine große Halle. Der Sprung von der Factory in die City Hall muss ziemlich beängstigend auf sie gewirkt haben.

Joy Division waren an dem Abend schon ziemlich früh auf der Bühne, weil sie die Supportband waren. Normalerweise wären die Leute noch gute zwei oder drei Stunden in der Bar sitzen geblieben. Joy Division fingen um zehn vor acht oder so an und wirkten ziemlich nervös. In der Mitte der Show klangen sie sehr gut, wobei sie und besonders Ian damit klarkommen mussten, dass der ganze Kram von den Buzzcocks schon da stand und sie nur wenig Platz hatten. Da war nicht mehr viel Raum für Bewegung.

Sie wirkten müde, was klar war, wenn man sich überlegte, was für ein Programm sie zu dem Zeitpunkt schon hinter sich hatten. Sie rasten durch das Set, spielten »Atrocity Exhibition« zum Schluss. Das war eine eigenartige Mischung aus *Unknown Pleasures* und den Stücken, die nicht so richtig leicht verdaulich waren, zumal sie noch gar nicht veröffentlicht worden waren – »Colony« zum Beispiel oder eben »Atrocity Exhibition«. Da war so ein Gefühl von »Das ging aber schnell«, blitzartig. Nachdem Joy Division gespielt hatten, ging ungefähr ein Drittel des Publikums einfach raus.

- 16. Oktober 1979: Plan K, Brüssel

Annik Honoré: Frédéric Flamand war der Geschäftsführer vom Plan K, und er stand auf Avantgarde. Er war Choreograf. Er hatte die Vorstellung, dass Brüssel der perfekte Ort für ein kosmopolitisches Veranstaltungszentrum sein könnte, wo alle Künste vertreten sind – Musik, Tanz, Kino, Video. Sie hatten dort bereits mit einer Tanztruppe geprobt, und zu der Zeit probten auch Tuxedomoon in den Räumen. Er wusste viel über Literatur und Tanz, aber nichts über Musik, ganz bestimmt nicht Rockmusik.

Aber er kannte Michel Duval. Michel schrieb für das Fanzine *En Attendant* und wusste genau, was in London los war. Damals wohnte ich schon dort, also sagte er: »Versucht mal, eine Band zu finden.« Wir waren uns einig, dass Joy Division atmosphärisch zu den Abenden passen würden, die Frédéric vorschwebten. Damals war es total einfach, Bands kennenzulernen. Man ging backstage und redete mit ihnen. Wenn man Ausländerin war, ging man hin und fragte: »Habt ihr Lust, in Brüssel zu spielen?« Das war nicht besonders weit.

Ich hatte Joy Division schon einmal gesehen. Sie hatten im Juli in den Nashville Rooms gespielt. Sie klangen wie sonst niemand, waren auf der Bühne sehr kraftvoll. Sie klangen echt gut, weil der Sound tief und gewaltig und Ian auf der Bühne faszinierend war. Er sang und tanzte auf ganz einzigartige Weise. Gleichzeitig sahen sie ein bisschen provinziell aus. Nicht so, wie's in London angesagt war, aber schon smart mit ihren schönen Hemden und Hosen. Sie hatten mich wirklich beeindruckt: Alle, die in den Nashville Rooms waren, fanden sie aufregend. Da passierte etwas Spannendes, was Neues.

Wir kamen früh an, um sicherzugehen, dass wir noch ein Ticket bekamen. Der Saal war schon rammelvoll. Weil ich ein paar Artikel für *En Attendant* geschrieben hatte, war es kein Problem, nachzuschauen, wer am Mischpult saß. An dem Abend war das Rob, und ich bat ihn, mir ein kleines Interview für einen Artikel in einer belgischen Zeitschrift zu ermöglichen, was er witzig fand: Was Ausländisches und dann auch noch belgisch – ich bin nicht sicher, ob er überhaupt wusste, wo Belgien liegt. So lernte ich die Band kennen.

Sie kamen mir vor wie vier sehr einfache Jungs, sehr gelassen, ungekünstelt, aber die Musik war sehr ausdrucksstark. Schwer zu glauben, dass diese vier Jungs, die Witze rissen und noch total jung wirkten, einen so tiefen, schweren Sound erzeugten. Wenn Ian auf der Bühne stand, ging er aus sich heraus, wurde eine andere Person. Er war wie von einer fremden Macht besessen und sah dabei aus, als befände er sich in einer anderen Welt. Er wirkte kraftvoll und sehr zerbrechlich zugleich, sehr verletzbar. Damals wusste ich noch nicht, dass er krank war. Ich denke, es war sehr mutig von ihm, so zu singen und zu tanzen, wie er es getan hat.

So wie er mit mir gesprochen hat, war er ein Gentleman. Sehr sanft und nett. Wir blieben die ganze Nacht auf und redeten: Er hatte viel zu sagen und wirkte gar nicht schüchtern. Da war was. Die Chemie stimmte. Wir einigten uns beide auf David Bowie, Iggy und Velvet Underground, in der Nacht hörten wir *Low*. An Büchern erwähnten wir, glaube ich, Kafka. Das ging die ganze Nacht durch, unser Gespräch, und dann haben wir auch über persönliche Dinge geredet: über sein Leben, sein Leben als verheirateter Mann, über sein Kind und seine Familie. Er fragte mich auch nach meiner Familie. Ich hab mich gewundert, weil er noch so jung war und der Einzige, der verheiratet war, deshalb war es für ihn natürlich gar nicht so einfach, auf Tour zu gehen.

Als Joy Division begriffen, dass sie mit Cabaret Voltaire mitfahren konnten und der Abend in Belgien ein ganz besonderer werden würde, weil William Burroughs einen Vortrag halten sollte und Tanz- und Filmvorführungen geplant waren, erklärten sie sich sofort bereit, ebenfalls dort aufzutreten. Ian war Fan von Burroughs. Ich denke, darüber haben wir auch gesprochen; alle wussten, wer William Burroughs war, und interessierten sich für ihn. Ich hatte nur ein Buch von ihm gelesen, *The Wild Boys,* weil es nicht so einfach zu verstehen ist, wenn man nicht perfekt

Englisch spricht. Ian hatte mehr gelesen. Er fand die Vorstellung aufregend, den Mann höchstpersönlich zu erleben.

Richard Kirk: Wir waren ständig in Manchester und freundeten uns an, irgendwann spielten wir dann auch an denselben Abenden. Sogar ziemlich häufig. Am Anfang spielten Joy Division bei uns im Vorprogramm, weil sie eine gewisse Zeit lang weniger bekannt waren als Cabaret Voltaire, aber offenbar hatte sich das seit der Veröffentlichung von *Unknown Pleasures* geändert, seitdem waren sie angesagter. Sie waren kommerziell ein bisschen zugänglicher, konnten potenziell ein größeres Publikum erreichen, auch wenn sie von der Ausrichtung her ähnlich waren: sehr düster und von der Stimmung her fast monochrom.

Ich hatte Mitte der Siebzigerjahre angefangen, mich mit William Burroughs zu beschäftigen, als der *NME* noch über die *counter culture* berichtete. Da las man in Zeitschriften wie dem *NME* noch über Burroughs, weil der natürlich niemals im Lehrplan für den Englischunterricht an der Schule auftauchte. Als ich das mit Burroughs mitbekam, hatte ich selbst schon Cut-ups geschrieben, weil ich mich für die Dadaisten interessierte. Ich weiß noch, dass ich gelesen hatte, Tristan Tzara habe Gedichte geschrieben, indem er einen Haufen Wörter in eine Papiertüte gesteckt, zufällig welche rausgezogen und zu einem Gedicht zusammengesetzt hatte.

Als ich mehr über Burroughs erfuhr, war das, als würden plötzlich alle Puzzleteilchen ein Bild ergeben. Es ist klar, was für einen Reiz das auf einen Teenager ausübt, auch weil die Texte voller schmutziger Sprache und pornografischer Bilder sind, im Prinzip einfach Anti-Establishment. Ich dachte immer, die Aufgabe eines Künstlers sei es, den Status quo zu hinterfragen, und wenn man diese Texte gedruckt gelesen hat, begriff man, was Burroughs zu sagen hatte und was für ein Verständnis er davon hatte, was politisch auf diesem Planeten läuft und wie man kontrolliert wird – das war eine einzige Fundgrube.

Eigentlich war es ja Brion Gysin, der mit den Cut-ups angefangen hat. Er sagte, die Literatur sei der Malerei um fünfzig Jahre hinterher, und ich dachte, das auf Musik anzuwenden, könnte einen ähnlichen Sprung nach vorne darstellen, wie ihn Burroughs mit Worten gemacht hatte. Das mit Sound und Geräuschen hinzubekommen, war das, was Cabaret Voltaire ursprünglich versuchten. Wir kannten die Herangehensweise durch die Beschäftigung mit der Dada-Bewegung, aber erst nachdem wir *Naked Lunch* und *The Electronic Revolution* gelesen hatten, rückte es in den Fokus.

Wir sind nach Brüssel gefahren, um bei der Eröffnung eines Kulturzentrums in einer umgebauten Zucker-Raffinerie namens Plan K zu spielen. Man hatte uns gefragt, ob wir hinfahren und mit Joy Division dort spielen wollten, aber der eigentliche Reiz bestand darin, dass William Burroughs und auch Brion Gysin Teil der Veranstaltung sein sollten. Es gab verschiedene Lesungen von Burroughs und Gysin, außerdem wurden Filme von Antony Balch gezeigt, wie *Towers Open Fire* und *The Cut-Ups.*

Das Gebäude hatte vier Stockwerke, im Erdgeschoss spielten die Bands, das war der Konzertraum, und auf den anderen Stockwerken gab es Performance Art und einen Raum, in dem Filme gezeigt wurden. Da haben wir zum ersten Mal die Burroughs-Filme gesehen. *Performance* wurde auch gezeigt, einer meiner Lieblingsfilme überhaupt. Es war einfach alles total perfekt, ein traumhaftes Engagement.

Stephen Morris: Ian hatte Annik da schon kennengelernt, und sie hatte vorgeschlagen, dass wir in Brüssel spielen sollten, in einem Laden, der Plan K hieß. Wir sind dort angekommen und waren im YMCA untergebracht, oder wie auch immer das in Brüssel heißt. Offenbar gibt es beim YMCA in Belgien ein Zwei-Stufen-System: Unten wurde der Pöbel untergebracht, und oben gab's eine Sauna und einen Fernseher. »Das ist das Zimmer des Sängers, der Sänger und Cabaret Voltaire übernachten dort, und ihr schlaft hier. Das ist dein Bett da drüben, Steve«. Da waren gar keine Bettfedern drin, man ist einfach durchgesackt.

Peter Hook: Ich bin gefahren, deshalb war ich nüchtern und erinnere mich an alles. Plan K war unser erstes Mal im Ausland, was echt aufregend war. Wir hatten Probleme mit Terry. Anscheinend brachte er's nicht fertig, mit dem Transporter schneller als sechzig Sachen zu fahren, also hab ich mich ans Steuer gesetzt, weil wir sonst die Fähre verpasst hätten. Terry war damals ein echt jämmerlicher Lappen. Ich glaube, inzwischen hatte er es aufgegeben, doch noch in die Band aufgenommen zu werden, und begriff, dass es höchstens zum Roadie oder Tourmanager reichte, das hat ihn trübsinnig gemacht. Twinny fand das super.

Terry Mason: Als wir nach Brüssel gefahren sind, um zum ersten Mal außerhalb Großbritanniens aufzutreten, hielten wir das schon für einen Meilenstein. Zum ersten Mal verließen wir heimisches Territorium. Wir hatten einen Auftritt in einer Zucker-Raffinerie, außerdem waren William Burroughs und Cabaret Voltaire dabei. Wir dachten: »Alles klar, jetzt kommen wir ganz groß raus.« Dann haben die uns in so eine Art Jugendherberge gesteckt. Für Brüssel war das sehr zentral, aber plötzlich bekamen wir ein Zimmer mit sechs Betten gezeigt. Sechs einzelne Betten in einem Raum. Ich glaube nicht, dass da ein Fenster nach draußen war, nur eins zum Gang.

Stephen Morris: Eine meiner bleibenden Erinnerungen ist, wie Ian sich an William Burroughs und Brion Gysin herangeschleimt hat. Sie wollten Werbung für *The Third Mind* machen, das gerade erst rausgekommen war. Ich werde nie vergessen, wie Ian zu Burroughs oder Gysin gegangen ist: »Verzeihung, haben Sie die Bücher auch auf Englisch?« Er hat eine Abfuhr von William Burroughs bekommen, aber er musste es tun.

Peter Hook: Ian wollte sich ein Buch von William Burroughs schenken lassen, weil er alles von ihm gelesen und gekauft hatte. Bernard und ich fanden das total lustig. Erst hat Burroughs gelesen, danach hat er signiert. Ian ist zu ihm hin, und Bernard und ich haben uns hinter der Säule vor Lachen in die Hosen gemacht. Ich weiß nicht mehr, was er gesagt hat, wir waren nicht nah genug dran. Wir haben nur gehört, wie Burroughs meinte: »Verpiss dich, Kleiner.« Wir konnten stundenlang nicht mehr aufhören zu lachen. Ian war's total peinlich.

Richard Kirk: Am lebhaftesten erinnere ich mich noch an eins der oberen Stockwerke im Plan K, wo ich und die anderen beiden von Cabaret Voltaire mit Ian und William Burroughs am Tisch saßen und tranken. Ich weiß noch, dass Ian Burroughs gefragt hat, was er von Suicide hält, und ich bin hundertprozentig sicher, dass Ian die amerikanische Band meinte. William aber dachte, er redet von Selbstmord, das ging alles ein bisschen drunter und drüber. Ich hatte so eine Hochachtung vor Burroughs, dass ich gar nicht wusste, was ich zu ihm sagen sollte. Aber ich war sehr froh, einfach nur mit ihm am Tisch zu sitzen.

> **Martin X. Ruffian, Besprechung im Fanzine *NMX***
> In der Pause schlich ich mich backstage und verteilte Ausgaben von *NMX* Nr. 7. Ich hatte vergessen, dass das die Ausgabe war, in der ich Ian Curtis, den Sänger von Joy Division, als »echten Arsch« oder so was in der Richtung bezeichnet hatte, aber er hat es ganz gut aufgenommen und mir sogar versprochen, mich am Sonntag bei dem Konzert von Buzzcocks/Joy Division im Top Rank auf die Gästeliste zu setzen. Ich bin immer noch nicht sicher, dass sie so genial sind, dass die ganze gute Presse, die sie bekommen haben, gerechtfertigt ist – mir fallen unbekannte Bands ein, die ich höher einschätze –, aber es lässt sich nicht leugnen, dass sie ziemlich gut sind.

Die Musik variiert von punkig schnell und schlicht bis hin zu unheilvoll langsam und eigenartig, immer emotional und eindringlich, aber nicht halb so deprimierend, wie immer behauptet wird. Ich war fasziniert, aber auch gut unterhalten. Cabaret Voltaire sind Ian Curtis' Lieblingsband oder waren es an dem Abend, und Joy Division sind ein bisschen wie Cabaret Voltaire, nur ohne Synthesizer und Drum Machine. Seht sie euch selbst an. Die Frittenfresser sind durchgedreht, und Joy Division wurden einige Male für Zugaben zurück auf die Bühe geholt.

Stephen Morris: Wir haben gespielt und danach Duvel-Bier verkostet. »Oh, das schmeckt wirklich gut. Komm, wir besorgen uns einen Kasten.« Alles, was danach passierte, ist bei mir durchsetzt von halluzinogenen Flashbacks, weil wir ungefähr zwanzig davon getrunken haben. Wir sind recht fröhlich in unser Quartier zurück, wo wir dann allerdings festgestellt haben, dass wir uns das Zimmer nicht nur teilen mussten, sondern dass es was von einem U-Boot hatte: Wenn du nicht in deinem Bett lagst, hat sich jemand anders reingelegt. Da lagen schon andere in unserem verdammten Zimmer.

Peter Hook: Twinny hatte achtundvierzig Duvel geklaut. Beim Abbauen mussten wir unsere Sachen durch die Bar tragen, was ganz schön komisch war, weil das so eine Kunst-Veranstaltung war. Alle waren so auf Kunst, sind wichtig rumstolziert. »O Gott, Joy Division, die sind so wunderbar grandios, Darling.« Auf Französisch oder Belgisch, wie das so ist – und ich hab gesagt: »Verdammte Scheiße, ladet die Ausrüstung ein, ihr besoffenen Idioten.« Twinny ist auf die Bühne und hat mal wieder für zwei Pfund seinen Arsch gezeigt, hat dem Publikum seine Tattoos hingestreckt … oh mein Gott, die waren alle so besoffen. Ich bin mit Terry gefahren, deshalb war ich nüchtern und meinte: »Ladet die Sachen in den Wagen, ja?«

Dann: »Ist alles im Wagen?« Twinny meinte: »Ja, alles drin.« Also hab ich gesagt: »Ich geh nachsehen.« Als ich die Tür vom Transporter aufgemacht hab, war er voller Bier. Er hatte die Bar ausgeräumt, das Equipment draußen stehen lassen und den scheiß Transporter mit Bier vollgeladen. Ich meinte: »Du dämlicher Wichser.« Dann kam der Barmann mit ungefähr fünf Rausschmeißern zu uns. Wir mussten das ganze Bier wieder zurückbringen.

Terry hatte ein knallrotes Gesicht. Wir hatten jede Menge zu trinken aus der Garderobe, und ich hatte eine Flasche Tomatensaft. Er saß da mit einem Gesicht so rot wie mein Saft, und ich dachte: »Dem Arsch werd ich's zeigen.« Jedenfalls bin ich aus dem Auto raus und hab den Tomatensaft auf die Windschutzscheibe gekippt, nur um ihn zu ärgern. Wahnsinn, was man damals so alles gemacht hat. Ich erinnere mich noch an sein Gesicht, er hat einfach dagesessen und den Scheibenwischer eingeschaltet, der ganze Tomatensaft ist über die Straße gespritzt, und ich dachte bloß: »O Mann, du armseliger Vollidiot.«

Wir sind also zurück in die Jugendherberge. Barney hat Twinnys Bett genommen und gekippt, sodass Twinny aus dem Bett gefallen ist. Dann ist Twinny rüber zu Barney, hat dessen Bett gekippt, sodass auch er rausgefallen ist. Dabei hat er sich den Kopf an der Heizung angeschlagen und ist so scheiß wütend geworden, dass er Twinny nochmal umgekippt hat, woraufhin Twinny eine Flasche O-Saft genommen und sie über Barneys Bett ausgeschüttet hat. Dann kam Ian runter. Es ist einfach total abgegangen. Echte Jungs zum ersten Mal im Ausland. Ein absoluter Wahnsinn war das, aber toll, und dann wurde Ian dabei erwischt, wie er in den Aschenbecher gepinkelt hat.

Terry Mason: Ian musste mal und hat in diesen ungefähr hüfthohen Mülleimer mit Schwingdeckel gepisst. Einer der Geschäftsführer der Herberge guckte durchs Fenster zum Gang, sah Ian pissen und platzte rein. Englisch war nicht seine Muttersprache, und er hat Ian angeschrien. Wir anderen haben uns kaputtgelacht. Ian stand da und meinte: »Sagen Sie mir, was ich machen soll, dann mach ich das.« Schaltete sofort um auf das Englisch, das Engländer sprechen, wenn sie mit Ausländern reden – man sagt alles lauter und langsamer. Und er meinte: »Soll ich das wegbringen?«

Wir waren einfach ein Haufen Jungs, die Spaß hatten. Als wir in Brüssel spielten, hatten wir die Buzzcocks-Tour schon hinter uns. Wir waren eine Horde bescheuerter Jungs, die durchs Land gefahren sind und bescheuerten Scheiß angestellt haben. Wir hatten tolles Spielzeug mit, wir hatten Flightcases – da haben wir Leute reingesetzt und die Stufen runtergeschubst. Falls sich jemand überlegen sollte, in eine Band einzusteigen: nur zu. Auf Tour gehen macht Spaß, glaubt kein Wort von dem, was die anderen sagen.

- 27./28. Oktober 1979: Manchester Apollo

Peter Hook: Das Komische war, dass wir nach der Buzzcocks-Tour immer noch dieselbe Musik gespielt haben wie vorher in leeren Sälen, aber plötzlich kamen Tausende. Eben noch war keiner da und dann plötzlich Tausende, dabei war's noch immer genau dasselbe. Das war echt seltsam, wir bekamen immer mehr zu tun.

Richard Boon: Auf der Tour wurden sie zusehends besser. Das war eine Gelegenheit für sie, öfter zu spielen als vorher. Außerdem mussten sie mit der ganzen Routine klarkommen: aufstehen, fahren, Soundcheck, auftreten und wieder von vorne. Die Folge war, dass sie disziplinierter wurden, allmählich funktionierte es. Sie funktionierten als Band. Ich bin sicher, dass sie sich alle vom Arbeitsamt oder ihren Jobs hatten beurlauben lassen. Ich denke, sie sind instinktiv professioneller geworden.

Was die Darbietung anging, so war's immer noch Gitarre, Gesang, Bass, Schlagzeug hinten – ganz klassisch. Je mehr Auftritte sie spielten, desto lockerer wurde Hooky und auch ein bisschen lebendiger, trotzdem zog Ian mit seiner Performance die Aufmerksamkeit des Publikums auf sich, was er natürlich auch so haben wollte. Aber ich bin nicht sicher, ob er wirklich glücklich damit war. Ich glaube, die erzwungenen Manierismen seiner Gesangsstimme ganz am Anfang bei den Aufnahmen haben auch sein Verhalten auf der Bühne beeinflusst. Irgendwann hat er sich wohl gedacht: »So möchte ich mich präsentieren und wahrgenommen werden.«

Aber dann hat er sich darin verloren – in einer Art von Euphorie, die wahrscheinlich etwas sehr Intimes hatte. Ich glaube, seine inneren Emotionen hat er dem Publikum nicht gezeigt, da war nichts Herzergreifendes. Im Publikum mögen das viele gedacht haben, aber ich nicht. Er hat eine Art Ehrgeiz entwickelt und hat es genossen, aber sobald ein gewisser kommerzieller Erfolg da ist, wollen die Leute immer mehr von einem, und ursprünglich wollte er nur etwas von sich selbst.

Alles lief sehr harmonisch, und ich habe einen dieser Auftritte gefilmt. Ende der Siebzigerjahre gab es in Manchester zwei unabhängige Video-Einrichtungen: einmal Granada Television und dann den Manchester Film and Video Workshop, der irgendwie die Überreste eines Post-Hippiekommunen-Projekts darstellte und eigentlich nur noch aus Bob Jones bestand, der eine Videokamera besaß. Ich glaube, Rob Gretton sagte: »Die Band würde gerne mal sehen, wie sie auf der Bühne aussieht.« Bands müssen wissen, wie sie auf der Bühne aussehen: Bilden sie die richtigen Silhouetten, bewegen sie sich richtig?

Bob und ich haben sie also aus einer Loge im Manchester Apollo heraus gefilmt, dabei pausenlos über die Schärfe gestritten und darüber, wohin die Kamera ausgerichtet werden sollte. Es gab ein Stück, das ich fantastisch fand, wo Ian ganz an die Seite gegangen ist und getanzt hat. Ich wollte die Kamera weiter auf das Mikro halten, weil ich wusste, dass er nach wenigen Takten wieder zurückkommen würde, aber Rob meinte: »Nein, er ist da drüben.« Ich hab mich durchgesetzt. Ich hab die Kamera weiter starr auf das Mikro gerichtet, die Musik steigerte sich, und dann tauchte er plötzlich wieder auf. Ich wusste einfach, dass er da drüben war, aber der Song hat sich immer weiter gesteigert, deshalb lag die Spannung auf dem Mikro.

Paul Morley: Auf der Buzzcocks-Tour haben sie auch im Manchester Apollo gespielt, und sie passten eigentlich dort hin, wirkten gleichzeitig aber ein bisschen verloren. Sie schienen auf eine große Bühne zu gehören, sozusagen in einen größeren Kontext. Gleichzeitig hatte man den Eindruck, ihre Zeit wäre noch nicht gekommen. Ich fand's besser, sie in kleinen Sälen zu sehen, wo die Energie … manchmal fast psychedelisch wirkte, weil sich alle bewegt haben.

Ich habe kürzlich mit ihnen darüber gesprochen, dass ihnen relativ schnell bewusst geworden sein muss, dass sie was Besonderes geschaffen hatten, und inwiefern sie dieses Bewusstsein beeinflusst hat. Die Naivität und das Underdog-Ding waren ziemlich schnell vergessen, denn plötzlich wurden sie gefeiert und gepriesen, nicht nur von Einheimischen, sondern auch von den ganz Großen. Da waren jetzt ganz andere Leute, die sie sehr ernst genommen haben, und offensichtlich mussten sie innerhalb der Band eine Ahnung davon gehabt haben, dass ihnen etwas Besonderes gelungen war.

In gewisser Weise hätte sie das verderben können, die Gefahr bestand, dass sie eine Art Londoner Überheblichkeit an den Tag legen würden. Das hätte sie wirklich ruiniert, aber jeder Einzelne in der Band hatte eigene Ambitionen. Ians Ambition war offenbar diejenige, die zur großen Katastrophe führte. Aber ich denke, die anderen hatten jeweils eigene, und wenn es nur darum ging, der beste Bassist der Welt zu werden oder einen richtig tollen Gitarrensound hinzubekommen. Das alles war wichtig und lief parallel weiter, und es bestätigte Ian in seinen höheren Bestrebungen.

Ich würde behaupten, dass nicht mit jedem Instrument auf dieselbe Weise umgegangen wurde wie in einer normalen Band. Die Gitarre war gar nicht unbedingt eine Leadgitarre, sondern eher eine begleitende. Dafür gab es einen Leadbass, und das Schlagzeug wurde fast schon eingesetzt wie im Jazz, komischerweise. Die Drums gaben nicht nur einen banalen Rhythmus vor, sondern waren kribbelig und nervös. Stephens Exzentrizität, das Absonderliche an ihm, kam irgendwie durch. Live und auf Platte war das unterschiedlich, aber hinsichtlich der Dynamik auf jeden Fall gleichermaßen unorthodox.

Manchmal hatte man das Gefühl, dass sie sich in vollkommen unterschiedlichen Räumen aufhielten und einander fast gar nicht hörten. Dann wirkten sie wieder eng verbunden. Und die Stimme war interessant, eine Weile lang lief da dieses Jim-Morrison-Ding, aber dann fand Ian seinen eigenen Platz. Gegen Ende fing er mit diesem unheimlichen Crooner-Gesang an. Je trostloser, verzweifelter und wirrer seine Texte wurden, umso geschmeidiger klang die Stimme, was Teil der Ablenkungsmanöver war, auf die wir damals alle reingefallen sind.

Jon Wozencroft: Als Joy Division ihre Linie gefunden hatten, fingen sie fast immer mit »Dead Souls« an. Der Track steigert sich langsam, baut sich sehr intensiv auf; es dauert fast drei Minuten, bis der Gesang einsetzt. Dadurch hatte Ian Zeit, sich zu kalibrieren – sich zu positionieren und die Atmosphäre zu interpretieren, zu spüren, wie die Band hinter ihm am jeweiligen Abend in Fahrt kam – und zu entscheiden, wie weit er gehen wollte. Wenn er sich positioniert oder ausbalanciert hatte, verließ er seinen Körper, nutzte den Auftritt als Möglichkeit der Eigenprojektion, zur Kanalisierung.

Ich habe das mit eigenen Augen gesehen und mit eigenen Ohren gehört. Da sind ein paar sehr eindringliche Sachen passiert. Ein weiterer interessanter Aspekt ist, dass es bei Joy-Division-Auftritten eigentlich keine richtige Lightshow gab; alles war sehr nackt, ziemlich monumental. Einfach durch die körperliche Notwendigkeit, wegen seiner Epilepsie, von der ich damals nichts wusste, bildete Ian den Punkt, auf den sich alles konzentrierte, sodass er diesen Aspekt seiner selbst stärker herausstellen und projizieren konnte. Da kam es zu unglaublichen Bewegungen, denen man kaum folgen konnte. Das war sehr ritualistisch.

Terry Mason: Die Buzzcocks-Tour war eine herkömmliche Tour durch Großbritannien mit fünfundzwanzig, dreißig Terminen, bei denen wir in Läden mit Kapazitäten von ungefähr zweieinhalbtausend Leuten gespielt haben. Viele haben gesagt, es sei anstrengend gewesen. Aber so haben Bands das nun mal gemacht; das ist schon noch was anderes als eine fünfwöchige Tour durch dreißig verschiedene US-amerikanische Bundesstaaten. Die Entfernungen sind nicht so groß: Man fährt von Sheffield nach Birmingham. Aber wir waren die Vorband. Selbst wenn wir früh am Veranstaltungsort ankamen, konnten wir dort nichts machen, bis die Buzzcocks mit ihrem Soundcheck fertig waren.

Ian hatte inzwischen immer häufiger Anfälle, und auch sehr viel schwerere als vorher. Zu dem Zeitpunkt befand Ian sich in der Situation, dass für ihn alles tabu war, was Jungs veranlasst, in einer Band mitzumachen – Alkohol, Drogen, Frauen. Er hatte den Schlüssel zu Willy Wonkas Schokoladenfabrik, plötzlich aber auch die Ansage bekommen: »Wenn du Schokolade isst, stirbst du.« Ian musste mit dem Trinken langsam machen, und die einzigen Drogen, die er nahm, waren die Beruhigungsmittel, die er zur Kontrolle seiner Anfälle verschrieben bekam. Frauen kamen wegen der Nebenwirkungen besagter Beruhigungsmittel auch nicht mehr infrage.

Auf der Buzzcocks-Tour war uns das ständig bewusst. Nachdem Ian den ersten Anfall hatte, haben wir immer auf ihn aufgepasst. Die meiste Zeit haben wir ihn beobachtet, auf Anzeichen geachtet, dass wieder einer kam. Wobei diese Ians Tanzstil sehr ähnelten; zum Beispiel die Augenbewegungen, die er draufhatte, die er sozusagen in seine Bühnenpersönlichkeit eingebaut hatte. Manchmal dachte man also: »Hat er jetzt einen, oder hat er keinen?« Aber man musste immer bereit sein, einzugreifen, und dann hat er einen nur angesehen, gegrinst und gesagt: »Reingefallen.«

Deborah Curtis: Er hat auch schon so getanzt, bevor er Epileptiker wurde. Ich glaube, er wollte eine urwüchsige Energie ausdrücken. Am Anfang sagte ich mir, dass das alles dazugehört, wenn man in einer Band ist, aber das stimmte überhaupt nicht. Es gab keinen Ian zu Hause und einen anderen Ian draußen in der Welt; so ist es immer gewesen. Die Leute bewunderten ihn für das, was ihn zerstört hat. Ich glaube nicht, dass die Menschen verstanden haben, dass er immer noch so war, wenn er dann nach Hause kam. Das war nicht nur Show.

Richard Boon: Ich war echt fertig, als Ian mitten beim Auftritt einen Anfall hatte. Rob hatte nichts über Ians Zustand gesagt, dass er Epileptiker war. Die ganze Roadcrew hat aufgepasst, wusste aber nicht, was sie machen sollte, abgesehen davon, ihn von der Bühne zu holen. Ich war total sauer. Ich meinte: »Rob, du hättest uns sagen müssen, was wir tun sollen.« Das war ganz schön beunruhigend.

Bernard Sumner: Als das mit der Krankheit anfing, dachten wir zuerst: »Na ja, das hatte er schon mal, das hört auch wieder auf. Liegt jetzt nur am Stress oder so.« Wir dachten, das wäre was Vorübergehendes, war es aber nicht. Wir dachten: »Scheiße, dafür gibt's keine Lösung. Wir machen weiter, aber wir müssen alles ein bisschen dimmen. Wir lassen die blinkenden Scheinwerfer weg und passen auf, dass er früh ins Bett kommt. Wir schalten einfach einen Gang runter und schauen, wie's läuft.«

Wir wussten nichts über Epilepsie. Ich wusste ein kleines bisschen was, weil ich mit einem Typen zusammengearbeitet hatte, der auch darunter litt. Er hatte Petit-mal-Anfälle, ist einfach auf den Boden gefallen und eingeschlafen. Doch Ian hatte ausgewachsene Grand-mal-Anfälle. Ich glaube, wir befanden uns alle in einem Schockzustand. Wir wussten nicht, was wir tun sollten. Wir dachten: »Na ja, die werden ihm schon Medikamente geben, um es abzuschwächen.« Wir wussten nichts über die Nebenwirkungen. Oder jedenfalls nicht genug. Ich glaube, nicht mal in der medizinischen Forschung wusste man damals genug. Wir sahen keine Lösung.

Stephen Morris: Am meisten geschockt hat mich der im Eric's. Die Garderobe war direkt seitlich an der Bühne. Terry schnappte ihn sich und brachte ihn fort, dann sah man, wie er seitlich neben der Bühne den Anfall hatte. Das war das Gute an »Interzone«, das konnte Hooky singen. Wenn Ian einen Anfall hatte, zerrten wir ihn von der Bühne und spielten »Interzone«.

Peter Hook: Rob hatte ständig Streit mit den Lichttechnikern, weil die immer wieder anfingen, mit den Scheinwerfern zu blinken, und das löste bei Ian Anfälle aus. In Bournemouth hatte er den schlimmsten: Ich musste anderthalb Stunden lang in der Garderobe auf ihm sitzen bleiben und seine Zunge festhalten. Er kam einfach nicht wieder zu sich. Ich hab zu Rob gesagt: »Wir müssen ihn ins Krankenhaus bringen.« Alle waren besoffen und hatten sich verpisst, nur Rob und ich waren noch in der Garderobe. Wir mussten ihn hochheben, in den Wagen packen und ins Krankenhaus bringen, da haben sie ihn wieder zu Bewusstsein gebracht.

Als ich wieder zurückgekommen bin, saßen alle in der Garderobe und tranken, die Dreckschweine. Ich fragte nach Twinny, und sie meinten: »Den haben wir nicht mehr gesehen, seit ihr weg seid.« Ich dachte: »Wo zum Henker steckt er?« Er war einfach verschwunden. Auf jeden Fall hab ich ihn dann in einem Schrank hinten auf der Bühne gefunden. Ich meinte: »Was machst du da?«

Und er: »Der Kerl ist vom Teufel besessen.« Was für ein Albtraum: Der Sänger ist ausgefallen. Ich meinte: »Ach du Scheiße, jetzt sind sie auch noch angepisst.«

Annik Honoré: Ein paar von seinen Anfällen habe ich mitbekommen. Das war wirklich sehr angsteinflößend, als wäre er vom Teufel besessen. Er ist praktisch vom Boden abgehoben, so habe ich das in Erinnerung. Ian war es vor allem peinlich, weil er das Gefühl hatte, nicht wie die anderen sein zu können – es konnte ja jederzeit passieren. Er durfte nicht fahren, konnte nicht so viel Verantwortung übernehmen wie die anderen, und es hat ihn echt genervt, dass man sich um ihn kümmern musste. Ich würde nicht sagen, dass ihn die anderen als kranken Menschen betrachtet haben, denn wir waren alle jung und unschuldig.

Niemandem war klar, wie ernst es war. Sie haben ihn nicht bevorzugt behandelt. Sie hätten seiner Krankheit mehr Aufmerksamkeit schenken und darauf achten müssen, dass nicht so viele Scheinwerfer benutzt wurden und es nicht so viel Krach gab, es abends nicht so spät wurde und er mehr Schlaf bekam, aber das ist kaum möglich bei einer Rockband. Ich glaube, er fühlte sich eingeschränkt. Und weil er andere Epileptiker kannte, wusste er genau, was passieren und wie schlimm es werden konnte, und das hat ihm Angst gemacht. Auch hatte er befürchtet, dass es Leuten Angst machen könnte, ihn besser kennenzulernen, so wie mir.

Er wusste, dass es kein Spaß ist, mit einem Kranken zusammen zu sein, weil das sehr gefährlich werden kann. Ich meine, er hätte an einem Anfall sterben können, wenn er auf den Kopf gefallen wäre oder seine Zunge verschluckt hätte. Das war extrem brutal.

Bernard Sumner: Einmal haben wir in Bournemouth gespielt. Sein Freund, von dem er ständig erzählte, dieser Performance-Künstler, der sich an Autos gekettet und lauter solche abgefahrene Aktionen gemacht hat, ist nicht zu dem Konzert gekommen, und das hat Ian echt zugesetzt. Total angepisst war er. Das war auf der Buzzcocks-Tour.

Danach war er echt verdammt komisch. Wir haben in so einer beschissenen Pension übernachtet und die Buzzcocks in einem beschissenen Hotel. Wir sind zu ihnen ins Hotel, um noch was zu trinken, und als wir am Strand entlang zurückgingen, lief Ian aufs Meer zu. Es war stockdunkel, ungefähr ein Uhr morgens, und er ist ins Meer rausgelaufen. Wir mussten los und ihn zurückholen. Auf seiner Persönlichkeit lag ein Schatten, der so düster war, dass nicht mal er selbst noch was darunter erkennen konnte.

Stephen Morris: Ian hat immer gesagt, es ginge ihm gut, auch wenn dem nicht so war. Er war in vielerlei Hinsicht sein schlimmster Feind, und das gehörte dazu. Eigentlich hätte er sagen müssen: »Ich kann das nicht machen«, aber er hat's gemacht. Er wollte es, wir wollten es, und darum hieß es: »Ach, wird schon gehen.« Obwohl eigentlich vollkommen klar war, dass es nicht gehen würde, weil es ihm einfach immer schlechter ging.

Die Medikamente halfen nicht, weil sie ihm einfach auf gut Glück verschrieben wurden. Er bekam jede Menge psychotrope Substanzen. »Vielleicht wird Ihnen davon ein bisschen schlecht, aber schauen Sie mal, ob's funktioniert. Dann bekommen Sie ein paar andere, und wir schauen wieder, wie die anschlagen.« In gewisser Weise geht es einem automatisch sehr viel schlechter, sobald man die Diagnose Epilepsie bekommt, weil man dann nämlich anfängt, die Pillen einzunehmen, die's ja eigentlich besser machen sollen.

Peter Hook: Das war immer ein Problem. Wir mussten ständig auf ihn aufpassen. Nachdem er erfahren hatte, dass er krank war, ging's ihm am schlechtesten: Er wollte das einfach nicht wahrhaben, er wollte Rock'n'Roll-Superstar sein. Die Ärzte rieten ihm, ein ruhiges Leben zu führen und keinen Alkohol zu trinken, und er ist einfach durchgedreht. Wir haben immer versucht, ihn zu bremsen. Er wollte nicht zugeben, dass er krank war, und was wir machten, war ganz ohne Frage aufgrund seiner Krankheit nicht gut für ihn. Ich glaube, das Gefühl, uns aufzuhalten, hat es für Ian zusätzlich schlimmer gemacht.

Wahrscheinlich war das einer der Gründe, warum er sich selbst so angetrieben hat. Weil er wusste, dass wir es alle unbedingt wollten und es uns so viel Spaß gemacht hat. Zu seinen Problemen gehörte auch, dass er niemanden enttäuschen wollte. Er war einer, der es allen recht machen wollte. Er wollte, dass alle um ihn herum glücklich waren, und manchmal sagte er was zu Leuten, nur damit sie sich freuten. Über die Folgen machte er sich erst später Gedanken. Ich kann mir vorstellen, dass das gegenüber Debbie ziemlich oft vorgekommen ist.

Er war ein Ja-Sager, ein netter Mensch: Er hat einem immer zugestimmt, es war echt schwierig, sich mit ihm zu streiten. Ich hab mich kein einziges Mal mit Ian gestritten, nie. Ich hab mich nie mit Ian verkracht, mit Steve übrigens auch nicht. Aber Ian hatte ständig Krach mit Rob. Die sind wirklich aneinandergeraten, und meistens ging es um Geld, vermutlich weil Debbie ihm in den Ohren lag.

Deborah Curtis: Sie waren wie eine Familie. Ich hörte Iris, Hookys Freundin, sagen: »Die sind eine Familie, da können wir nicht stören.« Sie standen sich so nah, haben einander beschützt. Dabei haben sie alle anderen ausgeschlossen, die nicht genau das waren, was sie brauchten. Ich weiß noch, als ich mit Natalie schwanger war und an der Tür der Factory stand und Tony mich von oben bis unten gemustert hat. Ihm stand ins Gesicht geschrieben, was er dachte: »Wie soll das gehen, ein Rockstar mit einer im sechsten Monat schwangeren Ehefrau neben der Bühne?« Das war nicht eingeplant.

Lesley Gilbert: Am Anfang fand die Band nichts dabei, wenn Freundinnen und Ehefrauen dabei waren. Als sie dann mehr und mehr Auftritte weiter weg hatten, wurde das in gewissen Situationen ein bisschen schwierig. Das war ein Jungsding, sie waren eine kleine Bande, und Mädchen hatten da nichts verloren. Jedenfalls damals nicht, ist ja auch schon eine Weile her. Factory war ebenfalls sehr männerdominiert, das war auch so eine kleine Bande. Überall waren also Jungs unter sich. Ich denke, in gewissen Situationen haben sie's geduldet, dass die Freundinnen dabei waren. Aber je länger es ging, desto schwieriger wurde das für die Freundinnen.

Und natürlich hatte ich einen Job von neun bis fünf, und ich weiß, dass Bernards Freundin auch einen hatte, wir konnten also sowieso nicht ständig mitreisen. Wir hatten Jobs, die wir brauchten, um sie zu ernähren. Ich meine, ich habe Rob ein paar Jahre lang ernährt, sodass ich ihnen nicht hinterherreisen konnte. Und außerdem … o Gott, ich meine, wo ist da der Spaß? Man hat ja selbst mit seinen eigenen Sachen zu tun. So hat sich das einfach entwickelt. Ich glaube nicht, dass es einen Beschluss gab: »Also, wir machen das jetzt so: Freundinnen und Ehefrauen sind nicht erlaubt.« Es hat sich einfach so ergeben.

Stephen Morris: Freundinnen gingen nicht zu den Konzerten.

Gillian Gilbert: Nur in Manchester. Ich war auch bei ein paar anderen, aber es gab immer Ärger. Debbie hat Ian zu einigen Konzerten gefahren, oder?

Stephen Morris: Aber Ian hat auch immer versucht, es ihr auszureden.

Deborah Curtis: Dann tauchte die glamouröse Belgierin auf. Sie war attraktiv, ungebunden und hatte einen hübschen Akzent. Ich mache Ian keinen Vorwurf. Ich denke, die meisten Menschen brauchen einen Partner, und wenn man seinen Partner ausschließt, muss man sich einen neuen suchen. Das ist nur natürlich. Er muss sehr einsam gewesen sein.

Tony Wilson: Ich hab nicht mitbekommen, dass mit Ians Beziehung zu Deborah was nicht stimmte. Wahrscheinlich habe ich aber schon mitbekommen, dass Ian eine Beziehung zu Annik entwickelte. Grausamerweise ist es ja nicht verwunderlich, wenn Menschen sich weiterentwickeln. Ich meine, die große Überraschung in unser aller Leben war die unerschütterliche Beziehung von Rob und Lesley. Wo sich die meisten von uns weiterentwickeln und verändern, blieb bei den beiden und ihrer Teenagerliebe alles beim Alten. Als jemand, der mehrere Beziehungen hinter sich hatte, war es für mich nicht ungewöhnlich, dass Ian eine neue Freundin hatte. Ich mochte Annik, aber Deborah mochte ich auch.

Bernard Sumner: Am Ende der Buzzcocks-Tour hörten wir, dass die Band uns ein paar Streiche spielen wollte, also dachte ich: »Auf dem Gebiet sind wir die Experten, wir kriegen sie zuerst.« Also sind wir los und haben einen großen Eimer mit Maden besorgt, einer der Roadies hat den Lichttechniker abgelenkt, und wir haben ihm die Maden über das Reglerpult gekippt. Als er zurückkam, meinte er nur: »Was zum Teufel ist das?«

Die Buzzcocks hatten ihre Freundinnen und Ehefrauen eingeladen, und sie kamen alle zusammen in einem Minibus. Sie hatten ein Fenster offen gelassen, also haben wir lebendige Mäuse gekauft und in dem Bus ausgesetzt. Am Ende des Abends sind sie in den Minibus gestiegen, und die ganzen Mädchen haben sich die Seele aus dem Leib geschrien, sind aus dem Wagen gesprungen. Natürlich haben wir draußen mit Eiern in Steves Cortina gewartet und sie damit bombardiert. Ich glaube aber, sie haben es uns heimgezahlt. Ich erinnere mich dunkel, dass Steve einen Wagen mit Sonnendach hatte, das war offen geblieben. Sie haben beim Veranstalter einen riesigen Trifle geklaut und ihn einfach da reingekippt. Damals brauchte man keine Drogen, um Spaß zu haben.

- 9./10. November 1979: Rainbow Theatre, London, Ende der Buzzcocks-Tour

Anton Corbijn: Ich zog im Oktober ’79 nach London und lernte Joy Division zwei Wochen nach meinem Umzug kennen. Ich war bei dem Konzert im Rainbow und muss wohl für eine holländische Zeitschrift gearbeitet haben, weil ich Rob Gretton hinter der Bühne treffen durfte. Ich schlug ihm vor, am nächsten Tag ein paar Fotos zu machen – sie waren in London –, und sie sagten Ja. An der U-Bahnstation Lancaster Gate haben wir uns getroffen. Meine Vorstellungen gingen in die Richtung von *Unknown Pleasures*, Leute gehen »unbekannten Vergnügen« entgegen. Schließlich war mein Umzug nach England aus meiner Sicht auch so was wie ein ungewisses Vergnügen.

> **James Brown, sabotagetimes.com**
> Bernard Sumner: Es gibt ein berühmtes Foto von Anton Corbijn. Ich glaube, es war das erste Mal, dass wir uns mit ihm verabredet hatten. Es war seine erste Fotosession in England, und zwar an der U-Bahnstation Lancaster Gate. Auf den Fotos haben wir so richtig kurze Haare. Wir hatten im Vorprogramm der Buzzcocks gespielt und irgendwann total gelangweilt in einer Pension in Leeds oder so herumgesessen. Ich hatte mir gerade die Haare schneiden lassen, aber hinten schaute eine Strähne raus, und das hat mich genervt. Deshalb hab ich eine Schere genommen und zu Rob gesagt: »Kannst du die abschneiden, bitte? Die nervt.« Also hat er sie abgeschnitten, aber dabei auch noch ein großes Büschel der anderen Haare erwischt.
>
> Stephen Morris: Das Problem mit Robs Friseurversuchen war die Schere, die er benutzt hat – die war riesig. Statt einer schönen, normalen Haarschneideschere hat er eine riesige genommen: eine Schneiderschere, ein großes klobiges,

verrostetes braunes Ding. Ich glaube, er hat das falsche Werkzeug benutzt, und das führte zu diesem eher eigenartigen kantigen Haarschnitt.

Bernard Sumner: Ich hab gesagt: »Das ist nicht gut, du hast es echt verhunzt.« Also hat er mir die ganzen Haare kurz geschnitten, und die anderen meinten: »Das sieht bescheuert aus, wenn nur er so superkurze Haare hat. Du musst sie jetzt allen anderen auch schneiden.« (*lacht*) Das Ganze fing also damit an, dass Rob einen kleinen Haarzipfel abschneiden sollte, und endete damit, dass er der ganzen Band die Haare geschnitten hat. Deshalb haben wir auf dem Foto alle so kurze Haare.

Anton Corbijn: Wir gingen in diesen Tunnel, aber als sie alle weggeschaut haben, war das kein starkes Bild. Stärker wirkte es, wenn einer in eine andere Richtung sah. Also hab ich ein paar Fotos gemacht, wo Bernard zurückschaut, und dann hab ich Ian gebeten sich umzudrehen, und das war dann schließlich das Bild. Als ich das Foto gemacht hatte, hab ich es ein paar Leuten gezeigt, aber niemand hatte Interesse. Alle wollten immer nur Gesichter sehen. Es wurde erst veröffentlicht, als Ian gestorben war. Plötzlich sah es aus wie eine Prophezeiung, was es für mich natürlich überhaupt nicht war.

Die gesamte Bildsprache bei Joy Division war quasi-dokumentarisch – Leute kommen und machen Bilder, sie gehen herum oder stehen irgendwo –, aber dahinter steckte eine Idee, das war schon ein Konzept. Vielleicht ist das der Grund, warum es so lange überdauert hat, aber es war keine aufwendige Aufnahmesession, nur ein paar Minuten. Ich erinnere mich sehr gut, dass ich ihnen bei meiner Ankunft die Hände schütteln wollte. Nachdem ich das Foto gemacht hatte, haben sie mir dann tatsächlich die Hand geschüttelt. Daran erinnere ich mich noch sehr lebhaft, weil ich in London ganz schön einsam war.

Ich war mit meiner Freundin gekommen, aber mein Englisch war schlecht, und ich versuchte, mir in England was aufzubauen. Das war meine erste richtige Session. Einfach vier junge Männer, die rumstehen und rauchen, in der Kälte bibbern – »So gut?« –, zu dünn angezogen, unterernährt.

Das habe ich immer gedacht, wenn ich mir den Norden Englands angesehen habe. Für jemanden aus Holland, wo alle sozial versorgt waren, war das ein Schock. Man kommt nach England, und dort herrscht extreme Armut. Die Leute trinken, rauchen und haben nur ein dünnes Hemd und einen dünnen Mantel an, damit stehen sie im Winter draußen rum.

10

NOVEMBER 1979 – FEBRUAR 1980

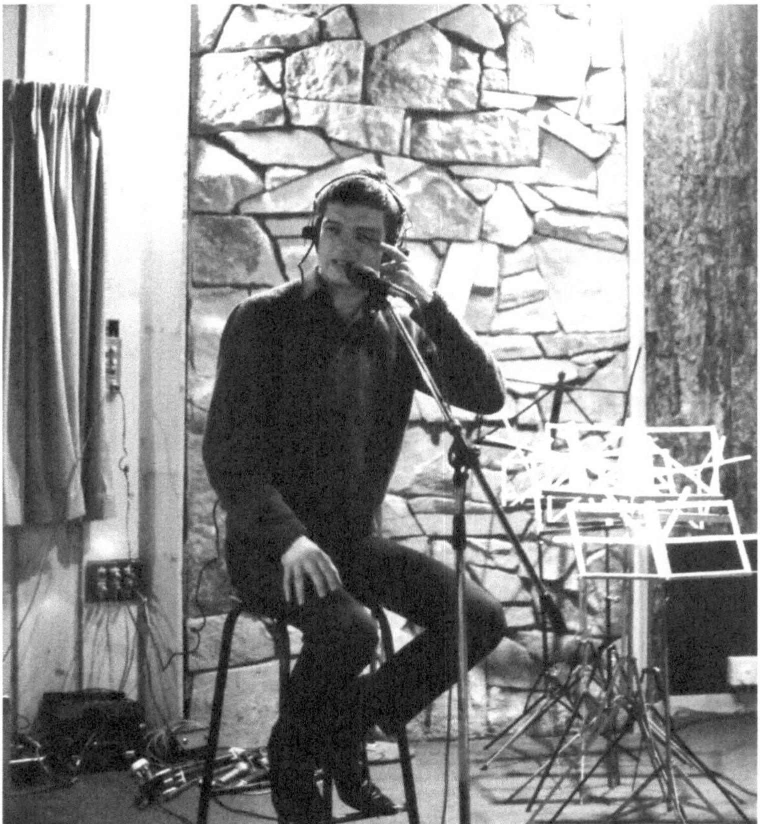

Ian Curtis in den Pennine Sound Studios, Oldham, 8. Januar 1980 (Daniel Meadows)

Bernard Sumner: Ich stand total auf … vermutlich würde man heutzutage »Chillen« sagen, aber damals war ich einfach eine faule Sau. Ich konnte kaum glauben, dass ich jetzt Berufsmusiker war. Mein ganzer Ehrgeiz bestand darin, etwas zu tun, das mir Spaß machte, wofür ich aber nicht wirklich hart arbeiten musste. Der Äther sollte einfach durch mich hindurchfließen – ha! –, dann wäre ich eine Art Medium für die Musik der Geister, die durch mich sprechen. Ich würde einfach nur daliegen, und die Musik fließt durch meine Finger, weil ich mir Kunst genau so vorgestellt habe.

Es ist schwer, für alle zu sprechen, aber das Komische war, dass wir nie über die Musik geredet haben. Es gab ein Einvernehmen, und wir hatten nie das Gefühl, etwas thematisieren zu müssen. Ich fand, die Musik hatte etwas Überirdisches, als würden wir sie einfach aus der Luft greifen. Genauso wenig haben wir über Ians Texte oder seine Auftritte gesprochen. Ich hatte das Gefühl, wenn ich darüber nachdenke, was er macht, hört es auf. Ich dachte: »Wenn was Tolles passiert, schau nicht in die Sonne, bloß nicht in die Sonne schauen.«

Peter Hook: Rob hatte die Voraussicht, zu erkennen, dass es besser war, die Kontrolle zu behalten, und er hatte die Vision. Wir haben mit zehntausend Exemplaren von *Unknown Pleasures* so viel verdient wie Siouxsie and the Banshees oder The Cure mit zehn Millionen. Wir haben mit sehr wenigen Plattenverkäufen sehr viel verdient, und das bestimmte auch die Art, wie wir uns als Band benahmen: Wir konnten sehr pingelig sein oder auch verrückte Sachen machen, denn wir waren nicht wegen des Geldes drauf angewiesen, weil wir mit den Platten genug verdient haben.

Das bedeutete, dass wir Sachen anders machen konnten, weil wir so einen guten Deal mit Factory hatten. Daran gibt es keinen Zweifel; wir hatten dadurch die Freiheit, uns nicht totarbeiten zu müssen. Wir konnten es uns aussuchen, weil wir ein Fundament hatten, und das hatten wir definitiv Rob und Tony zu verdanken.

Jon Wozencroft: Wenn man die Stücke aus der Zeit zwischen *Unknown Pleasures* und *Closer* nimmt, da bauen viele Bands ganze Karrieren drauf auf. Stücke wie »The Only Mistake«, »Something Must Break« – ich meine, die sind der Wahnsinn, und Joy Division hatten immer noch jede Menge zur Auswahl, bewegten sich rasch auf die nächste Phase zu.

Die nächste Phase waren natürlich die Aufnahmen für Sordide Sentimental: »Atmosphere« und »Dead Souls«. Rob hat die Stücke einem kleinen Label in Rouen in Frankreich gegeben, und sie wurden in einer Auflage von 1.578 Stück veröffentlicht. Das war außergewöhnlich: Mit großzügigen Taten wie dieser wurden DIY-Labels, Underground-Fanzines und kleine Verlage am Leben erhalten, in der Hoffnung, mit den Major-Unternehmen mithalten zu können, indem sie von den Bands unterstützt werden, die sich gerade auf der Pole-Position befinden, und das waren damals Joy Division.

- 12. Oktober 1979: Veröffentlichung von *Earcom 2,* 12-Inch, Fast Records
- Oktober/November 1979: Cargo Studios, Aufnahmen von »Atmosphere«, »Dead Souls«, »Ice Age«
- 16. November 1979: Veröffentlichung von »Transmission« als 7-Inch, Factory Records

Stephen Morris: Wir hatten »Transmission« aufgenommen, *Unknown Pleasures* war erschienen, und wir tourten in den Highlands. Die Jugendlichen kamen und fragten: »Wann kommt ›Transmission‹?« Woher wussten die, dass »Transmission« veröffentlicht werden sollte, wer hatte denen das gesagt? Und plötzlich merkt man, dass sich Leute für einen interessieren. Es kamen immer mehr Zuschauer und Leute, die Platten kaufen wollten.

Sie wollten »Transmission« kaufen, bevor es veröffentlicht worden war, womit ich mich identifizieren konnte, weil ich selbst auch ein bisschen so drauf war. Man ging in den Plattenladen und fragte: »Habt ihr's schon? Ist es schon da?« Als *Ziggy Stardust and the Spiders from Mars* veröffentlicht wurde, lag ich denen im Plattenladen echt schon lange vorher in den Ohren: »Habt ihr's schon? Ist es endlich da?« – »Nein, ist doch noch gar nicht veröffentlicht.« Ich konnte das nachvollziehen, weil mir das auch immer so wichtig war. Zu sehen, dass es anderen Leuten mit einem selbst genauso ging, tat gut.

Als »Transmission« rauskam, habe ich es für die erste Pop-Platte von Joy Division gehalten, weil darin die Rede vom Radio ist, und es musste auch im Radio gespielt werden – das würde denen gefallen. Es entwickelte eine ganz eigene Dynamik, und es geht um Pop; aber eigentlich war's kein Pop, es war eine Million Meilen weit von populärer Musik entfernt. Da gibt es jene Musik, die normale Menschen hören, und dann ist da die andere Musik, die man sich erarbeiten muss, und man muss auch ein bisschen seltsam drauf sein, um sie zu mögen.

Peter Hook: Bei Joy Division hat es nie aufgehört, wir hatten nie eine Dürreperiode, was das Stückeschreiben betraf. Es fiel uns immer sehr leicht, weil uns praktisch die ganze Welt offen stand. Das wird normalerweise mit jedem Song weniger, oder? Bis es irgendwann echt schwierig wird, aber damals war alles total offen, es fiel uns einfach wahnsinnig leicht. Wir haben pro Monat zwei Songs geschrieben. Als Band waren wir sehr produktiv und haben immer gearbeitet; da wurde nicht rumgekaspert, wir haben geprobt und dann zack, zack, zack. Bei Joy Division wurde immer hart gearbeitet.

Ian Curtis (Interview mit Radio Lancashire): Als wir anfingen, haben wir ein paar Konzerte mit den Rezillos gespielt. Bob Last war damals deren Manager, und er hat davon gesprochen, ein Label gründen zu wollen. Wir sollten eine Single dafür aufnehmen. Aber weil dann Factory kam und andere Sachen, hat er erst mal was mit Gang of Four und Human League gemacht, er war dann auch am Management von Human League beteiligt. Ich glaube, er managt noch eine andere Band. Jedenfalls wurde nie was draus.

Als wir das Album aufgenommen hatten, waren noch einige Stücke übrig. Wir hatten insgesamt sechzehn aufgenommen und nur zehn auf die Platte gepresst. Unser Manager Rob Gretton hatte mit ihm über bestimmte Dinge gesprochen, und wir haben immer den Kontakt gehalten. Er hat von seiner Idee für *Earcom* erzählt, und wir haben ihm zwei Stücke dafür angeboten. Weil wir gerne alles, was wir aufnehmen, auch irgendwie veröffentlichen. So wie das mit *Earcom* war, war's auch mit Sordide Sentimental, das ist eine Mischung aus einer französischen Zeitschrift in limitierter Auflage und einem Label.

Da sind zwei Tracks drauf, die wir nicht auf einem Album oder einer Single veröffentlichen werden. Es geht nur darum, dass wir so viel wie möglich veröffentlichen wollen, in der einen oder anderen Form. Bei Factory ist das oft schwierig, weil deren finanzielle Möglichkeiten natürlich begrenzt sind. Ich meine, man kann nicht einfach eine Platte veröffentlichen, wenn man andere Sachen geplant hat. Wenn also kein Platz mehr auf der LP ist, halten wir auch nach anderen Veröffentlichungsmöglichkeiten Ausschau.

Stephen Morris: »Autosuggestion« haben wir auf einen Schlag geschrieben, während Hooky und ich beim Soundcheck auf Martin gewartet haben. Ich glaube, »Candidate« ist auch so entstanden. Wir haben einfach improvisiert, und dann waren das im Prinzip nur Hooky und ich, ein bisschen Rückwärts-Gitarre und Text dazu. Das ging wirklich so schnell, war aber trotzdem gut. So haben wir geschrieben; eigentlich war es sogar noch einfacher. Schon komisch, wenn man sich vorstellt, dass Joy Division größtenteils nur in unseren Köpfen existiert hat.

***The Story So Far*, Fanzine, Ausgabe 3, Oktober 1979**

Ich frage sie, wie stark sie in Zukunft Synthesizer einbringen wollen.

Ian – »Wenn wir glauben, dass Keyboards dazu passen, benutzen wir welche. Es gibt keine bewusste Entscheidung, einen Song mit Synthesizer zu schreiben.«

Wie wäre es dann aber mit einem weiteren Mitglied am Keyboard?

Ian – »Eher nicht … das müsste jemand sein, der eigentlich gar nicht spielen kann, damit er lernt, so zu spielen wie wir.«

Tatsächlich haben Joy Division gerade eine Single für das Label Sordide Sentimental aufgenommen. Bernard spielt auf einem sehr düsteren Song mit dem Titel »Atmosphere« Synthesizer. Laut ihrem Manager und Friseur Rob Gretton (»Das grenzt schon an Dummheit, meiner Meinung nach!« – Stephen Morris) ist es wahrscheinlich eins der besten Stücke, die sie bislang auf Vinyl gepresst haben. Rob hofft, die Band bald ins Studio zu bringen, damit sie ihr zweites Album aufnehmen, aber vorher absolvieren sie noch Auftritte in Holland, Belgien, Deutschland und versuchsweise auch in Amerika. Allmählich werden sie wahrgenommen.

Bernard Sumner: »Atmosphere« ist mein Lieblingssong von Joy Division. Ich finde ihn unglaublich gefühlvoll, grüblerisch und stark, mir gefällt die Produktion. »Transmission« mag ich auch, weil er aufregend ist, aber nur die Live-Aufnahme.

Peter Hook: »Dead Souls« wurde bei Cargo aufgenommen, viel schneller als die anderen. Im Vergleich zu heute ging das damals unglaublich schnell. »Dead Souls« ist einfach ein gutes Stück. Es klingt wie Ebbe und Flut. Ich liebe es, wie sich bei Joy Division die Musik nach den ruhigen Momenten wieder steigert. »Dead Souls«

ist für mich der perfekte Ebbe-und-Flut-Song, wirklich. Das Stück ist für mich eine echte Gruppenaufnahme, mehr als alle anderen.

Bernard Sumner: Ich wollte immer Musik machen, bei der was Neues passiert. Ich mochte keine Leute, die sich immer an der Vergangenheit orientierten. Als ich klein war, erzählten alle in meiner Familie immer noch von den Fünfzigern und den alten Rock'n'Roll-Bands, das habe ich gehasst. Ich dachte: »Das war damals, und das hier ist heute.« Bis ich in der Band war, habe ich nie über Synthesizer oder elektronische Instrumente nachgedacht, aber dann hat Ian mir Kraftwerk vorgespielt. Er hat immer *Trans-Europe Express* aufgelegt, bevor wir auf die Bühne sind, und das habe ich geliebt. Ich hatte das vorher nie gehört. *Autobahn* schon, aber bei *Trans-Europe Express* gibt es diese Beats, die mir instinktiv wie Tanzmusik vorkamen, dazu dieses massive Keyboard, und ich dachte: »Wow, das ist echt interessant, was die da machen.« Ich beschloss, mir ein bisschen Technik draufzuschaffen. Ich war sowieso recht technikinteressiert: Ich konnte gut mit den Händen umgehen, und mein Großvater war Ingenieur. Wir hatten kein Geld. Ich wollte einen Synthesizer, konnte mir aber keinen leisten, also hab ich einen aus elektronischen Komponenten gebaut. Im Prinzip hab ich mir einen Baukasten besorgt. Seit der Anfangszeit von Joy Division konnte ich nachts nicht schlafen und blieb oft die halbe Nacht auf, sah mir Filme an wie *2001: A Space Odyssey* und *Clockwork Orange,* die hab ich andauernd gesehen. Ich las eine Zeitschrift, *Electronics Today,* darin ging's um einen Synthesizer. Also dachte ich: »Der ist billig, nur zweihundert Pfund, wie schwer kann das sein, so was zu bauen?« Man musste die Komponenten mit der Hand verlöten. Ungefähr zwei Monate hab ich gebraucht, aber es hat unglaublich gut funktioniert.

An dem ersten Synthesizer waren alle möglichen Knöpfe, von denen ich nicht wusste, wofür sie waren, wie LFO, Filter Resonance und Sample-and-Hold-Schaltung, und ich dachte: »Klingt super, echt interessant – was passiert denn da?« Dann habe ich mehr über Synthesizer gelernt und angefangen, meinen selbst gebauten bei Joy Division zu verwenden. Wenn man sich die Filmaufnahmen aus dem Apollo anschaut, wo wir mit den Buzzcocks spielten, hört man mich am Synthesizer. Ich hab mich richtig damit beschäftigt und entdeckt, dass man wirklich abstrakte Geräusche erzeugen konnte.

»Atmosphere« wurde auf einem Sechzehn-Spur-Gerät aufgenommen. Ich benutzte den ersten polyphonen Synthesizer, den ich hatte, ein Solina String Synth und eine Bontempi-Orgel von Woolworths, ich hab beide zusammen gespielt. Ich konnte nicht glauben, dass es Synthesizer gibt, die mehr als einen Ton erzeugen. Mich hat das echt begeistert. Wir hatten nur begrenzt Zeit, um das alles auszuprobieren. Hooky und ich hatten immer das Gefühl, dass Martin am besten war, wenn er schnell gearbeitet hat und nicht zu viel Zeit zum Nachdenken hatte.

Peter Hook: Der Übergang von berufstätig zu nicht berufstätig hatte nur wegen den Buzzcocks stattgefunden, nach der Tour hatten wir nichts. Wir hatten unsere Jobs geschmissen, vor der Tour aufgeregt geprobt, waren mit den Buzzcocks unterwegs gewesen, und plötzlich waren wir wieder zu Hause. Wir waren arbeitslos und fragten uns, wann die nächsten Auftritte kommen würden. Rob wollte uns welche besorgen. Im Prinzip erinnere ich mich, dass ich nach der Tour mit den Buzzcocks viel herumgesessen und nichts getan habe, bis wir wieder Konzerte hatten.

Daniel Meadows: Ich glaube, ich kam im November 1979 das erste Mal dazu. Tony wusste, dass ich Fotograf war. Ich hatte in Nordost-Lancashire als Artist in Residence gearbeitet – in Burnley, Nelson und Colne. Einer meiner Sponsoren waren Mid-Pennine Arts, aber die zahlten nicht so viel, deshalb fing ich an, auf freiberuflicher Basis für Zeitungen und Zeitschriften zu arbeiten. Eine der Geschichten, die ich für die Beilage der Sonntagsausgabe des *Observer* fotografierte, beschäftigte sich vor allem mit der Behandlung von chronisch Schizophrenen, aber auch anderen Patienten in der sogenannten Clayton Ward des Psychiatric Hospital in Prestwich.

Zwei Wochen lang habe ich unter schwierigen Umständen bei diesen Patienten gewohnt und Fotos aufgenommen. Wie sich herausstellte, war ich *World in Action* zuvorgekommen, die dieselbe Reportage hatten machen wollen. Also wurde ich zu Granada bestellt, man führte ein Gespräch mit mir, und anschließend bekam ich eine Redakteursstelle angeboten. Mein Vertrag als Artist in Residence war sowieso ausgelaufen, und ich wollte mich verbessern. Damals erhielten sie dreitausend Bewerbungen auf eine Redakteursstelle. Wenn man so was angeboten bekam, musste man das schon ernst nehmen. Es gab nicht viele Einstiegsmöglichkeiten bei den großen Medien.

Ich kam aus der Gegenkulturszene der Art Colleges aus den späten Sechzigern. Vierzehn Monate lang hatte ich in einem Doppeldecker-Bus gewohnt, den Leuten bei improvisierten Studiosessions in verschiedenen Städten kostenlos Bilder angeboten. Und darüber ein Buch geschrieben. Das alles spielte sich im Hintergrund ab, aber ich glaube, als ich denen vor die Tür gepinkelt habe, indem ich ihnen einen Strich durch ihre geplante Reportage machte, wollten sie mich für sich gewinnen. Zuerst habe ich für *Granada Reports* gearbeitet, dann bin ich zu *What's On*. Beide hatten ein ziemlich großes Publikum, außerdem waren das Sendungen, die ich selbst gesehen habe.

Granada war damals eigentlich ganz schön cool. Ich habe keine Ahnung, wie das jetzt ist. Aber die BBC war immer eher langweilig, ganz besonders das Regionalfernsehen. Granada hatte ein bisschen mehr Pfiff. Ich denke, der Sender war eher links und die Stadt klein genug, sodass die Moderatoren draußen erkannt wurden. Wenn man herumging, recherchierte und mit den Reportern kleine Filme drehte, dann wurde man wie Cousins oder Cousinen begrüßt. Rob Greaves war die Vaterfigur in der Nachrichtenredaktion: ein Mann aus der Stadt, jeden Abend auf dem

Bildschirm. Sein Partner war Tony Wilson, dieser geckenhafte ehemalige Cambridge-Student, der bei seinen Überleitungen von einem Thema zum nächsten lauter schlaue Wörter benutzte und auf flaneurhafte Art alberne Sachen machte, was Leute aus der Arbeiterklasse aus dem Norden gar nicht gewohnt waren. Trotzdem hatte er eine gewinnende Art. Ich hatte seit fast zehn Jahren da oben gelebt, und immer wenn man Tony Wilson irgendwo draußen bei einem seiner Berichte sah, kurbelten alle ihre Autoscheiben runter und schrien ihn an: »Wichser.« Irgendwie passte das dann auch wieder.

Als ich bei Granada anfing, gab es dort riesige Großraumbüros, und die Tische standen in Gruppen zusammen. Ungefähr fünfzehn Leute saßen drum herum, und am Tischende thronte Tony Wilson wie ein König. Ich mochte ihn sehr. Er kam spät, trug ein Hemd, das fast wie eine Bluse aussah, darüber eine Lederjacke oder einen schönen Mantel, dann warf er seinen Schal ab und schüttelte sein Haar. Über der Schulter trug er zwei Harley-Davidson-Motorradtaschen aus Leder. Er öffnete sie und packte Sachen aus, steckte Geld in Briefumschläge, und ich fragte ihn, was um Himmels willen er da machte. Er meinte: »Das ist das gesamte Factory-Büro.«

So erfuhr ich also von Factory Records und den Gigs im Russell Club, die sie veranstalteten. Ich war erst nach *So It Goes* zu Granada gekommen, seiner Musiksendung. *What's On*, die Sendung, für die ich gearbeitet habe, hatte deren Sendeplatz übernommen. Er redete jetzt nicht mehr nur über die Popmusik anderer, er machte seine eigene. Tony lud mich zu Alan Erasmus nach Hause im Süden von Manchester ein, wo ich Vini Reilly fotografieren sollte, weil er ein Album mit dem Titel *The Return of the Durutti Column* aufgenommen hatte. Vini war sehr sanft, gutartig und introvertiert. Tony fuhr mich in seinem großen kastanienbraunen Peugeot Kombi dorthin. Er war dreckig, und die Windschutzscheibe hatte einen Sprung, aber für jemanden in seinem Alter war das schon ein ziemlich cooles Fahrzeug.

Ich fragte ihn: »Wie machst du das? Du finanzierst ein ganzes Plattenlabel.« Hatte er denn bei Granada so viel verdient?

»Nein«, meinte er. »Das trenne ich. Das Label bezahle ich von den zehntausend Pfund, die mir meine Mutter hinterlassen hat. Andere hätten ein Haus gekauft.« Damals bekam man locker ein Haus dafür. »Aber ich habe beschlossen, eine Plattenfirma zu gründen, Gigs zu veranstalten und eigene Bands an den Start zu bringen. Mal sehen, wie lange das Geld reicht.« Und er erklärte, dass Factory ein lockerer Zusammenschluss aus ihm, Alan Erasmus, dem Produzenten Martin Hannett und Rob Gretton sei, der Joy Division managte.

Jedenfalls sind wir zu Alan Erasmus nach Hause. Tony meinte: »Unsere beste Chance, in einem Büro zu arbeiten. Da kannst du Vini Reilly kennenlernen und fotografieren, wir müssen nämlich sein neues Album promoten.« Ich weiß nicht, ob Vini oder die anderen um ihn herum verstanden haben, wie fixiert Tony auf die Situationisten war. Von Guy Debord hatte er die Idee geklaut, dass man eine Platte – bei Debord war es ein Buch, *Mémoires* – mit einem Cover aus Schleifpapier machen könnte. Dahinter steckte die Vorstellung, dass dieses Kulturgut alle anderen Kulturgüter neben sich beschädigen oder zerstören würde.

Er nahm also ein Album mit lieblicher Gitarrenmusik und Vogelgezwitscher auf, Martin Hannett hat es produziert. Dann nannte er es *The Return of the Durutti Column* und steckte es in eine Hülle aus Schleifpapier. Aber er hatte sich noch nicht überlegt, wie er die Schleifpapierhülle herstellen wollte. Nachdem ich Vini, der sehr schüchtern war, Hallo gesagt hatte, setzte ich mich zu ihm und trank Kaffee mit ihm, weil ich ihn ein bisschen kennenlernen wollte, bevor wir die Bilder aufnahmen. Außerdem saßen da ein paar junge Typen rum, das waren tatsächlich Joy Division, die halfen, diese Schleifpapierhüllen zu basteln. Sie hatten quadratische, albumgroße Bögen Schleifpapier bekommen und sollten sie zusammenkleben. Außerdem hatten sie silberne Sprühfarbe und Schablonen, um »Return of the

Durutti Column« und »FACT14«, die Bestellnummer des Albums, draufzusprühen. Sie bastelten alles zusammen, saßen dabei auf dem Boden, und ich setzte mich dazu. Sie meinten: »Bastel dir dein eigenes Cover für Vinis Album, Daniel!« Und das hab ich gemacht. Danach hab ich Vini fotografiert, und als wir wieder zurückkamen, waren sie fertig mit der Hülle, die ich besprüht hatte, und haben sie mir geschenkt. Das war meine erste Begegnung mit ihnen.

Sie waren einfach ein paar junge Männer, die rumsaßen und sich gegenseitig verarscht haben. Sie waren fünf Jahre jünger als ich. In dem Alter ist das noch ein ziemlich großer Unterschied. Zumindest kam mir das so vor. Außerdem waren sie Jungs aus dem Norden, Arbeiterklassekids, und ich war Mittelschicht aus dem Süden. Obwohl ich zu dem Zeitpunkt schon zehn Jahre im Norden gelebt hatte, war da eine gewisse soziale Kluft, die sich erst mit der Zeit schließen ließ. Sie waren sehr freundlich, aber ich dachte nicht, dass sie meine Freunde werden würden oder so.

Trotzdem war ich fasziniert. Das war Tonys Welt, und er hatte mir einen Einblick gewährt. Es machte Spaß. Ich glaube, das Bild wurde zur Veröffentlichung des Albums in *Sounds* verwendet: Job erledigt. Und Tony bezahlte mich. Er meinte, »schick mir eine Rechnung«, was ich auch gemacht habe, und er hat sie bezahlt. Deshalb habe ich immer gerne für ihn gearbeitet. Anschließend waren wir wieder bei Granada, und irgendwann kam eine weitere Einladung.

- 18. Dezember 1979: Joy Division live im Les Bains Douches, gesendet auf *Feedback* mit Bernard Lenoir, Radio France Inter

Kommentator:
(»Shadowplay«) … »Joy Division live mit dem alten Geist von Jim Morrison, der sich hergeschleppt hat.«

(»Transmission«)… »›Transmission‹ von Joy Division, der Titel ihrer neuesten Single. ›Dance to the Radio‹, und wenn ihr eines Tages tanzt wie der Sänger von Joy Division, passt auf, dass euch die beiden Pfleger aus der Irrenanstalt nicht mitnehmen.«

Bernard Sumner (Interview mit Alan Hempsall, »A Day Out with Joy Division«, *Extro*, 1980): Wir haben in diesem wirklich erlesenen Club gespielt, wo die Leute draußen auf der Straße Schlange standen, man aber nur reinkam, wenn man berühmt war oder »richtig« aussah, wie im Studio 54. Nach dem Auftritt gab es oben extra ein Essen für uns, da standen lauter vornehme Leute. Und ob du's glaubst oder nicht, in dem Club gab's sogar ein Schwimmbecken, das man benutzen durfte.

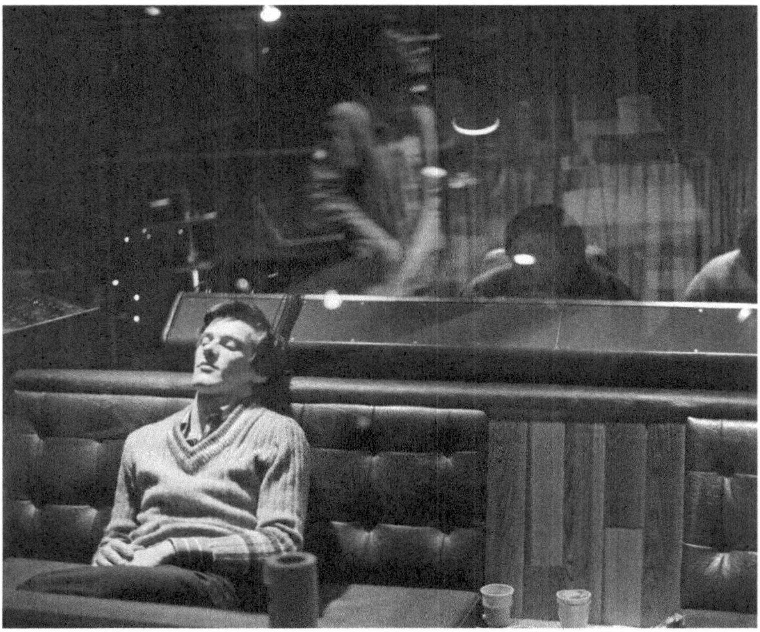

Stephen Morris in den Pennine Sound Studios, Oldham, 8. Januar 1980 (Daniel Meadows)

Tony Wilson: Ich hab eine tolle Erinnerung daran, dass wir eines Abends eine sehr lange Treppe in einem großen Club in Paris runtergegangen sind, und plötzlich schreit Rob: »Ian, wo ist deine belgische Schreckschraube?« Annik meinte: »Direkt hinter dir, Rob.« Ich weiß noch, dass ich das wahnsinnig lustig fand.

- 8. Januar 1980: Aufnahme von »Love Will Tear Us Apart«, »These Days« und »Sound of Music« in den Pennine Sound Studios, Oldham

Daniel Meadows: In gewisser Weise war das nächste Treffen offizieller. Tony hatte mich gebeten, Joy Division in den Pennine Sound Studios zu fotografieren, mit Martin Hannett. Das war in Oldham und im Januar, also ein paar Monate nach der ersten Begegnung bei Alan Erasmus. Da lernte ich Martin Hannett kennen. Ich mochte Martin. Er war ungefähr so alt wie ich. Inzwischen hatte ich mir die Haare geschnitten, vorher hatten sie im Prinzip wie seine ausgesehen – eine riesige Hippiemähne. Ihm war das egal.

Er war eher mönchisch, saß am Mischpult und hatte keine Manieren, in dem Sinn, dass er nicht »bitte« und »danke« sagte. Man merkte, dass er tief in den kreativen Prozess versunken war, das war sein kleines Königreich. Bis dahin war ich nie bei einer echten Aufnahmesession gewesen, deshalb interessierte es mich zu sehen, was da passierte. Ich versuchte aber möglichst nicht im Weg zu sein und nicht zu knipsen, wenn tatsächlich gerade aufgenommen wurde, sondern zuzuschauen und ein paar Bilder von der Band bei den Proben zu bekommen.

Es wurden eine Handvoll Bilder: Martin Hannett im Studio; Stephen Morris, der es sich auf dem Polstersessel bequem macht, durch die Scheibe sieht man dahinter Hannett; Bernard spielt Gitarre; dann noch mal Bernard und Ian Curtis getrennt voneinander. Das war ein eigenartiges Studio; es sah aus, als könnte man dort auch seine Hochzeitsfotos machen lassen. Überall hingen unpassende Veloursvorhänge an den Fenstern, außerdem gab es einen Kamin aus Stein, der aussah wie aus einem Berghang in Derbyshire geschlagen.

Das war ein richtiges Studio, aber ich konnte mir nicht vorstellen, wer es zu welchem Zweck eingerichtet hatte. Und dann war da die Rockband, die gar nicht in diese Umgebung zu passen schien. Mir kam es vor, als wären sie unglaublich gehorsam gegenüber Martin. Es kam mir vor wie Martin Hannetts Veranstaltung, sie machten, was er verlangte. Auch hatte ich das Gefühl, dass Bernard so etwas wie das Bindeglied in der Zusammenarbeit war. Er war derjenige, der sich am ausführlichsten mit Martin verständigte und den anderen vermittelte, was dieser wollte.

Ich kann mich nicht erinnern, dass ich Stephen den ganzen Abend lang auch nur einmal hab Schlagzeug spielen sehen. Ich hab nur Gitarren gesehen, ein bisschen Gesang und jede Menge Experimente mit dem Synthesizer. Und das war's, eine kurze Session. Aber ich habe ein sehr schönes Bild von Martin Hannett an dem Abend aufgenommen, ich mochte Martin. Ich hatte das Gefühl, dass er einer Generation und einer musikalischen Tradition angehörte, die ich verstand. Und dann waren da diese Leute, die einen ganz neuen Sound produzieren wollten. Obwohl ich Punk sehr aufregend gefunden hatte, waren sie musikalisch eine Generation weiter.

Ich weiß noch, dass ich mit Wilson darüber gesprochen habe. Ich sagte: »Du promotest diese ganzen neuen Sachen, aber was hörst du, wenn du nach Hause kommst?« – »Buffalo Springfield!« Ich weiß noch, dass ich los bin und mir das Album von Buffalo Springfield besorgt habe, das er mir empfohlen hatte, das mit »Expecting to Fly«. Mich faszinierte, dass er so eine Leidenschaft für die neue Musik hatte und zu unzähligen Gigs ging, sehr viel Zeit darauf verwendete, jungen Musikern zuzuhören. Aber was er zum eigenen Vergnügen hörte, war nicht das, was er nach außen hin verkauft hat. Zumindest nicht zu der Zeit damals.

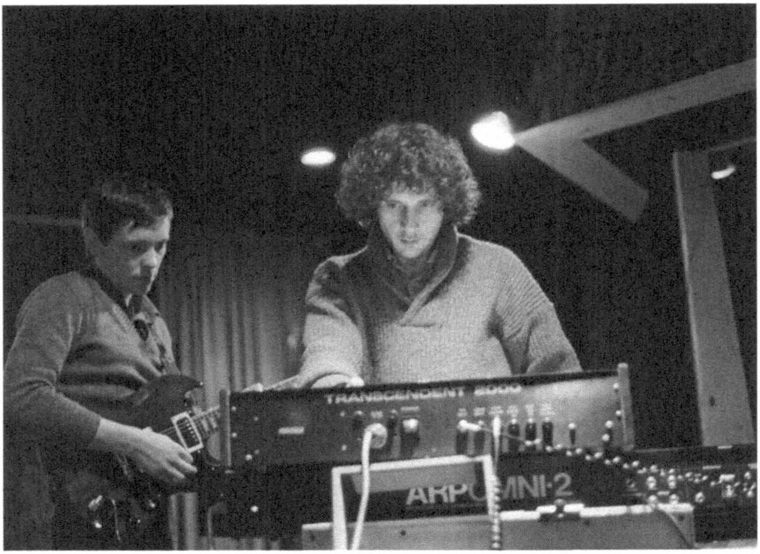

Bernard Sumner und Martin Hannett in den Pennine Sound Studios, Oldham, 8. Januar 1980 (Daniel Meadows)

Ich kann nicht behaupten, dass ich die Musik an dem Abend besonders toll fand. So sind Aufnahmesessions halt: Da gibt es immer nur einzelne Teile. Wenn man in eine reinplatzt, hat man keine Ahnung, wie das Ganze zum Schluss klingt. Aber ich hatte absolut das Gefühl, dass Martin wusste, wie das große Ganze aussehen sollte; er hat sich sehr viel Mühe gegeben, immer wieder, und das auf ziemlich bestimmerische Weise. Die Band hat es mitgemacht. Es war sehr viel Arbeit, das hinzubekommen.

Alan Hempsall, »A Day Out with Joy Division«,
***Extro*, 1980**

Als wir uns hinsetzen und was zusammen trinken, frage ich Ian, wie ihm die Bücher von J.G. Ballard und William Burroughs gefallen. Ich stelle fest, dass er von beiden eine ganze

Menge gelesen hat, darunter *Crash* (mein persönliches Lieblingsbuch), *Terminal Beach*, *Atrocity Exhibition* und *High Rise* von Ballard sowie *Soft Machine*, *Naked Lunch* und *Wild Boys* von William Burroughs. Außerdem hat er zufällig ein kleines Büchlein von Burroughs mit dem Titel *APO-33* dabei. Ich blättere es durch und finde es sehr interessant. Ich frage mich, ob die Bücher Ians Texte beeinflusst haben.

»Vermutlich bleibt unterbewusst etwas hängen, aber bewusst bin ich nicht davon beeinflusst.«

Was ist mit dem Song, den die Band spielt, »Welcome to the Atrocity Exhibtion«, der ist doch sicher von Ballard beeinflusst?

»Eigentlich nicht, ich hatte den Text schon geschrieben, bevor ich *Atrocity Exhibition* gelesen habe, und nur noch einen Titel gesucht, weil mir manchmal einfach keine guten Titel einfallen. Auf jeden Fall hab ich in einem seiner anderen Bücher den Titel entdeckt und gedacht, dass er zu den Ideen im Text passt. Das Buch habe ich erst eine ganze Weile später gelesen, nachdem ich den Text geschrieben und wir den Song in unser Set aufgenommen hatten. Es ist reiner Zufall, dass ein paar von den Ideen im Buch denen im Text ähneln.«

Jon Wozencroft: Wenn man damals von Natur aus neugierig war, dann waren Joy Division wie ein Adventskalender: Man machte ein Türchen auf und sah einen Durchgang zu einem anderen Ort, da waren lauter Wege, die in Parallelwelten führten. Das war an sich schon eine Form von Bildung. Das naheliegendste Beispiel ist »Atrocity Exhibition«: Man will wissen, was »Atrocity Exhibition« bedeutet, und erfährt, dass es sich um einen Roman von J.G. Ballard handelt. Und es gibt noch andere Bezüge: »Colony« zum Beispiel bezieht sich auf Franz Kafka, oder man findet Anklänge an Dostojewski in eher obskuren Tracks wie »The Kill«. Ian war ein unglaublich kultivierter junger Mensch.

Sie sind deshalb zurzeit eine so wichtige Band, weil sie sich mit sehr vielen Paradigmen der Digitalisierung beschäftigten: Entfremdung, Einsamkeit, Raum, Materialität, die Stadtlandschaft, das alles betrifft die Ästhetik des Digitalen, fünfundzwanzig, dreißig Jahre bevor wir uns in diesen Zuständen befanden. Ich meine, allein schon J.G. Ballard in einen musikalischen Kontext einzuordnen – das ist unglaublich. Ebenso das Verständnis verschiedener Ideen in den Werken von Burroughs und Gysin, die »Dream Machine« und das ganze kulturelle Umfeld, in dem wir uns '78, '79, '80 und auch '81 noch befanden.

Plötzlich hatte die Avantgarde ein bisschen Raum innerhalb der populären Kultur gewonnen. Das kommt hin und wieder vor. Na ja, inzwischen wissen wir, dass das sehr selten passiert, aber damals kam in diesem Moment alles zusammen, in dem das Gute auch populär war. Man hörte es im Radio und sah Platten von Joy Division in vorstädtischen Plattenläden, die so was normalerweise gar nicht ins Sortiment nehmen würden.

Alan Hempsall: Ich kannte die frühen Bücher von Burroughs und Ballard und hatte sogar ein oder zwei Besprechungen für eine Sci-Fi-Zeitschrift namens *Extro* geschrieben. Ungefähr zu der Zeit, als das Album rauskam, schrieb ich eine Rezension über *The Unlimited Dream Company*, und so kam es, dass ich ein Interview mit Joy Division für *Extro* führen sollte. Als ich Ian zum ersten Mal begegnet bin, bildeten die Bücher, die wir lasen, ganz offensichtlich eine gemeinsame Basis. Einer meiner ersten Romane, als ich anfing, mich für ernsthaftere Texte zu interessieren, war *Crash* von Ballard, und darüber kam ich zu *Naked Lunch*.

Die Bücher waren ein bisschen überirdisch, ein bisschen anders als das, was einem der eigene Englischlehrer empfohlen hätte, und sie besaßen etwas, das ganz eindeutig Menschen um die zwanzig ansprach, die fasziniert waren von Düsternis, der dunkleren Seite der menschlichen Natur, die ein bisschen was anderes lesen wollten. Auch Texte, die vielleicht gesellschaftlich als inakzeptabel galten und in denen Grenzen ausgetestet wurden.

Ballard hat natürlich immer allgemeine Bezugspunkte eingebaut, an denen man sich orientieren konnte. Das war nicht wie die Fantasy von Isaac Asimov und Michael Moorcock; das hier waren echte Gebäude – bei Ballard spielt einiges in Shepperton. Bei William Burroughs war das genauso: viele Bezugspunkte, aber dann gehen da sehr, sehr seltsame Dinge vor sich, die das Werk insgesamt durch die vermeintliche Vertrautheit umso bedrohlicher wirken ließen.

Sie nahmen eine der »Love Will Tear Us Apart«-Sessions in den Pennine Studios irgendwo in der Oldham Road auf. Das war in einer Kirche, die nicht mehr als solche genutzt wurde. Ian zog eine Broschüre mit dem Titel *APO-33* heraus, die er von William Burroughs in Belgien bekommen hatte. Er kam mit Sachen an, die mir nie zuvor begegnet waren, das war gut. Es war klar, dass Ballard und Burroughs zu seinen Lieblingsautoren zählten. Ich kann mich nicht erinnern, dass er mir gegenüber sonst jemanden erwähnt hätte.

Es war ganz offensichtlich, dass ich keine journalistische Erfahrung hatte, und ich denke, das war einer der Gründe, weshalb ich das Interview überhaupt führen durfte. Denn eigentlich gaben sie der Presse damals keine mehr, fertig, aus. Sie hatten im Jahr davor damit aufgehört und beschlossen, sich nicht mehr mit Journalisten abzuplagen. Also sagte ich: »Okay, wieso macht ihr's dann nicht mit mir, und wir schauen, wie's läuft?« Und sie meinten: »Okay.«

Jedenfalls wurde ich abgeholt und bin mit einem Kassettenrekorder aufgetaucht, und Rob sagte: »Den Kassettenrekorder kannst du gleich vergessen.« – »Wie meinst du das?« – »Wir wollen nicht aufgenommen werden. Schreib einfach einen Erfahrungsbericht, und wenn du uns falsch zitierst, dann ist das eben so.« Und in dem Moment drehte Steve Morris sich um und sagte: »Ach, die denken sich das sowieso alles aus, ist völlig egal.«

Also schön: Am nächsten Tag schrieb ich gleich alles auf, solange ich mich noch erinnern konnte.

Ich hatte sie einen Tag lang begleitet und mir dabei kaum Notizen gemacht, sondern gedacht, dass es wohl das Beste wäre, mich einfach zu entspannen und die Sache wie einen Ausflug anzugehen. Fotos durfte ich auch keine machen. Es ging einfach nur darum, ihnen bei den Aufnahmen zuzusehen, Zitate aufzuschnappen. Wir waren ein paar Stunden im Pub, und ich verbrachte einen ganzen Tag mit ihnen. Ich glaube, ich hab's sogar so genannt, »A Day Out with Joy Division«, denn im Grunde war es genau das.

Es wurde viel gelacht, und viele Witze wurden gerissen. Sie haben sich ständig gegenseitig hochgenommen, das war das große Ding: ununterbrochen überlegen, wie man den anderen aufziehen kann – Spaß. Dafür haben sie gelebt: den Roadie irgendwie reinlegen, und wenn man das geschafft hatte, durfte man getrost davon ausgehen, dass dieser sich am folgenden Tag revanchierte. Es wurde wahnsinnig viel herumgealbert und Blödsinn gemacht.

Martin war während der Produktion immer sehr viel organisierter. Wenn sie aufnahmen – und bei Crispy Ambulance war es dasselbe –, ließ er den Engineer sein Ding machen, saß einfach nur da und hörte zu. Erst wenn es in die Produktionsphase ging, wachte er auf und warf alle Musiker raus: »Ihr dürft hier nicht rein. Das ist meine Zeit, ihr habt eure Chance gehabt.« Bei den eigentlichen Aufnahmen war er sehr passiv. Der Techniker hatte mehr zu tun als er.

Er war ein wunderbarer Mensch, immer ein bisschen gelassener als die anderen, nicht so aufgekratzt wie sie. Er ließ sie einfach machen, hielt das alles ein kleines bisschen für unter seiner Würde. Er war derjenige, der alles zusammenführte, das war seine eigentliche Kunst. Dabei hatte er immer einen sehr trockenen Humor, war schnell mit einem Scherz dabei – meist auf Kosten der Musiker –, aber er war ein ganz reizender, freundlicher Mensch.

Bei »These Days« haben sie ein paar Overdubs gemacht, und ich weiß noch, dass mir die Stelle ganz am Anfang aufgefallen ist. Ich dachte, das wäre ein Sequencer, und dann stellte sich heraus, dass es Bernards Gitarre war, die über ein sehr extremes, sehr schnelles Gate geleitet wurde, das sich ganz rasch öffnete und schloss. Ich war völlig auf dem falschen Dampfer damit, aber Bernard und Martin erklärten es mir einigermaßen ausführlich, was eher ungewöhnlich war. »Love Will Tear Us Apart« schien mir gewöhnlicher zu sein, aber bei »These Days« dachte ich: »Wow, das ist ein echter Hammer.«

Alan Hempsall, »A Day Out with Joy Division«, *Extro*, 1980

Ian führt mich zu seiner Gitarre, die er neulich erstanden hat, und zeigt sie mir. Eine Vox, schon ziemlich alt, mit Push-Button-Effekten, die in den Korpus eingebaut und batteriebetrieben sind. Er sagt, er lernt zu spielen, und versucht, mit der Stimme ein paar der seltsamen und wunderbaren Sounds zu demonstrieren, die er mit den Effekten seiner Vox erzeugen kann.

Kurz darauf ist Martin bereit, die Gesangsspur aufzunehmen, und wir gehen alle in den Kontrollraum. Ian fängt an zu singen. Während Martin sich am Mischpult zu schaffen macht, beschäftigen sich Rob, Hooky und Steve damit, die Ideen der anderen in Hinblick aufs Mischen und die Produktion zu diskutieren, was unweigerlich in einem fröhlichen, aber dennoch vernichtenden Austausch von Beleidigungen mündet. Rob scheint der Initiator dieser Schimpftiraden und Verarsche zu sein, sie ziehen sich den ganzen Tag durch die Gespräche.

Endlich trifft Bernard ein, und während Rob Ian erklärt, wie schlecht er heute singt, frage ich Bernard, was er von der Arbeit im Studio hält. »Overdubs machen mir nichts aus, aber Backingtracks aufnehmen kann echt langweilig sein. Ich bin zufrieden damit, es klingt okay. Zwei von den drei Stücken, an denen wir heute arbeiten, werden auf unserer neuen Single sein. Das erste wird die A-Seite, und dann müssen wir uns für eins der beiden anderen als B-Seite entscheiden, wahrscheinlich für letzteres. Ich hätte gerne, dass Factory Records das als 12-Inch-Single rausbringt, aber ob das möglich sein wird, weiß ich nicht.«

Verdient hätte es eine Veröffentlichung als 12-Inch auf jeden Fall. Obwohl sie bereits aufgenommen ist, wird sie erst in zwei Monaten veröffentlicht. Die A-Seite heißt »Love Will Tear Us Apart«, eine beschwingte, keyboardlastige Nummer, mit der Joy Division neuen Boden betreten. Dann gibt es einen Song namens »The Sound of Music«, der schon eher das ist, was wir von der Band bisher gewohnt sind, wobei das alles andere als negativ gemeint ist. Der letzte Song auf dem Band, der – wie Bernard mir verrät – wahrscheinlich die B-Seite sein wird, heißt »These Days«, und ich finde, dass das ein spektakuläres Stück ist. Dem Song würde es bestimmt guttun, wenn er sich über eine Vinyl-Maxi entfalten könnte. Er hat einen kraftvollen Beat und eine tolle Bassline, die von einem vermeintlich am Synthesizer erzeugten, Moroder-artigen Rhythmus zusammengehalten werden.

»Tatsächlich«, sagt Bernard, »ist das eine Gitarre, die durch einen Synthesizer geleitet wird, und der Rhythmus entsteht, indem das Gitarrensignal durch einen Synthiekanal läuft, durch den nur ein Teil des Signals kommt. Im Prinzip macht der Synthesizer mit dem Signal also das hier …« (*demonstriert es, indem er die Spitze seines Zeigefingers und des Daumens aneinandertippt*).

Als die Gesangsspur fertig ist, geht Ian zu seiner Mum nach Hause zum Essen, während Bernard noch ein paar Overdubs mit Keyboards und Akustikgitarre für »Love Will Tear Us Apart« aufnimmt.

Terry Mason: Es gab 999 Ians. Wenn er mit mir geredet hat, haben wir über irgendwas auf BBC2 oder so gesprochen, mit Barney hat er sich anders unterhalten. »Hast du die Hill's Angels in der *Benny Hill Show* gestern Abend gesehen?« Wenn er mit Tony Wilson sprach, war er eine andere Persönlichkeit, und wenn er mit Jon Savage redete, wieder ein anderer. Nicht viele Menschen bekamen genau dieselbe Seite von Ian zu Gesicht. Man bekam immer nur das, was er einem geben wollte. Ians Unterhaltungen fanden immer nur eins zu eins statt, auch wenn der nächste Gesprächspartner keinen Meter weiter stand.

Paul Morley: Ich glaube, wenn man Geschichten, Bilder und Ideen zusammenbringt, die so einzigartig und originell sind, dann kommt das von irgendwoher, und ich denke, er war eine Antenne unter anderen Menschen. Ian ist es schwergefallen, unter vielen Leuten zu sein, weil er so sensibel war. Weil Hooky in gewisser Weise ein Arsch war, ein netter Arsch, und Bernard ist ein Penner, wenn auch auf nette Art, und Steve ist auch bescheuert, außerdem Gretton, Wilson, Erasmus, Deborah und Annik. Das war eine ganz schöne Herausforderung. Ehrlich gesagt, ich wäre damit auch nicht klargekommen. Ich hätte das keinen Tag durchgestanden. Ich wäre nichts wie weg gewesen. In gewisser Weise ist das Angsteinflößende der Musik manchmal nur eine Umsetzung dieser komischen Situation, in der Ian mit einem Haufen komischer Menschen in einer Popband verdammt schnell alles Mögliche erlebte, was so eigentlich nicht geplant war, und es dann in diese großartigen Daseinsmythen verwandelte.

Ich denke, inmitten des Ganzen muss es ganz schön hart für ihn gewesen sein. Wir dachten nicht wirklich daran, uns plötzlich für irgendwas zu engagieren: Wir sind los und haben die Sex Pistols gesehen, ja, super. »Kommt, wir gründen eine Band.« Klingt nach einer guten Idee, aber plötzlich geht es um Leben und Tod, ganz schnell, und wahrscheinlich war das nicht gut für seine Gesundheit.

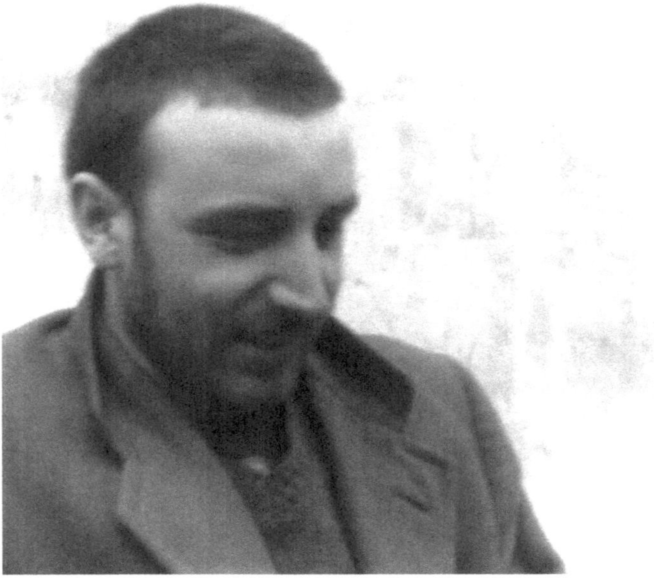

Peter Hook, Berlin, Januar 1980 (Mark Reeder)

- 11. Januar 1980: Paradiso, Amsterdam, Beginn einer zehntägigen Europa-Tournee

Deborah Curtis: (aus *Touching from a Distance*): Als ich aus dem Laden kam, sah ich einen Wagen auf mich zukommen. Der Fahrer fuhr langsamer, als wollte er Ian die Gelegenheit geben, sich zu verabschieden (da er für zehn Tage auf dem Kontinent touren würde). Aber Ian wandte sich mit versteinerter Miene ab, und der Wagen fuhr vorbei, als hätten wir uns zerstritten und würden nicht mehr miteinander sprechen. Ich wusste nicht, dass er die Voraussetzungen dafür schuf, Annik mit auf Tour zu nehmen.

Peter Hook: Das war die verdammte Hölle, als wäre man zwei Wochen lang mit einem Haufen furzender, besoffener Arschgeigen eingesperrt. Zum ersten Mal war ich auf Tour und wollte bloß nach Hause. Es war schrecklich. Wir waren einfach eingesperrt. Twinny war ein echtes Arschloch und Barney auch, soweit ich mich erinnern kann. Ich bin sicher, er würde dasselbe über mich sagen. Wir waren uns zum ersten Mal zu nah: Man hatte keine einzige verdammte Minute ohne die anderen. Überall, wo wir übernachteten, waren wir immer alle zusammen. Das war ein verdammter Albtraum, es gab überhaupt keinen Freiraum.

Ian hatte Annik dabei, was es schwierig machte, weil wir ihn alle verarscht haben. Wir waren genervt, weil sie dabei war. Das war eine schwierige Zeit. Es war schweinekalt, wir waren ständig in den Transit gepfercht, das war echt anstrengend. Wir haben immer gute Konzerte gespielt, die Auftritte hat das nicht beeinträchtigt. Erstaunlich eigentlich.

Stephen Morris: Annik war Annik. Ich mache ihr keine Vorwürfe, aber ihr stand »Ian« auf die Stirn geschrieben, als würde sie mit einer unveröffentlichten Fassung von *The Atrocity Exhibition* oder längst vergriffenen Büchern von J.G. Ballard wedeln. Für einen aus Macclesfield war sie die reine Kultiviertheit. Für einen, der in seiner Freizeit zum Spaß auf Schweinen reitet und plötzlich mit jemandem zu tun hat, der für die belgische Botschaft arbeitet. Ich glaube nicht, dass einer von uns überhaupt wusste, wo Belgien lag. Annik hat seinen Intellektualismus befördert. Wenn er mit ihr zusammen war, war er ein anderer. Sie hat ihn dazu gebracht, sich für einen Künstler zu halten.

Annik Honoré: Sie waren in ihrer Jugend nie viel gereist, und ich glaube, als sie zum ersten Mal in Europa waren, ist da wirklich was mit ihnen passiert. Ian hat sich für bestimmte Städte mehr interessiert als für andere, zum Beispiel für Berlin, weil das so geschichtsträchtig war. Ich glaube, das hat ihn gereizt. Wenn man reist, wird man plötzlich erwachsen, man sieht viel mehr als nur die eigene kleine Stadt, und allmählich wird man offener gegenüber anderen Kulturen. Ian stand sehr darauf. Er war nicht mehr nur ein Junge aus Manchester; er hatte so viel zu entdecken.

Er war fasziniert von den ganzen alten Gebäuden. In Brüssel, Paris und Amsterdam gibt es wundervolle Architektur, das gefiel ihm. Als er in dem Transporter herumgereist ist, hat er diese ganzen Orte gesehen und ist diesen ganzen Ausländern begegnet. Das war aufregend. Viel aufregender, als nur den Leuten in der eigenen Straße zu begegnen.

Bernard Sumner: Ich erinnere mich, wie wir in Belgien gespielt haben. Michel Duval – der damals Chef von Crepuscule Records war, ein Ableger von Factory – fand es unglaublich witzig, uns in die beschissensten Hotels abzuschieben, die er finden konnte. Ich weiß noch, wie ich in einem Zimmer übernachtet habe, das er uns besorgt hatte. Als wir dort ankamen, war alles schief. Wenn man in die Dusche stieg, war die Wanne schief, und das Wasser lief an der Wand runter.

Beim nächsten Mal hat er uns tatsächlich in einem Bordell untergebracht, ein echtes Bordell mit ultraviolettem Licht, und wir mussten bis elf Uhr nachts warten, bis wir in unsere Zimmer durften. Da war UV-Licht, und aus Lautsprechern unter dem Bett drang romantische Musik. Steve und ich teilten uns ein Zimmer. Er meinte: »Ich schlaf auf dem Boden.« Eigentlich kann ich mich an die Hotels besser erinnern als an die Auftritte. Die Auftritte waren eine Mischung aus Spaß und ein bisschen Arbeit, aber für mich nicht unbedingt weltbewegend, das muss ich gestehen. Wir haben trotzdem versucht, unser Bestes zu geben.

- 21. Januar 1980: Kant Kino, Berlin

Mark Reeder: Im Juli 1978 war ich aus Manchester nach Berlin gezogen. Wir hatten aber den Kontakt gehalten. Kaum war ich in Deutschland, meinte Rob, »gut, wir werden *An Ideal for Living* noch mal als 12-Inch rausbringen«, weil so was angesagt und der Sound auf der 7-Inch scheiße war. Die Idee war, die 12-Inch bei den ganzen deutschen Radiosendern zu promoten, damit die Band ein paar Aufritte in Deutschland bekam. Das war im Prinzip meine Aufgabe. Rob meinte: »Kannst du die 12-Inch promoten?« Und das hab ich getan.

Dann hieß es: »Wir bringen eine neue Single raus, ›Transmission‹.« Tony gründete Factory Records, und plötzlich war ich der Mann in Berlin. Ich wurde bezahlt. Meine Miete belief sich auf achtzig Mark im Monat, und sie haben mir ungefähr ein Drittel davon gegeben, außerdem bekam ich meine Telefonrechnung bezahlt, was mich wirklich überrascht hat. Ich hab Rob die Porto-Quittungen gegeben, für das Rausschicken der Platten. Rob war gut mit so was; er wollte nicht, dass ich arm werde, nur weil ich die Band promote.

Damals waren es nur Joy Division, eigentlich keine anderen Bands. Bis *A Factory Sample* veröffentlicht wurde, und dann kam noch eine andere Band dazu – Durutti Column. Ich hatte immer gehofft, Vini würde rüberkommen und ein Konzert spielen, das hat er aber nie gemacht.

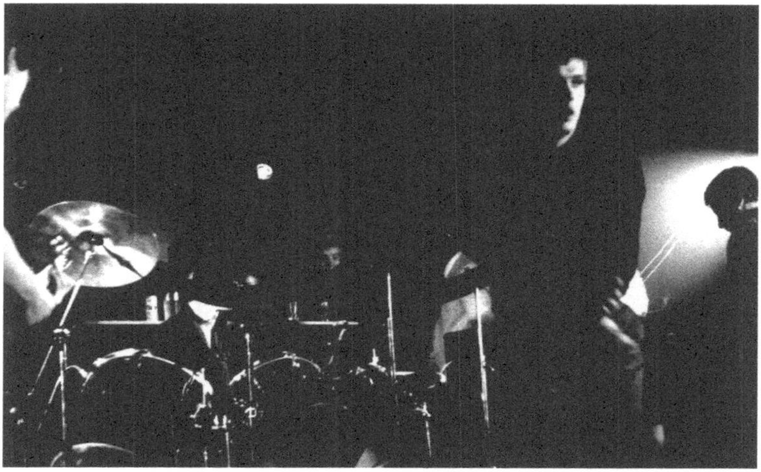

Joy Division live im Kant Kino, Berlin, 21. Januar 1980 (Mark Reeder)

A Certain Ratio und solche Bands kamen rüber. Tony gefiel die Vorstellung, jemanden in Berlin sitzen zu haben. Jahre später sagte er mir, er habe eigentlich gewollt, dass ich Factory Deutschland führe – aber sie waren nicht in der Lage, dafür zu bezahlen.

Er bat mich, ihm ein paar Kassetten von den Sachen zu schicken, die ich so hörte und auf Factory Deutschland veröffentlichen würde, das war so was wie P1/E und Mania D, bevor sie Malaria hießen, die Band von Gudrun Gut. Aber Tony meinte: »Das kann ich nicht verkaufen, das ist doch Schrott.« Er war nicht bereit, Geld in ein herkömmliches Plattenlabel zu investieren. Später erzählte er mir, als Briefkopf würde es sich echt gut machen. Aber mehr sollte es nicht sein.

Mir wurde bewusst, dass in Berlin niemand Platten von Joy Division hatte. Von den Radiosendern kamen überhaupt keine Reaktionen. Außerdem hatten sie in der Musikpresse gelesen, dass die Band ein rechtes Image hatte. Die Deutschen reagierten also eher ein bisschen unterkühlt, was Joy Division betraf. Ich sagte: »Ihr müsst sie euch live ansehen. Wenn ihr's erst mal gehört habt, dann wisst ihr, dass das genial ist.« Das war die beste Band der Welt, das mussten die doch verstehen. Zu Rob meinte ich: »Ihr müsst in Berlin spielen.« – »Das ist total weit ab vom Schuss, warum sollen wir in Berlin spielen? Niemand spielt da.«

Also hab ich zu Ian gesagt: »Du musst Rob überzeugen, dass ihr in Berlin spielt.« Ian war scharf drauf, weil er nach Berlin fahren, sich das Brandenburger Tor und die ganze Geschichte ansehen wollte. Schließlich hörte ich, dass sie durch Holland touren würden und auch einen Auftritt in Köln hatten. Also sagte ich: »Rob, wenn ihr in Köln spielt, dann ist es nicht mehr weit bis Berlin. Nur ein paar Stunden mit dem Auto.« Er meinte: »Okay, besorg uns was, dann kommen wir.« Also bin ich zum Kant Kino, in dem auch Konzerte stattfanden.

Ich sprach mit Conny Konzack und sagte: »Ich hab da eine fantastische Band, die wollen unbedingt hier spielen, und sie treten vorher in Köln auf.« Er meinte: »Nie gehört.« Aber zum Schluss hat er gesagt: »Okay, wir machen das.« Er hatte ein bisschen was in der Zeitung über sie gelesen und gab grünes Licht. Rob hat sich mit den Leuten in Verbindung gesetzt, die in Holland die Promotion gemacht haben, und die Tour wurde verlängert. So kamen sie nach Berlin.

Es war ein einziges Chaos. Der Sound war total scheiße. Die hatten einen superbilligen PA-Mann, einen Hippie, und dem war alles egal. Er hatte gar kein Soundsystem in dem Sinn, und das Kant Kino war halt ein Kino, da passten nicht viele Leute rein. Das war kein Saal, in dem man stehen konnte, da waren feste Stuhlreihen und mittendrin das Mischpult. Ians Stimme war kaum zu hören: Jedes Mal, wenn sie den Gesang aufgedreht haben, gab es Feedback. Es war unmöglich.

Zum Konzert kamen ungefähr fünfzig Leute. Das Plakat war auch scheiße. Ich glaube, Conny hatte jemanden im Büro verdonnert, das Cover von *Unknown Pleasures* abzuzeichnen, und davon haben sie ungefähr zehn Fotokopien draußen vor dem Kant Kino aufgehängt. Natürlich kam daraufhin kaum jemand zu dem Gig. Ich sah das Plakat und dachte: »Die bringen mich um.« Ich wusste, wie viel Mühe Peter Saville sich mit der Grafik gegeben hatte, und dann hing da dieses beschissene Plakat! Jedenfalls rief ganz vorne jemand: »Mach den Gesang lauter!« Bernard fauchte total gehässig: »Sprich Englisch, verdammt nochmal, du deutsches Arschloch!« Und das war's dann, das Konzert war gelaufen.

Das Publikum war sowieso schon ein bisschen feindselig und skeptisch gegenüber dieser Band aus Großbritannien mit dem Nazi-Image.

Und dann das aus dem Mund von jemandem, von dem sie eigentlich geglaubt hatten, dass er Deutsch spricht, weil auf den Platten der Name Bernard Albrecht stand. Die hielten ihn alle für einen Deutschen. Und dann rotzt er so was zurück, ich dachte: »Das Konzert ist vorbei.« Aber sie haben das Set zu Ende gespielt, und die Band war von dem Gig total angetan. Sie fanden, es sei echt gut gelaufen.

Sie hatten jede Menge solcher Konzerte absolviert, inzwischen war es zu einigen »Vorfällen« gekommen. Ich glaube, Ians Tanzeinlagen haben dem Ganzen die Schärfe genommen. Hooky stand breitbeinig da, weit vorne, aber mit dem Rücken zum Publikum. Bernard hat einfach nur auf seine Gitarre eingedroschen. Und Stephen war wie eine Maschine am Schlagzeug. Genial. Das war das Schöne sowohl an den Buzzcocks wie an Joy Division: Sie hatten Drummer, die ein bisschen wie Ian Paice von Deep Purple waren, mit einem unverkennbar eigenen Stil, das konnte man mit nichts sonst vergleichen. Steves maschinenartiges Schlagzeug war der Hammer.

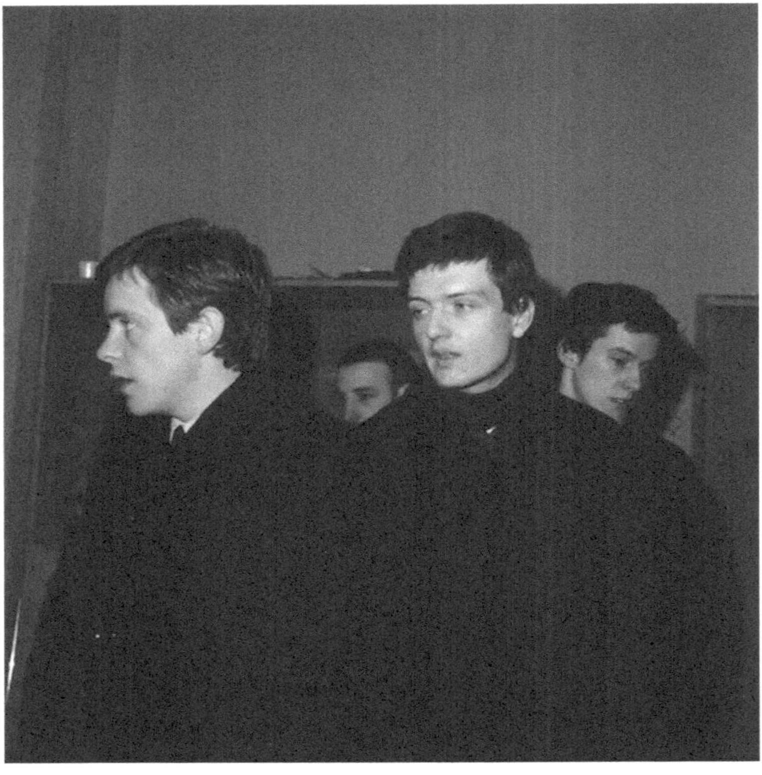

Joy Division in Berlin, Januar 1980 (Hermann Vaske)

Dann sollte ich ihnen Berlin zeigen. Ian wollte das Brandenburger Tor sehen – von beiden Seiten der Mauer natürlich – und seine Finger in die Einschusslöcher aus dem Zweiten Weltkrieg stecken. Das war unglaublich beeindruckend für sie. Wir haben keine Konzerte gesehen, sind in keine Clubs gegangen. Das wollten sie nicht, sie wollten nur die Stadt in sich aufsaugen, und es war eiskalt – es war Januar, und überall lag Schnee.

Ich bin mit ihnen nach Ost-Berlin gefahren. Wir haben Schweinshaxe in irgendeinem sehr alten Restaurant gegessen. Sie konnten nicht fassen, dass man etwas bestellen konnte, das aussah wie ein halbes Babybein, knusprig gebacken im Ofen, und das für umgerechnet drei Pence oder so. Sie hielten es für das Köstlichste, das sie je gegessen hatten. Sie wollten das ständig haben. Ich glaube, für sie war das eine sehr interessante Reise.

Und dann meinten Bernard und Ian: »Komm mit uns zurück!« Ich hatte überhaupt nicht vorgehabt, nach Manchester zu fahren. »Wenn du mit uns zurückkommst, nehmen wir dich im Transporter mit.« Also bin ich in den Ford Transit gestiegen, und wir sind von Berlin nach Manchester gefahren. Eine Wahnsinnsfahrt bis Hoek van Holland zur Fähre, die wir verpasst haben. Ian hatte auf der Rückfahrt einen epileptischen Anfall. Vorher war mir nicht klar gewesen, dass es so schlimm war.

Bernard Sumner: In Berlin haben wir im Kant Kino gespielt. Mark Reeder hatte das Konzert organisiert. Wir haben uns überall Songtitel abgeguckt. Jeder hat was dazu beigetragen: »Ich hab eine Idee, ich hab eine Idee.« Wir haben viel von einem alten Filmplakat geklaut, das wir im Kant Kino mitgenommen haben. Das war ein Programmkino, und da war ein großes Plakat mit den ganzen bevorstehenden Filmvorführungen, das haben wir geklaut, mit in den Proberaum genommen und dort aufgehängt. Wenn wir einen Titel brauchten, haben wir einfach ein Wort von einem Film genommen und ein anderes von einem anderen.

Für uns standen die Titel eigentlich gar nicht in direktem Zusammenhang mit dem Song. Es war sogar interessanter, wenn nicht. Die Titel waren einfach nur Ansatzpunkte, mit deren Hilfe die Songs fassbar wurden, aber wir haben die Titel nicht direkt zu den Texten in Beziehung gesetzt. Eigentlich macht man das nicht so, aber wir wollten es so.

Deborah Curtis (aus *Touching from a Distance):* Als Ian nach Hause kam, sind wir praktisch vor der Haustür aneinander vorbeigelaufen, da ich auf dem Weg zur Arbeit war. Ich hatte Natalie bereits zu meinen Eltern gebracht, und immer wenn sie dort war, ist Ian nicht zu ihr gegangen, auch nicht, wenn er auf Tour gewesen war. Ich kam nach Mitternacht zurück. Es war seltsam still im Haus, aber schließlich fand ich Ian auf dem Boden im blauen Zimmer. Er hatte den Großteil einer zollfreien Flasche Pernod getrunken und war kaum wach zu bekommen.

Ich war sauer, ihn so besinnungslos vorzufinden. Als er wieder zu sich kam, kotzte er über den ganzen Teppich. Er widersprach nicht, als ich darauf bestand, dass er es selbst sauber machen sollte, dann schleppte er sich ins Bett. Mir fielen Striemen an seinem Körper auf, ich wusste aber nicht so genau, ob sie frisch waren oder nicht. Als er im Bett war, nahm ich die Bibel und das Messer, die auf dem Boden lagen. Die Bibel war noch aufgeschlagen. Kapitel zwei der Offenbarung des Johannes war völlig zerschnitten. Ich las, was noch lesbar war, es ging um Isebel, und ich schmeichelte mir, indem ich dachte, er habe sich Sorgen gemacht, ob ich ihm in seiner Abwesenheit auch treu geblieben war.

Stephen Morris: Er sagte, er könne sich an nichts erinnern, er habe einen Blackout gehabt, was ich bis zu einem gewissen Grad glaube. Wahrscheinlich hat er sich einfach betrunken und seinen Frust rausgelassen. Die Medikamente, die er sowieso nahm, waren ganz schön stark, zum Beispiel Largactil. Das muss schrecklich gewesen sein. Er hatte immer häufiger Anfälle.

Je erfolgreicher wir wurden, je mehr der Erfolg lockte, umso mehr verschlechterte sich Ians Zustand. Es ist eigentlich verdammt naheliegend: Wenn du weitermachst mit etwas, das voraussetzt, dass du die ganze Nacht aufbleibst, Alkohol trinkst und dich aufführst wie ein Idiot, obwohl du Epileptiker bist, dann wird es davon nicht besser. Wir hätten es nur hinbekommen, wenn wir gesagt hätten: »Okay, das war's, es ist vorbei, wir vergessen das. Wir können nicht weitermachen, weil er krank ist.« Aber wir waren naiv, haben die Krankheit ignoriert und einfach weitergemacht.

Mit Annik war es im Prinzip dasselbe, weil er sich mit einer Geliebten rumgetrieben hat. Er hat sich selbst in eine schwierige Lage gebracht. Er war nie einer, der gut Nein sagen konnte; er hat immer gesagt, was man hören wollte. Also hat er sich in eine Situation manövriert, wo er bestimmte Sachen sagte, um Debbie glücklich zu machen, und hat sich dann mit einer anderen getroffen, die keine von den One-Night-Stands war. Beide haben gefragt: »Was willst du?« Und er hat gesagt: »Was ihr wollt.« Man konnte mit ansehen, dass sich da eine Katastrophe in Zeitlupe abspielte.

Bernard Sumner: Wenn man sehr jung heiratet, vielleicht zu jung, in einer sehr eingeschränkten Umgebung aufwächst, so wie ich in Salford und Ian in Macclesfield, und dann in der weiten Welt herumreist, verändert einen das. Auch das Älterwerden verändert einen, Leute verlieben und entlieben sich, wenn sie älter werden. Leider ist das nur menschlich und kommt eben manchmal vor. Wir hielten das für sehr gefährlich, was er da machte, und wir waren wohl auch ein bisschen stinkig, aber letztlich dachten wir: »Na ja, ist seine Sache.«

Peter Hook: Man war so davon eingenommen und so froh, das alles zu haben, die Perspektiven, dass wir nur gesagt haben: »Ian, alles klar? Kannst du das machen?« Er meinte: »Ja, klar, haha. Gib mir 'ne Kippe, dann geht's mir gut.« Und wir dachten: »Gut, dann ist ja alles okay.« Wir wussten es nicht besser, wir waren nicht besonders verantwortungsbewusst. Wir waren so alt wie er, und wenn er sagte, dass es ihm gut ging und die Ärzte ihn entlassen hatten, dann dachten wir: »Na ja, muss wohl okay sein.« Jetzt rückblickend und mit mehr Erfahrung würde man sagen: »Nein, mach das nicht, ist doch offensichtlich, dass dir das nicht guttut.«

Wir waren keine Erwachsenen. Tony war auch kein richtiger Erwachsener, weil es ihm viel zu viel Spaß gemacht hat. Zu den Dingen, die ich von Tony gelernt habe, gehört auch, dass er eigentlich keine Erwachsenenperspektive hat; er machte einfach weiter, wie ein Kind. Niemand hat gesagt: »Lass das.« Ich denke, Alan Erasmus war vielleicht der Einzige, der gesagt hat: »Hey, verdammte Scheiße, warte mal kurz.« Martin Hannett war völlig abgedreht, und wir anderen waren einfach nur total froh. Das Problem war, dass wir auf Ian gehört haben. Er hat gesagt, es ginge ihm gut, und wir haben es ihm geglaubt. Was sollte man mit einundzwanzig auch sonst tun?

Terry Mason: Wir waren wie Kinder. Wir waren zwanzig, einundzwanzig, als das losging. Heutzutage kommt einem das vor, als wären wir ziemlich reif gewesen, aber wir haben uns wie Kinder verhalten. Das Ganze schien sich ohne jede Anleitung durch Erwachsene abzuspielen: Wir dachten, dass Rob so was wie ein Erwachsener sein könnte, der uns anleitet, ein bisschen haben wir's von Tony erwartet, aber da kam nichts. Der Erwachsenste in unserer Organisation war Tony, und wenn Tony der einzige Erwachsene ist, dann bleibt nicht viel Hoffnung.

Lindsay Reade: Wir waren Kinder, wir alle waren Kinder, es gab niemanden über dreißig. Ich denke, Martin Hannett und Tony Wilson waren wohl am erwachsensten. Ich weiß, das klingt bescheuert, wenn man bedenkt, wie viele Drogen Martin genommen hat, aber sie haben sich um alles gekümmert – dabei ging es mehr um die Musik. Ian war eigentlich ziemlich erwachsen, für sein Alter wirkte er sehr alt. Er war kein Junge mehr. Ich meine, das sieht man an seinen Texten: So was schreibt ein Erwachsener. Das ist kein Kinderkram.

Bernard Sumner: Im Allgemeinen war Ian unglaublich freundlich, höflich und echt nett, aber manchmal nutzen Leute es aus, wenn man sich nicht durchsetzen kann. Ian hat darauf reagiert, indem er hochgegangen ist. Wenn jemand gegen ihn war, hat er das so gemacht, aber nie ohne Grund, immer mit gutem Grund. Ich mochte Ian und hab sehr viel von ihm gehalten, nicht nur weil er mein Kumpel war und wegen der alten Zeiten, sondern weil ich ehrlich glaube, dass er genau das war, was über ihn gesagt wird, nämlich außerordentlich begabt. Als Performer konnte man den Blick gar nicht mehr abwenden, er war unglaublich. Das war keine Fassade und kein Image, er war wirklich so, aber wir alle haben unsere persönlichen Schwächen. Ich nehme an, sein größter Fehler war, dass er positiv sein wollte und immer gesagt hat, was man hören wollte. Obwohl man ihn eigentlich nur bitten wollte: »Sag die Wahrheit, Ian, was denkst du wirklich? Kann sein, dass es mir nicht gefällt, aber sag mir einfach, was du wirklich denkst.« Und ich glaube, das fand er sehr schwierig. Ich behaupte, das war seine größte Schwäche.

- 7. Februar 1980: The Factory II, The New Osborne Club

Mick Middles, Rezension des Konzerts im New Osborne Club im *Record Mirror*, 1. März 1980
Das Set besteht zu 90 Prozent aus neuem Material. Ohne Zweifel ein gutes Zeichen, und ich stelle erleichtert fest, dass sich die neuen Songs vom gefährlichen Gebiet der selbstverliebten Maßlosigkeit fernhalten. Doch trotz einiger Augenblicke der reinen nostalgischen Magie waren Joy Division nicht in der Lage, die Essenz ihrer Leidenschaft abzurufen.

Liz Naylor: Einer der letzten Auftritte von Joy Division in Manchester war ein Wohltätigkeitskonzert für *City Fun,* das ironischerweise von Factory organisiert wurde. Wir hatten sie nicht darum gebeten, das Konzert im Osborne Club zu spielen, das war eine feindselige Geste. Aber das Interessante daran war – und vielleicht ist Rob Gretton hier die wichtige Person –, dass Joy Division diese Kluft immer überwunden haben. Sie fühlten sich sehr wie eine Band für alle. Das klingt vielleicht ein bisschen pathetisch, aber es gab immer eine gewisse Zugänglichkeit, und vielleicht lag das an Rob.

Daniel Meadows: Tony hat gesagt: »Erst mal danke für die Bilder. Ich brauche verschwommene Bilder von Ian Curtis – du weißt schon, wenn er so spastisch tanzt? Bring mir keine scharfen Bilder mehr, Daniel, ich will verschwommene. Komm in den Osborne Club.« Und das war das erste Mal, dass ich sie wirklich hab spielen hören. Ich war im April 1979 bei einem Factory-Abend im Russell Club gewesen und hatte ein Gefühl dafür, worum es bei Factory ging, und Granada war ein kulturelles Zentrum, sodass ständig diese Bands kamen und gingen. Man hat die Musik gehört und wusste so ungefähr, wie die nachfolgende Generation drauf war.

Aber bei dem Auftritt im New Osborne Club hab ich sie zum ersten Mal spielen hören. Der Club war nicht sehr ansprechend, und lag in einem ziemlich düsteren Viertel von Manchester: Da waren alte Baumwollwebereien, die damals schon geschlossen waren, und eine eher neue Wohnbausiedlung, wo es echt krass zuging. Ich weiß noch, dass der Raum irgendwie groß und dunkel war, ein wenig wie eine Scheune. Die Decke war niedrig, die Bühne klein, dazu ein paar Spotlights. Auf den Bildern sieht man Licht hinten, das war die Bar. Davor steht die übliche Reihe unerschütterlicher Post-Punks, die vermutlich nicht viel zur Musik des Abends beigetragen haben, wohl aber zur Atmosphäre.

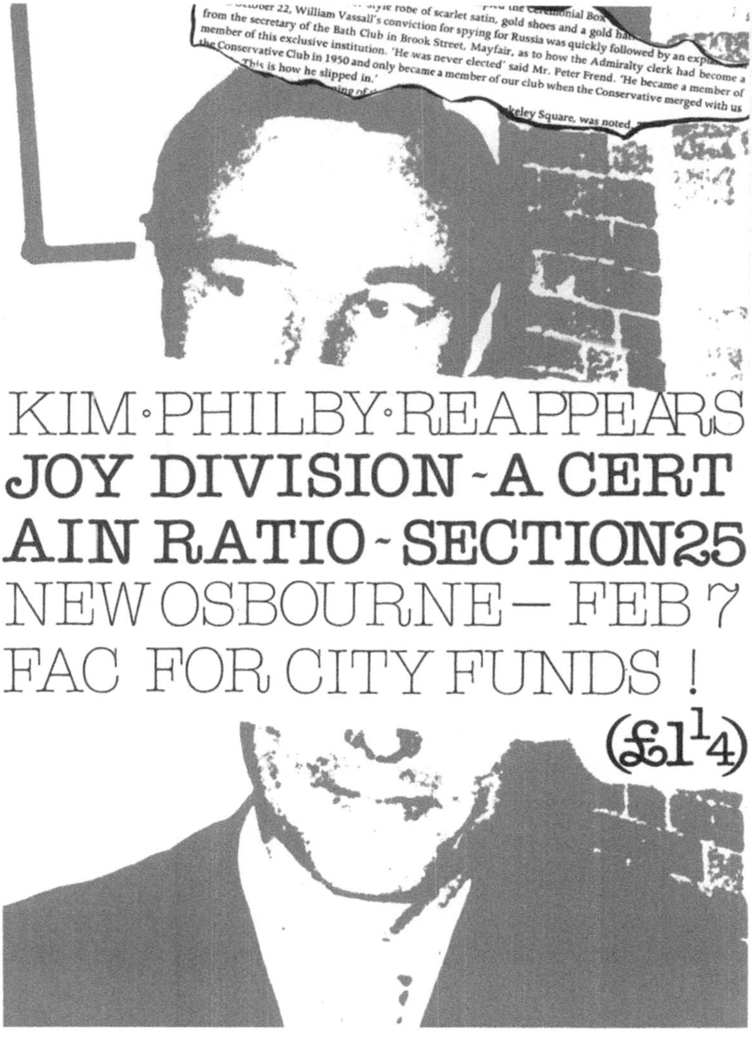

»Kim Philby Reappears«: Plakat für Joy Division im New Osborne Club, Februar 1980 (Jon Savage)

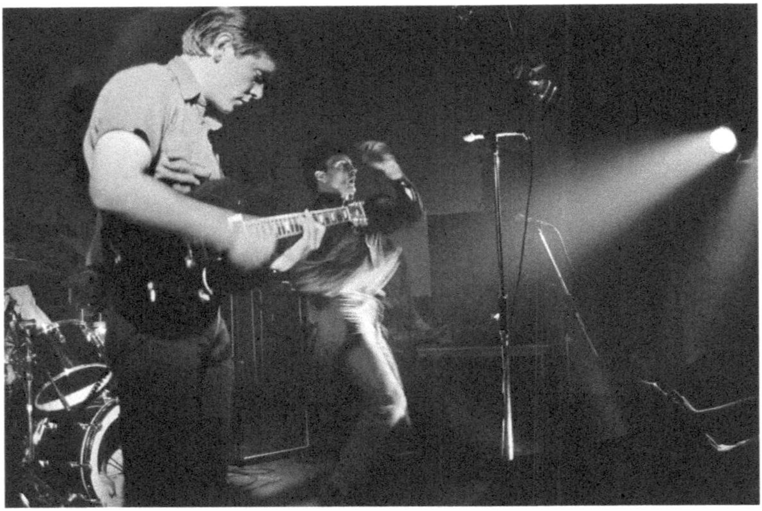

Bernard Sumner und Ian Curtis: Joy Division, New Osborne Club, 7. Februar 1980 (Daniel Meadows)

Anschließend begriff ich, dass es nicht ihr bester Auftritt war. Das war ziemlich gegen Ende von Curtis' Leben. Kann sein, dass alles ein bisschen in sich zusammenfiel, ich weiß es nicht, aber ich erinnere mich an die Intensität der Musik. Ich war lange mit ihnen auf der Bühne, um sie zu fotografieren, neben ihnen, nicht davor. Und da ich groß bin, befinde ich mich auf den Fotos mehr oder weniger auf Augenhöhe mit ihnen. Ich hab absichtlich ein paar verschwommene Bilder aufgenommen. Das war nicht schwer, das Licht war nie besonders gut. Außerdem war es unglaublich laut, da direkt zwischen ihnen. Ich stand die meiste Zeit zwischen den Lautsprechern auf der Bühne und war vollkommen taub. Hookys Bass wummerte durch mich durch, aber es war nicht die Lautstärke, die das so intensiv machte. Curtis hatte so was unglaublich Faszinierendes … man konnte gar nicht wegschauen. Ich war bei vielen Konzerten gewesen, hatte alle möglichen Bands gesehen, aber nie einen Performer, einen Sänger, den man so gebannt beobachtet hat. Man konnte nicht wegsehen. Er trug coole dunkle Klamotten, war vollkommen durchgeschwitzt, sehr schnell ging das, weil er so ungewöhnlich getanzt hat. Man hat niemanden sonst angesehen.

Wenn Rod Stewart oder so jemand gespielt hat, dann haben die ganzen Mädchen drauf gewartet, dass er die Hüften schwingt oder das Mikro in die Luft wirft. Da fand was Sexuelles statt zwischen Performer und Zuschauermenge, aber bei Ian war das überhaupt nicht so. Im Publikum waren viele junge Männer, und sie waren ziemlich aggressiv, boxten in die Luft, sprangen auf und ab. Das war eigenartig, die waren auch nicht homosexuell. Das war anders als alles, was ich je gesehen hatte. Seltsam intim. Er machte etwas, das vermutlich viele junge Männer vor dem Spiegel machen.

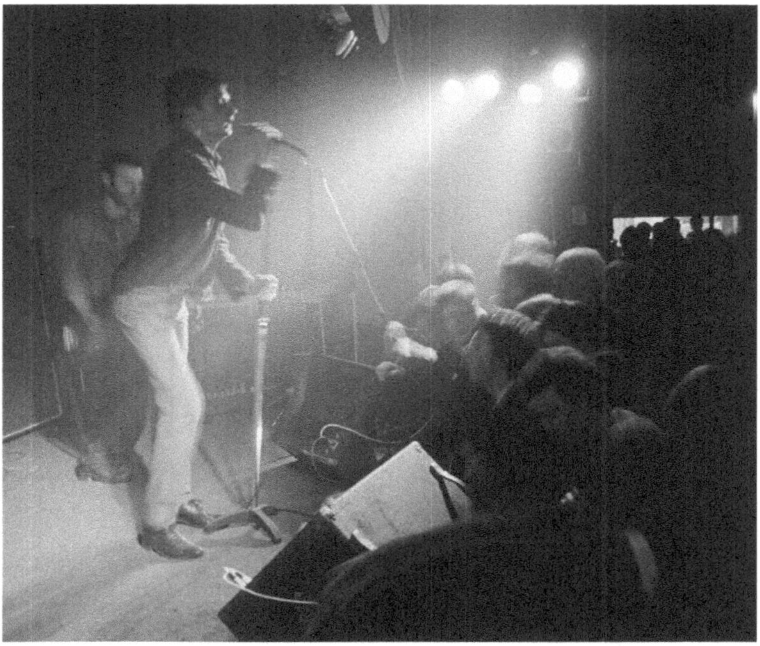

Peter Hook und Ian Curtis: Joy Division, New Osborne Club, 7. Februar 1980 (Daniel Meadows)

Es hatte etwas Intimes, das öffentlich gemacht wurde, und darin lag eine echte Spannung. Er spielte keine Luftgitarre – viele Sänger machen das –, er pumpte mit den Armen rauf und runter wie ein Läufer, das war eine Tanzbewegung und gleichzeitig sehr intim. Das machte er zu diesem Krach, und der war auch ein sehr eigener. Inzwischen hatte ich *Unknown Pleasures* gehört, und was mir daran total gefiel, waren die unglaublichen Melodien, die vom Bass kamen, dass sie den Bass als Melodie-Instrument benutzten. Ich hatte nie eine Band so spielen hören.

Die zwei Dinge, die mir durch den Kopf gingen, waren der melodiöse Bass und diese faszinierende Performance, die zum Gesang passte. Das war eine Visualisierung der Musik. Er hatte eine wunderbare Stimme. Sie hatte keinen riesigen Tonumfang, das war einfach ein tiefer Bariton. Ich war direkt da oben mit ihnen auf der Bühne. Ich habe es immer geliebt, dass man als Fotograf richtig nah an das Geschehen herankommt. Das ist außerordentlich intensiv, wenn man sich mitten in einer solchen Musik befindet. Ein besseres Ticket gibt es nicht.

Mark Reeder: Da bin ich Annik zum ersten Mal begegnet. Hooky meinte: »Das Mädchen da ist Ians heimliche Freundin, seine belgische Schreckschraube. Kannst du drauf achten, dass die sich nicht über den Weg laufen?« Bernards Frau und Debbie waren zusammen gekommen und wollten sich Annik vorknöpfen. So hab ich sie kennengelernt. Sie schien sehr nett und überaus intelligent. Sie war ganz anders als die Mädchen, die ich kannte, die Mädchen aus Manchester.

Annik war Sekretärin des belgischen Botschafters in London. Und nicht einfach nur irgendeine Sekretärin. Ihr Vater war der Polizeichef von Süd-Belgien. Sie ging auf eine supergute Schule, das belgische Pendant zu einer public school. Sie kannte sich mit tollen Weinen und gutem Essen aus, sie wusste, wie man leckeren Kuchen backt, kannte sich mit Dostojewski aus und mit Filmen. Das alles konnte Debbie ihm nicht bieten. Mit Annik konnte er über Sachen reden, über die er mit Debbie nicht reden konnte.

Mit Debbie lief es immer eher so: »Wann kommst du nach Hause? Dein Essen steht auf dem Tisch. Wann suchst du dir einen Job?« Ich weiß noch, eines Abends fuhr Debbie uns in ihrem Wagen nach Hause, Ian war auch dabei. Ich glaube, sie hatte einen Morris Countryman. Sie haben die ganze Fahrt über gestritten. Ich dachte: »Das ist eine typische nordenglische Paarbeziehung.« Sie hatten früh geheiratet, das war wie in *Coronation Street.* Als ich Annik besser kennenlernte, merkte ich, dass sie in seinen Gefühlsüberschwang verliebt war, in ihn als Dichter, in die Musik und alles. Vielleicht hätte es später was anderes werden können.

Aber Ians Epilepsie wurde durch den Stress in der Beziehung mit Debbie verschlimmert, auch dadurch, dass er die Beziehung aufrechterhalten wollte. Er hat das Baby geliebt, er wollte die Beziehung, aber er wollte gleichzeitig auch die Beziehung zu Annik, und da das so nicht weitergehen konnte, ging die Beziehung zu Hause kaputt. Dazu kam die Band, der Druck – das alles manifestierte sich in der Epilepsie. Ich glaube nicht, dass es einen anderen Grund gab, als dass Ian extrem unter Stress stand. Sein junges Gemüt kam damit nicht klar.

- 8. Februar 1980: University of London Union

Jon Wozencroft: Das Konzert wurde von Final Solution veranstaltet, deshalb gab es schon im Voraus viel Werbung dafür. Sie kamen auf die Bühne und spielten »Dead Souls«. Ich drehte mich um und schaute nach links. Da stand ein Typ, der alles aufzeichnete, und ich dachte: »Das ist gut, ich kann mich drauf konzentrieren, einfach jeden Augenblick in mich aufzunehmen.« Ich war also vollkommen hingerissen. Sie waren an dem Abend wirklich gut, weil es ein wichtiger Auftritt war: Die ganzen Leute von der Musikpresse waren da, und außerdem waren sie nicht auf Tour, litten also auch nicht unter einem anstrengenden Terminplan.

Sie hatten das neue Material noch nicht in den Britannia Row Studios aufgenommen, deshalb waren sie nicht ganz sicher, wie sie es angehen sollten. Einigen Songs merkte man an, dass sie noch im Entstehen begriffen waren. Wenn man sich die Setlist ansah, dann war das eine wunderbare Kombination aus Stücken wie »Glass«, das sehr selten gespielt wurde, und »The Eternal«, als erste Zugabe. Kann man sich das vorstellen? Das hatte man noch nie gehört. Sie gingen von der Bühne. »Zugabe!« Waaaah! Sie kommen zurück und spielen »The Eternal«, und die Leute rufen: »Was zum Teufel ist das?«

Weil es außergewöhnlich war. Das ist wie klassische Musik für die eigene Zeit, dazu diese unglaublich atmosphärischen Texte, das war wie eine Trauerrede. Nicht düster im Sinne von deprimierend, aber wie eine kindliche Traumsequenz, unterlegt mit einem wunderschönen Synthesizer, dazu der Gegenakzent durch Hookys Bass, und Steves Schlagzeug ist sowieso toll. Sie gaben oft Kraftwerk als wichtigen Einfluss an, aber was sie mit dem elektronischen Aspekt machten, ist sehr ungewöhnlich und, glaube ich, einzigartig.

Als ich Ians Auftritt an dem Abend gesehen habe, dachte ich, dass diese Energie eine enorme Kraft ausstrahlt – sehr einflussreich, progressiv und expansiv –, und beim Publikum eine starke emotionale Wirkung hervorruft. Für mich war es eine sehr beeindruckende Erkenntnis, dass da sehr viel Helligkeit stattfand, es ging nicht nur um Tod, Unheil und Verderben.

Die Musik von Joy Division ist sehr erhebend. Es geht nicht darum, dass man deprimiert in seinem Zimmer hockt, Fingernägel kaut und darüber nachdenkt, sich aus dem Fenster zu stürzen. Es geht darum, das normale Leben in etwas Magisches und Bejahendes zu verwandeln. Das Klischee-Image von Joy Division war immer sehr düster und deprimierend. Für mich war das überhaupt nicht so: Sie brachten mir sehr große Freude, und nach dem Konzert fühlte ich mich mit neuer Energie versorgt. Diese Dinge werden in unserer Kultur nicht verstanden oder ausreichend gewürdigt; dabei ist es wichtig, sie dankend zur Kenntnis zu nehmen, weil sie unser Leben bereichern.

Peter Saville: Ich hab sie gesehen, als sie in London gespielt haben, und ich war mir ihrer wachsenden Aura bewusst. Es war schön, Teil dieser Aura zu sein. Wahrscheinlich hat es einen verwöhnt und dem Ego geschmeichelt, wenn man Teil der Aura von Joy Division sein durfte, und ich glaube, sie sind in ihre Auftritte hineingewachsen. Ich weiß noch, wie ich sie an der London University gesehen habe. Ian hatte so eine eigenartige weiße Gitarre, eine Art Sci-Fi-Gitarre, und sie spielten einen Song namens »Love Will Tear Us Apart«. Es ist eine besondere Erfahrung, wenn man Zeuge ist, wie eine Band einen Song für sich entdeckt. Das gehört zu den höchsten Weihen der Pop-Industrie.

Als ich sie »Love Will Tear Us Apart« spielen hörte, war mir klar, dass es ein Hit wird. Bei Songs wie diesen kann man gar nicht verhindern, dass sie Hits werden; und das war aufregend. Ich weiß noch, wie ich im Publikum stand und dachte: »Ach du Scheiße, jetzt zusätzlich zu dem wachsenden Mythos auch noch eine Hit-Single.« Kann sein, dass das nach dem Konzert an der London University war, ich weiß es nicht mehr. Jedenfalls sind wir zusammen was essen gegangen, ungefähr ein Dutzend oder zwanzig Leute, und Ian setzte sich an einen anderen Tisch als der Rest von uns. Er war mit den Gedanken ganz woanders.

11

FEBRUAR – MÄRZ 1980

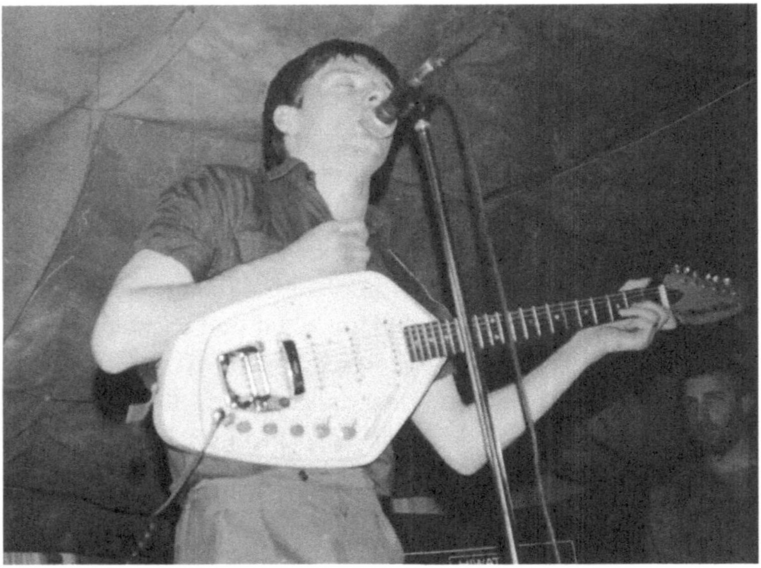

Ian Curtis und Peter Hook: Joy Division, Trinity Hall, Bristol, 5. März 1980 (Andrew Davis)

Paul Morley, Rezension des Konzerts an der University of London Union, *NME,* 16. Februar 1980

Die Musik von Joy Division ist physisch und luzid, Musik über unkontrollierbare Emotionen, Impulse, Vorurteile, Ängste. Die Band hat Sprachlosigkeit und Unbestimmtheit in konkrete, verstörende Eindrücke der verkommensten, tiefsten Begierden verwandelt … Joy Division will tear you apart. Immer noch.

Chris Bohn, Rezension des Konzerts an der University of London Union, *Melody Maker*, 16. Februar 1980
Joy Division sind die Meister des Gothic Gloom, und sie werden immer besser darin. Seitdem sie im vergangenen November im Vorprogramm der Buzzcocks in London gespielt haben, sind neue Stücke dazugekommen, energischer als ihre Vorgänger. Weniger bunt, nähern sie sich der Verzweiflung, die bislang immer Kern ihres Werks war.

- 28. Februar 1980: The Warehouse, Preston

Ian Curtis (Interview auf Radio Blackburn mit Spyda und Steve Barker, 28. Februar 1980): In Europa haben wir schon in Holland und Deutschland gespielt, und wir werden nach Amerika fahren. Ich glaube, die wollen, dass wir drei Monate oder so rüberkommen *(lacht)*, aber wir fahren vermutlich nur zwei oder drei Wochen. Wahrscheinlich wird Rough Trade das organisieren. Ich glaube, wir fahren mit Cabaret Voltaire. Ich mag sie, die sind eine gute Band *(lacht)*.

Wir machen meistens, was wir wollen. Wir spielen die Musik, die wir spielen wollen, und spielen in den Läden, in denen wir spielen wollen. Ich wäre nicht gerne bei einer normalen Plattenfirma, wo man ein Album rausbringt, auf Tour geht und in den ganzen Odeons und dieser Sorte Läden spielt. Das könnte ich gar nicht. Wir haben im Vorprogramm der Buzzcocks gespielt. Das war zum Schluss echt nervig. Wir haben gesagt, wir touren nie wieder … und wir werden auch nie wieder touren, ich glaub's jedenfalls nicht – und wenn doch, dann nicht länger als ungefähr zwei Wochen.

Ich will einfach so weitermachen wie bisher, denke ich. Im Prinzip wollen wir spielen und Spaß dabei haben. Ich denke, wenn wir keinen Spaß mehr haben … ich denke, dann wird es Zeit, den Kram hinzuschmeißen. Das wäre das Ende.

- 29. Februar 1980: Lyceum, London

Dylan Jones: Ich hab Joy Division zweimal gesehen: einmal im Moonlight Club in West Hampstead und einmal im Lyceum, beides 1980. Aber ich kann mich eigentlich nur an das Konzert im Lyceum erinnern. Ich hab online nachgesehen, da stand, es war an einem Freitag, obwohl es in meiner Erinnerung ein Sonntag war. Keine Ahnung, warum. Hat wohl mit dem Licht zu tun und der Atmosphäre auf der Straße draußen vor dem Konzert, bevor wir rein sind.

In der Zeit – 1976 bis 1980 – kamen einem Punk und Post-Punk bei Tageslicht unglaublich seltsam vor. Für mich war das immer Musik, die man nachts gehört hat. Wenn ich Joy Division, Throbbing Gristle oder Wire tagsüber gehört habe, kam mir das völlig verfehlt vor, vielleicht sogar ein bisschen bedrohlich. Kann sein, dass ich deshalb denke, dass der Gig an einem Sonntagnachmittag im Sommer stattgefunden hat, weil er so bedrohlich wirkte.

Ich bin zu Hunderten von Punkgigs gegangen, dabei wird viel zu selten erwähnt, wie aggressiv es dort zuging und wie häufig es auch beängstigend war. Ich weiß noch, wie ich Generation X im Nag's Head in High Wycombe gesehen habe, The Jam im 100 Club, andere Bands im Red Cow, dem Marquee, dem Roxy und dem Hope and Anchor, und es gab immer eine gewisse unterschwellige Gewalt. Ich hab Gläser durch den Raum fliegen sehen, im Rainbow wurden Leute die Treppe runtergetreten, und auch bei Konzerten von den Ramones, Banshees, The Clash und Iggy Pop gab's Gewalt.

Alle waren auf Speed, niemand hat was gegessen, alle musterten einander skeptisch. Ich hab's geliebt, aber es war nie ganz ungefährlich. Außerdem war ich ein leicht neurotischer Outsider und habe bei Konzerten nie viel gelächelt, wahrscheinlich weil ich Angst hatte, dass mir jemand eine reinhaut. Ich war dünn, ängstlich und blass, trug Lederjacke.

Joy Division haben sehr bedrohliche, verstörende Musik gespielt, sie klang nach dem Norden, industriell, vertrackt und doch eigenartig schlicht. Es war nicht immer einfach, sich das anzuhören, was damals vermutlich ein Vorteil war. Auf der Bühne waren sie faszinierend, besonders wenn Ian seinen Epileptikertanz aufführte und sich die restliche Band wahnsinnig Mühe gab, möglichst tough zu wirken. Schwarze Klamotten, graue Klamotten, düstere Beleuchtung, kalt, schmucklos und genial. Ich konnte den Blick nicht von Curtis abwenden. Auch nicht von den anderen.

Ich hab A Certain Ratio gesehen, die schon Vorboten einer neuen Zeit waren, eine Band, die sich nach den Achtzigerjahren anfühlte und auch so klang. Außerdem natürlich Killing Joke, die ich ein Jahr lang mit schlechtem Gewissen geliebt habe, so wie man sich sieben oder acht Jahre vorher über Slade gefreut hat. Killing Joke waren die Cabaret-Version von Punk, Krachmacher, die anscheinend Sham 69 mit den frühen Banshees unter einen Hut bringen wollten. Das hat Spaß gemacht, aber als Joy Division auf die Bühne kamen, merkte man, dass sie Bands wie Killing Joke weit hinter sich gelassen hatten. Ihnen gehörte die Bühne. Das ganze Jahr gehörte ihnen.

Tony Wilson: An einem Abend war's echt komisch. Ich stand an der Seite der Bühne im Lyceum. Ich begriff allmählich, wie die Band reagierte, wenn sie merkten, dass es bei Ian losging; allmählich bekam man es mit. Rob war hinten am Hauptmischpult, und wie üblich war es Terrys Aufgabe neben der Bühne, sich darum zu kümmern. Ian hatte also einen Anfall, und Terry zog ihn weg. Ich half ihm, und wir trugen Ian, noch zitternd, seitlich die Treppe rauf, die Steinstufen, die irgendwohin über der Bühne führten, weg von allem.

Ich weiß noch, wie wir ihn beide festhielten, damit er aufhörte, gegen die Wand zu schlagen, und plötzlich kam John Curd um die

Ecke, der furchterregendste Promoter, den Großbritannien je gesehen hatte. Es war beindruckend, zu sehen, wie Curd vor Schreck kreideweiß wurde und sagte: »Das überlass ich mal lieber euch.« Ich dachte, Curd könnte nichts schocken, aber er war geschockt. Wir hatten begriffen, dass Ian Epileptiker war. Genau das.

Jon Wozencroft: Von März 1980 an zerfaserten die Auftritte von Joy Division zunehmend, nicht nur weil Ian gesundheitlich abbaute, worüber damals kaum jemand Bescheid wusste, sondern auch weil die Erwartungen, dass sie den unglaublichsten Auftritt aller Zeiten hinlegten, mit jedem Mal größer wurden. Im Februar 1980 wurde immer mehr über sie geschrieben, als wären sie die Wiederkunft des Herrn. Die Besprechungen der Londoner Konzerte – im Lyceum und an der University of London von Paul Morley und Chris Bohn –, das war wie: Wir wurden gerade erleuchtet. Joy Division gehen über Wasser, sie können nichts verkehrt machen.

Am Ende des Monats wurde die Platte auf Sordide Sentimental veröffentlicht – »Dead Souls« und »Atmosphere« –, und sie machte auf Kassette die Runde. John Peel spielte sie ständig, weil er Mitleid mit denen hatte, die kein Exemplar bekommen hatten. Viele Leute rannten auf der Suche danach durch sämtliche Independent-Läden im ganzen Land. Als sie veröffentlicht wurde, war Rob in London und verteilte sie. Zwei Tage später waren alle weg, für immer verschwunden. »Wo bekomme ich *Licht und Blindheit*?« Was für ein Titel.

- März 1980: Aufnahmen zu »Love Will Tear Us Apart« und »She's Lost Control« in den Strawberry Studios, 12-Inch
- 18. – 30. März 1980: Aufnahmen zu *Closer* in den Britannia Row Studios

Tony Wilson: Ich erinnere mich an einen einzigen Moment, wo ich eingegriffen und mit Ian über das Singen gesprochen habe, über Phrasierungen. Ich meinte, dass, wenn man eine Silbe über zwei Noten zieht, der Klang der Silbe mehr Raum bekam und so mehr Emotionen erzeugte. Danach bin ich los und hab ein Doppelalbum von Frank Sinatra gekauft, und ich weiß noch, wie ich eines Tages ins Studio kam und beide Sinatra-Platten ohne Hülle vor dem Plattenspieler auf dem Boden lagen. Sie hatten sie sich also angehört.

Das Gespräch fand jedenfalls zwischen der Aufnahme von »Love Will Tear Us Apart« aus den Pennine Studios und derjenigen statt, die wir alle kennen. Der Unterschied zwischen den beiden – der Umstand, dass Ian sich ein bisschen verändert hat –, ich bilde mir gerne ein, dass ich was damit zu tun hatte. Bei unseren Gesprächen – abgesehen vom allerersten, wo er eine nervige, brutale Ratte war – wirkte Ian immer wie ein nachdenklicher Schuljunge, und so habe ich ihn auch behandelt. So hat er sich mir gegenüber benommen, er war reizend.

Bernard Sumner: Bei »Love Will Tear Us Apart« dachten wir: »Wäre gut, das live zu spielen.« Also haben wir's ein paar Mal gespielt, die Leute standen drauf, aber weiter ging das nicht. Wir haben uns keine tieferen Gedanken darüber gemacht – und es schien ja auch einfach so zu funktionieren. Je mehr wir Sachen analysierten und je mehr wir nachdachten, umso weniger erfolgreich war's hinterher. Also haben wir das gelassen, dachten eher so: »Keine Ahnung, woher es kommt, lasst uns nicht drüber nachdenken, solange es funktioniert, nicht drüber reden, einfach abwarten und sehen, was passiert.« So haben wir das gemacht. Wir haben nie wirklich drüber nachgedacht, wir haben es einfach gemacht.

Wir dachten: »Okay, wäre schön, wenn wir was Schnelles, Tanzbares hätten.« Das war das Erste, was wir gesagt haben. Wir sind zur Probe und sagten: »Kommt, wir schreiben was, aber erst mal suchen wir einen schnellen, tanzbaren Beat, so was funktioniert live super, und außerdem sind solche Stücke am schwersten zu schreiben.« Steve ließ sich also einen Beat einfallen, Hooky und ich haben dazu gejammt, und dann hat Ian gesagt: »Oh, der Teil ist gut.« Dann meinten wir: »Gut, stopp. Was haben wir da gespielt? Das haben wir so gespielt, oder? Okay, dann spielen wir nur das, wiederholen den Teil.« Weiter ging das nicht.

Wir hielten es für ein wirklich starkes Stück und wollten uns bei der Produktion ganz besonders viel Mühe geben. Also haben wir's erst einmal aufgenommen. Martin hat wie üblich alles ein bisschen gedämpft, und wir meinten nur: »Okay, dieses Mal wollen wir das nicht, das klingt ein bisschen zu dumpf.« Wir sagten: »Nein, nein, nein, das wollen wir nicht. Das geht besser, wir müssen es noch mal aufnehmen.« Also war er erst mal total beleidigt, Riesentobsuchtsanfall, wahrscheinlich hat er uns als Haufen Arschlöcher beschimpft.

Wir sind ins Studio gefahren, und er war stinkig. Wir haben es immer wieder aufgenommen, ganz oft – auch die Overdubs und so. Ich glaube, er hat das wirklich gut gemacht – es klang viel besser als die erste Fassung –, aber er war trotzdem beleidigt. Steve ist ungefähr um Mitternacht gegangen, und ich hab noch Akustikgitarren-Overdubs aufgenommen. Es wurde halb drei Uhr morgens, Rob war auch noch da, und Hooky, glaube ich. Wir haben die Overdubs fertig aufgenommen, und irgendwann sagten Martin und Rob: »Das klingt super jetzt, echt gut.«

Martin meinte aber: »Ich bin noch nicht fertig.« Wir wollten wissen, was das heißen sollte, woraufhin er sagte: »Wir brauchen Steve noch mal, er muss eine zweite Snare-Spur aufnehmen.« Vermutlich weil er selbst zweimal ranmusste, holte er Steve aus dem Bett. Steve pennte in einer Wohnung auf der anderen Seite der Stadt, er musste in ein Taxi steigen oder selbst fahren. Bis er wieder im Studio war, dauerte das ungefähr eine Dreiviertelstunde. Er nahm die Snare noch mal auf, nur damit Martin seinen Willen bekam. Ich bin sicher, dass er die zweite Aufnahme nie benutzt hat, aber so konnte Martin eben auch sein.

Stephen Morris: »Love Will Tear Us Apart« hielt ich von Anfang an für einen künftigen Popklassiker. Ian und ich haben uns häufig unterhalten, wenn ich ihn herumgefahren und irgendwo abgesetzt habe. Einmal ging es dabei um »Love Will Keep Us Together« von Captain & Tenille. Ich hatte ein Bootleg von den Tubes, und da ist eine eigenartige Coverversion von »Love Will Keep Us Together« drauf. Ich meinte: »Wär's nicht besser, wenn sie was richtig Fieses damit machen würden statt so einen niedlichen Popsong? ›Love will rip us to shreds‹ oder so?« Jedenfalls wurde dann »Love Will Tear Us Apart« daraus.

Ich persönlich hatte trotzdem eine Menge Probleme mit »Love Will Tear Us Apart«. Auf der A-Seiten-Version hatte ich sehr schlechte Laune. Jedes Mal, wenn ich's mir anhöre, höre ich meine schlechte Laune. Das war das Stück, das wir alle getrennt voneinander aufgenommen haben. Ich bin nach Hause, zurück in die Wohnung, und um zwei Uhr morgens war Martin plötzlich nicht mehr mit dem Schlagzeug zufrieden, also rief er mich an: »Ich brauch noch mal die Bassdrum.« Ich stand also auf und fuhr zurück ins Studio, nahm die verfluchte Bassdrum noch mal auf. Ich kann hören, wie ich dabei die ganze Zeit mit den Zähnen knirsche. Fast erlebe ich das alles noch mal neu – ein bisschen wie beim Madeleine-Effekt. Gegen die andere Seite hab ich nichts, weil er mich einfach hat spielen lassen, was ich wollte, und mich nicht zu einer so unchristlichen Uhrzeit mitten in der Nacht aus dem Bett geholt hat, aber bei der A-Seite sehe ich rot.

Paul Morley: »Love Will Tear Us Apart« hat man zuerst live gehört und gedacht: »O Gott, das ist ein verdammt großartiger Popsong.« Er war eingängig und hatte eine unglaubliche Energie, das spürte man sofort, wenn man ihn hörte. Den Titel hab ich direkt nach dem ersten Hören zum Schlusssatz einer Besprechung gemacht – »Joy Division will tear you apart« –, weil Ian Sprache auf eine so frische, lebendige Art verwendet hat, das war genial. Deshalb haben sie überdauert und den Moment transzendiert.

Peter Hook: Durch Martins Produktion wurde der Song poppig. Ich hab ihn mir live angehört, und da klang er ganz anders, weil keine Gitarre in den Strophen vorkam, nur die, die Ian gespielt hat, ganz schön schrammelig und sehr punkig, eine sehr primitive Gitarre. Live klingt der Song eher nach Joy Division als auf der Platte. Die Platte ist sehr poppig produziert.

Ich weiß noch, dass Martin so die Schnauze voll von uns hatte, dass er »Love Will Tear Us Apart« an einem Samstag um drei Uhr morgens fertig gemischt hat. Ungefähr um elf Uhr hat Rob angerufen und gesagt, »hör mal, Martin ist ins Studio gegangen, fahr lieber hin«, weil ich der Einzige war, der einen Wagen hatte. Und ich sagte: »Ich hab aber kein Geld für Sprit.« Er meinte: »Leih dir Geld und fahr hin. Pass auf, dass er's nicht verkackt, du musst da hin.«

Deshalb musste ich aufstehen, erst mal zu meinen Schwiegereltern und mir drei Pfund leihen, um zu tanken, und danach bin ich in die Strawberry Studios gefahren. Ich weiß noch, dass Martin wahnsinnig genervt war, als ich plötzlich aufgetaucht bin, weil er dachte, er könnte das ganz alleine machen. Also saß ich beim Mischen von »Love Will Tear Us Apart« neben ihm. Martin hat es mit dem Techniker zusammen gemischt, der dann auch *Closer* gemacht hat. Ich glaube, die beiden haben sich da kennengelernt.

Stephen Morris: Ich erinnere mich, dass wir *Closer* wieder so aufgenommen haben, wie Martin es wollte, in heiligen Hallen – wir sind in das Studio von Pink Floyd in der Britannia Row. In Martins Augen war das wohl das ideale Studio. Das war ein bisschen merkwürdig, weil wir dabei in zwei Wohnungen in der Baker Street gewohnt haben. Es gab eine Party-Wohnung für den Pöbel und eine für die Intellektuellen. Annik war oft dabei, und wenn Ian mit Annik zusammen war, war er Vegetarier.

Wir haben Babylämmer aus dem Dönerladen gegessen. »Iieeh, wie könnt ihr nur? Ich kann kein Babylämmchen mehr essen.«

Es war toll, aber ich konnte nicht ahnen, dass es das Letzte sein würde, was wir zusammen machen. Das war so wie: »Wir schalten noch mal einen Gang hoch. Das ist fantastisch, sehr viel professioneller und besser als *Unknown Pleasures*, die Songs sind besser und so.« Ian spielte Gitarre, und das war was Neues. Wir konnten nicht ahnen, dass es das bald nicht mehr geben würde.

Bernard Sumner: *Closer* kam dem Sound, den ich wollte, schon näher. Mir gefiel es auch deshalb, weil wir in London waren. Wir übernachteten in einer Wohnung in der Baker Street. Das hat mir auch gefallen, in einer Wohnung zu wohnen. Ein bisschen war das wie bei den Beatles in *Help!*. Wir wurden gut behandelt im Studio in der Britannia Row. Ich weiß noch, dass die uns Sandwiches und Tee gebracht haben – wow! Gediegen. Das Studio gehörte Pink Floyd: Dort haben sie einige ihrer großen Alben aufgenommen, das Soundsystem klang einfach wie im besten Club, in dem man je war.

Die Arbeitsbedingungen in der Britannia Row waren wirklich sehr gut. Der Sound war viel besser als in den Strawberry Studios, das eher so eine Art Siebzigerjahre-Design-Studio war, wo alles abgedämpft wurde, der Raumklang aus allem rausgenommen wurde, was wissenschaftlich gesehen vielleicht sinnvoll ist, aber nie funktioniert hat, weil die Geräte nicht gut genug waren, um einen ordentlichen Raumklang zu erzeugen. Die Idee beim Siebzigerjahre-Sound war, dass das gesamte Studio total tot ist, abgedämpft wird, und man mit den Geräten Hall und Echo dazugibt. Die Technik war dem aber noch nicht gewachsen, und deshalb wurde die Idee wieder verworfen.

Der Großteil von *Closer* wurde durch riesige Lautsprecher gejagt und dann von diesen aufgenommen, damit es live klingt. Wir haben mehr Overdubs aufgenommen als vorher, das fand ich interessant, und die Instrumente tatsächlich getrennt voneinander eingespielt. Wir haben schon zusammen aufgenommen, aber dann die einzelnen Spuren durch neue mit besserem Sound ersetzt. Wir hatten mehr Geld zur Verfügung, also konnten wir länger am Bass-Sound feilen, am Gitarren-Sound. Wir fingen damals an, sehr viel mehr Keyboard zu verwenden, haben mit Martin viel herumexperimentiert. Wir hatten Synthesizer. Dort gab es einen modularen Synthesizer, mit dem wir Bassdrum-Sounds erzeugt haben.

Das Tolle an Martin war, dass er experimentierfreudig war. Dadurch war's ein großer Spaß im Studio, weil wir nicht nur aufgenommen und gesagt haben: »Okay, das ist es. Ab nach Hause, Jungs«, sondern: »Was können wir mit dem Sound machen, wie können wir ihn verändern?« Zum Beispiel hatte ich ein Streicherkeyboard und sagte: »Martin, ich will, dass das klingt wie eine alte Schellackplatte mit 78 Umdrehungen.« Eigentlich wollte ich wohl, dass es klingt wie ein Mellotron, aber ich wusste damals nicht, was ein Mellotron ist. Also hat er mir geholfen, es durch einen Graphic Equalizer gejagt, aufgesplittet und dann durch einen sogenannten Marshall Time Modulator geschickt und ein »Wooo, wooo« draus gemacht, um zu simulieren, wie eine 78er-Platte klingt. Solche Sachen fand ich echt interessant.

Wir haben nachts gearbeitet, weil Martin uns unbedingt dazu bringen wollte, Drogen zu nehmen. Er ist wahnsinnig gerne aufgeblieben. Ich hatte ein paar Schlaftabletten, die hab ich dann tagsüber genommen. Ich hab meinen Schlafsack mit ins Studio genommen und einfach die ganze Nacht dagelegen. Tatsächlich hab ich eine Menge Keyboards für *Closer* da im Liegen aufgenommen, mit dem ARP Omni Synthesizer. Ich war so entspannt: Ich hatte Schlaftabletten im Blut. Obwohl wir ungefähr um vier Uhr nachmittags aufgestanden sind, waren wir den ganzen Abend über super entspannt. Mir hat das Ganze total viel Spaß gemacht, als ich da auf der Couch hinten in der Britannia Row lag.

Eines Abends passierte was Komisches. Wir nahmen »Decades« auf, und zwar direkt. Das heißt, der Synthesizer war direkt an das Mischpult angeschlossen, aber wir wollten zusätzlich ein bisschen echte Atmosphäre einfangen. In der Britannia

Row gab es ein riesiges Spielezimmer, also hat Martin dort ein paar Lautsprecher aufgestellt. Der Track war zu Ende, und wir haben einfach weitergespult, um das Tape fertig aufzunehmen, und auf einmal hörten wir ein unheimliches, gespenstisches Pfeifen, eine Melodie aus »Decades«, dabei war niemand im Raum. Wenn man sich die Mastertapes anhört, ist es vielleicht immer noch drauf. Das hat uns echt einen Riesenschreck eingejagt.

Stephen Morris: Als wir »Atrocity Exhibition« für *Closer* aufgenommen haben, stellten wir fest: Wenn man die Syndrum über so ein sehr billiges japanisches Fuzz Pedal spielte, dann klang das wie bei Jimi Hendrix, das ergab so eine Art »Star-Spangled Banner«-Feedback. Wenn man sich »Atrocity Exhibition« anhört, dann zieht sich da so ein Sound ganz durch, als würde jemand ein Schwein schlachten. Das sind Martin und ich, wie wir an der Syndrum durchdrehen.

Bernard Sumner: Wir hatten das Gefühl, frei zu sein. Damals hatten wir keine anderen Jobs mehr und ein paar Wochen Zeit für die Aufnahmen. In London hatten wir eine Menge Spaß. Wir sind in Clubs und Restaurants gegangen. Als Band zusammen zu wohnen, hat auch Spaß gemacht, besonders mit Rob. Rob war ein fauler Sack, und wegen ihm kamen wir immer zu spät, er kam nie aus dem Bett. »Komm schon, Rob, wir müssen ins Studio.« – »Scheiße, ich bleib im Bett.«

Er hatte zwei falsche Schneidezähne. Seine Zähne lagen über Nacht immer in einem Glas mit Zahnwasser neben dem Bett. Wenn man zu ihm rein ist und ihn aus dem Bett werfen wollte, hat er das Glas geschnappt, die Zähne rausgefischt und einem das Zahnwasser entgegengekippt. Eines Abends haben wir uns gerächt. Ein Roadie, Ozzie, der auch falsche Zähne hatte, war mit uns in London. Mitten in der Nacht haben wir Ozzies Zähne mit denen von Rob vertauscht, und als er am nächsten Tag aufgestanden ist, meinte er: »Wer hat an meinen Zähnen rumgemacht? Die passen nicht mehr.« Er hatte plötzlich zwei riesige Schneidezähne. Wir haben echt viel gelacht, da gab's jede Menge Streiche.

Peter Hook: Bei *Closer* waren wir die ganze Zeit zusammen, was bei *Unknown Pleasures* nicht so war, weil wir da noch arbeiten gegangen sind. Wir waren also viel konzentrierter. Wir haben Martin wahnsinnig gemacht, Bernard und ich. Bernard in einer Ecke, ich in der anderen. Er meinte: »Sag du's ihm.« – »Wieso ich? Nein, du.« – »Ich hab schon wegen der Hi-Hat gefragt.« Und Martin sagte: »Was wird da geflüstert?« – »Nichts, Martin, gar nichts.« So war das immer, wir haben ihn verdammt nochmal irre gemacht. Er hat die Session abgebrochen und von Rob verlangt, dass er uns rausschmeißt. Wir sind ihm echt auf den Zeiger gegangen, das war herrlich.

Es war besser, die ganze Zeit über dabeizubleiben, weil man sich dann konzentrieren konnte. Und wir hatten Spaß, weil man am Abend nicht nach Hause ging, sondern zurück in die Wohnung. Die meiste Zeit war's ein Riesenspaß. Das einzig Blöde war Ians Krankheit, aber meistens hat er sie sehr gut versteckt. Ich weiß nur von einem wirklich schlimmen Anfall in der Zeit, als wir *Closer* aufgenommen haben, da stieß er sich am Waschbecken in der Britannia Row den Kopf, und wir fanden ihn mit einer Platzwunde auf dem Klo. Ansonsten schien alles okay zu sein.

Es war interessant, Ian mit Annik zu beobachten. Wir haben ihn einfach die ganze Zeit verarscht, haben Cornflakes aufs Bett gestreut und Streiche gespielt, einfach dämliche, dumme Sachen, aber sie hat sich so aufgeregt. Eines Abends, das weiß ich noch: Da war eine Glasscheibe in der Tür, und wir hatten ihn verarscht, hatten Bier über die beiden gekippt, als sie im Bett lagen, oder sonst was Blödes gemacht. Annik hat uns rausgejagt, und wir sind in unsere Wohnung gerannt, haben die Tür zugehalten. Sie war im Morgenmantel und hat versucht, die Tür einzutreten, wie ein Kerl das machen würde. Verdammte Scheiße, die konnte echt wütend werden.

Annik Honoré: Rob hat Frauen für Unruhestifterinnen gehalten, und es stimmt schon, dass das Rockbusiness hauptsächlich männlich dominiert ist. Deshalb haben sie sich über mich lustig gemacht – aber eher weil ich Ausländerin war, nicht weil ich ein Mädchen war. Ich glaube nur, sie dachten, wenn Mädchen dabei sind, konzentrieren sie sich nicht so gut auf die Musik und die Arbeit. Ich war das einzige Mädchen, aber ich glaube nicht, dass ich im Weg war.

Ich kam mir sehr privilegiert vor, weil ich ihnen bei den Aufnahmen zu *Closer* so nah sein durfte, aber ich habe mich wirklich möglichst klein gemacht, was ich sowieso meistens tue. Ich denke, Künstler brauchen Freiräume, und es ist ein solches Privileg, Menschen beim Denken, Aufnehmen oder Schauspielen zusehen zu dürfen, da sollte man sie in Ruhe lassen. Wenn ich bei den Aufnahmen zu *Closer* dabei war, dann hauptsächlich abends und nachts. Tagsüber habe ich in der Botschaft gearbeitet, kam danach vorbei und übernachtete bei ihnen.

Ich saß da und sah Ian beim Singen zu. Mir ist Ians Bild im Kopf geblieben, dass er sehr müde und sehr still war. Immer wenn er gesungen hat, hat er sich umgedreht und die Hand auf den Kopf gelegt oder auf die Augen. Er stand abseits von den anderen, von Martin, Rob und der Band, um nur er selbst zu sein. Er hat seinen Blick gesenkt und wirklich versucht, etwas aus seinem Inneren zu holen. Er war extrem still und hat sehr leise gesprochen.

Peter Hook: Wir waren nur drei Wochen im Studio, wollten aber zwischendurch unsere Frauen und Freundinnen sehen. Das war ein komplettes Debakel. O Gott, was für ein Schlamassel! Ich glaube, sie sind alle zusammen noch in derselben Nacht wieder nach Hause. O Mann, das war schrecklich, das war ein Fehler, heilige Scheiße. Wir stritten uns alle mit unserer jeweiligen Freundin oder Frau, woraufhin sie alle wutentbrannt mit dem Zug abgereist sind, vermutlich weil wir Schuldgefühle hatten, wegen Ian und Annik. Wir mussten das vertuschen, er wohnte in der anderen Wohnung und … o Gott.

Dann gab's da natürlich noch Ians Krankheit. Annik war ständig dabei, was uns echt genervt hat, weil wir sie nicht dabeihaben wollten, wir wollten unter uns sein. Wir sollten einen freien Tag haben, und am Abend vorher waren wir alle was trinken. Rob kam deshalb zu spät zum Bahnhof, um Lesley abzuholen. Und ach du Scheiße, Mann, die ist hochgegangen. Ich hatte einen Riesenstreit mit Iris, dann sind sie alle total angepisst nach Hause.

Lesley Gilbert: Es war absolut fürchterlich. Das war, als die ganze Sache mit Annik lief. Zum Schluss hab ich's wirklich bereut, überhaupt hingefahren zu sein: Eine Zeit lang brachte das auch Robs und meine Beziehung durcheinander, weil Ian, dem es nicht sehr gut ging, ständig beschützt werden musste. Er wollte Ian und Hooky beruhigen, weil Debbie Ian zugesetzt hat und Iris Hooky, weil Ian dort mit Annik in der Wohnung war und Iris das absolut daneben fand. Das fühlte sich alles grauenhaft an.

Annik Honoré: Die Songs, an die ich mich erinnere, waren die langsamen, wie »Decades« und »The Eternal«. Er hat immer alleine aufgenommen, die Band zu einer anderen Zeit. Ich weiß noch, dass er während der Aufnahmen einmal einen Anfall hatte, ansonsten war er wegen der ganzen Medikamente ziemlich müde, es ging ihm nicht besonders gut. Er musste sehr viele nehmen – tonnenweise Pillen, die er in kleinen Schachteln aufbewahrt hat. Es war ihm immer peinlich, so viele Pillen schlucken zu müssen, weil er die meiste Zeit wie auf Drogen war, sehr gedämpft und schläfrig.

Er hatte so ein Buch, in das er Texte schrieb, aber er hat nicht darüber gesprochen oder sie jemandem gezeigt. Das war wirklich intim. Erst hinterher, als ich die Aufnahmen von *Closer* hatte und mir das angehört habe, hab ich begriffen, worum es ging. Worüber er gesungen hat, war sehr, sehr traurig. Ich kann nicht sagen, dass jeder Song, den er gesungen hat, von ihm selbst handelte. Ich denke, er hat seine eigenen Gefühle verwendet, aber in seinen Songs ging es um sehr viel mehr als nur um ihn. Er konnte sich selbst heraushalten, weil er keine gewöhnliche Person war. Er schrieb über Gedanken, Träume und Gefühle, einfach Poesie und ein bisschen surreal.

Bernard Sumner: In Macclesfield gab es einen kleinen Jungen mit Down-Syndrom, der in einem Haus mit Garten wohnte. Ian wuchs da in der Gegend auf. Der Junge durfte nie aus dem Haus. Das Haus mit Garten bis zur Mauer bildete das gesamte Universum dieses Jungen. Viele Jahre später, nachdem er zurück nach Macclesfield gezogen war, sagte Ian, er sei an dem Haus vorbeigegangen und habe zufällig den Jungen gesehen. Ian war damals ungefähr fünf gewesen, und jetzt war er zwanzig oder zweiundzwanzig; der Junge sah immer noch ganz genauso aus, und sein Universum bestand noch immer nur aus dem Haus mit dem Garten. Davon handelt »The Eternal«.

Martin Hannett: Es war ein bisschen angespannt, weil Ian Anfälle hatte, aber im Prinzip lief alles sehr professionell. Man hat sich um sämtliche Kleinigkeiten gekümmert.

Bernard Sumner: Seine Probleme wurden allmählich immer zahlreicher, eins kam zum anderen, als gäbe es eine Verschwörung gegen ihn. Wegen seiner Krankheit hätte er nicht länger als anderthalb Jahre so weitermachen können. Er hatte Epilepsie, und zwar eine sehr, sehr schwere Form davon, heftige Grand-mal-Anfälle. Das ist kein Spaß. Er konnte seine Tochter nicht auf den Arm nehmen, durfte nicht Auto fahren, musste auf Bahnhöfen aufpassen, dass er nicht zu nah an der Kante stand – da war so viel, was er nicht machen konnte. Für einen jungen Mann Anfang zwanzig ist es schwer, sich mit so was abzufinden.

Ich weiß noch, dass ich eines Abends mit ihm gesprochen habe, sehr spät, während der *Closer*-Sessions. Wir hatten noch lange mit Martin in der Britannia Row in Islington gearbeitet, und Ian sagte zu mir, dass es ein komisches Gefühl sei, dieses Album zu machen. Weil es ihm vorkam, als würden sich seine Texte wie von selbst schreiben, früher habe er immer Mühe gehabt, einen Song fertigzuschreiben. Früher hatte er zum Beispiel einen Anfang, aber dann war es ihm schwergefallen, den Text fertigzustellen. Jetzt hatte er gleich von Anfang an den ganzen Song.

Gleichzeitig aber hatte er so ein entsetzliches klaustrophobisches Gefühl, dass er sich in einem Strudel befinden und ertrinken würde. Dass er in die Tiefe gezogen wird. Ich weiß nicht genau, was er gemeint hat, aber ich habe oft darüber nachgedacht. Ich erinnere mich, dass er an dem Abend in der Britannia Row einen Anfall hatte und die Treppe herunterfiel. Ich glaube, die hatten da eine Wendeltreppe, er ist da runtergefallen und hat sich dabei eine Platzwunde am Kopf zugezogen. Das Schlimmste war für uns, dass wir uns so hilflos vorkamen; das war, als würde man jemandem beim Leiden zusehen und wissen, dass man nichts dagegen machen kann. Natürlich war es für ihn schlimmer, aber wir kamen uns einfach so machtlos vor.

Peter Hook: »Love Will Tear Us Apart«, wenn man den Text analysiert, dann ist er so aufrichtig und offensichtlich schmerzerfüllt. Ich denke, dass jeder Erwachsene einmal eine solche Beziehung durchlebt oder eine solche Zeit mitmacht, wo man sich wie abgelöst von einer Geliebten oder einem Geliebten fühlt, wie ein Fremder. Ich finde die Texte sehr schmerzerfüllt, jetzt wo ich weiß, was Ian durchgemacht hat. Ich betrachte sie jetzt in einem vollkommen anderen Licht.

Stephen Morris: Ich glaube nicht, dass er wusste, was er wollte. Ungefähr einen Monat vor seinem ersten Selbstmordversuch hat er mir am Telefon erzählt, er wolle die Band verlassen. Debbie und er wollten nach Holland ziehen, einen Buchladen aufmachen. Was mich echt gewundert hat.

Deborah Curtis (aus *Touching from a Distance)*: Als Ian mir erzählte, dass die Band zwölf Monate lang keine Konzerte mehr geben wollte, freute ich mich nicht. Die Entscheidung war vernünftig, aber ich wusste, dass sie das nicht durchziehen würden, und hielt es für einen Trick, um Ian zu beruhigen. Wenig später wurde dann ja auch die Amerika-Tournee angekündigt – und nicht nur das, auch eine Reihe von Konzerten in Großbritannien wurde vorbereitet.

Paul Morley: Bei *Closer* hatte ich das Gefühl, dass die Texte von seinem Leben handelten. Zuvor hatte er nicht unbedingt so direkt über sein eigenes Leben gesprochen. Der Grund, warum wir die Situation nicht voll erfasst haben, war auch, dass wir halbwegs dachten, er wäre immer noch in diesem Modus, dass er nicht direkt von sich selbst spricht. Er schien wie viele Sänger, Schauspieler und Persönlichkeiten mit der eigenen Identität zu spielen, damit, wer man ist und wie man sich selbst darstellen möchte. Inzwischen war er auf jeden Fall ein potenzieller Rockstar, und die Vorstellung hat ihm durchaus gefallen, da bin ich mir sicher, daher auch der schmachtende Gesang und die Geschmeidigkeit.

Es ging um sein Leben, und da war alles in sich zusammengefallen. Es gab eigentlich keine Trennung mehr zwischen dem Theater und dem Leben, zwischen dem, was er fühlte, und dem, was er auf der Bühne verkörperte. Man hatte das Gefühl, dass irgendwann etwas gekippt war, ein Schalter umgelegt wurde. Vor jenen letzten Monaten schien sein Leben in die Musik einzufließen, in sein Image und seine Texte. Dann drehte sich das um. Die Musik bildete das Zentrum seines Daseins, und er ging aus der Musik hinaus in sein Leben, aber dieses Leben ging gerade in die Brüche, und so blieb er lieber in der Musik.

Peter Saville: Joy Division folgten einem bestimmten Schema. Sie waren in der Britannia Row und nahmen ihr nächstes Album auf. Ich weiß nicht, ob sie wussten, wie es heißen würde; jedenfalls waren die Stücke noch nicht fertig. Irgendwann während sie im Studio waren, besaß Rob die Voraussicht, vorzuschlagen: »Wir gehen lieber mal zu Peter wegen dem Cover. Wer weiß, vielleicht braucht er Wochen oder Monate, also lasst uns lieber gleich gehen und ihn drauf ansetzen.«

Ich war in der Portobello Road bei einem Ableger von Virgin und hatte mein eigenes Atelier dort. Rob kam mit der Band vorbei und meinte: »Die nehmen gerade eine Platte auf. Wir brauchen ein Cover.« Und ich sagte: »Habt ihr denn irgendwas?« – »Nein.« Inzwischen hatte sich, vielleicht durch meine anderen Arbeiten für Factory, eine Art Einvernehmen zwischen mir, Tony und Rob eingestellt: Peter wird schon was einfallen. Ich hatte eigene Sachen, die ich machen oder auf die ich aufmerksam machen wollte. Ich glaube, Rob hat erwartet, dass ich ihnen was zeige, nicht dass sie mir was geben.

Ich war sehr nervös. Ich meine, ich hatte keine anderen Anhaltspunkte als das, was sie mir für *Unknown Pleasures* gegeben hatten, und ich sagte: »Rob, ich weiß nicht, ob mir was einfällt.« Aber er blieb hartnäckig: »Dir muss was einfallen.« Ich hatte großen Respekt vor ihnen, Joy Division waren zunehmend von einer gewissen Aura umgeben. Ich hatte ein bisschen Schiss. Ich wollte nicht irgendwas aus einem Buch oder sonst etwas Fertiges nehmen und sagen, »das gefällt mir«, nur damit sie mich dann ansehen und denken werden: »O Mann, du hast es nicht drauf.«

Aber Rob hat Druck gemacht, und da gab es etwas, das ich aufregend fand, und zwar den fotografisch umgesetzten Neoklassizismus von einem gewissen Bernard Pierre Wolff. Ich hatte das Bild in einer französischen Zeitschrift mit dem Titel *Zoom* gesehen. Ich nahm die Zeitschrift aus dem Regal und sagte: »Also, wenn du wissen willst, was mir heute dazu einfällt, dann ist es das.« Und ich schlug die Zeitschrift auf, stellte sie ans Zeichenbrett und trat zurück. Ich weiß nicht, was ich erwartet hatte. Irgendwie rechnete ich damit, dass sie sagen: »Na ja, okay, aber fällt dir sonst noch was ein?«

Sie waren alle da und drängten sich um das Zeichenbrett, blätterten die Seiten um. Sie waren angetan. Das Schöne an Joy Division zu dem Zeitpunkt war, dass die Hierarchien, die sich bei einer Band irgendwann ganz natürlich herausbilden, noch nicht vorhanden waren. Sie waren immer noch vier Freunde, die was zusammen machten; keiner war wichtiger als der andere. Das ist ein schönes Stadium bei Bands, wenn sie einfach nur ein paar Leute sind, die was zusammen vorhaben. Jeder trägt bei, was er kann, und jeder spielt eine ganz entscheidende Rolle für das Große und Ganze. Joy Division befanden sich in diesem Stadium.

Sie sahen sich also die Bilder an, blätterten herum, und es schien ihnen zu gefallen, was eine Erleichterung war. Ich glaube, sie zeigten auf eins und sagten: »Das wollen wir auf dem Cover.« Es war zwar immer noch die Zeit, in der man Sachen aus Zeitschriften einfach ausgerissen und fotokopiert hat, aber inzwischen wusste ich, dass wir das nicht wieder so machen konnten, und ich sagte: »Ich will mal sehen, ob wir das Bild verwenden können.« Es war Zeit, das Ganze anständig zu machen. Dann schaute ich mir an, was sie ausgesucht hatten, und fand es faszinierend. Wahrscheinlich habe ich so was gesagt wie: »Seid ihr sicher?« Ich wusste, was ich machen wollte. So konnte ich mich an die Arbeit machen. Ich freute mich, dass ich durch ihr Interesse an den Fotos von Bernard Pierre Wolff Gelegenheit bekam, was mit den Bildern zu machen. Und das war's, danach sind sie gegangen.

Irgendwann stellte sich heraus, dass das Album *Closer* heißen sollte, und wieder ging es um dieselben Fragen. »Will jemand den Titel vorne drauf haben?« – »Nein, eigentlich nicht. Nur, wenn du willst.« – »Will jemand ›Joy Division‹ vorne drauf haben?« – »Nein. Nur, wenn du willst.« Also baute ich alles so, wie ich es für richtig hielt. »Joy Division« wollte ich nicht aufs Cover schreiben, das wäre vulgär gewesen. »*Closer*« war interessant, und ich brauchte es: Die Komposition brauchte das, die Bildlandschaft.

Ich wollte, dass es wie eine Radierung wirkt, wie ein Architekturdruck vom Ende des achtzehnten, Anfang des neunzehnten Jahrhunderts, das waren meistens Tiefdrucke – deshalb wollte ich das weiche Papier, das man für eine solche Art von Druck benutzte. Und es brauchte eine Inschrift. Den Font hatte ich im Lehrbuch eines deutschen Professors gefunden: Er war relativ sicher, dass diese Buchstaben die früheste Form einer Serifenschrift sind, eine Stein-Inschrift aus dem zweiten Jahrhundert. Er hatte Buchstaben von einer Säule abgezeichnet und dann zur Freude der Typografen das restliche Alphabet vervollständigt.

Ich habe den Font verändert, sodass ich damit den Titel setzen konnte. Und es brauchte etwas, es brauchte »*Closer*« vorne drauf, und das war interessant. Die Mehrdeutigkeit des Titels und das Nebeneinander von Titel und Bild waren schön. Ich erinnere mich, dass mir die Musik ziemlich schwermütig vorkam. Sie hatte nicht die direkte Zugänglichkeit von *Unknown Pleasures,* sie waren einen Schritt weitergegangen. Ich weiß nicht, ob ich sie mir oft angehört habe. Ich könnte die Stücke nicht auflisten. Ich meine, niemand hat je die verdammten Titel aufs Cover geschrieben, wie soll man da wissen, wie die Stücke heißen.

Jon Wozencroft: Das eine ist ein schwarzes Album, das andere ein weißes. Das Interessante ist, dass *Unknown Pleasures* bis zur letzten Minute eigentlich auch ein weißes Album war. Peter Saville hat in der letzten Sekunde entschieden, dass es stärker wirkt, wenn das Bild weiß auf schwarz erscheint anstatt schwarz auf weiß. Das ist eine großartige Design-Entscheidung gewesen und hat was anderes aus der Platte gemacht.

Zweifellos hat *Closer* was von einem Schlusspunkt. Ich bin sicher, dass Ian keinen Ausstieg geplant hat oder so, aber er war auf eine Weise begabt, dass er gewusst haben muss, dass es so nicht ewig weitergehen würde. In den Zeitzeugenberichten, die seither dokumentiert wurden, heißt es, er habe nach Europa ziehen und einen Buchladen eröffnen wollen, eher Künstler in einem Atelier werden wollen, als in einer Band zu spielen, die Konzerte gibt. Was sich vielleicht ganz natürlich hätte entwickeln können – eine Brian-Eno-artige Person.

Paul Morley: Ian wurde von etwas eingenommen oder hat einen Wandel vollzogen, denn in gewisser Weise ist er auf *Unknown Pleasures* noch einer, der auf Ballard und Burroughs steht. Das ist ein Album über einen jungen Mann, der hinaus will in die Welt, anstatt sich in seine eigene Welt zurückzuziehen, was er dann auf *Closer* gemacht hat. *Unknown Pleasures* ist: »Wäre es nicht toll, Künstler zu sein? Wäre es nicht toll, wie Burroughs, Bowie, Ballard oder Iggy zu sein?« Auf *Closer* ist er dieser Künstler, da hat er zu deren Reihen aufgeschlossen.

Annik Honoré: Sie haben unglaubliche Musik produziert, nicht zuletzt auch dank Martin, der wirklich geholfen hat, einen sehr spezifischen Sound zu erfinden. Keiner von ihnen hat begriffen, wie stark und überzeugend die Musik war. Das war einfach Chemie. Das ist wie eine Liebesgeschichte: Alleine ist jeder Einzelne nichts, und wenn sie zusammen sind, dann ist es was Riesengroßes. Das waren Joy Division: die Musik und Ian, und wenn sie aufgenommen haben, auch Martin. Die Chemie dieser fünf zusammen war absolut verblüffend, so stark.

Sie haben es sehr natürlich und geradeheraus gemacht, und deshalb ist es so gut, weil sie dabei nicht befangen waren. Ich glaube, das kam tief aus ihnen heraus, und sie wollten es wirklich so sehr. Ich weiß nicht, ob Ian Geschichte schreiben wollte, ich glaube nicht, dass es so war. Ich denke, es lag einfach daran, dass er ein so riesiges Talent hatte, und wenn er sang oder auf der Bühne stand, kam es zum Vorschein. Aber das war spontan, nicht berechnend, nicht künstlich: Sie waren einfach erleuchtet, hatten den richtigen Spirit.

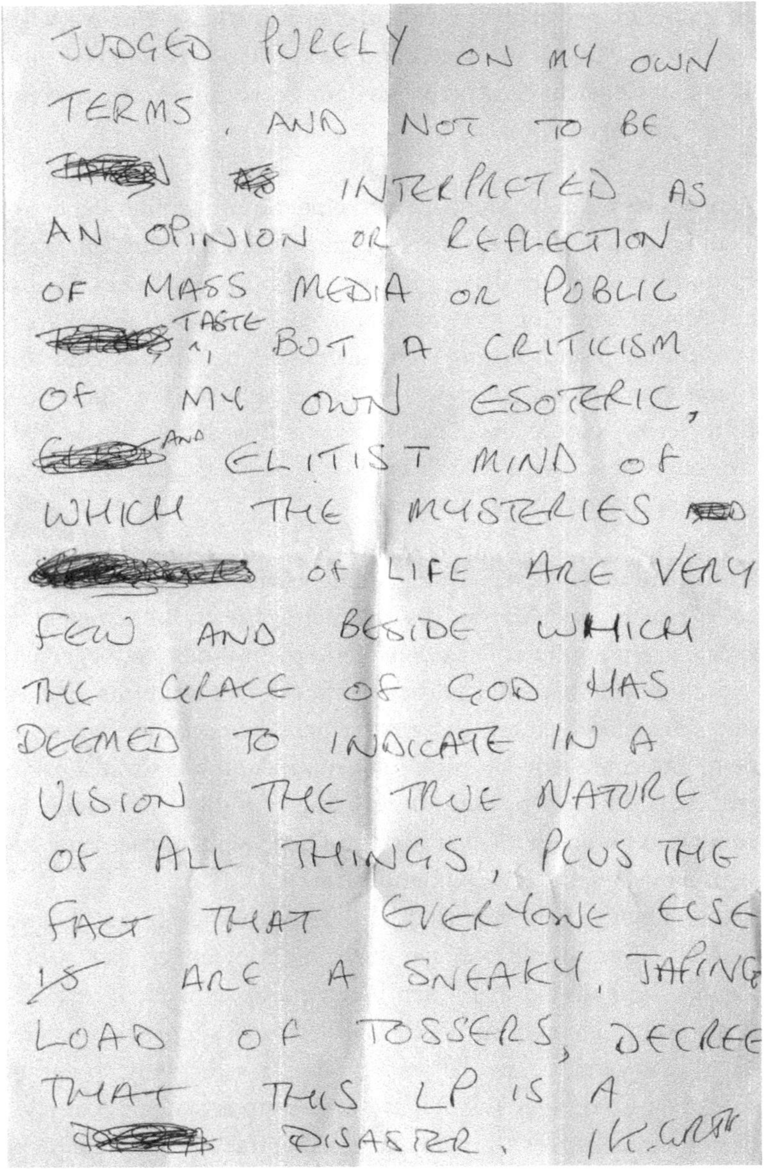

JUDGED PURELY ON MY OWN TERMS, AND NOT TO BE INTERPRETED AS AN OPINION OR REFLECTION OF MASS MEDIA OR PUBLIC TASTE, BUT A CRITICISM OF MY OWN ESOTERIC, AND ELITIST MIND OF WHICH THE MYSTERIES OF LIFE ARE VERY FEW AND BESIDE WHICH THE GRACE OF GOD HAS DEEMED TO INDICATE IN A VISION THE TRUE NATURE OF ALL THINGS, PLUS THE FACT THAT EVERYONE ELSE ARE A SNEAKY, JAFING LOAD OF TOSSERS, DECREE THAT THIS LP IS A DISASTER. I.K. CURTIS

Handschriftliche Nachricht von Ian Curtis an Rob Gretton nach den Sessions zu *Closer,* März/April 1980 (Mit freundlicher Genehmigung von Lesley Gilbert, Benedict Gretton und Laura Gretton)

12

APRIL – MAI 1980

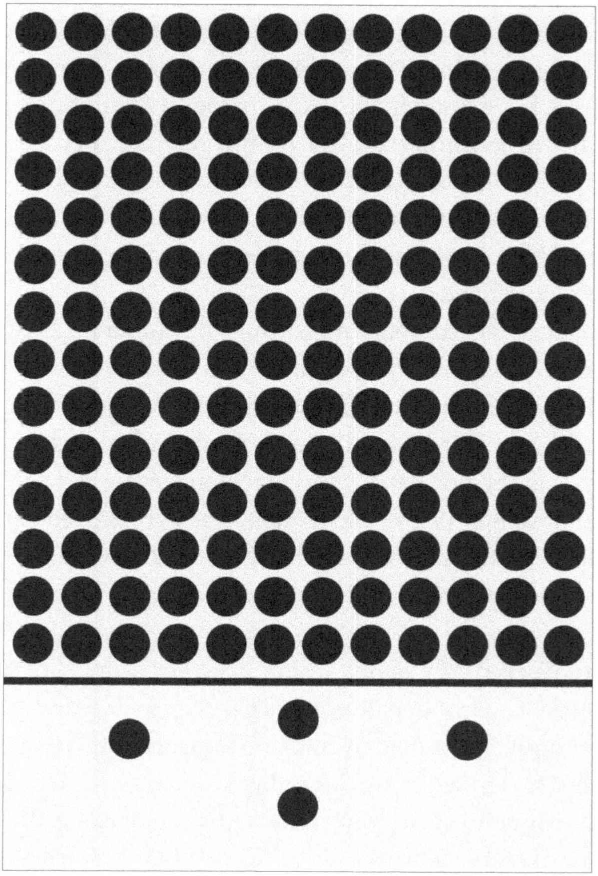

»Joy Division«, 1998, Siebdruck auf Papier, 150 x 100 cm
(Mit freundlicher Genehmigung von Herald St, London)

- 2. April 1980: Moonlight Club, London
- 3. April 1980: Moonlight Club, London
- 4. April 1980: Rainbow Theatre, London
- 4. April 1980: Moonlight Club, London

Paul Morley: Man hat sie sich im Rainbow angesehen und konnte sie am selben Tag noch mal im Moonlight sehen. Das ging alles unglaublich schnell, es schien sich unheimlich zu beschleunigen.

Bernard Sumner: Dann fing es an, dass Ian Anfälle auf der Bühne hatte. Bei einem Gig im Vorprogramm der Stranglers im Rainbow. Ich weiß noch, dass wir »Atrocity Exhibition« gespielt haben. Er hat ja immer auf der Bühne getanzt, aber als wir mit dem Stück fertig waren, hat er immer noch getanzt. Er ist einfach weiter herumgewirbelt, bis er ins Schlagzeug geknallt ist und einen Anfall auf der Bühne hatte. Zu dem Zeitpunkt hatte er schon einige gehabt.

Wir haben ihn runtergetragen, und da standen Leute in den Gängen. »Was ist los? Ach so, das ist der Typ mit den Anfällen.« Wir haben ihn in die Garderobe gebracht, und er meinte: »Lasst mich in Ruhe.« Wir ließen ihn eine Weile in Ruhe, damit er ein bisschen Zeit für sich hatte, dann machten wir die Tür auf, und da saß er und weinte. Wir wussten nicht, was wir machen sollten. Er war unser Freund, wir wollten ihm helfen, aber wir hatten keine Lösung für das Problem. Das war echt traurig.

Stephen Morris: Wir haben dumme Sachen gemacht, wie etwa den Benefiz-Gig mit den Stranglers parallel zu den drei Abenden im Moonlight. Nach dem Stranglers-Konzert hatte er einen Anfall, und danach hat er im Moonlight weitergemacht. »Können wir nicht einfach …« Aber wir haben nicht mal nachgedacht, und er hat nie gesagt: »Nein, ich schaff das nicht.« Das hätte er nicht gesagt. Er meinte nur: »Nein, mir geht's gut, alles klar.« Das war der Anfang vom Ende, weil er nicht leben konnte, ohne in einer

Band zu sein, und er konnte nicht nur so tun, als ob. Deshalb hat er sich völlig verausgabt.

Terry Mason: Der Karfreitags-Gig mit den Stranglers, da hatte Ian einen schweren Anfall. Danach sind wir quer durch die Stadt zum Moonlight Club, da gab's einen Factory-Abend. Niemand in dem Gebäude war wegen der Vorbands da; sie waren alle gekommen, um Joy Division zu sehen, sie waren wegen Ian gekommen. Im Rainbow hatte er einen Anfall, aber trotzdem sind wir zum Moonlight, und Ian ist einfach völlig fertig auf die Bühne. Zu dem Zeitpunkt hätten alle Alarmglocken schrillen müssen, aber anscheinend hat niemand welche gehört. Die Welt war außer Kontrolle.

Einer von Ians Lieblingsfilmen damals war *Eraserhead* von David Lynch, das ist ein sehr seltsamer, verstörender Film. Der Held starrt eine Heizung an, die sich öffnet, und da ist ein Mädchen mit ziemlich dicken Backen drin. Sie tanzt, gibt eine kleine Darbietung in der Heizung, und da fällt irgendwas von der Decke – der Film ist schwarz-weiß, wir wissen nicht, was das für ein Zeug ist. Und so war Ian: Er war da in seiner kleinen Show, wie die Frau in der Heizung, zum Schluss hatte er die Kontrolle darüber verloren, worum es bei seinem Auftritt ging.

Tony Wilson: Ians Auftritte waren immer spannungsgeladen gewesen, aber plötzlich waren sie noch viel mehr als das. Man wusste nicht, was bei Ian los war, aber man sah, dass Bernard, Hooky und Stephen sich auf der Bühne Blicke zuwarfen, und allmählich erkannte ich es daran.

Einer der einschneidendsten Auftritte war der, nachdem sie im Vorprogramm der verfluchten Stranglers im Rainbow gespielt hatten und danach noch ins Moonlight kamen, um bei unserem Factory-Abend aufzutreten, was eine bescheuerte Idee war – für die ich mich entschuldigen möchte, weil es Ian zugesetzt hat.

Lindsay Reade: Je intensiver die Konzerte wurden, umso häufiger hatte er Anfälle. Da mag es auch Parallelen zu seinem Privatleben gegeben haben, weil beide Bereiche immer stressiger wurden. Der Stress der Auftritte, des Unterwegsseins: Von Monat zu Monat und von Woche zu Woche wurde all das zeitaufwendiger. Außerdem ging sein Privatleben in die Brüche. Er hatte ein Baby zu Hause, gleichzeitig war seine Ehe kaputt, und er liebte eine andere Frau. Er war ein Mann mit Ehrgefühl, er wollte niemanden verletzen und für jeden das Beste, das hat ihn buchstäblich zerrissen.

Er muss das Gefühl gehabt haben, einfach nicht weitermachen zu können. Irgendwann war ein bestimmter Punkt erreicht, und das war an Ostern. Er hatte den schlimmsten Anfall überhaupt auf der Bühne gehabt. Mehr Menschen als je zuvor hatten es mitbekommen, und er muss sich gedacht haben: »Das kann so nicht weitergehen.« Das war im Rainbow. Es muss wirklich demütigend gewesen sein, vor so vielen Leuten. Manche halten das für glamourös – Rockstar fällt aufs Schlagzeug, wow –, aber so wird es sich für ihn nicht angefühlt haben. Er hat sich bestimmt dafür geschämt, die Kontrolle verloren zu haben.

Bernard Sumner: Danach hatte er ernsthafte Zweifel im Hinblick auf die Zukunft. Schließlich hat er beschlossen, die Band zu verlassen. Verständlicherweise. Wer will schon, dass ihm so was auf der Bühne passiert? Wir kamen zu einer Vereinbarung. Er wollte die Band verlassen, einen kleinen Laden in Portsmouth kaufen, dorthin ziehen und ein Buch schreiben. Wir wollten das zwar nicht, weil wir so viel Arbeit in die Band gesteckt hatten, doch wir verstanden sein Dilemma. Die Vereinbarung sah vor, dass er ein Jahr lang keine Auftritte machen und wir nur Songs schreiben würden.

Zu der Zeit war er mit allem einverstanden, was man ihm sagte, sehr offen gegenüber Vorschlägen. Er hatte sich entschlossen, die Band zu verlassen. Er wollte was ganz anderes machen, und wir sagten: »Nein, tu das nicht. Wir nehmen nur auf, wir nehmen den Druck raus.« Und ohne eine Miene zu verziehen, sagte er: »Ja, ist gut.« Hätten wir vorgeschlagen, ihm drei Finger abzuschneiden, ich denke, das hätte er auch gemacht. Er war so leicht beeinflussbar. Eigentlich wollte er, dass ihm einer von uns sagte, was er machen sollte, und das wäre vielleicht sein Ausweg gewesen.

Paul Morley: Nach einer Weile schien Ian ständig auf Messers Schneide zu balancieren. Natürlich gab es Momente, in denen man vermutete, dass das zur Choreografie gehörte, so anarchisch wie diese Choreografie geworden war. Und dann freute man sich egoistisch darüber, weil es ein Ereignis war, was Aufregendes, das hatte er einem beschert. Er hat wirklich sein Leben für seine Musik riskiert und alles auf eine höhere Stufe gehoben, fast wie eine Art Opfergabe.

Man hatte das Gefühl, dass er wirklich zu dem überging, was Iggy Pop machte – das schien sein Pendant zum Aufschlitzen der eigenen Brust zu sein –, er hat einem was gegeben, eine Wahnsinnsperformance abgeliefert. Egoistisch hielt man das für eine Form von extremem Entertainment. Damals gab es Public Image, Throbbing Gristle, Gang of Four: Klischees wurden plötzlich mit ideologischem Eifer auseinandergenommen, und Joy Division schienen auch in diese Reihe zu gehören. Aber das hatte einen realen Grund und ging weit über Mode, Stil und Musik hinaus.

Durch Punk veränderte sich alles so schnell. Andauernd tauchte eine neue Band auf – Siouxsie, die Pistols, The Clash oder Wire, es gab ständig etwas Neues. Ich vermute, innerhalb des Ganzen hatte man das Gefühl, anderen zuvorkommen zu müssen, etwas aufrechterhalten zu müssen, damit die Leute nicht das Interesse verloren.

- 8. April 1980: Derby Hall, Bury

Stephen Morris: Ich weiß noch, dass ich nach dem ersten Selbstmordversuch, vor dem Gig in Bury, zu Rob gesagt habe – es war ein Samstag und der Gig an einem Montag –, dass wir ihn absagen sollten, und Rob ist echt wütend geworden. Ich war total geschockt, dass wir das Konzert gespielt haben. Und als Ian gesagt hat, dass er nach Holland ziehen und einen Buchladen aufmachen wollte, haben wir ihn überredet, es nicht zu tun. Wieder war er sehr nachgiebig. Wäre er bei dem geblieben, was er wollte, wäre er heute vielleicht noch am Leben.

Bernard Sumner: Ian hatte gerade zum ersten Mal versucht, sich umzubringen. Er hatte eine Überdosis Medikamente geschluckt und mir hinterher erzählt, dass er's absichtlich nicht durchgezogen hatte: Er bekam Panik und rief einen Krankenwagen, weil er gehört hatte, dass Hirnschäden zurückbleiben können, wenn man nicht genug Tabletten nimmt. Ich hab's ihm nicht so richtig geglaubt, ich dachte: »Ach, das ist nur ein Schrei nach Hilfe.« Sie haben ihm einen Psychiater verordnet: Ich glaube, er war sogar im Krankenhaus. Wir hatten aber schon einen Gig ausgemacht. Wenn wir einmal einen ausgemacht hatten, haben wir ihn niemals abgesagt, also haben wir gespielt.

Tony hat Ian zum Auftritt gebracht, aber er war in keiner Verfassung, in der er hätte auftreten dürfen, eigentlich hätte er noch im Krankenhaus bleiben sollen. Wir sind auf die Bühne und haben Simon Topping und Alan Hempsall bekniet oder bestochen, ein paar Songs mit uns zu singen, weil wir dachten: »Scheiße, wir sollten eigentlich gar nicht hier sein, aber das Publikum ist nun mal da. Wir gehen auf die Bühne und spielen. Ian kann ein paar Songs singen, dann geht er runter, Alan singt ein paar, dann kann Ian wieder welche singen.« Aber das kam beim Publikum nicht gut an. Sie wussten ja nicht, dass er gerade erst aus dem Krankenhaus entlassen worden war.

Peter Hook: Rob wollte nicht absagen, also beschlossen wir, die anderen Sänger dazuzuholen, was wir ganz originell fanden. Ich meine, niemand hat sich überlegt, wie Ian das fand. Ich kann mir vorstellen, dass er wirklich fertig war deshalb. Wenn die mit einem anderen Bassisten weitergemacht hätten, hätte ich sie verdammt nochmal erschlagen. Ich hätte gesagt: »Nein, das kommt nicht infrage, verpisst euch.« Aber Ian war so nett, dass er Rob in dem Glauben gelassen hat, es sei eine gute Idee, die anderen auftreten zu lassen, damit wir nicht absagen mussten. Also haben wir's gemacht, und das war bescheuert.

Alan Hempsall: Ich war nachmittags weg und bekam einen Anruf von Bernard, der nur meinte: »Ian ist krank, und wir haben einen Auftritt heute Abend. Kannst du vielleicht für ihn einspringen?« Also hab ich gesagt: »Klar, ja, warum nicht? Klingt super.« Also wurde ich abgeholt und in die Derby Hall in Bury gebracht. Man hatte mir gesagt, Ian sei krank, aber als ich eintraf, war er dort. Ich dachte: »Also das ist schon ein bisschen komisch.« Er schien in Ordnung zu sein, aber ich sagte: »Die anderen haben mich gebeten, ein bisschen zu singen, also los.«

Das war echt ungewöhnlich, weil an dem Abend die Minny Pops aus Holland mit uns gespielt haben, sie gingen auf die Bühne und spielten ein ganzes Set. Das Konzert war schon eine ganze Weile ausverkauft, und draußen vor der Tür wechselten Tickets für jeweils fünf Pfund den Besitzer, das war damals eine Menge Geld. Section 25 waren als Nächste dran und spielten zunächst vier Stücke, dann sollte »Girls Don't Count« kommen, das damals ihre erfolgreiche Single war, und das war gleichzeitig unser Stichwort, zu ihnen auf die Bühne zu gehen.

Als sie mit »Girls Don't Count« anfingen, gingen Hooky, Steve und Bernard zu den drei von Section 25 auf die Bühne. Wir hatten also zwei Bassisten, zwei Schlagzeuger, einen Gitarristen und einen am Keyboard. Larry, der Sänger, hat den Text zu »Girls Don't Count« gesungen, während Simon Topping von

A Certain Ratio und ich so einen eigenartigen Hintergrundgesang angestimmt haben. Das war das Signal. Als es zu Ende war, sind Section 25 mit Simon wieder runter, sodass ich und die drei von Joy Division übrig blieben.

Dann ging es los mit »Digital« und »Love Will Tear Us Apart«. Ian hatte vor seinem Auftritt in der Garderobe gesagt: »Ich komme danach raus und singe zwei langsame Nummern, weil ich mich dafür gut genug fühle, und das war's dann.« Nachdem ich »Love Will Tear Us Apart« gesungen hatte, ging ich von der Bühne. Dann kam Ian raus und sang, ich glaube, »The Eternal« und »Decades«. Danach ging er wieder. Ich kam mit Simon Topping und den anderen von Section 25 zurück, und wir haben noch eine Coverversion von »Sister Ray« von Velvet Underground gespielt.

Zu diesem Zeitpunkt herrschte schon eine gewisse Verwirrtheit. Das Ganze dauerte ungefähr vierzig Minuten, aber das Publikum kam sich wohl ein bisschen betrogen vor. Auf jeden Fall hat keiner so recht kapiert, was eigentlich los war. Da hing ein großer viktorianischer Kronleuchter über der Bühne, und jemand warf eine Flasche oder ein Glas danach. Als wir von der Bühne sind, regnete es Glasscherben von der Decke auf uns runter.

Lindsay Reade: Ich erinnere mich noch sehr deutlich daran, dass ich ein bisschen erhöht stand und das Publikum beobachten konnte, das sichtlich unruhiger wurde, um nicht zu sagen ungehaltener. Dann sah ich, wie die erste Flasche geworfen wurde, was mich nicht besonders beunruhigt hat, weil ich das vom Electric Circus kannte und dachte, dass mit so was zu rechnen war. Aber dann fiel mir Rob Grettons Gesicht auf, er war echt stinksauer, wie ein Vulkanausbruch, wie der Vesuv.

Ohne auch nur einen Augenblick zu zögern, sprang er von der Bühne direkt ins Publikum, und dann ging es los.

Alan Hempsall: Alle warfen irgendwas, und wir wurden in die Garderobe abgedrängt. Tony und Alan Erasmus versperrten uns den Ausgang, weil Hooky Lust auf eine Prügelei hatte. Sonst natürlich niemand, aber ich glaube, Hooky wollte die anderen ein bisschen aufheizen. Er meinte: »Kommt, wir sind genug, wir können's mit denen aufnehmen.« Aber ich fand, es würde größere Heldenhaftigkeit beweisen, besonnen zu bleiben, und die meisten anderen in der Garderobe waren derselben Ansicht.

Es regnete Scherben, und an der Tür zur Garderobe wurden Flaschen zerschlagen. Die Roadies Terry und Twinny kamen rein, Rob auch. Twinny hatte einen Bierhumpen an den Hinterkopf bekommen und musste in die Notaufnahme gebracht werden. Lindsay, Tonys damalige Frau, fuhr ihn hin, und die Wunde musste genäht werden. Das war also alles kein Vergnügen, und ich denke, wir hatten eine Lektion gelernt: »So schnell machen wir das nicht wieder.«

Peter Hook: Die Typen, die in Bury Ärger gemacht haben, waren welche, die erst nicht reingekommen waren, weil sie kein Geld hatten, aber Rob hatte ihnen trotzdem Einlass gewährt – Mr. Menschenfreund Gretton. Ian war zu krank, um aufzutreten; wir hatten beschlossen, oder er hatte beschlossen, dass er für zwei Nummern auf die Bühne kommen würde. In einem so schlimmen Zustand hatte ich ihn noch nie gesehen. Er hat den Auftritt durchgezogen, ging von der Bühne, und dann gab's einen Riesenaufstand. Ian war echt unglücklich darüber, und ich weiß noch, wie meine damalige Freundin Ian völlig besoffen alle möglichen Vorhaltungen gemacht hat. Ich musste sie schnappen und ihr sagen, sie solle sich verziehen, es war echt schlimm.

Bernard Sumner: Das Ganze ist einfach eskaliert. Es endete mit einem totalen Fiasko, mit einem Aufstand. Es war schrecklich, und natürlich war das nicht toll für Ian, weil er sofort dachte, dass alles seine Schuld sei, und in Tränen ausgebrochen ist, er hat die ganze Schuld auf sich genommen. Eigentlich hätte das Konzert gar nicht stattfinden dürfen – irgendwo muss man auch eine Grenze ziehen. Er hatte einen weiteren Zusammenbruch, kam wieder ins Krankenhaus. Er war fix und fertig. Wir hätten ihn überhaupt gar nicht aus dem Krankenhaus holen dürfen, das war wirklich verdammt idiotisch gewesen.

Lindsay Reade: Twinny und ich saßen in der Notaufnahme, und die beiden Anstifter des Ganzen, die von der anderen Seite, waren auch dort. Das war ein bisschen wie der Weihnachtsfrieden im Ersten Weltkrieg, als sich die verfeindeten Seiten Zigaretten geteilt haben. Die beiden meinten, dass es ihnen einfach gereicht hätte: A Certain Ratio hatten sie erst in der Woche davor gesehen und nicht so viel Geld für einen Joy-Division-Gig hingelegt, um nun schon wieder Ratio zu sehen – Simon Topping sang, als die Flasche flog.

Das Schlimmste daran war, dass Ian das alles so mitgenommen hat. Aber ich glaube nicht, dass überhaupt jemand von uns begriffen hat, wie sehr. Meine andere Erinnerung an den Abend ist das, was mir Ian ein oder zwei Tage später gesagt hat. Er sagte, er habe seitlich von der Bühne gestanden, die Band ohne ihn spielen sehen und dabei das Gefühl gehabt, als würde er auf sie runterschauen, während sie ohne ihn weitermachten, für immer.

- 11. April 1980: Factory I, Manchester

Deborah Curtis (aus *Touching from a Distance)*: Als Joy Division in der wiedereröffneten Factory spielten, sah ich Ian zum ersten Mal, seit er zu Tony Wilson gezogen war. Die Atmosphäre war angespannt, aber Ian gab sich Mühe. Trotzdem sagte er nichts darüber, was geschehen war oder wie lange er bei Tony bleiben wollte. In der Bar war es voll, und ich hatte auf ein privateres Treffen gehofft, aber nach einer Weile musste er wieder zum Rest der Band.

Als er weg war, bin ich zu den anderen Mädchen. Niemand hatte mich angerufen, um zu fragen, wie es mir ging – ich nehme an, weil sie verlegen waren. Aber jetzt erzählten sie mir, was während der Aufnahmen zu *Closer* in London passiert war. Da erfuhr ich, dass mich Ian mit meinen Sorgen wegen Geld und Unterkunft allein gelassen hatte, während dort zwei Wohnungen gemietet worden waren. Die meisten hatten sich in der einen Wohnung zusammengedrängt, während Ian und Annik luxuriös viel Platz für sich alleine gehabt hatten. Mir wurde erzählt, er habe sich ihr gegenüber sehr unterwürfig verhalten, und sie habe ihn ihrerseits herumkommandiert wie ein gehorsames kleines Hündchen.

Ich trank noch ein paar Gläser, und am Ende des Sets war ich vor Eifersucht, Demütigung und Wut völlig außer mir. Zu sagen, ich sei unglücklich gewesen, wäre untertrieben. Ian war bereits unten. Ich folgte ihm und versuchte seine Aufmerksamkeit auf mich zu lenken. Ich weiß nicht, ob er wusste, was ihm blühte, oder ob er bereits beschlossen hatte, mich zu ignorieren, aber ich spielte ihm direkt in die Karten und warf zornig meine Handtasche nach ihm. Er unterhielt sich weiter. Jemand flüsterte mir zu, Ian habe eigentlich vorgehabt, an dem Abend mit mir nach Hause zu kommen, aber daraufhin überlegte er es sich natürlich anders.

Meine Enttäuschung war unerträglich. Ich sehnte mich verzweifelt nach irgendeinem Zeichen, ich war noch immer zu verliebt, um daran zu denken, die Ehe selbst zu beenden. Tony riet Ian angeblich, er solle »drüberstehen«. Ich fuhr alleine vom Club nach Hause.

Bob Dickinson: Das Problem mit Ian war, dass er den Mittelpunkt der Band darstellte und sein Gesang und seine Texte unglaublich angreifbar waren. Ich fand immer interessant, dass er so einen eigenartigen amerikanischen Akzent benutzt und sehr tief gesprochen hat. Für mich klang das sehr ätherisch, wie bei einer Filmfigur, jemand, der vor einem schwebt, aber nicht ganz da ist.

Gleichzeitig hatte er so ein unglaubliches Charisma. Hooky hat auch Charisma, Barney hat Charisma, die ganze Band hat ein gemeinsames Charisma, aber Ians Charisma war zermürbend und beunruhigend, wegen dem, was er physisch da auf der Bühne veranstaltet hat. Wenn man einmal gesehen hatte, wie er sich bis in einen Rauschzustand hinein schüttelte, sich in einen Tanz hineinsteigerte, der keiner war, das war eine verstörende Art von Anfall. Wenn er das gemacht hatte, wenn man das gesehen hatte, wusste man, dass er mit der nächsten Nummer oder beim nächsten Konzert in diese Richtung weitermachen würde. Man wusste nicht, wohin das führen würde, man wusste nicht, was mit ihm passieren würde.

Es war verunsichernd, ihn dabei zu beobachten, und es war gleichzeitig aufregend, aber man wusste einfach nicht, wohin es führen würde. Ich glaube, diese Art von charismatischer Stärke hat mich gebannt. Es packt mich immer noch, wenn ich das im Film sehe, ich finde das immer noch sehr verstörend anzusehen. Jedes Konzert war eine einzigartige Reise.

Iggy hatte sich mit Glasscherben geritzt, oder? Absichtlich. Ian muss das gewusst haben. Ian zuzuschauen war ein bisschen wie Marina Abramovic oder Ron Athey zu sehen, Performance-Künstler, die sich absichtlich selbst verletzen, ritzen, für ein Publikum. Nur dass Ian nicht geblutet hat. Aber er hat etwas von sich selbst für einen geopfert, ob man wollte oder nicht. Man wusste nicht, ob es passieren würde; häufig ist es passiert, und hin und wieder ging es schief.

Ich sah Joy Division später im Russell Club, und Ian trank Bier – sehr viel Bier. Auf der Bühne tanzte er, tanzte anfallartig, und er kippte um, klappte zusammen, verlor das Bewusstsein und fiel auf der Bühne hin. Das hatte ich noch nie zuvor bei ihm gesehen, ich hatte nie gesehen, dass so was passierte, aber ich dachte: »Also, ich kann verstehen, warum. Er hat sich so in Ekstase gebracht, dass der Punkt überschritten wurde, wo sein Körper und sein Geist das noch aushalten.«

Das Interessante daran war, dass die Band weitergespielt hat. Ian ist dann wieder aufgestanden. Ich machte mir ganz schöne Sorgen, weil er im Hinfallen auch gleich von der Bühne gefallen war und sich den Kopf angeschlagen hatte. Ich dachte, dass er sich vielleicht ernsthaft verletzt hat. Aber er ist einfach wieder aufgestanden, zurück auf die Bühne und hat mit der nächsten Nummer weitergemacht. Es gab immer die Sorge, dass man Zeuge eines Auftritts wird, bei dem er noch weiter geht, weil er sowieso schon immer weiter gegangen war als alle anderen damals, aber selbst er kannte Grenzen.

Performance Art war einigermaßen verbreitet, ich nehme an, weil einige Bands durch das Art College damit in Berührung gekommen waren (nicht alle). Das ging bis in den Punkrock hinein, in dem Sinn, dass die Sänger oder Künstler wussten, wenn sie ihre Zuschauer schocken wollten, mussten sie auch etwas Schockierendes machen: Sie zogen sich schockierend an, benahmen sich auf schockierende Weise.

Ich bin nicht sicher, ob Ian sich dessen bewusst war, ich denke nur, er hat es gespürt, und das lag an der Figur, die er wurde, wenn er auf der Bühne war. Diese namenlose Figur, die der Erzähler in den Songs war, der Tänzer. Er war wie seine eigene Marionette, weil er sich wie eine Marionette bewegt hat. Man spürte seine Verletzbarkeit in den marionettenhaften Bewegungen und war sich sehr im Klaren darüber, dass er sich möglicherweise verletzen und etwas erleiden würde.

Auszug aus den Hypnose-Aufnahmen:
Bernard: Du bietest deine Dienste an. Als was? Was für Dienste?
Ian: Ausgebildeter … Soldat.
Bernard: Wie fühlst du dich?
Ian: Sehr schwach?
Bernard: Warum fühlst du dich schwach?
Ian: Fiebrig, mir ist sehr, sehr heiß. Sehr … resigniert.

Bernard: Warum resigniert?
Ian: Ich hab mich mit dem Ende abgefunden. Es ist einfach … denke ich.
Bernard: Mit dem Ende deines Lebens? Würdest du sagen, dass du ein gutes Leben hattest?
Ian: Das kann ich nicht … beurteilen.

Bernard Sumner: Ian hatte sich mit Debbie verkracht und musste irgendwo übernachten. Also wohnte er eine Woche bei mir, was nicht toll für ihn war, weil ich nachts immer noch nicht schlafen konnte und bis fünf Uhr morgens wach blieb. Ich weiß noch, wie wir eines Tages von den Proben kamen und eine Abkürzung über den Friedhof nahmen. Ich sagte zu ihm: »Du hast Glück gehabt, wenn das neulich geklappt hätte, würde dein Name jetzt auf einem der Steine da stehen.« Ich sagte: »Überleg dir das lieber. Es lohnt sich nicht, so zu enden, weißt du?«

Und er meinte: »Ja, klar« – völlig ausdruckslos. Ich glaube, er hatte sich entschieden. Ich weiß es natürlich nicht, weil er diese Gedanken gegenüber seinem Umfeld hermetisch unter Verschluss gehalten hat. Er hatte sein öffentliches Programm und sein privates. Ich will nicht sagen, dass er eine sonderlich verschwiegene Person war – das war er nicht –, aber er war sehr entschlossen. Wenn er etwas machen wollte, dann machte er es auch, und wenn er was machte, wollte er es ganz bestimmt nicht mit einem besprechen.

Ich interessierte mich für Hypnose. Ich hatte ein Buch über hypnotische Regression gelesen und erfahren, dass man manchmal Probleme in der Gegenwart lösen kann, indem man Gefühle durchläuft, die man in der Kindheit hatte oder – wenn man dran glauben will – in einem früheren Leben. Eines Tages hatten wir bei den Proben drüber gesprochen, und Ian meinte: »Das klingt interessant, das würde ich wirklich gerne mal versuchen.« Also sagte ich: »Warum nicht jetzt gleich?« Wir haben es versucht, er ließ sich sehr leicht in Trance versetzen, und dann stießen wir auf diese ganzen Erfahrungen. Er erzählte mir davon, wie er als Kind in seinem Bettchen lag, er konnte sogar die Tapete beschreiben, dann ging er weiter zurück, bis in ein früheres Leben. Wir hatten das nur so zum Spaß gemacht, das war Monate vorher. Aber als er bei mir zu Hause übernachtete, meinte ich: »Weißt du noch, was wir damals nach der Probe gemacht haben?« Er meinte: »Du hast mir gesagt, was passiert ist, aber ich kann mich an nichts erinnern.« Und ich sagte: »Meinst du, das könnte dir irgendwie helfen, wenn du was von diesen Dingen durchlebst?« Er meinte: »Ja, das würde ich gerne versuchen.« – »Okay, also dieses Mal werde ich's auf Kassette aufnehmen.«

Ich hab ihn wieder hypnotisiert, und er hat wieder von genau denselben Erfahrungen gesprochen wie im Proberaum. Eine handelte von einer Art heidnischem Schlachtfeld, was der reine Horror war, Tote und abgetrennte Glieder überall, vor seinen Augen blitzten all die Schrecken auf. Dann war alles schwarz. An eine erinnere ich mich ganz besonders, da ging es um den Hundertjährigen Krieg zwischen England und Frankreich. Man hatte ihn gefangen genommen, und er war plötzlich in Spanien im Gefängnis, ausgerechnet, tagelang eingesperrt. Die andere Erfahrung stammte aus viktorianischer Zeit, da war er in einer Bibliothek und von Büchern umgeben.

Mir fiel auf, wie leicht er sich in Trance versetzen ließ. Probleme löste er, indem er wütend wurde, aber nicht auf diese schreckliche Macho-Art. Das war wie Feuer, er war wie eine menschliche Fackel, und mit seiner Wut brannte er sich seinen Weg frei. Die andere Art, Probleme zu lösen, war für ihn, wenn jemand kam und Gott spielte, ihm sagte, was er machen sollte. Aber das kann man mit niemandem machen. Kurz bevor er starb, waren wir es leid, ihm Ratschläge zu geben. Egal was wir gesagt hätten, er hätte es einfach getan, und man kann nicht für die Zukunft einer anderen Person die Verantwortung übernehmen, auch nicht für deren Vergangenheit.

Tony Wilson: Durch Ians Epilepsie wurde alles immer eigenartiger, und dann nahm er die erste Überdosis. Alle wollten helfen; er ist sogar eine Weile zu Barney gezogen. Bei Lindsay und mir hat er auch eine Woche lang gewohnt. Ich weiß nicht, ob das geholfen hat. Ich glaube, Lindsay war genauso verrückt wie Ian. In der Woche hab ich versucht, ihm zu helfen, den kleinen blauen Zettel habe ich immer noch. Ich hatte ihn als Lesezeichen für Ian in die gesammelten Gedichte von Yeats gelegt, damit er sich ein paar bestimmte davon einmal anschaut.

Lindsay Reade: Ich sagte zu Tony, »vielleicht solltest du vorschlagen, dass er eine Weile bei uns bleibt«, weil wir in Charlesworth gelebt haben, einem sehr kleinen Dorf auf dem Land in der Nähe von Glossop. Ich dachte: »Wenn sein Problem zwei Frauen sind, dann ist es das Beste, sich von beiden zurückzuziehen und eine Auszeit zu nehmen.« Ich hätte nicht gedacht, dass Ian darauf eingeht, weil ich ihn gar nicht so gut gekannt habe. Er war nie bei uns zu Hause gewesen, glaube ich, aber er hat das Angebot angenommen.

Es kam mir vor, als wären wir Bruder und Schwester, Angehörige ein und derselben Familie, die es nur nicht gewohnt sind, Zeit miteinander zu verbringen. Er hat ständig Kette geraucht. Heute würde ich das nicht dulden, aber damals hat es mir nichts ausgemacht. Da war so eine wohlige Vertrautheit: Wir haben gar nicht viel geredet, nur Platten gehört und zusammen abgehangen, gegessen und den Tag gemeinsam verbracht, eigentlich gar nichts gemacht.

Wir sind nicht ausgegangen. Das hätten wir tun sollen. Wir saßen einfach nur im Wohnzimmer, haben Musik gehört: Lou Reed, Iggy Pop, solche Sachen. Ich hatte das Gefühl, dass er sehr deprimiert war. Allmählich hat mir das zugesetzt, weil ich mich selbst immer am Rande einer leichten Depression befand. Wenn ich mit jemandem zusammen bin, der unter Depressionen leidet, kann ich mich sehr schnell anpassen, und im Verlauf der

Woche ist genau das passiert, ich wurde selbst immer niedergeschlagener. Am Ende der Woche waren wir beide deprimiert.

Tony Wilson: Wir haben versucht zu helfen, aber es ging nicht. Wir haben es nicht kommen sehen, einfach nicht gesehen. Dass ich Ian und Lindsay eine ganze Woche lang zusammen zu Hause alleine gelassen habe, während ich arbeiten gegangen bin, weil ich ja einen normalen Job hatte, und sich die beiden gegenseitig wahnsinnig gemacht haben, auf möglichst liebevolle Weise, vermute ich mal, das war wohl kaum sehr vernünftig von mir. Rückblickend denkt man natürlich: »Wie bescheuert, dass das keiner von uns hat kommen sehen.«

Annik Honoré: Er hatte versucht, sich umzubringen, von daher lag es auf der Hand, dass es ihm nicht gut ging. Und in den Texten hatte er es auch gesagt. Während der Aufnahmen zu *Closer* wirkte er sehr deprimiert, obwohl er in einem Brief geschrieben hatte, wie toll er die drei Wochen in London gefunden hatte, weil wir uns dort regelmäßig hatten sehen können. Aber ansonsten schien er einfach so absolut müde und deprimiert wegen seiner Krankheit. Es gab keinen Ausweg, kein Entkommen. Wahrscheinlich war es das, was ihn am meisten deprimiert hat. Ich hatte die Kassette von *Closer*, ich hatte einen Walkman und habe sie die ganze Zeit gehört und versucht, die Texte zu verstehen, weil ich sie nie niedergeschrieben gesehen hatte. So wie ich es hörte, konnte ich nur verstehen: »I like watching the leaves as they fall.« »Atrocity Exhibition« und die ganzen anderen Texte auf der LP sind wirklich deprimierend und traurig. Es wundert mich, dass das niemandem aufgefallen ist. Für die anderen war das vielleicht eher Literatur, was es irgendwie ja auch war, aber es kam von seinen Depressionen.

Tony Wilson: Ich fuhr für Granada mit dem Zug von Piccadilly nach London, und auf dem Weg zum Bahnhof sah ich Ian und

Annik händchenhaltend durch die Seitenstraßen in der Nähe des Bahnhofs schlendern. Ich sagte Hallo, und es war offensichtlich, dass sie die ganze Nacht zusammen durch die Straßen gelaufen waren. Sie stiegen ebenfalls in den Zug. Bis Macclesfield ließ ich sie in Ruhe, aber nachdem wir aus Macclesfield rausgefahren waren und Ian ausgestiegen war, setzte ich mich zu Annik.

Wir unterhielten uns, und Annik erklärte, sie mache sich große Sorgen, habe große Angst. Ich meinte: »Nein, nein, das ist bloß Kunst, das ist nur ein Album, um Himmels willen. Ein wunderbares. Ich weiß, was du meinst, aber da gibt es nichts, wovor man Angst haben müsste.« Und sie antwortete: »Verstehst du das nicht, Tony? Wenn er sagt: ›I take the blame‹, das meint er ernst.« Und ich widersprach: »Nein, nein, nein, nein, das ist bloß Kunst.« Wie dumm kann man sein?

Annik Honoré: Ich habe mir wirklich große Sorgen um seine Gesundheit und seine Stimmungen gemacht. Ich erzählte Tony davon, aber sonst gab es nicht so viele Leute, denen ich das sagen konnte. Ich wunderte mich, dass er es nicht gemerkt hatte. Wahrscheinlich dachten sie: »Ach, dieses Mädchen, die sieht das alles viel zu dramatisch.« Aber die Sache ist die: Ich fuhr mit einer Kassette von der Platte in den Urlaub und las gleichzeitig *Der Idiot* von Dostojewski. Ich war in Ägypten, und dort hab ich verstanden, wie tragisch diese Platte war.

Ich hörte sie immer wieder und versuchte zu verstehen, was er da singt, und dann war ich absolut sicher, dass die Platte einfach unheimlich tragisch und dramatisch war. Ich habe geweint. Ich weine sogar jetzt noch, wenn ich sie höre. Ich weiß nicht, ob das an mir liegt oder an der Stimmung auf dieser Platte, aber ich muss immer noch weinen, wenn ich seine Songs höre, weil man merkt, dass er leidet. Er nimmt es zu ernst, gibt für diese Songs alles von sich. Aber sie waren eine Rockband, und deshalb macht man einfach weiter. Wenn man so jung ist, macht man sich, glaube ich, nicht klar, wie ernst es ist.

Terry Mason: Die Texte wurden nicht abgedruckt. Sie waren sehr vieldeutig, was insbesondere dadurch unterstützt wurde, dass die Band sagte: »Macht eure eigenen Interpretationen.« Hätten die Leute die Texte gesehen, ich denke, dann wären bei einigen die Alarmglocken in Bezug auf Ian losgegangen. Wenn man sie sich jetzt anschaut, denkt man: »Der Mann hatte ernsthafte Dämonen im Kopf.« Stephen Kings düsterste Momente. Diese Einsicht kommt jetzt natürlich zu spät, aber man denkt: »O Gott, was um Himmels willen hat er nur gedacht, was ist in seinem Kopf vorgegangen?«

Ich hätte Ian nicht mehr länger im Musikbusiness gesehen. Ich hätte ihn als Romanautoren gesehen, und ich denke, möglicherweise wollte er das auch werden, wollte Abstand gewinnen. In einer Band zu sein wäre sein Sprungbrett gewesen, denn er war wirklich ein unglaublich begabter Autor.

Iain Gray: Ich sah Ian gewöhnlich bei Konzerten, zum letzten Mal im April im Beach Club. Er war immer sehr höflich. The Pop Group spielten, und er war mit Debbie da. Ich meinte: »Hi Ian, hast du was dagegen, wenn wir uns kurz unterhalten?« Er sagte: »Nein.« Ich meinte: »Ich hab dich eine Weile nicht gesehen, *Unknown Pleasures* ist toll.« Er sagte, er habe in London aufgenommen, und erwähnte auch, dass sie nach Amerika fahren wollten.

Ich sagte: »Ich hab dich im New Osborne Club gesehen, und das Stück, mit dem ihr angefangen habt …« Er hatte einfach nur dagestanden, die ersten drei Minuten waren instrumental, und er hatte einfach nur getanzt. Ich hatte sie inzwischen häufig gesehen, trotzdem war es immer noch messianisch gewesen. Ich sagte: »Wie heißt das?« – »›Dead Souls‹.« – »Oh, das ist genial.« Er meinte: »Danke.« Er war nicht eingebildet. Er hat einfach nur was mit seiner Frau getrunken, sich The Pop Group angeschaut. Sie wirkten glücklich zusammen.

Eine Zeit lang kannte ich ihn recht gut, aber ich habe das, was er sang, nie mit dem gleichgesetzt, was er tat. Wenn man mit ihm geredet hat, war er immer so ein lieber Mensch, er hat gelacht und gescherzt, aber er hatte auch immer etwas Dunkles. Auch als ich ihn noch besser kannte, gab's Augenblicke, in denen er Sachen verschwiegen hat. Vielleicht war er ein sehr guter Schauspieler – das war alles Fassade.

Ich glaube, dass er den Ian gehasst haben muss, der er geworden war, weil er eigentlich nicht so war. Der wahre Ian war so ein Typ wie bei den *Waltons,* ein wirklich liebevoller, fürsorglicher Mensch. Aber die Texte, die er gesungen hat, sind Texte von jemandem, der im Herz der Finsternis lebt. Er ist da, seelenlos und auf dem Weg zur Vernichtung. Es ist schwarz und weiß, und ich denke, Ian wollte immer das Weiße zurückhaben, aber das hat er nicht geschafft. Er hat davon gesprochen, einen Buchladen aufzumachen, und von Verzweiflung. Davon, den alten Ian wiederhaben zu wollen, aber der war weg.

Ich glaube, den Ian, der er geworden war, hatte es immer schon gegeben. Er hatte nur dagegen angekämpft. Er war ein sehr guter Schauspieler, aber es gab auch eigenartige Momente, in denen man dachte: »Was soll das?« Auf der Zugfahrt nach London Ende 1976 fragte er: »Hast du schon mal ans Sterben gedacht, Iain?« Ich hab nur gelacht: »Wie meinst du das denn?« Und er sagte: »Manchmal frage ich mich, ob es sonst noch was gibt.« Das war nur eine beiläufige Bemerkung, aber ich dachte später, dass es sehr eigenartig ist, wenn das jemand sagt, der offensichtlich glücklich ist.

Seitdem habe ich viele Jahre in der Psychiatrie gearbeitet und Menschen wie ihn getroffen, über die andere sagen würden: »Wie schrecklich, er hat sich umgebracht.« Aber Ian hat es auf der Bühne getan. Ich denke, wir haben alle unsere Dämonen, und der Dämon in Ian muss ein schrecklicher gewesen sein. Als ich im April mit ihm gesprochen habe, kämpfte er offensichtlich dagegen an. Wir sprachen über Werner Herzog, den fand er wirklich toll. Ich erwähnte *Stroszek*, und er sagte: »Ach, den würde ich gerne sehen, der soll echt gut sein.« Und dann lief er drei Wochen später im Fernsehen.

- 28. April 1980: T.J. Davidsons Proberaum, Manchester, Videodreh zu »Love Will Tear Us Apart«

Bernard Sumner: Das Video für »Love Will Tear Us Apart« wurde aufgenommen, kurz nachdem Ian versucht hatte, sich umzubringen, das war also eine echt harte Zeit für uns. Es gibt ein paar berühmte Fotos von Anton Corbijn. Ian und ich tragen einen Flightcase. Ian setzte sich und wirkte sehr deprimiert. Normalerweise war er nicht so, aber das war schon ziemlich kurz vor dem Ende. Wir fragten uns: »Wie können wir ihn aufmuntern? Wir schreiben ein paar Songs.« Und wir schrieben »In a Lonely Place« und »Ceremony« in einer Woche und drehten das Video, aber eigentlich war es hoffnungslos.

Anton Corbijn: Rob Gretton hatte mich kontaktiert. Ob ich ein paar Kontaktabzüge von der vorangegangenen Session schicken könnte? Die haben sie für die Veröffentlichung auf Sordide Sentimental in Belgien benutzt, mit »Dead Souls« und »Atmosphere« auf der B-Seite. Ich habe das horizontale Bild da benutzt, was ganz anders war. Und das ist auch der Grund, weshalb sie mich ein paar Monate später gebeten hatten, nach Manchester zu kommen, weil ihnen meine Bilder gefielen – sie gefielen niemandem sonst. Sie baten mich, zu dem Videodreh von »Love Will Tear Us Apart« zu kommen.

Sie meinten: »Wir posen nicht für dich, aber wir würden uns freuen, wenn du Bilder machst.« Und das hab ich gemacht. Ich hab Bilder von Ian aufgenommen, wo er auf einem Lautsprecher oder einem Verstärker sitzt und gewissermaßen in den Abgrund starrt, mit Zigarette. Das war das zweite gute Bild, das ich aufgenommen habe. Ich glaube, ich habe nur zwei gute Bilder gemacht, aber die haben all die Jahre überdauert. Wahrscheinlich haben sie was, womit jeder was anfangen kann. Ich nahm an, er sei müde, begriff aber nicht, dass er vielleicht des Lebens müde war. Wie viel ihm durch den Kopf gegangen sein muss.

Ich hatte das Gefühl, dass eigentlich alle gut gelaunt waren; da war nichts, das ich für Düsterkeit gehalten hätte. Ich dachte nur, Ian sei müde, und sie mussten dieses Video drehen. Für mich war das alles ja auch eine ganz neue Welt – es war das erste Mal, dass ich bei einem Videodreh dabei war. Es gibt noch eine weitere Aufnahme von derselben Stelle, wo Ian sitzt, aber es herrscht eine andere Atmosphäre, das Licht ist anders, und auch er sieht anders aus. Die andere ist eindringlicher.

Stephen Morris: »Ceremony« und »In a Lonely Place« waren die beiden letzten Songs, die wir geschrieben haben. Wer weiß, ob die Texte stimmen. Wir konnten sie nicht richtig verstehen. Wir hatten nur ein echt schlechtes Probetape davon.

- 2. Mai 1980: High Hall, Birmingham University

Jeremy Kerr: Ian ging es nicht gut. Ich erinnere mich an das Mischpult – das war das Mischpult von Pink Floyd, überall Neonlämpchen. Das ist das Einzige, woran ich mich von dem Tag erinnern kann. Und dass der Raum schön war. Die Band war gut, aber er war krank.

Tony Wilson: Unser letztes gemeinsames Gespräch hatten wir bei dem Konzert in Birmingham, wo auch das letzte Konzert überhaupt stattfand. Wir sprachen darüber, wie interessant ich die Verwendung von archaischer Sprache bei Simon Topping und ihm fand. Ich kann mich jetzt nicht mehr ganz genau erinnern, da gibt es eine Zeile von A Certain Ratio und eine von Joy Division ungefähr aus der Zeit, die ich interessant fand. Ich glaube, es war so was wie »When all's said and done«. Das ist eine archaische Verwendung von Sprache und hat mich interessiert, weil sie das damals beide gemacht haben.

Lesley Gilbert: Wir sind ein paar Nächte bei ihm geblieben, als Lindsay und Tony weg waren. Auf mich wirkte er okay, als hätte er entschieden, was er machen wollte. Ob das bedeutete, dass er sich umbringen wollte … das hab ich nicht gedacht. Ich dachte, dass er sich zwischen Debbie und Annik entschieden hatte. Das hat er nicht so gesagt, aber ich hatte insgesamt das Gefühl, dass er zu einer Art von Entscheidung gelangt und daher ziemlich erleichtert war.

Annik Honoré: In dem letzten Brief, den er mir geschrieben hat, sagte er, dass er sich besonders auf irgendeine Stadt freut … Ich kann mich nicht mehr erinnern, auf welche, aber er wollte in eine bestimmte Stadt, weil sie da ein paar Tage Zeit haben würden. Er würde sich ein bisschen ausruhen und umschauen können. Kann sein, dass es New York war. Er hat sich also darauf gefreut, aber er hat auch erwähnt, dass wir uns lange nicht würden sehen können, und er wünschte, ich würde mitfahren. Alle dachten, er würde sich freuen, in die Staaten zu fahren – ein weiteres Abenteuer.

Peter Hook: Es war schrecklich, der Schmerz, den man spürte, wenn man Ian sah. Er war ganz offensichtlich krank, ganz offensichtlich hatte er wirklich zu kämpfen, aber er hat nie aufgegeben, nie aufgehört, nie aufhören wollen. Ich habe Ians Briefe damals nie gelesen, aber ich habe sie kürzlich gefunden und seinen Brief an Annik lesen dürfen, den er geschrieben hatte, kurz bevor wir nach Amerika fahren sollten. Das war total seltsam zu lesen, dass er sich auf die Tour freut, und dann bringt er sich um. Ich komme damit immer noch nicht klar. Kommt mir einfach echt seltsam vor.

Terry Mason: Die Betreuerrolle hätte ich ab dem ersten Tag der Amerika-Tournee übernehmen sollen. Mein Job wäre es gewesen, darauf zu achten, dass Ian seine Medikamente nimmt, ihn ins

Hotel zurückzubringen, ihn ins Bett zu bekommen und aufzupassen, dass er ordentlich isst. In Amerika hätten sie natürlich in Läden gespielt, wo jeder einzelne Fan seine zehn Minuten Ruhm mit dem neuen Jim Morrison hätte haben wollen. Aber es wäre ein toller Job gewesen: Ich hätte mehr Zeit mit Ian gehabt. Außerdem hätten wir über Hunde reden können.

Die Tour stand nie infrage. Ians Position innerhalb der Band und bei Factory war so, dass, wenn Ian nicht hätte fahren wollen, er mit Sicherheit hätte sagen können: »Nein, ich will das jetzt nicht.« Niemand hätte sich beschwert, wenn er gesagt hätte: »Hör mal, ich will mein Leben in den Griff bekommen, mich um meine Gesundheit kümmern.« Ich war am Donnerstag, bevor wir fahren sollten, bei Ian zu Hause. Er war weggegangen und hatte seine Passfotos für die amerikanische Botschaft machen lassen. Soweit ich weiß, wollte Ian fahren.

In den Briefen an Annik hatte er geschrieben, wie sehr er sich darauf freute. Ihm war trotzdem ein bisschen bange, denn ich denke, dass Ian das Gefühl hatte, die ganze Last der Welt auf seinen Schultern zu tragen. Zu dem Zeitpunkt lasteten praktisch Factory und alle daran Beteiligten auf Ians Schultern. Hätte er Nein gesagt, hätte das bestimmt für eine ganze Reihe von Personen Folgen gehabt. Ian war eine sehr ehrenwerte Person, und ich hatte immer den Eindruck, dass er es machen würde, um seinen Teil der Vereinbarung für Factory und die Band einzuhalten.

Am Donnerstag schien Ian einen klaren Kopf zu haben: Er wollte sich von Debbie scheiden lassen, Natalie würde er trotzdem sehen können, und nach der US-Tour würde er sich sechs Monate lang freinehmen. Er musste nicht mehr machen als die Amerika-Tournee, und danach würde er sechs Monate lang Ruhe haben. Zu dem Zeitpunkt hätte er gehen können, wenn er gewollt hätte. Ich glaube, dass was passiert sein muss, dass sich am Samstagabend irgendein Schalter umgelegt hat, weil Ian sich vorher überhaupt nicht hat anmerken lassen, dass er nicht nach Amerika fahren wollte.

Lesley Gilbert: Ich bin ihnen zufällig an dem Freitag begegnet. Ian war mit Rob und Hooky unterwegs. Ich arbeitete in der Deansgate und bin ihnen in der Mittagspause begegnet. Anscheinend waren sie einkaufen, hatten Klamotten für Amerika besorgt, weil sie am Montag fahren wollten, das war, na ja, der Tag bevor er starb. Sie waren so aufgeregt und zeigten mir, was sie gekauft hatten, und Ian schien sich wirklich drauf zu freuen.

Notizbuch von Rob Gretton

14.5.80 Proben

15.5.80 Klamotten kaufen

Harry Fenton	£ 0.85	Schuhcreme
» »	£ 45.49	Schuhe
» »	£ 12.99	Jacke
Jonathan Silver	£ 6.99	T-Shirt
» »	£ 17.99	Hose
Last Picture Shoe	£ 10.00	Hemd
Ray Alan	£ 12.97	»
Top Man	£ 49.94	Hemden/Hosen
Ray Alan	£ 2.00	T-Shirts
Wakefield	£ 6.00	T-Shirts
	£ 165.22	

Peter Hook: Am Freitagabend haben wir geprobt, und ich hab Ian in meinem Mark 10 420G nach Hause gefahren, dem roten mit dem goldenen Blitz an der Seite, KFR 666F. Ich fuhr ihn nach Hause, weil ich in Moston gewohnt habe und er bei seinen Eltern in Moston übernachtet hat. Wir haben im Auto gelacht und geschrien, weil wir am Montagmorgen nach Amerika fahren sollten. Wir waren überglücklich, wirklich. Ich hab ihn bei seinen Eltern abgesetzt, und er meinte, er wolle am nächsten Tag noch mal zu Natalie, sie sehen, bevor er fahren würde. Er meinte: »Wir sehen uns am Flughafen«. Das war das letzte Mal, dass ich ihn gesehen habe.

Kevin Cummins: Das war der Abend, an dem Mick Middles geheiratet hat. Rob, Lesley, ich und ein Mädchen, mit dem ich damals zusammen war, sind zu der Hochzeit, dann zur Feier und danach zu Rob. Wir waren praktisch die ganze Nacht auf. Ich sollte mit nach Amerika fahren. Wir sprachen über die Tour, wie sich alles so toll entwickelt hatte und wie aufregend es war, in die Staaten zu fliegen. Wir freuten uns alle unheimlich drauf. Es war für alle der erste Trip nach Amerika, und da sagt man doch nicht Nein.

Wenn man in der Gegend um Manchester, in Huddersfield und überall im Radius von zwanzig Meilen gespielt hatte und dann im Marquee oder sonstwo in London aufgetreten ist, dann war das wahnsinnig aufregend. Das war ein Meilenstein. Als die Buzzcocks im Marquee gespielt haben, hatten wir eine Busfahrt aus Manchester organisiert, um dorthin zu fahren. Allein die Vorstellung war schon aufregend. Und jetzt war das noch mal eine Stufe höher. »Wir müssen das machen.« Eine Tour in Amerika schlägt man nicht aus, das tut man einfach nicht.

Bernard Sumner: Er hatte bei mir übernachtet, und wir waren lange aufgeblieben und hatten über alles Mögliche geredet. Er hat immer über Nietzsche gesprochen und über die Bücher, die er gelesen hat, sehr viele Philosophen und so. Wir sind nach Manchester gefahren und haben in ein paar Kneipen Billard gespielt. Wir waren mit so einem komischen Typen unterwegs, mit dem ich in dem Trickfilmstudio gearbeitet habe, Paul Dawson. Er war sehr eigenartig. Er stand auf Zaubertricks und nannte sich »The Amazing Noswad«.

Also Noswad ist Dawson rückwärts gelesen. Ian, Paul und ich sind öfter zusammen weggegangen, aber er war sehr seltsam. Sehr, sehr seltsam. Er hat ausgestopfte Tiere gesammelt – wie der Typ in *Psycho.* Ich weiß noch, dass er seinen Job verloren und seine gesamte Abfindung für ausgestopfte Tiere ausgegeben hat. Sein größter Ehrgeiz war, einen ausgestopften Menschen zu kaufen. Ian fand ihn faszinierend, und wir waren am Samstagabend mit ihm verabredet, um was trinken zu gehen.

Am Montag sollten wir nach Amerika fliegen. Ian war am Donnerstag oder so wieder zu seinen Eltern gezogen, und am Freitagabend rief er mich an und sagte: »Ich kann morgen nicht mitkommen, ich will Debbie noch mal sehen, bevor wir fahren.« Irgendwie dachte ich: »Oha, das wird mit Tränen enden.« Ich dachte einfach, dass sie sich streiten würden, deshalb sagte ich: »Bist du sicher? Komm doch lieber was mit uns trinken. Wird bestimmt lustig.« Aber nein: »Ich muss sie sehen.«

Das war an dem Samstagabend, an dem wir wegwollten. Ich sagte, »ich fahre morgen nach Blackpool und schau mir Section 25 an«, eine andere Band auf dem Factory-Label, gute Freunde von mir aus der Nähe von Blackpool. Ich sagte: »Dann sehen wir uns nicht am Sonntag, dann sehen wir uns erst am Montag am Flughafen.« Ich hatte schon Bedenken, hab mir ein bisschen Sorgen gemacht, aber er wirkte ganz ruhig und rational. Das war das letzte Mal, dass ich mit ihm gesprochen habe.

Annik Honoré: Ich kam in der Woche, bevor Ian starb, aus meinem Urlaub in Ägypten zurück, deshalb hatten wir's geschafft, uns ein paarmal gegenseitig anzurufen. Wahrscheinlich war ich noch ungefähr fünf Tage in Belgien, bevor ich nach England zurückgefahren bin, und in der Zeit haben wir dreimal miteinander gesprochen. Er wollte unbedingt wissen, ob nach dem Urlaub alles okay war bei mir. Ägypten schien ein gefährliches Land zu sein, sehr weit weg, und er wollte wirklich wissen, wie's mir ging.

Unsere Gespräche drehten sich immer um die Reise nach Amerika, und wie wir es schaffen könnten, uns vorher noch mal zu sehen, weil ich erst am Sonntag zurückkommen sollte und sie schon am Montag nach Amerika fliegen wollten. Das letzte Mal sprachen wir am Samstagabend miteinander, als ich im Plan K war, backstage mit Digital Dance. Das war eine kurze Unterhaltung, bei der er im Prinzip gesagt hat, dass ich ihm Bescheid sagen sollte, damit er mich an dem Sonntag, wenn ich wieder zu Hause in England sein würde, in London anrufen könnte.

Ich habe immer gedacht, ich sei die Letzte gewesen, die mit ihm gesprochen hat, aber offenbar sind sehr viele Dinge an diesem Samstagabend passiert. Er hat Debbie danach noch gesehen, spät, weil es bei ihm in England eine Stunde früher war. In Belgien war es ungefähr neun oder zehn, also muss es in Macclesfield erst acht oder neun gewesen sein. Unser Gespräch war sehr kurz, und ich konnte ihn nicht sehr gut verstehen – ich war backstage und umgeben von vielen Leuten. Im Prinzip haben wir nur verabredet, dass er mich am nächsten Tag zu Hause anruft. Er erzählte, dass er eine Platte hören und einen Film sehen wollte und dass er alleine war. Ich konnte spüren, dass es ihm nicht gut ging.

Ein paar Tage zuvor hatte ich mit ihm gesprochen, und er wartete ungeduldig darauf, dass ich zurückkommen würde – wir hatten uns so lange nicht gesehen. Er hatte mich über drei Wochen lang nicht gesehen und erklärte, es sei unerlässlich, dass wir uns treffen, bevor sie nach Amerika fahren, sonst würden wir uns ungefähr sieben oder acht Wochen lang am Stück nicht sehen können. Das haben wir also am Telefon besprochen: Er wollte mir die neuesten Neuigkeiten über den Flug und so was sagen, aber damals führte man nur sehr kurze Auslandsgespräche am Telefon.

Deborah Curtis (aus *Touching from a Distance*): Ich hatte genug. Ich arbeitete so hart und hatte Geldsorgen. Meine Mutter hat sich um Natalie gekümmert. Wenn man ein Baby bekommt, wird man erwachsen. Er nicht. Ich hätte in der Nacht bei ihm bleiben können, aber er hat mir deutlich zu verstehen gegeben, dass er mich nicht dort haben wollte. Ich wäre eingeschlafen, ich war zum Umfallen müde. Ich wäre am nächsten Tag aufgewacht, und er hätte es getan haben können, während ich nebenan schlief. Ich glaube, er hatte beschlossen, sich einfach den richtigen Moment auszusuchen. Ich glaube nicht, dass er die Absicht hatte, nach Amerika zu fahren. Er hatte Angst vorm Fliegen, und vielleicht wollte er nicht in Amerika sterben. Vielleicht hat er sich wegen der Sache mit Amerika beeilt.

Richard Boon: Im Prinzip glaube ich, dass er mit dem Erfolg nicht klarkam. Die ganzen psychischen und körperlichen Geschichten, das Maß an Erfolg, den sie bereits hatten, störte sein Familienleben. Er musste reisen, es gab große Unsicherheit hinsichtlich dessen, was er machen sollte. Vielleicht war er nicht unbedingt glücklich mit dem, was sie machten. Wollte er mehr davon? Er hat einfach Nein gesagt.

13

MAI 1980

▪ 18. Mai 1980

Peter Hook: Die Polizei rief bei mir an. Sie konnten Rob nicht erreichen, sie konnten überhaupt niemanden erreichen. Ich war der Erste, dem sie's gesagt haben. Das war wirklich seltsam, weil ich am Tisch saß, wir wollten gerade Mittag essen, am Sonntag, und dann hat das Telefon geklingelt. Ich ging dran, und die meinten: »Wir versuchen, Rob Gretton zu erreichen.« Ich sagte: »Der müsste zu Hause sein.« Darauf die: »Wir haben bei ihm zu Hause angerufen, da ist er nicht.« Ich fragte: »Wieso, was ist denn los?« Und sie sagten: »Tut uns leid, Ihnen das sagen zu müssen, aber Ian Curtis hat sich umgebracht.«

Ich meinte: »Aha, okay.« Darauf sie wieder: »Also dann, in Ordnung, wenn Sie Mr. Gretton sprechen, würden Sie ihm ausrichten, dass er sich bei uns melden soll?« Ich meinte: »Gut, okay.« Dann legte ich auf und setzte mich wieder an den Tisch, aß weiter. Iris fragte: »Wer war das denn am Telefon?« Und ich meinte: »Ach, Ian hat sich umgebracht.« Das war's, das war der Schock. Es war wirklich seltsam, schrecklich, und danach verschwimmt alles. Ich muss versucht haben, Rob zu erreichen, wahrscheinlich bin ich auch zu ihm gefahren – ehrlich gesagt, ich kann mich nicht erinnern.

Lesley Gilbert: Wir waren nicht zu Hause, weil's ein richtig schöner Tag war. Wir sind im Park spazieren gegangen, und da gab's eine Leichtathletik-Veranstaltung, also sind wir geblieben und haben zugeschaut. Als wir zurück waren – wir waren noch nicht lange wieder zu Hause –, kamen Hooky und Iris vorbei und sagten es uns. Sie hatten uns gesucht, weil sie ganz in der Nähe meiner Eltern wohnten, sogar dort hatten sie uns gesucht. Das war am Sonntag, am späten Nachmittag, denke ich.

Es war eher Benommenheit als Schock. Ich hatte keine Vorahnung gehabt, mir war nie der Gedanke gekommen, dass er das tun könnte. Trotzdem kann ich mich nicht erinnern, geschockt gewesen zu sein, nur ein bisschen ratlos, denke ich, und ein bisschen benommen. Ich weiß nicht mehr, wie Rob reagiert hat. Wenn man so viel Zeit mit einer Person verbringt und diese so etwas tut, ohne dass jemand auch nur die geringste Ahnung gehabt hätte … ich glaube, dass alle ein bisschen dachten: »Was soll das denn jetzt?«

Bernard Sumner: Ursprünglich war die Idee gewesen, dass Ian und ich uns am nächsten Tag treffen, weil wir zu einem Freund in der Nähe von Blackpool wollten. Wir wollten Wasserski fahren. Er kam nicht mit, aber ich bin trotzdem Wasserski gefahren. Als ich zurück bei meinem Freund war, trocknete ich mich gerade mit einem Handtuch ab, als das Telefon klingelte. Rob war dran. Das war bei Larry von Section 25 zu Hause, oder bei Paul. Er meinte: »Ich hab eine schlechte Nachricht für dich. Ian hat Selbstmord begangen.« – »Du meinst, er hat versucht, sich umzubringen?« – »Nein, er hat's getan.«

Der ganze Raum schien kopfzustehen. Ich legte auf und warf mir kaltes Wasser ins Gesicht. Das war der größte Schock, den ich in meinem ganzen Leben je hatte. Am Anfang fiel es mir schwer zu akzeptieren, dass er's wirklich getan hatte. Aber ja, das war's, keine Amerika-Tournee. Alles war einfach in sich zusammengefallen, keine Zukunft. Und ich bin sicher, allen Beteiligten ging es genauso.

Ich war in einem Schockzustand. Abgesehen von allem anderen ist das ja ein unglaublich gewalttätiger Akt, sich umzubringen.

Manchmal habe ich mich gefragt, ob Ian wegen seiner explosiven Persönlichkeit den Mumm aufgebracht hat, das durchzuziehen. Man sagt, Menschen, die Selbstmord begehen, sind feige, aber ich denke, das Gegenteil ist der Fall. Ich denke, es braucht sehr viel Mut, sich umzubringen – nicht, dass ich es befürworte, natürlich nicht. Aber selbst in meinen dunkelsten Momenten hätte ich niemals den Mut, so etwas zu tun, oder das Bedürfnis.

Ich vermute mal, da war ein wahnsinniges Gefühl von Wut auf Ian, weil er es getan hatte, auch stellvertretend für seine Familie und seine Eltern. Das ist ein gewalttätiger Akt gegenüber den Eltern, die so viel für ihn getan hatten, ihn aufgezogen haben. Sie taten mir wirklich leid, aber ich war auch wütend im Namen der Band. Auch wenn ich es nicht für feige hielt, hielt ich es doch für entsetzlich egoistisch. Aber andererseits war es natürlich leicht für mich, so was zu denken, weil ich es aus meiner Perspektive betrachtet habe.

Ich hatte nicht die Probleme, die er hatte, und deshalb spielt es eigentlich auch gar keine Rolle, was ich denke, weil ich nicht er war. Schließlich hab ich meine Wut abgeworfen und ihm persönlich verziehen, aber man fragt sich einfach immer wieder: »Hätte ich ihn aufhalten können? Hätte ich was tun können?« Aber abgesehen davon, ihn über vierundzwanzig Stunden am Tag unter Beobachtung zu stellen … nein, man hätte nichts tun können. Es ist schrecklich, denen, die einen umgeben, so was anzutun, weil es zumindest teilweise auch deren Leben zerstört.

Stephen Morris: Ich war geschockt, als ich's erfahren habe. Aber dann dachte ich, dass es, so wie ich ihn kannte, wahrscheinlich ein Unfall gewesen sein musste. Vielleicht hatte er's gar nicht gewollt, auch wenn ich das jetzt anders sehe. Ich denke, er hat sich Sorgen gemacht, weil ihm jemand erzählt hatte, dass Epileptiker in den Staaten nicht sehr beliebt sind. Das stimmt nicht, aber ich weiß, dass das jemand zu ihm gesagt hatte. Abgesehen davon hat er sich auf Amerika gefreut, glaube ich. Er hatte Lust dazu: das

Chelsea Hotel … ich glaube nicht, dass er zu hundert Prozent von allem genug hatte. Egal, was es war, ich weiß nicht … ich hätte nicht gedacht, dass er's durchzieht.

Nachdem er gestorben war, war mein erster Gedanke: »Er wird wie Jimi Hendrix. Da werden Leute kommen und fragen: ›Wie war er so?‹« Was gar nicht so sehr der Fall war, wie ich gedacht habe. Ich war zu fünfzig Prozent traurig und zu fünfzig Prozent wütend: echt wütend, weil er so dumm gewesen war, es zu tun, und wütend auf mich selbst, weil ich nichts unternommen hatte.

Tony Wilson: Es war ein Sonntag, am frühen Nachmittag, und ich arbeitete als Regieassistent bei *World in Action*. Wir waren in den Schneideräumen bei Granada im ersten Stock, ein sehr sonniger Sonntagnachmittag, und das Telefon klingelte. »Für dich, Tony.« Es war Rob. »Hallo, Rob.« Und Rob sagte bloß: »Ian ist tot, heute Morgen wurde er gefunden.« Also sagte ich: »Gib mir fünf Minuten, Rob.« Und hab aufgelegt. Ich hab's den Leuten nicht gesagt, weil wir natürlich *World in Action* für den darauffolgenden Abend aufnahmen, ich sagte nur: »Ihr braucht mich gerade nicht. Bin in fünfzehn bis zwanzig Minuten wieder da.«

Dann bin ich ins Auto gestiegen, den alten Peugeot, und zu Rob gefahren. Eine meiner Haupterinnerungen ist, wie ich nach fünfzehn, zwanzig Minuten bei Rob aus dem Haus komme und sehe, dass ich mein Auto quer auf der Straße geparkt hatte. Wenn so was passiert, spielt es überhaupt keine Rolle, wie man sein Auto parkt, meine klarste Erinnerung ist also die, dass ich mein Auto mitten auf die Straße gestellt habe, die Tür offen ließ. So hatte es dreißig Minuten lang dagestanden, solange ich bei Rob drin war. Das ist meine Erinnerung an den Nachmittag.

Lindsay Reade: Ich war mit Jeremy Kerr unterwegs, lag in Charlesworth an einem Hang in der Sonne. Tony war bei der Arbeit. Jez hatte aus irgendeinem Grund bei uns übernachtet. Wir sind da wohl direkt hin, um aus dem Haus zu kommen. Es war ein schöner sonniger Tag und so ein krasser Gegensatz zwischen Ians Auftreten auf der Bühne und seiner Persönlichkeit, dem wunderschönen Tag und den entsetzlichsten Neuigkeiten, die ich bis dahin in meinem ganzen Leben gehört hatte … ich konnte es nicht fassen, dass etwas so Schreckliches passiert war.

Ich hatte an dem Tag einen Riesenstreit mit Tony, weil ich denke, dass er Ian weniger als Mensch denn als Kultfigur betrachtet hat, die er ja ironischerweise dann auch geworden ist. Ich hatte einfach das Gefühl, dass er etwas brauchte, das er als Mensch nicht bekam. Ich weiß nicht, was es war, ich weiß nicht, ob jemand von uns es ihm hätte geben können. Auf jeden Fall haben wir es ihm nicht gegeben, und ich denke, das ist unser aller Schuld.

Deborah Curtis: Kann sein, dass er den Tod als einzigen Ausweg gesehen hat. Er hat mir gesagt, er habe *Closer* nicht machen wollen, nur *Unknown Pleasures*, »Transmission«, und das war's. Das muss ein Wahnsinnsdruck gewesen sein, zu wissen: Wenn er nicht nach Amerika fährt, fährt die ganze Band nicht. Er hätte nicht wirklich sagen können: »Ich fahre nicht mit.« Ich will niemandem die Schuld geben, aber jemand hätte sagen sollen: »Das funktioniert nicht, etwas muss passieren.« Er hätte ins Krankenhaus gemusst, nicht auf Tour gehen sollen.

Aber das ist nicht fair den anderen gegenüber, weil Ian darauf geachtet hat, dass ich mich nicht mit den anderen verständige. Weil er ihnen was über mich erzählt hat und umgekehrt mir was anderes über sie. Ich glaube nicht, dass sie mitbekommen haben, wie oft er gelogen hat. Er war ein sehr guter Lügner, er war sehr überzeugend. Er ging zu Gigs und erzählte, dass die Stimmung zwischen ihm und mir schlecht war. »Debbie meckert wegen diesem und jenem.« Alle waren immer möglichst taktvoll. Danach hat mich natürlich niemand angerufen und gefragt: »Was ist denn los?«

Tony Wilson: Herzog war sein Held, und Herzog war ein begleitender Faktor bei seinem Selbstmord. Ian war bei seinen Eltern und wollte seinem Dad nicht zumuten, spätabends diesen Film sehen zu müssen. Also ist er nach Hause gefahren, um sich diesen tragischen, romantischen Film anzusehen, an dessen Ende die Hauptfigur Selbstmord begeht. Der berühmte letzte Satz, wo ein Toter in der Seilbahn sitzt und das Huhn immer noch tanzt, deshalb haben wir mit unserem Sinn für Humor auch Hühnergetrappel auf die Auslaufrillen der ersten drei Seiten von *Still* gepackt. Auf der letzten Seite bleibt das Huhn dann stehen.

Kevin Cummins: Ich bekam einen Anruf von Rob, er sagte nur: »Der blöde Arsch hat sich umgebracht.« Sonst nichts, und ich wusste genau, wen er meinte, wegen der Unterhaltung am Vorabend. Er hatte mir erzählt, dass Ian sich nicht freute, verreisen zu müssen, dass sein Leben ein einziges Chaos sei und er mit verschiedenen Dingen nicht klarkam. Rob hatte gemeint: »Mach dir keine Sorgen, in Amerika wird's dir gut gehen. Das ist das Beste, dann bist du erst mal weg von allen.«

Annik Honoré: Ich fuhr sehr früh am Sonntagmorgen, ungefähr um sechs Uhr, mit dem Luftkissenboot. Erst mit dem Zug nach Calais, dann mit dem Luftkissenboot. Mir ist echt schlecht geworden, obwohl das Meer eigentlich ganz ruhig war. Als ich wieder in London war, kam aber kein Anruf, er hat sich nicht gemeldet. Also dachte ich, vielleicht gibt's ein Problem, ich sollte seine Eltern anrufen, denn da wollte er ja übernachten. Und als ich dort anrief, sagte sein Vater nur, »Ian ist tot«, und legte auf. Das war's.

Also rief ich Rob an. Ich musste unbedingt herausfinden, was los war. Rob hatte es noch nicht erfahren, er wusste es nicht. Sie waren am Tag zuvor alle ausgegangen, und er meinte: »Nein, die haben dich böse verarscht«. Oder so was in der Art. Und: »Ich ruf dich gleich zurück.« Dann dauerte es ewig, und als er endlich zurückrief, bestätigte er, dass Ian tot war. Ja, Sonntagnachmittag.

Für mich ist dieser Selbstmord irgendwie immer noch ein Unfall, weil er Alkohol getrunken hatte, dazu kam der Medikamentenmix und dass er lange aufgeblieben war, müde war, sich wahrscheinlich mit Debbie über die Scheidung gestritten hatte. Das alles zusammen muss zu viel für ihn gewesen sein. Natürlich ist mir klar, dass es sehr viel Mut erfordert, sich zu erhängen, und ich weiß nicht genau, wie er das geschafft hat. Aber ich glaube nicht, dass er's am Tag vorher schon geplant hatte; das war ein spontaner Entschluss. Plötzlich gab es keine andere Möglichkeit mehr.

Sechs Wochen vorher hatte er sehr aufrichtig versichert, dass es ein Unfall war und er's nie wieder tun würde. Außerdem war das eine Zeit, in der wir uns nicht gesehen haben, weil das in dieser Dreiecksbeziehung alles viel zu dramatisch und kompliziert für mich wurde. Das ist das Schlimmste: Ich war sehr jung und wollte nicht die Schuld auf mich laden und mit einem verheirateten Mann zusammen sein. Mir war das viel zu kompliziert.

Als Debbie es rausbekommen hatte, rief sie mich an und drehte absolut durch. An dem Tag beschloss ich, dass es vorbei war, dass ich das nicht mehr aushielt und es einfacher wäre, wenn wir uns trennen würden. Aber ich glaube nicht, dass er das wollte. Ich würde schon behaupten, dass er sich darüber im Klaren war; vielleicht wollte er beide Frauen. Die Krankheit war das Schlimmste – ich denke immer noch, man stirbt nicht wegen einer Ehefrau und einer Freundin, Herrgott nochmal. Aber er war sehr unglücklich, weil er krank war, so sehe ich das.

Bernard Sumner: Wir waren in einer Band, damit wir keine Verantwortung übernehmen mussten, und um unsere Jugend zu verlängern. So waren wir drauf. Um etwas für Ian zu tun, hätte jemand Verantwortung übernehmen müssen, und so jemanden gab es nicht. Ich denke, das lag einfach an unserer geistigen Verfassung. Weil es bei Ian so plötzlich angefangen hatte, fiel uns das schwer, wir wussten nicht, wie schlimm es war. Rückblickend ist das ganz einfach, aber wir haben es wirklich nicht gewusst. Das war auch nicht nur die Epilepsie, er war emotional in einem ganz schrecklichen Zustand.

Als er zum ersten Mal versucht hat, sich umzubringen, die Überdosis genommen hat, war das eine totale Überraschung. Da ging es um den Zerfall seiner Beziehung, was verstärkt wurde durch die vielen Barbiturate, die er eingenommen hat, um die Epilepsie zu unterdrücken. Barbiturate bewirken, dass man im einen Moment lacht und im nächsten weint. Er hatte einen körperlichen Zusammenbruch und eine kaputte Beziehung, die wiederum einen emotionalen Zusammenbruch ausgelöst hat. Abgesehen von dieser eigenartigen Beeinflussbarkeit, von der ich nicht glaube, dass sie den anderen überhaupt aufgefallen ist, war er mental völlig verwirrt.

Wäre ich an seiner Stelle gewesen, hätte ich mir wahnsinnige Sorgen gemacht. Wir hatten vereinbart, dass wir die Band weiterlaufen lassen, aber erst mal keine Konzerte mehr geben. Wie konnte es dann sein, dass wir einen Monat später auf Amerika-Tournee gehen wollten? Das war nicht richtig. Sobald man anfängt, Erfolg zu haben, setzt man die falschen Prioritäten. Die Leute wissen nicht mehr, wann sie einen in Ruhe lassen müssen, wann man sich ausruhen muss. In diesem Beruf braucht man mehr als nur eine Sorte Schlaf.

Ich denke, es gibt immer noch einen weiteren Grund, warum jemand so was macht, den keiner kennt. Es gibt die öffentlichen Gründe, aber es gibt auch noch einen weiteren Grund: jenen Teil der Persönlichkeit, den niemand kennt. Ian hat solche Gedanken vollkommen vor einem versteckt. Das war so ein bisschen wie: »O ja, ich freu mich auf Amerika, kann's kaum abwarten. Ja, wir waren extra Klamotten kaufen. Den Song sollten wir spielen, und den da auch, das wird super.« So war er drauf, hat nie von seinen Anfällen gesprochen, war einfach total positiv und hat sich wirklich drauf gefreut. »Wenn wir das nächste Mal hinfahren, dann sollten wir so eine Tour machen, das nächste Mal in diesen und jenen Clubs spielen.«

Es gab keine Warnsignale. Nach dem ersten Versuch natürlich schon. Ich hab damals versucht, mit ihm darüber zu sprechen und es ihm auszureden, aber als er sich erst mal entschlossen hatte, hatte er sich entschlossen. Ich bin bis heute davon überzeugt, wenn sich jemand umbringen will, dann wird er sich umbringen, ganz egal, was irgendjemand zu ihm sagt. Und Ian wollte es. Laut Debbie hatte er ja schon vor Jahren darüber gesprochen.

Deborah Curtis: Ich glaube, er wollte sein wie Jim Morrison. Einer, der berühmt wurde und dann gestorben ist. In einer Band zu sein war ihm sehr wichtig, da war er sehr zielstrebig. Er hatte immer gesagt, dass er nicht viel älter werden wollte als zwanzig oder fünfundzwanzig. Ich glaube, das war das Teenage-Ding. Teenager wollen gerne wegen irgendwas unglücklich sein, oder? Aber irgendwann hat sich das verändert. Er hat aufgehört, darüber zu reden. Ich glaube nicht, dass er's vergessen hat. Ich dachte, er würde schon drüber wegkommen. Und als es dann zu spät war, wollte er nicht mehr darüber reden. Man konnte nicht mit ihm darüber sprechen, man bekam nicht raus, was wirklich los war.

Als wir jung waren, waren viele schlecht drauf. Aber sie kamen drüber weg. Ich denke, ihm hat es gefallen, unglücklich zu sein. Ich glaube, er hat sich gerne darin gesuhlt. Es gab auch Zeiten, in denen wir glücklich waren, aber das war, wenn wir alleine waren, wenn wir zusammen spazieren gegangen sind oder so. Aber ich glaube, er wollte nicht, dass seine Freunde mitbekamen, dass er glücklich war. Ian war sehr charismatisch und neigte dazu, Leute anzuführen. Und diese waren gerne Teil dessen, was er wollte. Deshalb denke ich, dass niemand wirklich hinterfragt hat, was er tut. Weil er anders war, haben ihn so viele Menschen bewundert.

Bernard Sumner: Ich hab mich ziemlich schnell damit abgefunden, weil es der dritte Versuch war. Ich wusste, warum er's getan hatte. Zumindest konnte ich mir den Grund zusammenreimen, warum er's getan hatte, warum ich es getan hätte. Ich erinnere mich, dass ich damals ziemlich still wurde, nicht viel geredet habe. Ich war einfach nur sehr niedergeschlagen. Ich denke, so was macht einen sehr hart. Ich habe jetzt das Gefühl, dass ich sehr kalt bin, als Kind war ich sehr warm und herzlich. Jetzt kann ich ganz schön kalt und distanziert sein. Ich kann keine wirklich engen Freundschaften eingehen, weil alles, dem ich je nah war, gestorben ist.

Das wirkt ein bisschen gefühllos gegenüber den Menschen, die einen lieben. Wenn man das macht, muss man mehr an seine Eltern und alle denken, die einem nahestehen, mehr als an sich selbst. Das klingt grausam, so was zu sagen, vom Herzen her bin ich wütend, aber mein Gehirn sagt mir: »Sei nicht so ablehnend.« Es ist schwer, sich in Ian hineinzuversetzen und zu denken: »Was hat er denn gedacht, wie seine Zukunft aussieht?« Er muss eine sehr trostlose Vorstellung von seiner Zukunft gehabt haben, weil er sehr, sehr krank war. Damals war das noch nicht wie heute, die Therapien dafür waren noch nicht so gut, wie sie heute sind.

Mark Reeder: Ich war total überrascht. Und wütend, dass er uns weiterer genialer Musik beraubt hat. Ich konnte es nicht glauben. Ich hatte ungefähr zwei Wochen vorher bei ihm zu Hause in der Barton Street mit ihm gesprochen, bevor sie nach Amerika wollten. Ich wusste, dass er Schwierigkeiten hatte, und ich sagte: »Wenn ihr die Konzerte in den Staaten gespielt habt, dann kommt ihr nach Berlin. Nimm dir eine Auszeit.« Und er meinte: »Ja, das mache ich.« Ich weiß, er hatte ein bisschen Angst vor dem Fliegen, und zuerst dachte ich, dass es das vielleicht gewesen ist. Aber das ist dummes Zeug.

Am Montagvormittag rief mich mein Freund Mark Farrow an und sagte: »Hast du das mit Ian gehört?« – »Was denn? Die fahren nach Amerika.« – »Nein, er hat sich umgebracht.« – »Wer hat dir das gesagt?« Und er meinte, Rob hätte ihn gerade angerufen. Daraufhin sagte ich: »Spinnst du?« Ich hab's nicht geglaubt. Dann hab ich aufgelegt, und fünf Minuten später rief Rob an und sagte es mir. Das waren die schlimmsten Neuigkeiten, die ich in meinem Leben bekommen hatte. Es ging mir wirklich nahe. Ich war aufgelöst, wusste nicht, was ich tun sollte. Rob versuchte, mich am Telefon zu trösten. Ich musste weinen. Er rief mich jeden Tag an, versuchte mich zu beruhigen. Er sagte, Ian habe einen Brief hinterlassen. Er erzählte mir alles und bat: »Sag's keinem weiter.« Wem sollte ich das erzählen? Mit wem sollte ich darüber sprechen? Das sind private Angelegenheiten. Das geht niemanden was an. Ich hatte gehofft, zur Beerdigung zu gehen, aber dazu kam es nicht.

Rob erzählte mir, was in dem Brief stand. Darin ging es überhaupt nicht um die Band. Und auch eigentlich nicht um Debbie. Nur dass er mit der Situation nicht klargekommen ist. Ich persönlich denke, dass er die Beziehung zu Annik nicht aufgeben wollte, und die zu Debbie auch nicht. Ich denke, die Entscheidung war: »Wenn ich nicht die eine oder die andere haben kann, dann soll mich niemand haben.« Das war der schlimmste Tag.

Peter Hook: Das Nächste, woran ich mich erinnere, ist, dass wir alle ins Bluebell Inn in der Moston Lane sind. Wir saßen einfach nur da, starrten uns gegenseitig an, bis Rob dann in die Vorbereitungen zur Beerdigung einbezogen wurde. Ich verbrachte den Großteil meiner Zeit im Pub. Wir waren meistens zusammen, alle – Twinny, Terry, Barney und ich. Wir saßen zusammen, saßen einfach im Pub rum. Ich glaube, wir konnten es nicht fassen.

Zu den Dingen in meinem Leben, die ich bereue, gehört, dass ich nicht hin bin und ihn angesehen habe, als er tot war. Das bereue ich wirklich. Aber ich glaube, wir waren zu jung, wir hatten keine Ahnung von nichts. Niemand hat es uns angeboten. Man sollte meinen, dass da mal jemand sagt: »Wollt ihr ihn sehen?« Verdammt, will ich mir einen Toten ansehen? Will ich das wirklich? Ich bin zweiundzwanzig, ich geh lieber in den Pub, scheiß drauf. Aber jetzt bereue ich wirklich, dass ich ihn nicht gesehen und mich verabschiedet hab, wirklich. Nur Bernard und ich sind nicht hin. Alle anderen sind gegangen.

Ich war auf der Beerdigung. Es war, als würde man eine Fernsehsendung schauen. Ich erinnere mich, dass ich nach der Beerdigung noch was essen war. Ich war echt geschockt, als seine Schwester bei der Beerdigung geschrien hat, deshalb sind wir auch nicht zur Totenfeier. Wir hatten nicht das Gefühl, dort willkommen zu sein, ich weiß nicht, warum. Und das Nächste, woran ich mich erinnere, ist der Obduktionsbericht. Sein Vater hat was total Eigenartiges zu dem Bericht gesagt.

Ich bin sicher, dass er sich umgebracht hat, weil er nicht klargekommen ist. Ich hab Trennungen mitgemacht, die einen an den Rand des Wahnsinns getrieben haben, und wenn es niemanden gibt, der dich wieder davon wegzieht, fehlt nicht mehr viel. Wenn man sich mal überlegt, was er mitgemacht hat, mit der Epilepsie, einer Geliebten, einem Kind, einer Frau … verfluchte Scheiße, die ganzen Zutaten sind da, all die Warnsignale. Er hatte sich mit einem Messer geritzt, eine Überdosis genommen – das war alles schon passiert. Man muss kein verdammtes Genie sein, um draufzukommen, dass er sich früher oder später umbringen würde, und er hat's getan. Das war's.

Deborah Curtis: Er hat sich nicht wegen seiner Eheprobleme umgebracht. Er hatte Eheprobleme, weil er sich umbringen wollte. Ich war wütend auf ihn, weil er das letzte Wort behalten hat. Wie kann man auf jemanden wütend sein, der tot ist? Er ist nicht mehr da, man kann ihn nicht schütteln, kann ihm keine runterhauen. Man ist vollkommen machtlos, das ist schrecklich. Das ist, als hätte er ein großes Schild aufgestellt mit der Aufschrift: »So, ich hab's getan, und du kannst nichts dran ändern. So viel zu deinem Gerede.«

Tony Wilson: Als wir Ian in der Leichenhalle angesehen haben, erinnere ich mich, dass Alan als Erster rein ist und uns gebeten hat, draußen zu warten, weil Ians Mutter und Vater ebenfalls dort waren. Das war typisch Erasmus, der wunderbare Erasmus. Ians Kragen war so weit unten, dass man die Abdrücke von der Wäscheleine sehen konnte, deshalb hat Alan – ich weiß nicht, wie er das gemacht hat – den Kragen ein Stück hochgezogen, damit Mr. und Mrs. Curtis die Abdrücke nicht sahen. Ich fand das sehr lieb von Alan.

Paul Morley: Wilson hat mir den toten Ian Curtis gezeigt, obwohl er inzwischen behauptet, das hätte er nicht. Ich weiß es noch, weil es so grotesk war, aber er meinte damals: »Wenn du das Buch schreibst …« Er hat schon wieder weitergeplant und seinen Willen bekommen, was wir nett, gemein, bitter, charmant oder sonst wie finden können. Er sagte: »Wenn du das Buch schreibst, dann musst du den Toten gesehen haben.« Deshalb war das alles ein bisschen eigenartig für mich.

Tony Wilson: Unsere Aufgabe – Lindsays und meine – war es, uns um Annik zu kümmern, damit sie nicht zur Beerdigung ging. Da lief alle mögliche Scheiße ab, damit Annik nicht zur Beerdigung kam, und es war meine Aufgabe, dafür zu sorgen, dass sie ins Flugzeug nach Brüssel stieg und es auf der Beerdigung keine Szene gab. Als wir uns um Annik gekümmert haben, fünf oder sechs Tage lang – ich bin sicher, sie erinnert sich wahrscheinlich gar nicht mehr daran –, hat sie beide Alben nonstop gehört, vierundzwanzig Stunden am Tag, die gesamte Zeit über, die sie im Cottage war. So war das.

Annik Honoré: Ich kam am Sonntag nach London zurück, und meine Vermieterin hat mich völlig am Boden zerstört gesehen, mir ein paar Schlaftabletten gegeben. Ich erklärte ihr, was los war, und beschloss, nach Manchester zu fahren. Also bin ich am nächsten Tag in den Zug gestiegen. Ich glaube, Rob war der Erste, den ich getroffen habe. Er hatte sich mit mir am Bahnhof oder so verabredet und sich inzwischen auch einverstanden erklärt, dass ich Ian in der Leichenhalle sehen durfte. Er hatte mit Debbie besprochen, dass ich nicht zur Beerdigung komme, wenn ich in die Leichenhalle darf. Ich konnte nur ja sagen, also ist er mit mir zur Leichenhalle, und Tony und Lindsay sind auch dorthin gekommen. Ich weiß noch, dass außerdem Paul Morley dort war, aber ich glaube nicht, dass er mit mir rein ist. Ich war alleine, als ich Ian gesehen habe, und danach beschlossen sie, ich solle am besten mit zu Tony und Lindsay fahren. Sie wohnten draußen auf dem Land in Charlesworth – soweit ich mich erinnern kann, war das sehr abgeschieden. Aber Lindsay hat mir immer wieder Schlaftabletten gegeben, um mich zu beruhigen, weil ich ununterbrochen geweint habe.

Meine Erinnerung ist daher ein bisschen verschwommen, aber ich kann ihr gar nicht genug danken, weil alle ratlos waren. Es war wahnsinnig nett von ihr und Tony. Also blieb ich fünf Tage dort, weil ich ein Ticket für einen Flug nach Brüssel am 23. Mai hatte, das Tony mir gekauft hatte. Weil er meinen Nachnamen nicht kannte, hatte er als Namen A. Curtis angegeben. Als ich nach Brüssel kam, hat mich Michel Duval vom Flughafen abgeholt.

Mark Reeder: Als Ian tot war, meldete sich Annik bei mir. Ich war mitten im Nirgendwo in Berlin. Ian hatte sich umgebracht, und sie hatte niemanden, an den sie sich wenden konnte. In Manchester wollte niemand was von ihr wissen. Die Band kannte sie nicht mehr: Sie wollten nichts mit ihr zu tun haben, nicht mal als sie mit Ian zusammen war. In Robs Augen war sie eine belgische Schlampe. Sie wussten überhaupt nichts über sie. Ich lernte Annik sehr gut kennen, und sie wurde meine Freundin.

Und dann wurde mir klar, was für eine Beziehung sie mit Ian gehabt hatte. Weil sie mit vierundzwanzig noch Jungfrau war, meinte ich: »Wie kann das denn sein?« Ich dachte, sie hätten eine sexuelle Beziehung gehabt, aber so war das nicht. Es war eher darum gegangen, dass sie ein intellektueller Sparringspartner für Ian war.

Paul Morley: Ich glaube, in unserem Privatleben – nicht nur in meinem, sondern bei allen –, in unser aller Liebesleben, in all unseren Familien gab es Katastrophen, aber wir haben nicht darüber geredet. Wir waren fest entschlossen, uns mit Werten, Zielen, Ruhm und Kunst und diesen Dingen zu beschäftigen, aber wir haben eigentlich nicht über uns und unser Leben gesprochen. Man hat nie jemanden richtig kennengelernt. Ich weiß noch, wie ich nach der Beerdigung bei Factory Records war, und da lief *The Great Rock'n'Roll Swindle.* Ich weiß noch, dass ich die ganze Zeit wie erstarrt dasaß.

Ich denke, wir waren alle wie versteinert, weil das, was wir da machten, gleichzeitig so passend und total blöd wirkte. Das war ein typischer Fall von gute Miene zum bösen Spiel machen, auf sehr angeberische Art. Mit Gefühlen haben wir uns überhaupt nicht auseinandergesetzt. Bei Joy Division ging es hauptsächlich um Gefühle, aber untereinander haben wir sie nie gezeigt. Das war einfach, als wären wir zu verdammt befangen und wollten unbedingt ein absurdes Maß an Coolness bewahren, eine Coolness, die sich gar nicht über längere Zeit halten ließ. Aber wir haben trotzdem nicht wirklich miteinander geredet.

Tony Wilson: Letzten Endes traf es Martin am schlimmsten, von der Familie mal abgesehen, die natürlich noch sehr viel mehr gelitten hat. Ich denke immer, dass Martin sich in vielerlei Hinsicht nie von Ians Tod erholt hat, weil Martin seinen Künstler gefunden hatte – die Person, durch die seine Kunst ihren Weg in die Welt gefunden hat. Wie dumm wir waren, dass wir die Probleme nicht gesehen haben. Ich weiß noch, dass es auf *Closer* eine Zeile gab – »A cry for help, a hint of anaesthesia« –, so schätzten wir den ersten Versuch ein. Das war einfach wie: »Ach so, das ist es.«

Martin Hannett: Es war ein Unfall, oder? Zweiunddreißig Tabletten und eine halbe Flasche Scotch. Ich hab den Bericht nie gesehen. Mich hat das irre gemacht. Ich war mit den Buzzcocks im Townhouse, und aus irgendeinem Grund hab ich die Session abgebrochen, bin zurück ins Hotel, hab alles in den Kofferraum geworfen und bin nach Hause, nach Manchester gefahren. Um zehn Uhr war ich da, hab Kaffee getrunken, als Tosh Ryan anrief und es mir gesagt hat. Das war am Tag danach. Am Montagvormittag. Es kam nicht völlig unerwartet, weil er es ja Wochen zuvor schon mal versucht hatte.

Tony Wilson: Also, es gibt tausend Theorien. Hat Ian sich das alles zu sehr zu Herzen genommen? Hat er sich Vorwürfe gemacht? Ich habe immer geglaubt, dass er sich Vorwürfe gemacht hat. Ich kenne Bernards Ansicht, dass Ian durch die Medikamente, die er wegen seiner Epilepsie verschrieben bekam, den Verstand verloren hat.

Ich habe da meine eigene persönliche Theorie, und die lautet, dass man sein Kind liebt, wenn man eins hat, und Ian hat Natalie geliebt. Aber wenn man seine erste Frau nicht mehr liebt und sich in jemand anders verliebt, dann kann man nicht in der Ehe bleiben, aber auch das Kind nicht verlassen. Und was ist dann der einzige Ausweg? Der einzige Ausweg besteht darin, sich umzubringen. Das ist meine Version. Aber die einzige, auf die es ankommt, ist natürlich die von Ian, und welche das war, werden wir nie erfahren.

Paul Morley: Obwohl er diese Texte geschrieben hat, obwohl er entsetzliche Schwierigkeiten in seinem Privatleben hatte, obwohl er auf der Bühne zusammengebrochen ist, obwohl er ganz offensichtlich sehr krank war, obwohl er es schon ein paarmal versucht hatte, hat man trotzdem eigentlich nicht so richtig geglaubt, dass er's tun würde.

Aber natürlich hat er uns auch die ganze Zeit was vorgemacht – auf jeden Fall gegen Ende seines Lebens. Hat so getan, als sei alles in Ordnung. Selbst in meinen kurzen Gesprächen mit ihm. Da ich kürzlich eigene Erfahrungen mit Selbstmord gemacht habe, weiß ich, wie derjenige davon ablenkt und was er vortäuscht. Ich kenne die betrügerischen Tricks, die der potenzielle Selbstmörder anwendet, bis zum bitteren Ende. Er tut so, als wäre gar nichts verkehrt. »Bis später«, und dann sieht man sich nie wieder.

Peter Saville: Tony rief mich an, um mir zu sagen, dass Ian tot ist, und während des Gesprächs fiel mir plötzlich das Cover ein, das wir gemacht hatten. Ich hielt es für nötig, das zu erwähnen, und Tony war sehr beunruhigt. Man hätte auf die Idee kommen können, dass wir auf Sensationsgier setzen und Ians Tod ausnutzen. Ich sagte: »Tony, wir haben ein Grabmal auf dem Cover.« Und er meinte: »Ach du Scheiße.« Das Cover war, ich weiß nicht mehr genau, schon Wochen vor Ians Tod fertiggestellt worden, genau wie das Album. Es war in Druck gegangen oder zumindest beim Andruck.

Sie mussten entscheiden, ob sie dabei bleiben wollten oder nicht, und sie hatten sich entschieden: Die Band hatte die Entscheidung zusammen getroffen, mit Ian. Es war ihr gemeinsames Cover, und es ist ein tolles Cover. Jedenfalls legte er auf und kümmerte sich mit Rob, Steve, Hooky und Bernard darum. Ich meine, wir wissen nicht, was Ian damals durch den Kopf gegangen ist.

Auf dem Album ist ein Song, den ich auch nach so vielen Jahren noch ganz besonders erschütternd finde. Wenn ich »Isolation« höre, muss ich weinen. Ich weine ein bisschen, wenn ich nur dran denke. Das ist viel zu erschütternd, um es sich anzuhören. Das ist so eine direkte Gefühlsaussage, aber mit so viel mehr Problemen beladen, als wir Menschen, die Popsongs schreiben, normalerweise zutrauen würden. Menschen projizieren viel, aber ganz offensichtlich hat Ian mit »Love Will Tear Us Apart« und schließlich mit »Isolation« nichts projiziert, er ist nicht irgendwo ein- und später wieder ausgestiegen. Er war viel zu lange da drin.

»Isolation« ist ein Brief von einem Ort, an dem ein Weitermachen scheinbar sinnlos ist. Ich meine, wir alle haben solche Momente – Stunden, Wochen, Tage. Aber die meisten von uns haben Filter, mit deren Hilfe wir uns in dieser Stimmung schützen können. Das ist fast was Chemisches, und ich kann mir nur vorstellen, dass Ian damals in einer solchen Stimmung war, aus dieser Stimmung heraus geschrieben und sie anschließend nicht mehr verlassen hat. Das Ganze wurde extrem: Das Cover war extrem, die Bilder eigenartig vorausschauend.

Es ist schwierig, »Isolation« zu hören und zu wissen, dass der Song von jemandem geschrieben wurde, der sich wenig später umgebracht hat. Die Zeile »Mother, please forgive me, I'm ashamed of the things I've been put through, I'm ashamed of the person I am«. Es ist sehr schwer, jemanden so etwas sagen zu hören, einfach grundsätzlich irgendwen. Aber wenn das von jemandem kommt, den man kennt und respektiert und der sich infolge einer Anhäufung solcher Gefühle umgebracht hat, dann ist das schrecklich. Das ist, als würde man den Abschiedsbrief eines Selbstmörders hören.

Jon Wozencroft: Es ist ausreichend dokumentiert, dass er bereits einige Wochen vorher versucht hatte, sich mit einer Überdosis Tabletten umzubringen. Trotzdem passt in der Nacht seines Selbstmords nicht alles zusammen, auch wenn es ihm gelungen war, sich einen Abend ganz allein zu verschaffen, zum ersten Mal seit langer Zeit.

Wenn man davon ausgeht, dass Ian eine chamäleonartige Person war, zu verschiedenen Zeiten verschiedenen Menschen ganz unterschiedlich vorgekommen sein muss, dann hat das zu seinen schwierigen persönlichen Problemen noch beigetragen. Außerdem muss man bedenken, dass den Menschen außerhalb seines unmittelbaren, engsten Umfelds nicht klar war, dass er durch die

Therapie seiner Krankheit ernsthaft destabilisiert wurde. Damals war jede Behandlungsform ein Experiment.

Gleichzeitig befand er sich aber auf der Höhe genau dessen, was er wollte, nämlich rauskommen aus Manchester, verreisen, was von der Welt sehen, nach Amerika fahren, das Land vieler seiner Helden. Und er wollte niemanden enttäuschen.

Wir wissen, dass er eine Flasche Whisky getrunken hatte, wir wissen, dass er ziemlich starke Medikamente genommen und Iggy Pop gehört hatte, wir wissen, dass er *Stroszek* von Werner Herzog gesehen hatte, ein äußerst deprimierender Film, aber auch sehr eindringlich und in gewisser Hinsicht erhebend, düsterer geht's nicht mehr. Der Film muss irgendwann nach Mitternacht zu Ende gewesen sein. Am Ende gibt es eine verstörende Szene, in der man die Stimme des Auktionators hört, der Stroszeks Wohnwagen verkauft. Geldsorgen waren für Ian auch ein Riesending. Gegen Morgengrauen hatte er offenbar den Punkt erreicht, wo es nicht mehr ging, und er schrieb Deborah einen Brief. Hinterher gab es nur eine oberflächliche Untersuchung und keine gerichtsmedizinischen Ermittlungen, um zu klären, wie er seine letzten Stunden oder sogar Tage verbracht hatte. Deborah fand ihn in Embryohaltung über der Waschmaschine, auf den Knien, die Hände ausgestreckt. Es könnte auch ein Grand-mal-Anfall gewesen sein.

Der Fan bleibt also mit diesem Mythos von Ian zurück, dem Selbstmord eines Rockstars, von dem ich glaube, dass er ihm einen äußerst schlechten Dienst erweist. Ich denke, es handelt sich um eine sehr persönliche Tragödie. Ich denke, das hat absolut nichts mit dem Dahinscheiden von Leuten wie Jim Morrison, Janis Joplin oder Kurt Cobain zu tun. Ich denke, es ist unglaublich traurig und ergreifend und tragisch im engsten privaten Sinn.

Terry Mason: Alle glauben, es gibt ein tiefes, dunkles, rätselhaftes Geheimnis, aber da ist keins. Er war ein netter Typ, der in eine blöde Situation geraten ist, und in dieser Situation ist ihm kein anderer Ausweg eingefallen, als sich umzubringen. Tut mir leid, kein Geheimnis. Ende. Aber ich hab's abbekommen, über Jahre. Niemand ist zu Barney gegangen: »Hey, Barney, wieso hat sich Ian …« Aber bei mir: »Ach, du warst ihm nicht nah genug, dir macht das nichts aus, aber du warst ihm nahe genug, um das Geheimnis zu kennen.« Doch es gibt keins.

Paul Morley: Ich denke, wer sich umbringen will, der findet einen Weg. Eigenartigerweise konnte er sich vor aller Augen verstecken. Für jemanden, der es unausweichlich tun wird, waren das die besten Umstände. Er hat uns Botschaften geschickt, sehr genaue Botschaften über seinen Zustand. Sein Leben war in Aufruhr, das wusste man. Zweifellos wurde intern über den Druck gesprochen, unter dem er stand. Er hatte es schon mal versucht, und jetzt lässt sich natürlich leicht sagen: »Na ja, wir hätten es wissen müssen. Wieso haben wir's nicht gemerkt?«

Aber er hätte trotzdem einen Weg gefunden. Entweder vor allen Augen und trotzdem versteckt, oder später, in Amerika, wenn sich die Wogen geglättet hätten. Ich denke, zum Schluss hat Selbstmord etwas Schicksalhaftes, und ganz bestimmt ist es so, dass man auf den Geschmack kommt, wenn man erst mal damit anfängt. Mein Vater hat es versucht, ein paarmal sogar. Er ist dabei eindeutig auf den Geschmack gekommen, eine seltsame Art von Glamour ist das wohl, eine seltsame Art, zum Mörder zu werden. All das muss in Ians Denken hineingespielt haben.

Da ist so eine Ahnung, dass man etwas werden kann, die seltsame Vorstellung, dass man zum Selbstmörder werden kann. Man kann sich auf das Gebiet von Dostojewski und Kafka begeben, diesen großen Schritt tun. Mein Vater war in gewisser Hinsicht ein recht normaler Typ, aber wenn man erst mal in diesen Begriffen denkt, tragen sie zweifellos dazu bei, dass man den letzten Schritt schließlich auch macht. In anderer Hinsicht mag auch das Ausmaß der Entscheidung, nach Amerika zu fahren, eine Rolle gespielt haben.

Das ist so eine Seifenoper, so eine Sitcom, so eine Tragödie, dass wir lieber alle fragen: »Wie konnte das passieren, Wilson?« Weil er offensichtlich für uns zur Metapher für Schuld wird. »Wieso hat Wilson das nicht geregelt?« Aber wie hätte er das regeln sollen? Oder Gretton, die Manager in seinem Umfeld, die die Situation geschaffen haben, sich aber nicht mit der Realität auseinandersetzen wollten. Das ist auch so eine Sache im Norden: Wir lieben den glamourösen Kick, aber mit der Realität wollen wir uns nicht auseinandersetzen. Wir hoffen einfach, dass sich das von selbst regelt.

Es war anarchisch, oder? Das war in keinster Weise ein konventionelles Set-up. Alle haben mitgemacht, künstlerisch, musikalisch, und das war aufregend. Wir alle hatten einen Wahnsinnsspaß daran, an der Idee, dass was Reales passiert. Das hat auf jeden Fall was, das typisch ist für den Norden, und es gibt auch ein menschliches Element: Man wollte den Menschen nicht zu nah kommen, auch wenn sich das Ganze um Nähe drehte, um Intimität. Aber das heißt nicht unbedingt, dass sich das auch auf die Art übertrug, wie wir miteinander umgegangen sind.

Tony Wilson: Das Tolle am Rock'n'Roll ist, dass er alles andere ist als Bullshit und Hype. Er ist total und vollkommen ehrlich: Es geht immer um den Song. Egal, wie viel man für eine Band ausgibt: Wenn es keinen tollen Song gibt, kann man zwanzig Millionen Pfund ausgeben und keinen Penny verdienen. Wenn man nichts ausgibt und die Band ein paar tolle Songs hat, wird sie Erfolg haben. Es geht um tolle Songs, und wenn es »Transmission« nicht gegeben hätte, »Love Will Tear Us Apart« und »Atmosphere«, dann wären wir heute nicht hier.

Es sind einfach großartige Songs. Ja, das ist eine sagenhafte Geschichte: die Geschichte vom Wiederaufbau einer Stadt, die mit Joy Division beginnt, die Geschichte eines tragischen Selbstmords, eine moralische Geschichte und eine kulturelle, akademische, intellektuelle, ästhetische. Aber im Prinzip gibt es sie nur, weil die Band tolle Songs geschrieben hat, und tolle Songs sterben nie.

Martin Hannett: Das Interessante an Ian war für mich, dass er auf der Bühne wie besessen wirkte. Ich war derjenige, der gegenüber einer holländischen Zeitschrift gesagt hat, er sei »touched by the hand of God«. Er war so ein übersinnlicher Kanal. Ein Blitzableiter. Der einzige, dem ich in dieser Zeit begegnet bin.

Paul Morley: Wenn man nach dem Lieblingssong von Joy Division fragt, erwartet man natürlich eine kurze Antwort. Aber ich bin nicht in der Lage, eine kurze Antwort zu geben. Plötzlich merkt man, dass Joy Division zu einer ganzen Reihe anderer Bands führen, als hätten sie eine lange Karriere gehabt.

Ich würde auf Anhieb »Transmission« nennen, weil das ein Hit war, auch wenn es kein Hit wurde, aber in gewisser Weise schon; und ich würde natürlich »Atmosphere« sagen, weil das der überfrorene See war, den Ian auf dem Weg zu seinem Untergang überquert hat. Trotzdem ist der Song total aufregend, wenn man ihn hört, man wird nicht vom Schrecken darin erdrückt; und »Love Will Tear Us Apart«, weil auch das eine tolle Single ist; und »Isolation«. Der Snob in mir, der ich gewesen bin, kann natürlich unmöglich mit »Love Will Tear Us Apart« antworten, weil das eigentlich zu schmalzig ist.

Aber es gibt eine Welt, in der das die Antwort wäre, nicht zuletzt aufgrund dessen, wie er in den Kanon aufgenommen wurde und inzwischen als einer der möglicherweise großartigsten Songs gilt, die im zwanzigsten Jahrhundert geschrieben wurden. Er verkraftet zahlreiche Interpretationen und gibt ständig neue Lesarten her. Man denkt, dass er unmöglich immer wieder aufs Neue Bedeutung generieren kann, aber das tut er, weil der Text außergewöhnlich ist: Nur die Worte, ganz zu schweigen davon, dass diese jungen Männer aus dem Norden Englands eine Musik dazu geschaffen haben, die mit der Qualität des Textes mithalten kann.

Bernard Sumner: Wir haben das alles gemeinsam geschaffen und hatten ein tolles Gespür für musikalische Entdeckungen. Wir meinten: »Oh, schau mal, das kannst du machen. Hey, hier ist noch ein Akkord, was ist das?« – »Das ist ein D, ist der nicht toll? Was können wir damit machen?« Ich glaube, dadurch wirkt es frisch. Ich denke, je näher man der Perfektion kommt, umso langweiliger wird man auch. Wir waren weit entfernt von Perfektion, aber wir hatten trotzdem ein gutes Gespür für Melodien. Wir haben nicht einfach nur Krach gemacht, wir hatten Melodien. Krach machen kann jeder, aber eingängige Melodien zu schreiben ist echt schwer.

Peter Hook: Es war nie die Frage, ob wir weitermachen. Weil wir einfach so viel Spaß an dem hatten, was wir gemacht haben, dass niemand auf die Idee kam, aufzuhören. Wir wussten nicht, wie wir weitermachen sollten, und das war auch sehr, sehr schwierig. Aber es stand nie zur Debatte, aufzuhören – wir hatten zu viel Spaß, Rob hatte Spaß, wir fanden es großartig, erfolgreiche Musiker zu sein. Also mussten wir weitermachen, und wir wollten eine Möglichkeit finden. Ich glaube nicht, dass Ian gewollt hätte, dass wir aufhören.

Ich bin froh, Ian gehabt zu haben, so lange er am Leben war, und ich glaube, er hat etwas hinterlassen, das Menschen bis heute bewegt: ein unglaubliches Vermächtnis, das wir zusammen geschaffen haben, das ist das Schöne an Joy Division. Wir vier hatten keine Ahnung, was wir da machen, aber die Chemie war unglaublich. Wenn man nur mit einem von uns spricht – wir hatten keine Ahnung, was wir da geschaffen hatten. Ian vielleicht, aber ich denke, das werden wir nie erfahren. Es war einfach, diese Songs zu schreiben und zu spielen, das war leicht. Schwierig wurde es erst, als er gestorben war.

Bernard Sumner: Das war hart. Ian gab uns immer eine Richtung vor. In diesen Momenten war er sehr leidenschaftlich, und das haben wir nach seinem Tod sehr vermisst. Plötzlich hatten wir keine Augen mehr. Wir hatten alles andere, aber wir konnten nicht mehr sehen, worauf wir zusteuerten.

Inzwischen hatten wir einen Vorgeschmack auf das schöne Leben bekommen. Damit meine ich nicht einen Haufen Geld und das alles; ich meine, wir hatten Spaß an der Musik, der Kreativität und der Freiheit, die uns das bescherte. Wir hatten alle unsere Jobs aufgegeben und konnten nicht mehr dorthin zurück. Wir hatten alle Verpflichtungen, Freundinnen, mussten irgendwo wohnen und irgendwie Geld verdienen, aber damals war die Frage: »Wie sollen wir im Schatten einer Band wie Joy Division weitermachen, wenn sie so eine große Wirkung hatte? Wie machen wir weiter?«

Ich glaube nicht, dass je infrage gestellt wurde, ob wir weiter zusammenarbeiten wollten, wir drei: »Okay, Ian ist tot, jetzt will ich nicht mehr mit den anderen beiden arbeiten.« Das war nie so; wir wussten immer, dass wir weitermachen wollten. Aber die Frage war, wie. Wir waren keine durchstrukturierte Band, wir haben immer alles nach Instinkt gemacht, wir hatten nie einen Plan für irgendwas. Deshalb war die Frage jetzt: »Wie erfinden wir uns neu?« Von alleine würde das nicht passieren.

Stephen Morris: Warum wir uns entschieden haben weiterzumachen? Na ja, wir haben einfach weitergemacht, wir haben nicht mal drüber nachgedacht: »Sollen wir weitermachen oder nicht?« Wir sind zur Beerdigung gegangen, waren bei der Totenfeier in der Palatine Road, dann haben wir gesagt: »Bis Montag, wir sehen uns am Montag.« Das war's. Bis heute haben wir uns nicht hingesetzt und gesagt: »Komm, wir machen dies und das.« Man macht es einfach und hofft das Beste, so sind wir.

QUELLEN

Jon Savage und Grant Gee führten den Großteil der Interviews während der Arbeit an dem Dokumentarfilm *Joy Division*, Brown Owl Films, im Herbst 2016. In der Reihenfolge ihres Erscheinens:

Bernard Sumner (zwei Interviews)
Peter Hook (zwei Interviews)
Stephen Morris
Tony Wilson (zwei Interviews)
C.P. Lee
Peter Saville
Paul Morley
Liz Naylor
Terry Mason
Pete Shelley
Iain Gray
Alan Hempsall
Richard Boon
Kevin Cummins
Jeremy Kerr
Bob Dickinson
Richard Searling
Lesley Gilbert
Richard Kirk
Malcolm Whitehead
Jon Wozencroft

Lindsay Reade
Annik Honoré
Anton Corbijn

Diese Interviews wurden ergänzt durch Gespräche, die Jon Savage in Vorbereitung eines Artikels über Joy Division für *Mojo*, Ausgabe 8, Juli 1994, geführt hat. Zu den Befragten gehörten Bernard Sumner, Peter Hook, Stephen Morris und Gillian Gilbert, Tony Wilson und Deborah Curtis. Martin Hannett, Peter Hook und Tony Wilson wurden außerdem 1989 während der Recherchen zu *England's Dreaming* befragt.

2018 wurden weitere Gespräche mit Mark Reeder, Kevin Cummins, Daniel Meadows, Jill Furmanovsky, Dave Simpson und Dylan Jones geführt. Michael Butterworth wurde im Zuge der Recherchen für einen Artikel im *Guardian* über Ian Curtis' Lektüre interviewt, er erschien im Mai 2008 unter dem Titel »Controlled Chaos«.

DANKSAGUNG

Mein Dank geht zuallererst an die Produzenten von *Joy Division*, Tom Astor und Tom Atencio von Brown Owl Films, für die Erlaubnis, das Copyright-Material verwenden zu dürfen. Dann an meinen Lektor Lee Brackstone. Außerdem möchte ich folgenden Personen für ihre Hilfe und Unterstützung während der Vorbereitungen zu diesem Buch danken: Rebecca Boulton, Grant Gee, C.P. Lee, Mark Reeder, Alan Hempsall, Bob Dickinson, Lesley Gilbert, Linder Sterling, Jon Wozencroft, Mary Harron, Daniel Meadows und Dylan Jones. Mein Dank geht außerdem an Marc Issue Robinson für die Transkription der Aufnahmen. Für Freundschaft und Unterstützung: Paul Savill, Johnny Marr, Neil Spencer, Chris Jennings, Ian Davies, Ben Thompson und Paul Fletcher.

Besonders erwähnt werden muss Mark Price bei Joy Division Central – joydiv.org –, der unermüdlich geholfen hat, wenn es darum ging, Nachfragen zu beantworten, naheliegende wie auch schwierige. Auf der Website befindet sich ein ausführlicher Überblick über die Aktivitäten von Joy Division zwischen 1977 und 1980.

Und schließlich danke an Joy Division, sie waren und werden immer sein:

Ian Curtis
Peter Hook
Stephen Morris
Bernard Sumner

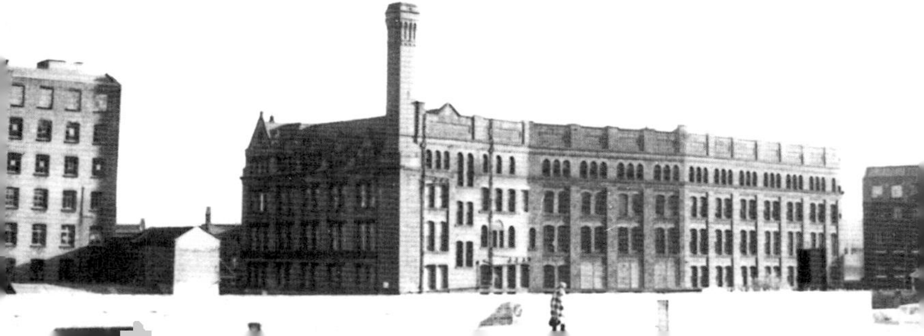